Bíblia e Liturgia

A teologia bíblica dos sacramentos
e das festas nos Padres da Igreja

Coleção Fonte Viva

Bíblia e liturgia
Jean Danielou

Eucaristia: teologia e celebração
Antonio Francisco Lelo (org.)

Patrística pré-nicena
Geraldo Lopes

Vocabulário básico de Liturgia
José Aldazábal

Jean Daniélou
Bíblia e Liturgia

A teologia bíblica dos sacramentos e das festas nos Padres da Igreja

Paulinas

Dados Internacionais de Catalogação na Publicação (CIP)
(Câmara Brasileira do Livro, SP, Brasil)

Daniélou, Jean
  Bíblia e liturgia: a teologia bíblica dos sacramentos e das festas nos padres da Igreja /Jean Daniélou; prefácio Geraldo Lopes ; [tradução Geraldo Lopes]. – São Paulo: Paulinas, 2013. – (Coleção fonte viva)

  Título original: Bible et liturgie.
  ISBN 978-85-356-3389-4

  1. Igreja Católica - Liturgia 2. Sacramentos - História das doutrinas 3. Sacramentos - Liturgia 4. Tipologia (Teologia) I. Lopes, Geraldo. II. Título. III. Série.

12-14109   CDD-264.025

Índice para catálogo sistemático:

1. Sacramentos: Liturgia: Igreja Católica: Cristianismo   264.025

Título original da obra: Bible et Liturgie.
© Les Éditions du Cerf, Paris, 1951.

Direção-geral: *Bernadete Boff*
Conselho editorial: *Dr. Afonso M. L. Soares*
Dr. Antonio Francisco Lelo
Me. Luzia Maria de Oliveira Sena
Dra. Maria Alexandre de Oliveira
Dr. Matthias Grenzer
Dra. Vera Ivanise Bombonatto
Editores responsáveis: *Vera Ivanise Bombonatto e Antonio Francisco Lelo*
Tradução: *Geraldo Lopes*
Copidesque: *Amália Ursi*
Coordenação de revisão: *Marina Mendonça*
Revisão: *Equipe Paulinas*
Assistente de arte: *Ana Karina Rodrigues Caetano*
Gerente de produção: *Felício Calegaro Neto*
Diagramação: *Jéssica Diniz Souza*
Capa: *Telma Custódio*

1ª edição – 2013
2ª reimpressão revista – 2024

Nenhuma parte desta obra poderá ser reproduzida ou transmitida por qualquer forma e/ou quaisquer meios (eletrônico ou mecânico, incluindo fotocópia e gravação) ou arquivada em qualquer sistema ou banco de dados sem permissão escrita da Editora. Direitos reservados.

Cadastre-se e receba nossas informações
www.paulinas.com.br
Telemarketing e SAC: 0800-7010081

Paulinas
Rua Dona Inácia Uchoa, 62
04110-020 – São Paulo – SP (Brasil)
📞 (11) 2125-3500
✉ editora@paulinas.com.br
© Pia Sociedade Filhas de São Paulo – São Paulo, 2013

Sumário

SIGLAS 7

PREFÁCIO 9

INTRODUÇÃO 29

PRIMEIRA PARTE
OS SACRAMENTOS

CAPÍTULO I – A PREPARAÇÃO 46

CAPÍTULO II – O RITO BATISMAL 61

CAPÍTULO III – A SPHRAGÍS 79

CAPÍTULO IV – AS FIGURAS DO BATISMO: A CRIAÇÃO E O DILÚVIO 94

CAPÍTULO V – AS FIGURAS DO BATISMO: A TRAVESSIA DO MAR VERMELHO 109

CAPÍTULO VI – AS FIGURAS DO BATISMO: ELIAS E O JORDÃO 121

CAPÍTULO VII – A CONFIRMAÇÃO 135

CAPÍTULO VIII – OS RITOS EUCARÍSTICOS 147

CAPÍTULO IX – AS FIGURAS DA EUCARISTIA 161

CAPÍTULO X – O CORDEIRO PASCAL 180

CAPÍTULO XI – O SALMO 22 194

CAPÍTULO XII – O CÂNTICO DOS CÂNTICOS 208

CAPÍTULO XIII – AS FIGURAS DO NOVO TESTAMENTO 223

SEGUNDA PARTE
AS FESTAS

Capítulo XIV – O mistério do *sabbat*..238

Capítulo XV – O domingo...257

Capítulo XVI – O oitavo dia..275

Capítulo XVII – A Páscoa..297

Capítulo XVIII – A Ascensão 312

Capítulo XIX – Pentecostes 327

Capítulo XX – Os tabernáculos...341

Bibliografia 355

Siglas

CCL – *Corpus Christianorum Thesaurus Patrum Latinorum*

CSEL – *Corpus Scriptorum Ecclesiasticorum Latinorum*

P.G. – Patrologia Graeca, ed. J.-P. Migne (Paris: Garnier, 1857-1889)

P.L. – Patrologia Latina, ed. J.-P. Migne (Paris: Garnier, 1844-1880)

P.O. – Patrologia Orientalis

SC – Sources Chrétiennes

Prefácio

TIPOLOGIA: UMA SAUDÁVEL LEITURA DA BÍBLIA

A falta de tempo, a correria frenética, o estresse estão entre as características da vida atual. As consequências se fazem sentir na qualidade de vida. Dorme-se pouco, come-se às pressas, tem-se a sensação de atraso constante. O tempo não é suficiente para tudo o que se deseja fazer. Eternas angustiadas, as pessoas vivem se queixando no pequeno espaço de uma atividade para a outra.

A vida não é saudável, afirmam os conselheiros de todos os matizes, bem como os livros e revistas de autoajuda. Abundantes nas livrarias e nas bancas, essa literatura sofre o ritmo da vida. Como tudo o que se faz, também ela é lida às pressas, com pequena assimilação e pouco aproveitamento.

Nessa situação, somos acompanhados por uma nostalgia de quietude, de tempo para poder descansar, conversar, jogar, alimentar-nos tranquilamente. Enfim, queremos recuperar o controle de nós mesmos e viver saudavelmente.

Vida saudável... e vem à nossa memória a lembrança da vida simples de outrora. Os bolinhos de chuva das nossas vovós, o frango ensopado de nossas mães, a macarronada familiar do domingo, os jogos de cartas, de damas ou dominós nas noites tranquilas. Temos saudades da vida saudável. Dela temos necessidade.

Nossa vida espiritual (e aqui nos abstraímos da realidade religiosa) está entre as dimensões que mais sofrem. A falta de tempo, a pressa, o cansaço impedem nossa busca de aperfeiçoamento e de crescimento. Nossa vida espiritual sente falta de alimentos sólidos. Nosso corpo, sustentado com *fast-foods* ou nos *self-servers*, tem sempre a sensação de que lhe falta algo mais substancioso. Nossa inteligência vive cevada e escravizada pelos programas pouco instrutivos da televisão ou pouco provocadores da internet. Comemos diante da TV ou do computador, ao mesmo tempo em que atendemos ao telefone... O celular, esse sim, nos escraviza como eterna companhia do "amigo da onça"... Não temos tempo para rezar, para ler a Palavra de Deus e deixá-la transformar--se em sustento de nossas vidas.

Sem deixar de ser uma pessoa do seu tempo, sabendo aproveitar-se das riquezas que a vida de hoje lhe propõe, experimente simplificar um pouco sua vida. Queremos propor-lhe a utilização de uma forma de ler a Bíblia tão utilizada nos primeiros momentos da vida da Igreja e que tantos frutos produziu: a *tipologia*.

1. O QUE É TIPOLOGIA

Em geral

Nossa breve apresentação quer ser eminentemente teológica e pastoral. Com efeito, a palavra tipologia é usada na linguagem comum para acepções variadas, como a linguística, a psicologia, a sociologia e outras ciências. Assim se encontram no dicionário várias significações de tipologia, como o "estudo dos caracteres morfológicos do homem, comuns às diferentes raças" ou "estudo dos traços característicos de um conjunto de dados, visando a determinar tipos, sistemas", como, por exemplo, a tipologia das vias urbanas. Em psicologia é o "estudo sistemático dos traços de caráter, em relação com os dados somáticos".[1]

Aqui, vamos utilizar sempre o termo *tipologia*. No entanto, sabemos que alguns autores modernos distinguem a *tipologia* da *alegoria*. A alegoria, com efeito, é confundida com a metáfora e, normalmente, é considerada a apresentação das ideias de um modo figurado,[2] de forma a concretizar um pensamento abstrato. Ela pode personificar virtudes ou defeitos, e pode contribuir para

---

1   Significados retirados do Dicionário Aurélio no verbete tipologia. Entre as tipologias aplicadas à psicologia, encontram-se as de Kretschemer, de Sheldom e outras.

2   Para se ter uma ideia, pense nas fantasias de carnaval ao representar os mitos, as divindades ou as realidades.

a construção de um processo global do pensamento.[3] Nesse sentido, a alegoria cria uma construção complexa e complicada em comparação com o símbolo. Este, normalmente, possui um conteúdo simples. A alegoria é narrativa, podendo-se dizer também um relato em ação.[4] A alegoria possui um caráter descritivo, buscando simplificar a compreensão do abstrato, dando personalidade ao impessoal.[5] A alegoria normalmente atribui uma condição imprópria à realidade à qual se refere.[6] Daí resulta a sua pouca utilização na patrística.

Simplificando, podemos afirmar que é *tipológica* toda interpretação conforme à concepção horizontal, progressiva e linear do tempo cristão; é *alegórica* uma exegese que supõe, além do mundo atual, um mundo divino ou angélico que se reflete, de alguma forma, sobre ele. Tal distinção, legítima quando se refere às formas literárias diferentes, não é aceitável por causa do juízo de valor nos confrontos da *alegoria*, acusada de não ser cristã. Na realidade, as exegeses *alegóricas* desse tipo não são raras no Novo Testamento, e se o tempo cristão é sacramental ele comporta, além da dimensão horizontal, uma dimensão vertical que manifesta o fato de que as realidades escatológicas estão já presentes no mundo atual.

A utilização da tipologia na teologia e na pastoral

Em grandes linhas, pode-se dizer que tipologia significa uma ação realmente efetuada, significativa de uma ação futura (*typos*). O valor da tipologia está na medida em que ela exprime claramente que as realidades do passado de Israel são a expressão dos acontecimentos escatológicos realizados no Cristo.

A tipologia é aquilo que inspira a fé como modelo. Objetos, acontecimentos ou personagens servem como paradigmas. Estes se tornam o tipo e apontam para as realidades. Destarte, nós temos o tipo, a saber, uma semelhança

---

3 E é assim utilizada no Mito da Caverna de Platão.

4 A alegoria, normalmente se divide em apólogo, que representa o universo moral, e em parábolas, que são a representação das ideias religiosas ou místicas.

5 "A expressão narrativa alegórica aparece em todo tipo de representação: literária, pictórica, musical, gestual (dança), arquitetônica, escultural... e *nos enredos de escola de samba, como todo mundo sabe!* São peças de literatura alegórica bem conhecidas: a Bíblia, D. Quixote (*Cervantes*), Viagens de Gulliver (*Swift*) e numerosas lendas da mitologia grega, um acervo espetacular de entidades e narrativas alegóricas". Disponível em: <http://ligiacabus.sites.uol.com.br/semiotica/alegoria.htm>.

6 Entre as fraquezas da alegoria está a sua pretensão de dar concretude ao abstrato, pessoalidade ao impessoal, vida, *anima*, ao que é bruto e estático.

dada em pessoa, objetos e eventos que apontam para o futuro. E temos o *antítipo*, que é o cumprimento da realidade prefigurada pelo tipo.

Em teologia, tipologia é uma palavra significativa como hermenêutica para interpretar a história que se forma a partir da revelação de Deus, seja no Antigo como no Novo Testamento. O Antigo Testamento, por exemplo, via a história da eleição como anúncio da intervenção escatológica de Deus. O primeiro êxodo é visto por Is 43,19 como uma nova libertação de Deus para o povo em dificuldades, e será ainda mais gloriosa que a primeira. Um Rei salvador, vindo da estirpe de Davi, é prenunciado por 2Sm 7,12 e Is 11,1 a partir do final dos dias de Davi. Em Dt 18,18, Moisés é o profeta escatológico prenunciando a ação de Jesus.

Nos Evangelhos descobrimos Jesus que tem consciência de cumprir as promessas do Antigo Testamento, realizando-as. Sua atividade terrena presencializa a vinda do Reino de Deus. Curando, ele significa o prenúncio da chegada do tempo da graça que se realiza em sua pessoa e da qual ele é o portador. Pregando o Evangelho, Jesus tem consciência de estar reunindo o povo de Deus no Reino por ele prometido. Jesus foi, pois, o primeiro a utilizar a tipologia, e sua utilização posterior tem nele o primeiro mestre.

A Igreja dos primórdios, principalmente a Igreja latina, pensando sua fé, procurou as fontes do cristianismo entre os meios pagãos e do judaísmo da diáspora. Esse cristianismo "oferece indicadores dessa cultura através da produção exegética, um misto de originalidade e continuidade ao grande cristianismo da Patrística Grega. Tertuliano e São Cipriano herdam a tipologia anterior, tal qual eles a encontram em Justino e Irineu, no Novo Testamento. Encontramos entre estes as principais figuras de Cristo e da Igreja, desenvolvidas, porém, de modo pessoal e profundo. Eles empregam a palavra 'figura' onde encontramos o termo 'typos', comumente utilizado por Justino em *Adversus Marcionem*. Tertuliano utiliza o termo 'alegoria' no mesmo sentido, por causa da exegese paulina desses autores. Em debate, tanto com os pagãos quanto com os judeus, ele utiliza os recursos da exegese sobre a Igreja e sobre o Cristo, advindos da literatura de Justino e até do Pseudo Barnabé".[7]

Com a tipologia você "cicla" e "recicla" a leitura da Escritura, retirando dela toda a riqueza que o Espírito Santo nela colocou ao inspirar o escritor sagrado. Cito, para que você saboreie, um exemplo que você lerá na obra de Jean

---

7   SANTOS, Pedro Paulo. Artigo disponível em <http://www.webartigos.com/articles/39171/1/Imaginario-Viagem-e-Traducao-Uma-pequena-historia-da-traducao-Biblica-na-Antiquidade/pagina1.html>.

Daniélou que tem em mãos. É uma aplicação tipológica do Sl 24(23),7-10 aplicado à Ascensão. Leia, antes, o texto do Salmo para facilitar o aproveitamento da riqueza que dele se retira:

> Portas, levantem seus frontões; elevem-se, portais antigos, pois vai entrar o Rei da glória!
> – Quem é esse Rei da glória?
> – É Iahweh, o herói valoroso! É Iahweh, o herói das guerras!
> Portas, levantem seus frontões; elevem-se, portais antigos, pois vai entrar o Rei da glória!
> – Quem é esse Rei da glória?
> – É Iahweh dos Exércitos! Ele é o Rei da glória![8]

Eis a reflexão tipológica que dele faz Santo Irineu: "Quem deveu subir ao céu, Davi diz em outro lugar: Levantai, príncipes, vossas portas; levantai-vos, portas eternas, e o rei da glória passará. As portas eternas são o céu. Como o Verbo desceu sem ser visível às criaturas, ele não foi reconhecido por elas durante sua descida. Tornado invisível por sua Encarnação, ele se elevou aos céus. Percebendo isso, os anjos gritaram aos que estavam abaixo: Abri vossas portas, elevai-vos, portas eternas, o Rei da glória faz sua entrada. E como os anjos do Altíssimo diziam em sua estupefação: Quem é este? Aqueles que o contemplavam, aclamavam de novo: é o Senhor forte e poderoso, é ele o Rei da glória".[9]

Habituando-se a ler a Palavra de Deus dessa forma, você está retirando dela o que há de melhor para sua saúde espiritual. Justifico, pois, o título que dei a esta introdução: "leitura saudável". Leitura que vai direto ao nosso espírito, fortificando-o e dando-lhe vontade de ler cada vez mais...

2. ALGUNS GRANDES MESTRES DA TIPOLOGIA

De forma rápida e sintética, apresentamos alguns autores da época do cristianismo dos primórdios que utilizaram a tipologia com maestria.

---

8   Cito da edição da *Bíblia Sagrada*, Edição Pastoral. São Paulo: Paulus.

9   IRINEU DE LIÃO. *Demonstração da pregação apostólica*. 84.

Filão de Alexandria

A influência deste autor sobre o cristianismo dos primórdios é indiscutível. Filão de Alexandria é um filósofo judeu helenista que viveu entre 20 a.C. a 50 d.C. Foi contemporâneo de Jesus Cristo, de São Paulo e do cristianismo nascente. Ele é uma testemunha importante do cânon bíblico. Além de sua contemporaneidade com Jesus Cristo, sua vida é testemunho pelo fato de ser judeu e viver em Alexandria, berço do cânon mais extenso do Antigo Testamento. Ademais ele era profundo conhecedor e utilizador das Escrituras.

Filão conservou sempre um profundo compromisso com sua herança cultural judaica e sua crença mosaica. Utilizando livremente as categorias e tradições filosóficas do helenismo platônico, fortaleceu destarte e aprofundou o entendimento da lei de Moisés. Ele evidencia a simbiose cultural acontecida em Alexandria e que vai dar frutos riquíssimos para o cristianismo, como se conhece pela escola teológico-catequética de Alexandria, o *Didaskaléion*.

Filão é valioso testemunho para se compreender a Igreja dos primórdios, seus escritores e escritos. Com efeito, o Novo Testamento foi escrito em grego e por autores que eram judeus, mas que se tornam comprometidos a entender e pregar Jesus Cristo como Senhor. Filão ajuda, com sua reflexão, a compreender as Igrejas primitivas descritas pelo Novo Testamento e que viviam na trama social do mundo helenístico greco-romano. Com efeito, a conservação dos escritos de Filão se deve à ação da Igreja primitiva.

Filão utiliza a interpretação alegórico-tipológica, buscando compatibilizar os ensinamentos dos filósofos com a revelação bíblica. Suas citações provêm da Torá (Pentateuco), citando ainda Josué, Juízes, Samuel, Reis, Isaías, Jeremias, os Profetas Menores Oseias e Zacarias, os Salmos, Jó, Provérbios e o rolo de Crônicas, Esdras e Neemias. Em suas obras contam-se mais de mil citações das Escrituras!

Filão representa a recepção da *exegese helenista* na base da interpretação do *judaísmo* da diáspora. Através do sentido alegórico, ele entendia superar os passos obscuros e abrir a inteligência das Escrituras. A alegoria entendida por Filão era, sobretudo, baseada numa perspectiva vertical: *o sentido literal refere-se ao conteúdo moral, e as realidades terrestres se referem às celestes.*[10]

---

10 Cf. Santos, Pedro Paulo. Artigo disponível em <http://www.webartigos.com/articles/39171/1/Imaginario-Viagem-e-Traducao-Uma-pequena-historia-da-traducao-Biblica-na-Antiquidade/pagina1.html>.

São Paulo

Costumo apresentar Paulo nesta frase: *missionário de Cristo, fundador de comunidades, primeiro teólogo e inspirador dos Santos Padres*. Sem acentuar dados significativos de Paulo, aqui buscaremos analisar o modo como ele utiliza a Escritura em sua pregação e em seus escritos. Convertido alguns anos após a morte de Jesus, o judeu Saulo, já no caminho de Damasco, pelo que podemos entender de suas cartas e dos Atos dos Apóstolos, teve *consciência* de sua missão. Sua conversão significou uma *inversão* do desígnio de Deus como ele o entendia, a saber, a *salvação pela Lei*.

Com sua conversão, Paulo começou a confessar que Jesus, enviado à morte, era uma *realidade vivente*. Mais ainda, Paulo teve de convencer-se de que *Jesus se identificava com seus membros sofredores. A ele deveria aderir como a um Messias e autor da salvação*. Por Jesus ele teria de entrar na comunidade dos crentes, tornar-se *outro* apóstolo de Jesus, não somente para os judeus, mas para os pagãos (cf. At 9,1-30).

Damasco é a *origem* da vocação apostólica de Paulo. No decorrer de mais de quinze anos, que separa o episódio da conversão de sua primeira carta, Paulo pôde meditar profundamente e ter, claramente, a plena consciência de sua vocação de apóstolo dos pagãos. Dentre todos os apóstolos, Paulo é o único que expressa, *de forma clara*, a sua *consciência pessoal apostólica*. É o primeiro escritor do Novo Testamento que utiliza a expressão apóstolo *no singular* e para indicar a si próprio.

Um exemplo da utilização da tipologia por Paulo

Já na Primeira Carta aos Coríntios, o grande escrito de Paulo, ele utiliza o texto do Êxodo para tratar dos fundamentos da vida cristã. O texto por ele citado é um dos mais importantes para o fundamento bíblico da tipologia: "Todos os nossos antepassados estiveram sob a nuvem; todos atravessaram o mar e, na nuvem e no mar, todos receberam um batismo que os ligava a Moisés. Todos comeram do mesmo alimento espiritual, e todos beberam da mesma bebida espiritual, pois bebiam de uma rocha espiritual que os acompanhava; e essa rocha era Cristo. Apesar disso, a maioria deles não agradou a Deus, e caíram mortos no deserto. Ora, esses fatos aconteceram como exemplo para nós" (1Cor 10,2-6). Não precisamos sublinhar mais fortemente a relação da travessia do Mar Vermelho com o batismo. A saída do Egito já é um batismo. As duas realidades têm uma mesma significação. Elas marcam o fim da servidão do pecado e a entrada em uma existência nova. Aliás, a relação da travessia do Mar Vermelho com o batismo, em São Paulo, parece bem estar em uma linha de interpretação que era a do judaísmo de seu tempo.

Outros exemplos desse porte e importância podem ser lidos na obra que você tem em mãos.

Justino de Roma

A apresentação de Justino é significativa, pois sua origem pagã, sua conversão e sua vida cristã mostram a grandeza e a forma de agir e de pregar a doutrina da comunidade que o acolheu. Com efeito, é a vida dos cristãos, conforme as palavras do mesmo Justino, que o conduz à conversão. Nasceu na Palestina, por volta do ano 100. Em 130, na cidade de Éfeso, ele se encontra com a comunidade cristã e narra sua admiração: "Eu mesmo, quando seguia as doutrinas de Platão, ouvia as calúnias que corriam contra os cristãos. Ao ver, porém, sua impavidez diante de tudo o que comumente se julga ser espantoso, pensei ser impossível que fossem pessoas malvadas e entregues ao prazer. Pois uma pessoa amante do prazer, uma pessoa intemperante, alguém que julga ser bom devorar carne humana, aceita receber alegremente a morte que o priva de tudo aquilo que julga ser bem? Seria natural que procurasse prolongar indefinidamente a vida presente e não sonhar em se denunciar para morrer!".[11]

Convertido, ele não abandona a vida de filósofo. O Papa João Paulo II vai definir essa face de Justino de modo lapidar, definindo-o "pioneiro de um encontro positivo com o pensamento filosófico, mesmo se no sinal de um cauto discernimento". Com efeito, continua o Papa, "mesmo conservando depois da conversão grande estima pela filosofia grega, afirmava com vigor e clareza que tinha encontrado no cristianismo 'a única filosofia segura e proveitosa'".[12] Em 138, sendo imperador Antonino Pio (138-161), muda-se para Roma. Aí ele funda uma escola filosófica, na qual entravam cristãos que desejassem aprofundar a sua instrução e também pagãos. Sua vida incomodou em Roma e ele

---

11   Ruiz Bueno, Daniel. *Acta de los Martires*. BAC 75 (Madrid 1961) 303.

12   *"Diálogo com Trifão"*. 8, 1. In: *Fides et ratio*, 38; apud Bento XVI, "Homilias semanais". Disponível em: <http://blog.bibliacatolica.com.br/historia-da-igreja/sao-justino-de-roma/>.

PREFÁCIO

foi condenado à morte. De seu martírio possuímos as Atas autênticas. Estamos no ano de 165, sendo imperador Marco Aurélio e Rústico prefeito da Urbe de Roma.

De Justino possuímos as duas Apologias: a primeira dirigida a Antonino Pio e a segunda a Marco Aurélio. Há, além disso, o *Diálogo com Trifão*, um judeu com quem ele discute a fé. A *Primeira Apologia* foi escrita entre 150-155. Nela ele refuta as acusações lançadas contra os cristãos, provando a divindade de Jesus Cristo com as profecias do AT. A *Segunda Apologia*, considerada pela crítica como um apêndice da primeira, ele a teria escrito por volta do ano 161.

O *Diálogo com Trifão* retrata a conversa de Justino com o judeu homônimo, hoje identificado com o célebre rabino Tarfão, seu contemporâneo. A obra, grande e volumosa, mostra a evolução intelectual de Justino. Prova, ainda, o valor meramente cerimonial das leis judaicas. Diz, também, que a adoração de Jesus não repugna ao monoteísmo. O final do *Diálogo* prova que também os pagãos são chamados à Igreja.

As obras de Justino mostram seu espírito de pesquisador da verdade, seu caráter generoso e aberto. Provam, outrossim, seu espírito audaz, a ponto de dar a vida pela verdade. Foi fiel ao seu lema: "Quem pode dizer a verdade e não a diz, será julgado por Deus". Afirmava ele: "se o Antigo Testamento tende para Cristo como a figura orienta para a realidade significada, a filosofia grega tem também por objetivo Cristo e o Evangelho, como a parte tende a unir-se ao todo. E diz que essas duas realidades, o Antigo Testamento e a filosofia grega, são como os dois caminhos que guiam para Cristo, para o *Logos*".[13]

Com Justino, pela primeira vez a filosofia entra em contato direto com a Revelação, no intuito de torná-la acessível à razão. Com a utilização da tipologia, Justino dá os primeiros passos de uma *doutrina teológica*. Seu trabalho será retomado por Clemente de Alexandria, Orígenes e levado à perfeição por Agostinho e Tomás de Aquino, dos quais é modesto precursor.

Seus escritos testemunham a *tradição da Igreja*. Neles se afirma, com efeito, a unidade da Igreja, a veneração pela memória dos apóstolos, a divindade de Jesus Cristo e a sua missão redentora. Com ele, pela primeira vez, aparece o paralelo Eva-Maria, ilustrando o papel desta na História da Salvação. Justino testemunha ainda a prática batismal e a tradição da ceia eucarística.

---

13 Cf. BENTO XVI. "Homilias semanais" Disponível em: <http://blog.bibliacatolica.com.br/historia-da-igreja/sao-justino-de-roma/>.

Orígenes

Orígenes, também chamado *Adamâncio*, o homem de aço ou de diamante, nasceu provavelmente em Alexandria, por volta do ano 165, de uma família cristã. Seu pai, Leonides, deu-lhe uma educação particularmente aprofundada em língua grega e nas ciências bíblicas. Em 202, durante a perseguição de Septímeo Severo, seu pai foi martirizado e os bens da família foram confiscados. Orígenes abriu uma escola de gramática para poder manter a mãe e os seis irmãos menores. Enquanto a perseguição continuava sua obra, o bispo Demétrio confiou-lhe a formação dos catecúmenos. Nessa época a perseguição continuava ferrenha com a intervenção dos prefeitos do Egito. Orígenes cumpriu a dúplice função de professor de catequese e de letras. Quando sua família não precisou mais de seus cuidados, dedicou-se somente à de catequista.

Com trinta anos começa a escrever, incitado por Ambrósio, rico senhor, a quem ele reconduzira à vida da Igreja. Conquista um grande prestígio como catequista e teólogo, que o levará a fazer constantes viagens a serviço da fé cristã.

Sua ação intelectual, ele a exerceu como um verdadeiro sacerdócio. Contribuiu para criar um modo totalmente novo de fazer teologia. Foi um "mestre" verdadeiro, e como tal o recordavam com saudades e emoção os seus alunos. Ele não era só um brilhante teólogo, mas uma testemunha exemplar da doutrina que transmitia. "Ele ensinou", escreve Eusébio de Cesareia, seu biógrafo entusiasta, "que o comportamento deve corresponder exatamente às palavras e foi sobretudo por isso que, ajudado pela graça de Deus, induziu muitos a imitá-lo".[14]

Metodologia origeniana na leitura da Bíblia

A grandeza da herança que Orígenes lega para a posteridade consiste justamente no respeito profundo pela Escritura. Ele convida a passar das palavras ao espírito da Bíblia, passagem essa que se realiza mediante uma *"tríplice leitura"* dela.

---

14 Eusébio de Cesareia. *Historia Ecclesiastica*. 6, 3, 6. As ideias são retiradas de Bento XVI. "Homilias semanais". Disponível em: <http://webcache.googleusercontent.com/search?q=cache:http://www.veritatis.com.br/patristica/biografias/170-origenes-de-alexandria>.

PREFÁCIO

O *primeiro passo* consiste na leitura com a intenção de verificar do melhor modo possível o texto bíblico. O resultado dessa leitura consiste em *conhecer realmente o que está escrito e conhecer o que essa escritura pretendia intencional e inicialmente dizer*. O fruto de um trabalho desse gênero Orígenes nos legou. São as *Hexapla*, o texto em seis colunas, a primeira grande sinopse bíblica. Na primeira coluna estava o texto hebraico. A seguir, o texto hebraico transliterado em caracteres gregos. Posteriormente, quatro diversas traduções gregas. Tudo isso ele fez por fidelidade, visando conhecer exatamente o que está escrito e o texto como tal.

O *segundo passo* é a leitura sistemática da Bíblia. Deve ser feita com grande rigor, visando conhecer bem o que os autores sagrados queriam dizer.

A interpretação sistemática consiste no *terceiro passo*. Essa interpretação é feita mediante o respeito às *três dimensões* do sentido da Escritura. A *dimensão literal*, ou a letra da Palavra de Deus. Por mais precisa que seja, essa dimensão esconde profundidades que não se veem num primeiro momento. A seguir, vem a *dimensão moral*, a saber, o que devemos fazer vivendo a Palavra. Tudo conduz para a *dimensão espiritual*, que dá unidade à Escritura: a descoberta de Cristo pela ação do Espírito Santo. É ele que nos faz compreender o conteúdo cristológico e a unidade da Escritura em sua diversidade.

A metodologia de Orígenes concretiza-se no *Método da lectio divina*, da qual ele foi criador. Na Carta a Gregório, Orígenes diz como se deve agir: "Dedica-te à *lectio* das divinas Escrituras; aplica-te a isso com perseverança. Compromete-te na *lectio* com intenção de acreditar e de agradar a Deus. Se durante a *lectio* te encontrares diante de uma porta fechada, bate e abrir-te-á aquele guardião, do qual Jesus disse: 'O guardião abri-la-á'. Aplicando-te assim à *lectio divina*, procura com lealdade e confiança inabalável em Deus o sentido das Escrituras divinas, que nelas se encontra com grande amplitude. Mas não deves contentar-te com bater e procurar: para compreender as coisas de Deus é-te absolutamente necessária a *oratio*. Precisamente para nos exortar a ela o Salvador nos disse não só: 'Procurai e encontrareis', e 'Batei e vos será aberta', mas acrescentou: 'Pedi e recebereis'".[15]

Para um correto aprendizado da metodologia que propõe, Orígenes traz o exemplo das nozes, na Homilia sobre Números 9,7. A Sagrada Escritura, diz ele, deve ser respeitada precisamente no sentido histórico. Mas esse sentido

---

15   Carta a Gregório 4; apud BENTO XVI. "Homilias semanais". Disponível em: http://webcache.googleusercontent.com/search?q=cache:http://www.veritatis.com.br/patristica/biografias/170-origenes-de-alexandria>.

19

transcende-nos para Cristo, na luz do Espírito Santo, e mostra-nos o caminho de como viver. "Assim é a doutrina da Lei e dos Profetas na escola de Cristo. Amarga é a casca, que é como a letra; em segundo lugar, chegarás à semente, que é a doutrina moral; em terceiro encontrarás o sentido dos mistérios, do qual se alimentam as almas dos santos na vida presente e na futura."[16]

A vivência da Escritura forma a Igreja enquanto comunhão dos fiéis cristãos. Estes, por um lado, com o "lado cingido" e as "vestes sacerdotais", isto é, a pureza e a honestidade da vida, por outro com a "lanterna sempre acesa", isto é, a fé e a ciência das Escrituras, configuram-se como as condições indispensáveis para a prática do sacerdócio universal, que exige pureza e honestidade de vida, fé e ciência das Escrituras.

Para Orígenes, a Bíblia inteira é um testamento de amor. Diz ele: "Eu não chamo à Lei 'Antigo Testamento', se a compreendo no Espírito. A Lei torna-se um 'Antigo Testamento' só para aqueles que a desejam compreender carnalmente", isto é, detendo-se no sentido literal. Mas "para nós, que a compreendemos e aplicamos no Espírito e no sentido do Evangelho, a Lei é sempre nova, e os dois Testamentos são para nós um novo Testamento, não por causa da data temporal, mas pela novidade do sentido... Ao contrário, para o pecador e para quantos não respeitam o pacto da caridade, também os Evangelhos envelhecem".[17]

A atividade de Orígenes enquanto mestre espiritual e intérprete da Escritura cria escola na antiguidade e tem reflexos na vida pastoral de hoje. "Sobressai imediatamente o 'papel primordial' desempenhado por Orígenes na história da *lectio divina*. O Bispo Ambrósio de Milão, que aprenderá a ler as Escrituras com as obras de Orígenes, depois introduzirá sua metodologia no Ocidente, para a entregar a Agostinho e à tradição monástica sucessiva".[18]

Concluindo

Apresentamos alguns escritores antigos ligados à utilização da tipologia como método para viver a Escritura e fazer dela princípio de vida. Poderíamos continuar...

---

16 *Homilia do Livro dos Números* 9, 7; apud Bento XVI. "Homilias semanais". Disponível em: <http://webcache.googleusercontent.com/search?q=cache:http://www.veritatis.com.br/patristica/biografias/170-origenes-de-alexandria>.

17 *Homilia do Livro dos Números* 9, 4; apud Bento XVI. Idem.

18 Bento XVI. Idem.

Nosso propósito inicial era tratar algo da Escola da Capadócia e de dois escritores latinos, Ambrósio e Agostinho. Iríamos, contudo, tornar muito longa esta parte e, quiçá, fazer perder a sua ligação com uma busca de atualização, como exporemos a seguir. Falaríamos dos Capadócios, pois a outra escola oriental do IV século, a Escola de Antioquia, não era adepta da tipologia e postulava, grosso modo, a interpretação literal da Escritura. Contudo, é bom que se diga, tanto os Capadócios como Ambrósio e Agostinho são dependentes de Orígenes. Ambrósio, grande bispo do final do quarto século, que morreu em 396, em seus escritos, se lidos de modo geral, mostra uma mudança radical no seu pensamento após o encontro com as Homilias sobre o Cânticos dos Cânticos e a interpretação tipológica de Orígenes. Agostinho, professor de filosofia e pensador arguto, fica encantado com as pregações de Ambrósio. Este já é o pregador maduro e seguro que sabe criar espaço para o turbamento de Agostinho. As homilias de Ambrósio conduzem-no a buscar a verdade que culmina em sua conversão e posterior crescimento intelectual, até tornar-se um dos maiores mestres do cristianismo de todos os tempos.

3. COMO UTILIZAR HOJE A TIPOLOGIA

Sendo a tipologia *a ciência da correspondência entre os dois Testamentos*, buscamos nessa parte considerar alguns princípios fundamentais para utilizar corretamente essa ferramenta de crescimento na fé, seja pessoal como comunitária. Dessa forma, poderemos retirar da leitura meditada da Sagrada Escritura toda a graça que nela se encontra. "Deus passeia nas páginas da Bíblia", já dizia Ambrósio de Milão. Seremos, então, companheiros de Deus nessa caminhada.

Unidade dos dois Testamentos

O Antigo e o Novo Testamento são uma só unidade de amor. Um correto uso da tipologia conduz o crente a viver a Bíblia como um livro único. Recordemo-nos de Orígenes que afirmava que a Bíblia inteira é um testamento de amor. É bom relembrar sua certeza: "Eu não chamo à Lei 'Antigo Testamento', se a compreendo no Espírito. [...] a Lei é sempre nova, e os dois Testamentos são para nós um novo Testamento, não por causa da data temporal, mas pela novidade do sentido".

O ponto de partida é o Antigo Testamento

Essa afirmação baseia-se na certeza dos profetas de que Deus realizaria, no futuro, obras semelhantes e mesmo maiores do que as que havia feito no passado. O israelita piedoso acreditava que haveria um novo dilúvio. Com a destruição do mundo pecador, um resto seria salvo e com ele começaria uma nova humanidade. Aconteceria também um novo êxodo. Por meio dele Deus libertaria, por seu poder, a humanidade escrava dos ídolos. Então o seu povo libertado seria introduzido em um novo paraíso.

Uma afirmação de Agostinho dá sentido à consideração do Antigo Testamento como ponto de partida para o Novo. Diz ele: "O Antigo Testamento é o véu do Novo Testamento, e no Novo Testamento manifesta-se o Antigo".[19]

Em Jesus se realizam todas as promessas de Deus

Descobrimos, então, que os gestos de Cristo estão carregados de reminiscências bíblicas. E é ela, a Bíblia, que nos dá a verdadeira significação deles. Assim confessamos que em Jesus já se realizaram os acontecimentos do final, da plenitude dos tempos. Sendo o Novo Adão (Mc 1,13), Jesus faz chegar os tempos do novo paraíso. Em Jesus Cristo o Pai reconciliou consigo a humanidade mediante a destruição do mundo pecador. Por sua Igreja ele salva do novo dilúvio. Atravessando a piscina do batismo, o povo realiza o novo e verdadeiro Êxodo. O novo povo de Deus torna-se livre da tirania do Satanás, cumprindo a profecia de Is 43,19: "Ele traçará um caminho para o seu povo no deserto, uma trilha nas águas ácidas".

Uma tipologia sacramentária ao lado da tipologia cristológica

A pregação apostólica se valeu da tipologia para estabelecer a verdade da mensagem de Jesus Cristo. Com efeito, os apóstolos consideraram-se herdeiros da pregação de Jesus e seus continuadores. Uma certeza os conduzia e foi bem expressa por São Paulo: "Estas coisas aconteceram em figura (τυπικώς) e foram escritas para a nossa instrução" (1Cor 10,11). Essa confiança, que o Apóstolo Paulo chama de *consolação das Escrituras* (cf. Rm 15,4), leva o crente

---

19   SANTO AGOSTINHO. *De catechizandis rudibus*. 4, 8. [Trad. bras.: *A instrução dos catecúmenos*. Petrópolis: Vozes, 1984. (Fontes da catequese, 7.)]

PREFÁCIO

a ver também na vida da Igreja os tempos escatológicos, definitivos. Na vida da Igreja, mediante a vivência dos sacramentos, continua a ação do Espírito "fazendo novas todas as coisas" (Ap 21,6).

Os sacramentos da Igreja estão prefigurados no Antigo e no Novo Testamento

O Novo Testamento é a confirmação de todas as promessas de Deus vivenciadas nos sacramentos. Assim, exemplificando, o Evangelho de João já apresenta no maná uma figura da eucaristia. Já mencionamos o texto de 1Cor 10,2-6. Trata-se da travessia do Mar Vermelho e que revela o batismo em particular e os sacramentos em geral. Conforme já afirmamos, esse texto é um dos mais importantes para a fundamentação bíblica da tipologia.

A eucaristia é o sacramento-síntese

O Novo Testamento tinha como objetivo demonstrar que o alimento escatológico está presente, pela eucaristia, na Igreja. Paulo afirma essa presença-graça. Por esse alimento espiritual foram sustentados nossos pais no deserto. "Ora, esses fatos aconteceram como exemplo para nós" (1Cor 10,6). O mesmo ensinamento está no Evangelho de São João, recordando as mesmas palavras de Jesus Cristo: "Os pais de vocês comeram o maná no deserto e, no entanto, morreram. Eis aqui o pão que desceu do céu: quem dele comer nunca morrerá. E Jesus continuou: Eu sou o pão vivo que desceu do céu. Quem come deste pão viverá para sempre" (Jo 6,49-51). Descobrimos, então, que a figura eucarística do maná faz parte não somente da tradição perene da Igreja, mas do próprio ensinamento de Cristo.

A perenidade da aliança, sempre nova e eterna

O amor de Deus é de sempre e para sempre. Há uma continuidade maravilhosa entre o ensinamento dos profetas do Antigo Testamento e a fé da Igreja do Apocalipse. Deus fizera uma aliança de amor com Israel no deserto. Oseias refina esse tema de forma inigualável: "Eu a conduzirei ao deserto e lhe falarei ao coração" (Os 2,16). Entra em cena a grandeza da utilização de um dos livros mais maravilhosos e humanos da Bíblia: o Cântico dos Cânticos.

De Orígenes a Agostinho, passando pelos Capadócios, esse livro conduz às afirmações perenes do Apocalipse: "Vi também descer do céu, de junto de Deus, a Cidade Santa, uma Jerusalém nova, pronta como esposa que se enfeitou para o seu marido" (21,2). Essas núpcias escatológicas realizadas pela Encarnação do Verbo estabelecem a aliança indissolúvel com a natureza humana (Jo 3,29).

Jesus Cristo, o eterno repouso para quem o busca

"Vinde a mim, todos os que estais cansados e sobrecarregados, e eu vos aliviarei. Tomai sobre vós o meu jugo e aprendei de mim, porque sou manso e humilde de coração; e achareis descanso para a vossa alma. Porque o meu jugo é suave, e o meu fardo é leve" (Mt 11,28-30). Deus não criou a humanidade para a servidão, e sim para viver com ele a certeza de uma vida plena. Com a teologia do *shabat*, descobrimos que a bênção do paraíso não foi retirada do horizonte da humanidade. O *shabat* é símbolo da duração sagrada da promessa de Deus, realizada em plenitude por todos os que buscam Jesus Cristo. O verdadeiro repouso, do qual tem sede a alma, não é a cessação do trabalho, das angústias e fracassos da vida, mas *a cessação do pecado*. Mas a patrística vai conhecer uma superação do *shabat*, com a teologia do oitavo dia. Ele é também o primeiro da aliança eterna e definitiva, inaugurada na Páscoa de Jesus Cristo e corroborada com sua Ascensão e envio do Espírito no dia de Pentecostes. Este é figura do século futuro e da futura ressurreição.

4. CONSIDERAÇÕES FINAIS: UM ESPÍRITO NOVO PARA A RENOVAÇÃO DA VIDA

O uso da tipologia na reflexão teológica e na vida espiritual dos cristãos e cristãs de todos os tempos não é novidade. Contudo, esse uso pode-se constituir numa saudável experiência para a recuperação de nossa vivência bíblica, litúrgica e espiritual.

A fonte de toda a espiritualidade é o batismo. A água que nos purifica e regenera transforma-se em nós numa fonte de vida para a eternidade. O novo nascimento agrega-nos à família dos filhos e filhas de Deus. Vivenciamos o que Tertuliano, um cristão do início da Igreja – ele morreu em 202 – já proclamava: "Vós sois abençoados quando saís do banho santíssimo do novo

nascimento, e rezais pela primeira vez junto de vossa Mãe com vossos irmãos e irmãs". Há uma profunda e indissolúvel ligação entre a maternidade da Igreja e o batismo.

A dinâmica da tipologia conduz-nos a recuperar a *memória* histórica de nossas vidas. Vamos redescobrindo a grandeza da *nossa herança*. Muitas vezes os cristãos e cristãs ficamos extasiados diante de certas manifestações religiosas e sentimo-nos tristes, quiçá até mesmo com inveja... A razão é simples: estamos desmemoriados. Não conhecemos a herança que nos foi legada em Jesus Cristo. Nosso passado é glorioso!

Sabedores que temos um passado rico, profundo, maravilhoso, readquirimos forças no *presente*. É o segundo momento dessa redescoberta tipológica. Nosso presente é de homens e mulheres livres, amados com ternura pelo Pai, o Filho e o Espírito Santo. O mesmo Tertuliano nos ajuda a compreender o que significa ser livre. "Quando o povo, deixando livremente o Egito, escapa ao poder do rei do Egito e passando através da água esta extermina o rei e todo o seu exército. O que mais poderia ser uma figura tão clara do batismo? As nações do mundo são libertadas. Isto pela água, e elas abandonam o diabo que as tiranizava anteriormente, que foi destruído na água". O nosso presente é sustentado pelos dons eminentes que recebemos – o batismo e a confirmação e a santa eucaristia. Aqui é Santo Ambrósio quem nos exorta: "O povo, purificado e enriquecido dos dons eminentes (eles são o batismo e a confirmação) põe-se em marcha para os altares, dizendo: eu irei ao altar de Deus, do Deus que alegra minha juventude. Tendo removido os vestígios do antigo erro, renovado pela juventude da águia, ele se apressa para aceder a este banquete celeste. Ele entra então e, vendo o santo altar preparado, ele clama: 'Tu preparaste uma mesa diante de mim'".

Essa vivência de cada dia é uma antevisão do futuro. Não caminhamos para o nada como animais irracionais. Somos destinados a uma vida gloriosa, já iniciada sob os sinais sacramentais. Mais uma vez descortinamos o que será nossa vida em Cristo, com o Pai, na unidade do Espírito Santo. Nesta parte somos sustentados por São Gregório de Nazianzo, figura maravilhosa de bispo que morreu em 390. Ele fala de nossa vida utilizando o simbolismo processional. Compara a vida cristã iniciada no batismo como a prefiguração do céu, para onde caminhamos unidos a nossos irmãos e irmãs.

A revitalização bíblica, litúrgica, sacramental e teológica do Concílio Vaticano II conduziu a Igreja a redescobrir a imensa riqueza do seu passado. Com coragem, deu os passos para a sua recuperação no presente. As consequências benéficas não se fizeram esperar em todos os campos da vida cristã. A Bíblia, lida, meditada, rezada e vivida voltou ao seu espaço central nas comunidades, que redescobriram o valor da *lectio divina* como um itinerário para ler a Palavra de Deus permanecendo em constante diálogo com ele. Tal itinerário segue passos precisos: a *lectio* (ler), a *meditatio* (deixar-se questionar), a *oratio* (rezar *sobre* e *a partir de*) e finalmente a *contemplatio* (deixar-se transformar). Numa realidade como a nossa, em que há tanto a fazer, pode-se e, a meu ver, deve-se acrescentar um quinto passo dinâmico, a *actio* (a ação concreta).

A liturgia reviveu sua dinâmica trinitária, como celebração dos mistérios da vida de Cristo, vividos na força do Espírito, por uma comunidade a caminho do Pai. A catequese superou sua ação eminentemente mnemônica, para se tornar profundamente mistagógica. Os mistérios de Cristo, da Igreja e dos seus sacramentos são atualizados concretamente, dando origem a comunidades comprometidas em sua vida concreta, moral e social.

A leitura tipológica, enquanto prática pastoral e espiritual, gera um espírito renovado em quem a utiliza, seja a pessoa como a comunidade. Redescobrimos nosso passado glorioso, o presente de lutas e vitórias e a destinação a uma herança imperecível no céu. Nessa dinâmica, estamos recuperando as dimensões mistérica, litúrgica, eclesial de toda a vida cristã.

5. DADOS SOBRE O AUTOR E O LIVRO

No ano de 1942, dois desbravadores, Henri de Lubac (1896-1991) e Jean Daniélou, jesuítas, criam a coleção *Sources Chrétiennes*. Em plena Segunda Guerra Mundial eles acreditaram na força do conhecimento dos Padres da Igreja para a recuperação da teologia e da espiritualidade cristãs. *A Vida de Moisés*, de Gregório de Nissa, em 1943, abre a série das publicações. A escassez do papel, devido à guerra, obriga os editores a publicarem a obra sem sua primeira parte e sem o texto grego. A coleção, fruto sazonado dessa intuição profética, já publicou mais de 500 volumes. No ano de 2009 foi inaugurado em Brescia, terra de Paulo VI, o Instituto Internacional Paulo VI. Na ocasião o Papa Bento XVI entregou à *Sources Chrétiennes* o Prêmio Internacional Paulo VI, considerado o Nobel Católico. A intuição dos fundadores da coleção sacia nas fontes cristãs, há mais de 70 anos, as gerações sequiosas da água da tradição dos Padres.

PREFÁCIO

Filho de Charles Daniélou, um deputado anticlerical da 3ª República francesa, e de Madeleine Daniélou, uma cristã convicta, Jean nasceu no dia 14 de maio de 1905, em Neuilly-sur-Seine. Após ter-se formado em Letras pela Sorbonne, em 1927, Daniélou entrou na Companhia de Jesus, em 1929. Fez teologia na Universidade Católica de Lião e foi ordenado sacerdote em 24 de agosto de 1938. Voltou a Paris para iniciar o seu doutorado no Instituto Católico. Antes de concluir sua tese, publicou a obra *Le Signe du Temple ou de la Présence de Dieu*. O seu interesse intelectual e acadêmico foi, desde então, os Padres da Igreja. Sua tese doutoral sobre Gregório de Nissa marcou um itinerário todo voltado a eles. A partir de 1944, nós o encontramos como professor de História das Origens do Cristianismo no Instituto Católico de Paris.

Em 1961 foi feito decano da Faculdade de Teologia do mesmo Instituto. Com o início do Concílio Vaticano II, Daniélou estava entre os "peritos", trabalhando fecundamente no Documento *Gaudium et Spes*. Após o Concílio foi eleito bispo e posteriormente cardeal. Em 1972 tornou-se membro da Academia Francesa, vindo a falecer em 1974.

Daniélou contribuiu fortemente para o aprofundamento dos estudos litúrgicos. *Bíblia e liturgia* (1950) surge no período de seu magistério como professor de História das Origens do Cristianismo, em Paris. A obra coloca-se no início de suas produções e contribui fortemente para um regresso às fontes histórico-patrísticas do cristianismo.

Ao publicar esta obra, ainda hoje vigorosa em suas intuições, Paulinas não age anacronicamente. Ao contrário, ajuda todas as pessoas interessadas na recuperação bíblico-litúrgico-sacramental da Igreja a encontrar respostas para tantas interrogações que surgem em cada momento de suas existências.

A introdução a seguir, da pena do próprio Daniélou, mostra a obra, o seu valor na época em que ele a escreveu e no momento atual da caminhada da Igreja.

Geraldo Lopes *

---

* Graduou-se em Filosofia e Pedagogia no Centro Universitário Salesiano, doutorou-se em Teologia Sistemática e Histórica na Pontifícia Universidade Salesiana de Roma. Desde 1973 exerce o magistério em Teologia e Patrística em vários cursos de Teologia no Brasil e no exterior, principalmente em Angola e no Congo Democrático.

Introdução

A teologia define os sacramentos como sinais eficazes. Este é o sentido do adágio escolástico: *Significando causant*. Contudo, nossos manuais modernos insistem, quase que exclusivamente, sobre o segundo termo dessa definição. Estuda-se a eficácia dos sacramentos, preocupando-se pouco da sua significação. Os capítulos deste livro serão consagrados a esse aspecto. Seu objeto será a significação dos ritos sacramentais e, de um modo mais geral, do culto cristão. Esse estudo não quer satisfazer somente nossa curiosidade. Também a pastoral litúrgica está em jogo. Os ritos dos sacramentos aparecem frequentemente como artificiais e mesmo chocantes aos fiéis porque não são bem compreendidos. Somente compreendendo bem sua significação é que se dará a eles o seu justo valor.

Não era assim na Igreja antiga. A explicação dos ritos sacramentais ocupava um lugar importante na formação dos fiéis. Destarte, a semana de Páscoa, que se seguia ao batismo e à comunhão dada aos convertidos na noite do Sábado Santo, era consagrada à explicação dos sacramentos para as pessoas que os tinham recebido. No fim do IV século, Etéria assistiu às cerimônias do tempo pascal em Jerusalém; recorda-nos o último sermão da quaresma feito pelo bispo, dizendo aos catecúmenos: "Para que não estimeis que nada do que se realiza é sem significação, quando tiverdes sido batizados em nome de Deus, durante os oito dias de Páscoa, após a missa, nós vos falaremos na Igreja".[1] Ademais, por ocasião de cada festa do ano litúrgico comentava-se o seu sentido durante as homilias.

Essencialmente, a base de nosso estudo vai ser esse ensinamento dos primeiros séculos cristãos. Trata-se, pois, de um estudo simbólico do culto cristão

---

1   ÉGÉRIE (Ex-Éthérie). *Journal de voyage et Lettre sur la Bienheureuse Egérie*. XLVI, 5; trad.: M. Pierre MARAVAL, SC 296 [21]. Du Cerf, 1982 (reimp. 2002). [Tradução brasileira: *Peregrinação de Etéria*: liturgia e catequese em Jerusalém no século IV (trad.: Frei Alberto BECKHÄUSER). Petrópolis: Vozes, 2004.]

Bíblia e Liturgia

nas obras dos Padres da Igreja. Estudaremos, sucessivamente, o simbólico dos três principais sacramentos: batismo, confirmação e eucaristia; depois o da semana e do ano litúrgico. Antes, porém, de entrar no detalhe das interpretações patrísticas, é necessário precisar, primeiramente, os princípios nos quais eles se inspiram. Essa visão simbólica não depende de um capricho particular. Ela constitui uma tradição comum que remonta à idade apostólica. O que mais chama a atenção em tal tradição é seu caráter bíblico. Quer leiamos as cate

queses sacramentárias ou admiremos as pinturas das catacumbas, é sempre o caráter bíblico que sobressai antes de tudo. As figuras dos sacramentos são Adão no paraíso, Noé na arca, Moisés atravessando o Mar Vermelho. Antes de tudo, vamos buscar a significação e a origem dessa apresentação simbólica.

* * *

Eis um dos princípios da teologia bíblica: as realidades do Antigo Testamento são figuras daquelas do Novo Testamento. A ciência das correspondências entre os dois Testamentos chama-se *tipologia*.[2] É bom recordar o seu fundamento: o ponto de partida é sempre o Antigo Testamento. Com efeito, no tempo do cativeiro os profetas anunciaram ao povo de Israel que Deus realizaria para ele, no futuro, obras análogas, e ainda maiores do que aquelas que havia feito no passado. Dessa forma, haverá um novo dilúvio que destruirá o mundo pecador; um resto será preservado para inaugurar uma humanidade nova. Acontecerá um novo êxodo no qual Deus libertará, por seu poder, a humanidade cativa pelos ídolos; e haverá um novo paraíso, onde Deus introduzirá o seu povo libertado.[3] Estas constituem uma primeira tipologia que pode ser chamada escatológica, pois os profetas dizem que tais acontecimentos futuros acontecerão no final dos tempos.[4]

Portanto, o Novo Testamento não inventou a tipologia. Demonstrou somente que ela se realizou na pessoa de Jesus de Nazaré.[5] Em Jesus, com efeito, realizaram-se os acontecimentos do final, da plenitude dos tempos. Ele é o Novo Adão que fez chegar os tempos do novo paraíso. Nele já se realizou a

---

2   Este é o termo ao qual se referem atualmente todos os exegetas. Cf. Coppens, Joseph. Les Harmonies des deux Testaments. *Essai sur les divers sens des Écritures et sur l'unité de la Révélation*. Tournai: Casterman, 1949. p. 98.

3   Cf. Daniélou, Jean. *Sacramentum futuri*. Paris: Beauchesne, 1950. p. 1-250.

4   Cf. Feuillet, A. "Le messianisme du livre d'Isaïe". In: *Recherches de Science Religieuse* [R.S.R.], 1949, 183; daqui em diante citaremos R.S.R.

5   "A única coisa que é especificamente cristã na exegese patrística do Antigo Testamento é a aplicação a Cristo" (Riesenfeld, Harald. *The Resurrection in Ezechiel XXXVII and in the Dûra-Europos paintings*. Uppsala: Lundquistaska, 1949. p. 22).

Introdução

destruição do mundo pecador que o dilúvio figurava. Nele cumpriu-se o verdadeiro êxodo, que livra o povo de Deus da tirania do Satanás.[6] A pregação apostólica utilizou a tipologia como argumento para estabelecer a verdade de sua mensagem,[7] mostrando que Cristo continua e ultrapassa o Antigo Testamento: "Estas coisas aconteceram em figura (τυπικῶς) e foram escritas para a nossa instrução" (1Cor 10,11). É isso que São Paulo chama a *consolatio Scripturarum* (Rm 15,4). Mas os tempos escatológicos não são somente os da vida de Jesus. São também os da Igreja. Deste modo, a tipologia escatológica do Antigo Testamento não é somente realizada na pessoa de Jesus, mas também na Igreja. Há, pois, uma tipologia sacramentária ao lado da tipologia cristológica. Essa tipologia sacramentária nós já a encontramos no Novo Testamento. O *Evangelho de João* nos apresenta no maná uma figura da Eucaristia. A *Primeira Carta aos Coríntios* nos apresenta, na travessia do Mar Vermelho, uma figura do batismo. O dilúvio, na *Primeira Carta de Pedro*, é outra figura do batismo. Ademais, está significando que os sacramentos continuam em nosso meio as *mirabilia*, as grandes obras de Deus no Antigo e no Novo Testamento:[8] Dilúvio, paixão, batismo nos apresentam os mesmos procedimentos divinos em três épocas da História Santa e eles próprios estão ordenados ao julgamento escatológico.

Dessa forma, a tipologia sacramentária não é senão uma forma da tipologia em geral, da analogia teológica entre os grandes momentos da história santa. Mas no caso dos sacramentos, surge um problema novo. Com efeito, os sacramentos compreendem dois aspectos. De um lado, há a realidade que se cumpre. E essa realidade está na continuidade das obras de Deus nos dois Testamentos. Mas há ademais o sinal visível, água, pão, óleo, batismo, refeição, unção, por meio do qual o sacramento opera a ação de Deus. Propriamente falando, é isso o sinal, o símbolo sacramental. Como interpretar esses sinais? Existe somente a significação natural do elemento ou do gesto que ele utiliza: a água lava, o pão alimenta, o óleo cura? Ou então há um significado particular?

É aqui que os estudos recentes sobre a história das origens litúrgicas nos ajudam. Com efeito, eles estabeleceram que não era preciso procurar as origens dos sacramentos cristãos no meio helenístico, como se fazia de bom

---

6 Sahlin, Harald. *Zur Typologie des Johannes evangeliums.* Uppsala: Uppsala Universitets Ärsskrift, Lundquisstaska Bokhandeln, 1950. p. 8s.

7 Harris, Rendel. *Testimonies.* I. p. 21.

8 Cullmann, Oscar. *Urchristentum und Gottesdienst.* 2. ed. Zurich: Zwingli, 1950. p. 114.

BÍBLIA E LITURGIA

grado há uns cinquenta anos, mas que essa origem se ligava diretamente à liturgia do judaísmo.[9] Temos, pois, de nos interrogar sobre o significado dos signos utilizados na liturgia do judaísmo para os judeus do tempo de Cristo e para o próprio Cristo. Ora, está bem claro que o espírito dos judeus e o de Cristo estavam inteiramente modelados pelo Antigo Testamento. Em seguida, é na significação para o Antigo Testamento dos diferentes elementos utilizados pelos sacramentos que temos mais chance de encontrar o que eles significam para o Cristo e para os apóstolos. Portanto, teremos lá uma tipologia que não mais conduzirá somente ao conteúdo dos sacramentos, mas à sua própria forma. Tudo isso nos mostrará que é a justo título que nós os vemos figurados pelo Antigo Testamento e também que é por essa mesma razão que eles foram escolhidos pelo Cristo.

A respeito disso damos alguns exemplos. Geralmente interpretamos o rito do batismo como uma infusão de água que lava e purifica. Ora, este não parece ser o sentido mais importante do rito. Duas alusões bíblicas colocam-nos sobre outros caminhos. De um lado a água do batismo é a água que destrói, a água do julgamento. As águas são, com efeito, para a simbólica judaica, um símbolo do poder da morte. A água do batismo é também aquela que engendra a nova criatura. Isso nos envia à simbólica judaica das águas criadoras. Enfim, o batismo judaico já pode ter contido uma alusão à travessia do Mar Vermelho. Pelo que diz respeito à eucaristia, a escolha do pão e do vinho parece conter uma alusão ao sacrifício de Melquisedeque; no quadro da refeição, uma alusão às refeições sagradas do judaísmo, figura do festim messiânico. O tempo pascal contém uma alusão à refeição pascal, símbolo da aliança do povo com Deus.[10] Destarte se descobre como os gestos de Cristo aparecem carregados de reminiscências bíblicas, que nos fornecem sua verdadeira significação.

Esse simbolismo bíblico aparece, pois, constituindo o fundo primitivo, aquele que nos dá a verdadeira significação dos sacramentos em sua instituição original. Seguidamente, no meio helenístico, outros simbolismos, emprestados dos costumes do mundo grego, foram se sobrepondo a esse primeiro fundo. É o caso da imposição do sinal da cruz, a *sphragís*, que deve ser interpretada primitivamente na linha da circuncisão judaica. Mais tarde ela foi comparada à marca com a qual se assinalavam as ovelhas, os soldados ou os

---

9   Cf. em particular, OESTERLEY, W. O. E. *The Jewish background of the christian liturgy*. Oxford: Clarendon Press, 1925; DIX, Gregory. *The shape of the liturgy*. Westminster: Dacre Press, 1946.

10   Mais adiante encontraremos a justificação dessas afirmações.

INTRODUÇÃO

sacerdotes. A pomba, alusão ao Espírito de Deus pairando sobre as águas, foi considerada símbolo da paz. Essas interpretações, contudo, jamais recobriram o embasamento bíblico que os Padres conservaram. Dessa forma, sua sacramentária pode ser considerada como essencialmente bíblica.

Essa referência à Bíblia possui um duplo valor.[11] De um lado, ela constitui uma autoridade, que justifica a existência e a forma dos sacramentos, mostrando que eles já foram prefigurados no Antigo Testamento e que são, pois, a expressão do modo constante do agir de Deus. Segue-se daí que eles não aparecem como acidentes e sim como expressões fiéis do desígnio de Deus. Ademais, essas referências à Bíblia nos fornecem os simbolismos pelos quais originalmente foram concebidos os sacramentos. Eles nos indicam esses diversos significados. Em um primeiro momento, o Novo Testamento os define com as categorias retiradas do Antigo Testamento. Destarte, a tipologia sacramentária introduz-nos em uma teologia bíblica dos sacramentos, que correspondem à sua significação original. A teologia posterior, então, continuará a elaboração. A *sphragís* deve ser interpretada na linha da teologia da aliança, o batismo na do julgamento e da libertação (= redenção), a eucaristia naquela da refeição e do sacrifício.

Destarte se descobre o significado de nossa pretensão. Não nos interessa a teologia pessoal dos Padres. O que nos parece fazer sobressair o valor eminente de sua obra é que através deles nós atingimos a tradição apostólica da qual eles são testemunhas e depositários. Sua teologia sacramentária é uma teologia bíblica. É essa teologia bíblica que todos nos esforçamos para redescobrir. Isso pediremos aos Padres da Igreja, uma vez que eles são os testemunhos da fé do cristianismo primitivo. Essa teologia bíblica é-nos apresentada refletida pela mentalidade helenística. Ela afeta somente a apresentação. Mesmo que o Bom Pastor dos batistérios apareça vestido de Orfeu, não impede que ele seja aquele que Ezequiel anunciou e que João nos mostra realizado no Cristo.

***

Resta-nos dizer algumas palavras sobre as fontes nas quais encontramos essa teologia sacramentária. O período dos três primeiros séculos fornece somente testemunhos fragmentários. Sua antiguidade, contudo, tornam tais testemunhos particularmente preciosos. Se fosse necessário remontar às origens mais antigas dos tratados consagrados ao simbolismo do culto, seria neces-

---

11   Cf. S. Aurelii Augustini opera omnia – editio latina. *De Catechizandis Rudibus liber unus.* 3, 6; *P.L.* 40, 313; [Trad. bras.: Agostinho. *A instrução dos catecúmenos.* Petrópolis: Vozes, 1984. (Fontes da catequese, 7.)]

BÍBLIA E LITURGIA

sário partir do Evangelho de João. Talvez nele se encontre, como pensa Cullmann, uma espécie de catequese pascal comentando os mistérios de Cristo, seja por suas prefigurações bíblicas,[12] seja por seus prolongamentos sacramentais. Mas nós trataremos somente dos Padres da Igreja. Observamos, antes de tudo, que os antigos rituais litúrgicos contêm frequentemente indicações teológicas. É dessa forma que um dos mais antigos, a *Tradição Apostólica*, de Hipólito de Roma, menciona as interpretações da eucaristia que o bispo fazia aos recém-batizados durante a noite pascal, antes de admiti-los à primeira comunhão.[13]

Essas indicações, contudo, são somente ocasionais. Mais importantes são as que encontramos nos tratados explicitamente consagrados aos ritos do culto. Possuímos o de Tertuliano, um pequeno tratado *Sobre o batismo*.[14] É o documento mais antigo no qual estão agrupados, de forma metódica, os diferentes aspectos da teologia batismal. Nele encontramos uma interpretação das figuras do batismo no Antigo Testamento. Os diferentes ritos são enumerados com sua significação. Esse tratado, já conhecido por Dídimo, o Cego, servirá de modelo às obras ulteriores. Quem sabe haveremos de nos admirar pelo fato de não encontrar nada referente à eucaristia. O motivo é a disciplina do arcano. Ela, com efeito, impedia que se revelasse o que dizia respeito aos mistérios. O ensinamento sobre esse ponto não foi conservado.

Provavelmente o domínio mais conhecido da antiguidade é o do ano litúrgico, isto é, essencialmente o do tempo pascal que constituía sua principal festa. A data da Páscoa tinha gerado controvérsias. Isso foi ocasião para que os autores escrevessem a esse respeito. No Egito, recentemente, foram encontrados dois escritos de Orígenes sobre a Páscoa. De outro lado, a festa da Páscoa, que era também a do batismo, era ocasião para homilias, das quais algumas foram conservadas. O *Sermão sobre a Paixão*, de Melitão de Sardes, foi encontrado e publicado por Campbell Bonner.[15] É um texto fundamental sobre a teologia pascal. Da mesma forma o é uma homilia, cuja autoria é, quase certa-

---

12 CULLMANN. *Urchristentum*. Aufl., 1950. p. 38-115.

13 *Tradição apostólica*. 23; HIPPOLYTE DE ROME. *La Tradition apostolique d'après les anciennes versions*.Trad. Bernard BOTTE, SC 11bis. Cerf, 1946. p. 54. [Trad. bras.: Maucyr GIBIN: *Tradição apostólica de Hipólito de Roma: Liturgia e catequese em Roma no século III*. Petrópolis: Vozes, 2004.]

14 TERTULLIEN. *Traité du baptême* (De baptismo). Trad.: M. DROUZY, CSEL 35. Paris: Les Éditions du Cerf, 1952. Há mais duas edições: *P.L.* I, 1198-1224 e *CCL* 1, p. 277-295. Ed. bras.: Tertuliano. *O sacramento do batismo*. Introdução, tradução e notas por Urbano Zilles. Petrópolis: Vozes, 1981. (Padres da Igreja, 3.)

15 *The Homily on the Passion*. MELITO, Bishop of Sardis. Edited by CAMPBELL BONNER. Studies and Documents, University of Pennsylvania Press. Philadelphia, 1940.

INTRODUÇÃO

mente, de Hipólito de Roma, que P. Charles Martin encontrou entre os *spuria* de João Crisóstomo.[16]

Esses, contudo, são dados esparsos. Já o século IV nos traz tratados de conjunto. Com a organização do catecumenato, o uso se espalha com o fato de dar aos novos cristãos uma explicação do sacramento que receberam. Nós temos, então, a possibilidade de possuir algumas dessas catequeses ministradas durante a semana pascal. Elas serão a fonte mais importante para nós. De outro lado, esses documentos pertencem a lugares e tempos diferentes. Os principais são as *Catequeses mistagógicas* de Cirilo de Jerusalém, o *Sobre os mistérios* e o *Sobre os sacramentos* de Santo Ambrósio de Milão, as *Homilias catequéticas* de Teodoro de Mopsuéstia e enfim a *Hierarquia eclesiástica*, do Pseudo Dionísio, o Areopagita. Haveremos de estudá-los sucessivamente.

Sob o nome de Cirilo, bispo de Jerusalém no século IV, possuímos uma coleção de vinte e quatro sermões dirigidos aos catecúmenos de Jerusalém.[17] Os que nos interessam são, antes de tudo, o sermão de introdução, ou *pré--catequese*. Certamente foi pronunciado no primeiro domingo da quaresma. Num primeiro momento, Cirilo recorda que o batismo exige uma conversão e que deve ser recebido com reta intenção. Dá a explicação dos exorcismos. Insiste sobre a importância da assiduidade às catequeses. Recorda que não se deve revelar o conteúdo aos não cristãos. Dá indicações práticas sobre o modo de proceder durante o tempo de espera: lendo ou rezando, mas em voz baixa, para não atrapalhar os demais. Mostra, enfim, a grandeza do batismo e como é importante preparar-se bem para ele. As duas primeiras catequeses tratam da penitência e da misericórdia de Deus. A terceira é importante para nós, pois nos fornece uma doutrina geral do batismo. Cirilo explica que este compreende dois elementos, a água e o Espírito. Explica o porquê da escolha da água. Explica o sentido do batismo de João Batista e as razões pelas quais Jesus foi batizado por ele. As catequeses seguintes comentam o símbolo da fé e contêm poucos elementos de teologia sacramentária.[18]

A seguir estão as cinco catequeses mistagógicas.[19] Contesta-se sua atribuição a Cirilo. Certas razões de crítica externa fazem crer que elas sejam de João

---

16 Texte établi, traduit et annoté par Pierre Nautin, *Sources chrétiennes*, 1951. Cf. Ch. MARTIN. *"Un perì toû Páscha de Saint Hippolyte retrouvé"*. In: *Recherches de Science Religieuse*, (1926) 148-167.

17 P.G. 33, 331-1128.

18 CIRILO DE JERUSALÉM. *Catequeses pré-batismais*. Petrópolis: Vozes, 1978. (Fontes da catequese, 14.) Nesta obra, a *pré-catequese* tem o nome de *catequese preliminar*.

19 CIRILO DE JERUSALÉM. *Catequeses mistagógicas*. Petrópolis: Vozes, 1977. (Fontes da catequese 5.)

de Jerusalém, sucessor de Cirilo. Isso, contudo, não nos importa. Elas são, em todo caso, um documento do IV século.[20] Agora Cirilo dirige-se aos batizados. Explica-lhes a razão pela qual aguardou a chegada desse momento para lhes dar a significação dos ritos sacramentais. Era necessário que tais ritos permanecessem circundados de mistério. Cirilo, então, toma os ritos um após o outro. As duas primeiras catequeses são consagradas ao batismo, a terceira à confirmação e as duas últimas à eucaristia. Percebe-se que, para cada sacramento, Cirilo trata em primeiro lugar de suas figuras no Antigo Testamento, a seguir, do simbolismo dos mesmos ritos e por fim dá as explicações dogmáticas. De modo geral, esses três aspectos são encontrados nas outras catequeses. O mesmo se diga do método, que consiste em seguir o desenvolvimento dos ritos.

As catequeses de Cirilo de Jerusalém situam-se na Palestina, em meados do IV século. Com o *De Mysteriis* e o *De Sacramentis* de Santo Ambrósio, estamos na última parte do século, na cidade de Milão.[21] Os dois tratados são catequeses mistagógicas, análogas às de São Cirilo. Eles também tratam dos três sacramentos da iniciação. As catequeses foram realizadas durante a semana pascal, conforme explica o início do *De Mysteriis*: "O tempo nos convida agora a falar dos sacramentos. Se julgamos bem insinuar algo aos não iniciados, antes do batismo, era mais uma introdução que uma explicação. Agora pensamos que a luz dos sacramentos espalhou-se melhor, estando improvisado qualquer discurso anterior a respeito".[22] Encontramos aqui a mesma ideia de Cirilo: os sacramentos devem conservar até o final a sua característica misteriosa.

A relação entre as duas obras colocou uma questão difícil. Todos estão de acordo em considerar o *De Mysteriis* como uma obra de Santo Ambrósio. É a mesma coisa com relação ao *De Sacramentis*? Diversos argumentos foram apresentados contra a autenticidade ambrosiana: ausência de atribuição a Ambrósio pelos manuscritos, estilo muito inferior ao de Ambrósio, diferenças quanto a certos ritos: a *sputatio* e a prece *ad orientem* encontram-se no *De Mys-*

---

20 Cf Swaasns, W.-J. *À propos de catéchèses mystagogiques attribuées à Saint Cyrille de Jérusalém*. Muséon, 1942, 1-43.

21 Ambroise. *Des Sacrements. Des Mystères*. Texte établi, traduit et annoté par B. Botte, SC 25. Paris: Les Éditions du Cerf,. Reimpressão em 1994. Há diversas traduções no Brasil: Ambrósio. *Os sacramentos e os mistérios*. Trad.: Paulo Evaristo Arns. Petrópolis: Vozes, 1972. (Fontes da catequese 5,); Ambrósio de Milão. *Explicação do símbolo. Sobre os sacramentos. Sobre os mistérios. Sobre a penitência*. São Paulo: Paulus, 1996. p. 29-99. (Patrística 5.); Ambrósio de Milão. *Os mistérios*: explicação do simbolismo da iniciação cristã. Trad.: Monjas Beneditinas da Abadia de Santa Maria. São Paulo: Paulinas, 1956. Neste trabalho, sempre citaremos com os nomes latinos: *De Sacramentis* e *De Mysteriis*.

22 *De Mysteriis*. 1, 2; Botte, 108.

INTRODUÇÃO

teriis, não no *De Sacramentis*; enfim, o *De Mysteriis*, conforme a fé do arcano, não divulga as palavras do batismo, da consagração e do *Pater*, enquanto tudo isso se encontra no *De Sacramentis*. Mas de outro lado, as semelhanças são tão consideráveis que agora a crítica é unânime em considerar a autoria ambrosiana das duas obras.[23]

Resta explicar as diferenças. Dom Morin deu uma explicação que parece se impor. O *De Mysteriis* seria uma obra literária, destinada por Ambrósio para a publicação, enquanto o *De Sacramentis* traria as notas tomadas durante a catequese por um ouvinte. Esse fato explica, antes de tudo, a ausência de atribuição: trata-se de um documento conservado para servir ao uso ordinário na Igreja de Milão. O estilo é negligente, pois estamos diante de notas que possuem o estilo falado da instrução. A lei do arcano não tinha razão para ser observada, uma vez que se tratava de textos para o uso da Igreja e não destinado à publicação. Enfim, o desaparecimento dos dois ritos, da *sputatio* e da *prece voltada para o Oriente*, explica-se pelo fato de que, esses dois ritos, tendo caído em desuso, foram suprimidos de notas consideradas como o ritual ordinário. Pode-se considerar o *De Mysteriis* como uma abreviação do *De Sacramentis* destinado ao uso do público.

Os primeiros capítulos versam sobre o batismo. Neles Ambrósio fala por sua vez, diferentemente de Cirilo, da doutrina geral e do simbolismo dos ritos. Insiste especialmente sobre as figuras do Antigo Testamento. Muitos usos particulares de Milão desaparecem, em particular o do lava-pés após o batismo, e que Ambrósio defende contra o uso romano.[24] O que diz respeito à confirmação é assaz breve. Os últimos capítulos são relativos à eucaristia. Neles Ambrósio insiste longamente sobre as figuras, em particular Melquisedeque e o maná. Como Cirilo, ele faz um comentário do *Pater*. Ainda como Cirilo, ele expõe com clareza a realidade da transubstanciação. Ao mesmo tempo dogmática e mística, as duas obras ambrosianas são do mais alto interesse para a teologia do culto cristão.

As *Homilias catequéticas* de Teodoro de Mopsuéstia conduzem-nos à Antioquia, um pouco depois das obras de Santo Ambrósio. Dom Devreesse pensa que elas teriam sido pronunciadas em 392. Nós as possuímos em uma

---

23   Cf. MORIN, G. "Pour l'authenticité du De sacramentis et de l'Explanatio fidei de Saint Ambroise". In: *Jahrhundert Liturgie Wissenschaftliche* [J.W.L.], 8 (1928) 86-106; FALLER, O. "Ambrosius, der Verfasser von de Sacramentis". In: *Zeitschrift für katholische Theologie* [Z. K.T.] 64 (1940) 1-14; 81-101; CONNOLLY, R. H. *The De Sacramentis work of S. Ambrosius*. Oxford, 1942.

24   *De Sacramentis*.III, 4-7; BOTTE, p. 73-74.

BÍBLIA E LITURGIA

tradução siríaca, cuja descoberta é recente. Foi em 1933 que Alfred Mingana publicou a tradução inglesa.[25] O texto siríaco acompanhado de uma tradução francesa de R. P. Tonneau, O.P., e de uma introdução de Dom Devreesse foi editado recentemente.[26]

A obra inicia-se com dez homilias que são um comentário do Credo, paralelas às homilias de Cirilo de Jerusalém. Elas são um documento precioso por nos permitir conhecer a teologia de Teodoro, tal como mostrou Dom Devreesse. Uma undécima homilia é sobre o *Pater*. Ela precede as homilias sacramentárias, quando em Ambrósio o comentário do *Pater* as segue. Seguem três homilias *sobre o batismo* e duas sobre *a missa*, que constituem a catequese mistagógica propriamente dita. Diferentemente do uso das Igrejas de Jerusalém e de Milão, a explicação dos sacramentos parece ser feita antes de sua recepção.

O simbolismo sacramentário de Teodoro apresenta vários aspectos característicos. Dom Devreesse, em sua introdução, fala diversas vezes de "tipologia". Na realidade, o que mais chama a atenção, ao se comparar Teodoro a São Cirilo de Jerusalém, e, sobretudo, a Santo Ambrósio, é a ausência quase completa de toda tipologia retirada do Antigo Testamento. Há, contudo, uma exceção. Se Teodoro ignora as figuras batismais do dilúvio ou da travessia do Mar Vermelho, o tema adâmico aparece muitas vezes, em particular a propósito dos ritos preparatórios: exame, exorcismo etc. O paralelismo da situação de Adão no jardim e a do catecúmeno no batistério domina a representação de Teodoro. Mas isso é uma exceção. O conjunto de seu simbolismo sacramental está fundado sobre o paralelismo entre a liturgia visível e a liturgia invisível. Estamos na linha da Carta aos Hebreus. Pode-se, então, falar de tipologia, mas precisando que se trata, antes de tudo, da relação das coisas visíveis com as coisas invisíveis, bem como das coisas passadas com as coisas futuras, o que constituiria o verdadeiro sentido da palavra. De outro lado, Teodoro refere-se à Carta aos Hebreus desde sua primeira catequese: "Todo sacramento é indica-

---

25 MINGANA, A. *Commentary of Theodore of Mopsuestia on the Sacraments of Baptism and Eucharist*. Cambridge: Woodbrooke Studies 6, 1933. p. 68.

26 THÉODORE DE MOPSUESTE. *Les homélies catéchétiques* (Homiliae catecheticae [Liber ad baptizandos]), StT 145, éd. R. Tonneau – R. Devreese. "Les homélies catéchétiques de Théodore de Mopsueste. Reproduction phototypique du Ms. Mingana Syr. 56, traduction, introduction, index"; apud <http://www.sources-chretiennes.mom.fr/index.php?pageid=auteurs_anciens&id=158&sourcepg=auteurs_anciens#poles>; TONNEAU, RAYMOND, DEVRESSE, ROBERT. *Les homélies catéchétiques de Théodore de Mopsueste*. Studi e testi 145. Vatican City, 1949.

INTRODUÇÃO

ção em sinais e símbolo das coisas invisíveis e inefáveis"[27], citando Hb 8,5 e 10,1. Ele desenvolve tal raciocínio, em particular, com relação ao sacrifício eucarístico, que é, para ele, participação no sacrifício celeste.[28] E isso nos conduz a acentuar que o platonismo sacramental de Teodoro é a consequência real de seu literalismo exegético. Desde que se recusa a ver uma correspondência entre as realidades históricas, rejeitando a tipologia, ele é levado a interpretar o simbolismo sacramental no sentido vertical da correspondência das coisas visíveis às coisas invisíveis.

Esse aspecto não é, contudo, o único; símbolos das realidades celestes, os sacramentos são para Teodoro uma imitação ritual das ações históricas de Cristo. Encontramos outro aspecto fundamental da teologia sacramentária. Todavia ela apresenta em Teodoro um caráter especial. No lugar de comparar somente os conjuntos, ele se esforça para estabelecer correspondências entre os detalhes dos ritos e o das narrações evangélicas: a procissão de ofertório figura o Cristo conduzido à sua Paixão; as oferendas colocadas sobre o altar figuram o Cristo colocado no túmulo;[29] as toalhas do altar são os panos do sepultamento; os diáconos que rodeiam o altar são as figuras dos anjos que guardam o túmulo.[30] Estamos diante de um tipo de interpretação que atinge um grande desenvolvimento no Oriente (nós a encontramos com Nicolau Cabasilas) e no Ocidente com Amalário. Ela se aparenta com a tipologia mateana. Isso corresponde bem a um dos aspectos do temperamento de Teodoro, sua vontade de se manter nas realidades concretas. Vê-se aqui também todo o seu aspecto artificial. O mesmo Teodoro choca-se com coisas absurdas, quando, por exemplo, ele é conduzido a estabelecer uma comparação entre os diáconos que acompanham a procissão de oferenda e os soldados romanos que acompanham Jesus no Gólgota.[31]

A obra *Hierarquia eclesiástica* do Pseudo Dionísio não nos distancia do domínio siríaco.[32] Ela se situa somente dois séculos mais tarde. Com efeito, é um dos resultados da descoberta das *Homilias* de Teodoro de Mopsuéstia, que nos

---

27 Théodore de Mopsueste. *Les homélies*. XII, 2.

28 Reine, Francis J. *The Eucharistic doctrine and the Liturgy of mystical Catecheses of Theodor of Mopsuestia*. Waschington: 1942; Lécuyer, J. "Le sacerdoce chrétien et le sacrifice eucharistique selon Théodore de Mopsueste". In: *R.S.R.*, 1949, p. 481-517.

29 Théodore de Mopsueste. *Les homélies*. XV, 25.

30 Théodore de Mopsueste. *Les homélies*. XV, 27.

31 Théodore de Mopsueste. *Les homélies*. XV, 25.

32 Denys l'Aréopagite. *La hiérachie céleste*. Trad. et intr.: Maurice de Gandillac, SC 58 bis. Paris: Les Éditions du Cerf, 1943. Cf. também *P.G.* 1, 585, A – 1120 A.

Bíblia e Liturgia

permitem determinar, de forma mais precisa, o meio ao qual se ligam os escritos areopagitas. Conhecem-se as discussões que foram originadas pela pesquisa de sua origem. Se ninguém as liga mais, como ainda fazia Dom Darboy, ao convertido por São Paulo, o P. Pera acreditava poder aproximá-las dos escritos dos Padres Capadócios.[33] Já o P. Stiglmayr, se estava errado em atribuí--las a Severo de Antioquia, tinha intuído bem que o seu lugar de origem era a Síria.[34] As aproximações concretas que existem entre as *Homilias* e a *Hierarquia*, tanto na ordem dos ritos como no que diz respeito ao seu simbolismo, permitem afirmar a certeza dessa localização na Síria.

Contudo, a obra apresenta características particulares. Em primeiro lugar, não se trata de uma catequese elementar, dirigida aos catecúmenos, como as que foram apresentadas até o momento. Com efeito, em uma passagem, após ter recordado os ritos da comunhão, o autor escreve: "E agora, meus filhos, após estas imagens piedosamente subordinadas à verdade divina de seu modelo, eu vou falar para a instrução espiritual dos novos iniciados".[35] Segue certo número de explicações, depois o autor continua: "Mas deixemos aos imperfeitos estes sinais, como já disse, são pintados magnificamente sobre os muros dos santuários; eles serão suficientes para nutrir sua contemplação. Para nós, na santa comunhão, passaremos dos efeitos às causas".[36] Parece mesmo que o Pseudo Dionísio distingue uma catequese elementar – na qual ele se coloca à altura dos recém-batizados e na qual ele aborda os temas de passagem – de uma teologia mais aprofundada, destinada às almas adiantadas e que é propriamente o seu objetivo.

Outra característica da *Hierarquia* é que seu simbolismo se liga a um estado mais evoluído da liturgia. Desde então, naquilo que diz respeito aos ritos da eucaristia, encontramos alusões ao ato de incensar o altar, à procissão ao redor da assembleia. Estamos na liturgia bizantina. Dionísio insiste longamente sobre a confirmação e os santos óleos, aos quais Ambrósio ou Teodoro concedem pouco espaço. Sobretudo, após os três sacramentos, ele fala da ordenação sacerdotal, da consagração das virgens, dos ritos do matrimônio. Ora, nada disso se encontra nos autores precedentes. Não estamos, pois, em presença

---

33 *"Denys le Mystique et la Théomachia"*. In: *Revue des Sciences Philosophiques et Théologiques* [R.S.P.T.] (1936), p. 5-75.

34 "Der sogennante D. Areopagiticus und Severus von Antiochen". In: *Scholastik*, (1928) p. 1-27; 161-189.

35 Dídimo. *P.G.* 1, 428 A.

36 Op. cit., 428 C.

de uma iniciação aos novos batizados, uma vez que essas alusões não teriam sentido para eles. E de outro lado, o estado da liturgia é muito mais evoluído.

A orientação simbólica que já aparece em Teodoro torna-se muito atual. Não somente não há alusão às figuras do Antigo Testamento, mas há somente acenos às do Novo. A tipologia segundo a qual os sacramentos aparecem como um momento da história sagrada, prefigurada pelo Antigo Testamento e figura do Reino que virá, cede lugar a um simbolismo místico em que as realidades sensíveis são a imagem das realidades inteligíveis. A espera escatológica dos primeiros séculos dá lugar à contemplação do mundo celeste. Compreende-se então a razão que conduz o autor a procurar tudo, de forma natural, nas obras neoplatônicas. Delas retira as formas de expressão que exprimem sua visão de mundo.[37]

As catequeses mistagógicas são os documentos mais importantes para a teologia do culto. Não são as únicas. Com efeito, de um lado nós encontramos em obras diversas passagens se referindo ao simbolismo sacramentário. É assim, para citar somente dois exemplos, que o *De Trinitate* de Dídimo o Cego contém uma passagem sobre as figuras do batismo,[38] e o *Tratado sobre o Espírito Santo* de São Basílio, um comentário simbólico de todo o conjunto de ritos, preces ao Oriente, permanecer de pé durante a oração etc.[39] Mas, sobretudo, as catequeses mistagógicas tratam somente dos sacramentos. Ora, o culto cristão contém outros ritos, que são também carregados de significação. É assim, em particular, o ciclo litúrgico das festas. Ora, aqui também, possuímos preciosos documentos que são as homilias pronunciadas por ocasião das principais festas do ano. É impossível dar uma enumeração completa delas. Indicaremos somente alguns textos.

No que diz respeito ao meio oriental, sobretudo um grupo se impõe à nossa atenção: é o dos Capadócios. De São Gregório Nazianzeno e de São Gregório de Nissa, possuímos homilias litúrgicas que contêm elementos de grande valor. Do primeiro é preciso citar, sobretudo, as Homilias sobre o *Natal*, a *Epifania, Pentecostes e Páscoa*.[40] As de Gregório de Nissa, menos célebres, são

---

37 Koch, Hugo. *Pseudo-Dionysios in seinen Beziehungen zum Neuplatonismus und Mysterienwesen*. Mayence, 1900.

38 Didymus. *De Trinitate*. II, 12-14. In: *P.G.* 39, 668-717.

39 Basile de Césarée. *Sur le Saint-Esprit*. Trad. de P. Benoît Pruche, SC 17, XIV 162-167; XXVII 232-240. Paris: Les Éditions du Cerf, 1947. [Trad. bras.: Basílio de Cesareia. *Tratado sobre o Espírito Santo*. São Paulo: Paulus, 1998. (Patrística, 14.)]

40 Gregório de Nazianzo. *Homilias sobre o Natal, a Epifania, Pentecostes e Páscoa*. In: *P.G.* 36, 312-452; 608-664.

também importantes. Além das três *Homilias sobre a Páscoa* e uma sobre *Pentecostes*, possuímos uma breve *Homilia sobre a Ascensão*, que já aparece como festa distinta, uma sobre o *Batismo de Cristo*, uma, enfim, sobre o *Natal*.[41] Todos esses textos são plenos de interpretações simbólicas.

O Ocidente é igualmente rico nesse gênero. Conservamos de Zenon, bispo de Verona em meados do IV século, uma série de breves *Tractatus* sobre a Páscoa, que contêm dados tipológicos.[42] Gaudêncio, bispo de Brescia no V século, também deixou uma série de *Sermões sobre o tempo pascal*.[43] A obra de Santo Agostinho contém muitos sermões concernentes às festas litúrgicas, em particular sobre Páscoa e Pentecostes. Por fim, para não citar senão os nomes mais importantes, temos de São Leão Magno uma coleção de homilias comentando o conjunto do ano litúrgico.[44]

Ao lado das homilias, e somente no que diz respeito ao tempo pascal, temos de consultar as *Cartas festivas* que os bispos de Alexandria tinham o costume de enviar aos seus fiéis no início da quaresma e que são a forma primitiva das cartas pastorais. As mais antigas são as de Santo Atanásio.[45] Existe ainda uma coleção de São Cirilo de Alexandria.[46]

Este breve resumo pode dar-nos uma ideia das fontes principais do simbolismo litúrgico nos primeiros séculos cristãos. Atestam também o lugar importante que possui esse ensinamento mistagógico, seja na catequese como na pregação. Com efeito, a vida do cristianismo antigo está centralizada ao redor do culto. Ele não é considerado somente como uma série de ritos destinados a

---

41   GREGÓRIO DE NISSA. In: *P.G.* 46; 578-702; 1128-1149. Cf. DANIÉLOU, Jean. *Le mystère du culte dans les Homélies liturgiques de Saint Grégoire de Nysse.* Festgabe Casel, 1951. p. 76-93.

42   ZENON DE VERONA. "Sermons ou Traités" (Sermones seu Tractatus) II, 46. In: *P.L.*, 11, 500-508.

43   GAUDÊNCIO DE BRÉSCIA. "Sermões sobre o tempo pascal". In: *P.L.*, 20, 843-920.

44   LÉON, le Grand. *Sermons* 1-19. Texte et traduction de Dom DOLE, SC 22bis. Paris: Les Éditions du Cerf, 1949. [Ed. bras.: LEÃO MAGNO. *Sermões sobre o Natal e a Epifania.* Introdução por Cirilo FOLCH GOMES. Petrópolis: Vozes, 1974. (Fontes da Catequese, 9.) Id. *Sermões.* São Paulo: Paulus, 1996. (Patrística, 6.)]

45   ATANÁSIO. *Cartas festivas.* In: *P.G.* 39, 1360-1444. Idem. *Cartas festivas.* 1; 6; 24-29; 36-4(copta), ed. Th. Lefort. In: *P.G.* 26, C. 1360-1366; 1383-1389; 1433-1441; *Cartas festivas.* 1-7; 11-14; 17-20 (siríaco). In: *P.G.* 26, C. 1360-1397; 1403-1432; *Cartas festivas.* 27-44 (siríaco). In: *P.G.* 26, C. 1435-1444; *Cartas festivas.* 39-41. In: *P.G.* 26, C. 1436-1440; Cf. também Athanase. *Histoire "acéphale" et Index syriaque des Lettres festales d'Athanase d'Alexandrie*, SC 317. Paris: Les Éditions du Cerf, 1985.

46   CYRILLE D'ALEXANDRIE. *Lettres festales 1-6* (Epistulae [Homiliae] paschales I-VI), trad.: M. Louis ARRAGON (c. 4); Mme Marie-Odile BOULNOIS (c. 6); Mme Marguerite FORRAT (c. 5); M. Bernard MEUNIER (c. 2); SC 372 Paris: Les Éditions du Cerf, 1991; *Lettres festales 7-11* (Epistulae [Homiliae] paschales VII-XI). Intr.: M. Louis ARRAGON; trad.: M. Louis ARRAGON (c.10.11); M. Pierre ÉVIEUX; M. Robert MONIER SC 392. Paris: Les Éditions du Cerf, 1993; *Lettres festales 12-17* (Epistulae [Homiliae] paschales XII-XVII), trad.: Mme Marie-Odile BOULNOIS (c. 12-14); M. Bernard MEUNIER (c. 15-17); SC 434. Paris: Les Éditions du Cerf, 1998; cf. também *P.G.* 77, 402-491.

santificar a vida profana. Os sacramentos aparecem como os acontecimentos essenciais da existência cristã e mesmo da existência, como o prolongamento das grandes obras de Deus no Antigo Testamento e no Novo Testamento. Neles inaugura-se uma criação nova que desde agora introduz o cristão no Reino de Deus.

PRIMEIRA PARTE

Os sacramentos

Capítulo I

A PREPARAÇÃO

O batismo será o começo de nosso estudo sobre as grandes unidades litúrgicas. Com efeito, é ele que inaugura a vida cristã. Sabe-se que, no IV século, era ministrado na noite do sábado para o domingo de Páscoa. Na realidade, contudo, as cerimônias do batismo começavam no início da quaresma. Então as pessoas candidatas se inscreviam e inaugurava-se a preparação imediata. Até então elas eram simples catecúmenas. Sabe-se também que essa preparação podia durar muito tempo. Muitas vezes os Padres protestavam contra quem "retardava", dessa forma sua entrada na Igreja. A partir de sua inscrição, no início da quaresma, os candidatos constituíam um grupo novo, os φωτιζόμενοι, "os que entram na luz". As cerimônias desses quarenta dias formavam um só conjunto, que o ritual atual junta de novo em uma só cerimônia.[1]

***

O rito de inscrição introduz essa preparação. Etéria, em seu *Diário de viagem*, a descreve com estas palavras: "Aquele que inscreve o seu nome o faz na vigília da quaresma e um sacerdote anota todos os nomes. No dia seguinte, início da quaresma, dia em que começam as oito semanas, coloca-se uma cadeira para o bispo no centro da Igreja maior, isto é, do *Martyrium*. Depois passam um a um os candidatos. Os homens vêm com seus padrinhos e as mu-

---

1 N. E.: O autor escreveu no início dos anos 1950. O Concílio Vaticano II restaurou o catecumenato para a iniciação cristã dos adultos. Cf. Ignacio Oñatibia. *Batismo e confirmação:* sacramentos de iniciação. São Paulo: Paulinas, 2007; Pierpaolo Caspani, *Renascer da água e do Espírito Santo.* Batismo e crisma sacramentos da iniciação cristã [trad.: Geraldo Lopes]. São Paulo: Paulinas, 2012. As obras são uma excelente síntese da caminhada histórica da iniciação cristã desde os seus inícios, bem como das indicações pastorais sobre a sua organização numa comunidade paroquial.

A PREPARAÇÃO

lheres são conduzidas por suas madrinhas. Então, para cada um e cada uma, o bispo interroga os vizinhos daquele que entrou dizendo: ele leva uma vida honesta? Respeita seus pais? Não é dado à bebedeira e à mentira? Se o candidato é reconhecido sem falhas, por todos que forem interrogados na presença de testemunhas, o bispo, com sua própria mão, anota o seu nome. Mas se ele é acusado em algum ponto, o bispo o faz sair com estas palavras: que ele se corrija e, quando tiver se emendado, que seja admitido ao batismo".[2]

Pode-se, então, ver no que consiste a cerimônia: na vigília o candidato dá o seu nome a um diácono; no dia seguinte ele se apresenta acompanhado de seu padrinho; ele é examinado para dar segurança de suas disposições;[3] então o bispo, oficialmente, o insere nos registros. O rito descrito por Etéria é o de Jerusalém. Em Antioquia é igual, conforme o testemunho de Teodoro de Mopsuéstia: "Quem deseja receber o santo batismo, apresente-se à Igreja de Deus. Será recebido por quem é preposto a ela, segundo o costume estabelecido para os que acedem ao batismo. O preposto se informará dos costumes do candidato. Esse ofício é realizado, para aqueles que são batizados, por aqueles que se chamam padrinhos. Quem é preposto para esse ofício inscreve no Livro da Igreja e acrescenta no Livro ao teu nome também o da testemunha. É preciso, quando alguém dirige um processo, que mantenha em pé aquele que é acusado. Conservarás as mãos estendidas, na atitude daquele que reza e manterás os olhos abaixados. Esta é a razão pela qual despes tua vestimenta e permaneces descalço. Ficarás de pé sobre um tecido de saco".[4]

O significado literal desses ritos é claro. O que nos interessa é a interpretação que os Padres dão a eles. O exame que precede a inscrição, e em que os títulos do candidato são discutidos, significa para Teodoro de Mopsuéstia que Satanás, nesse momento, "esforça-se por nos acusar, sob o pretexto de que não temos o direito de sair da sua dominação. Ele afirma que, por sucessão após o

---

2 *Peregrinação de Etéria*, 45. [Trad. bras: *Peregrinação de Etéria*: Liturgia e catequese em Jerusalém no século IV; trad.: Frei Alberto Beckhäuser. Petrópolis: Vozes, 2004.]

3 A *Tradição Apostólica* de Hipólito de Roma, 20; Botte, p. 47-48, já menciona tal exame. Santo Agostinho, de forma magistral, explica como ele deve ser feito (*De Cathechizandis* 9; *P.L.* 40, 316-317). [Trad. bras.: *Tradição apostólica de Hipólito de Roma*: Liturgia e catequese em Roma no século III. Trad.: Maucyr Gibin. Petrópolis: Vozes: 2004; Agostinho. *A instrução dos catecúmenos*. Petrópolis: Vozes, 1984. (Fontes da catequese, 7.)]

4 Théodore de Mopsueste [éd. R. Tonneau – R. Devreesse]. *Les homélies catéchétiques de Théodore de Mopsueste*. XII, 1. Reproduction phototypique du Ms. Mingana Syr. 561, traduction, introduction, index, Studi e Testi 145. Cf. uma descrição paralela em Dionísio areopagita. *De coelesti hierarchia*. 393 D-396 A. (Há uma tradução francesa dessa obra em SC 58bis, 1958.)

chefe de nossa raça, nós lhe pertencemos".[5] Contra ele, "é preciso apressar-nos para ir diante do juiz a fim de estabelecer nossos títulos e mostrar que nada mais devemos a Satanás desde o princípio, e sim a Deus que nos criou à sua imagem".[6] E Teodoro compara esta "tentação" à cena na qual Satanás "tenta desviar Cristo por seus desafios e tentações".[7] A mesma atitude do candidato é simbólica: ele está vestido simplesmente de uma túnica e os pés descalços, "a fim de manifestar a servidão na qual o diabo o mantinha preso e excitar a piedade do juiz".[8]

Essa interpretação fez aparecer desde o início um dos temas da teologia batismal: o conflito com Satanás. O conjunto dos ritos batismais constitui um drama no qual o candidato, que até aquele momento pertencia ao Satanás, esforça-se para escapar dele. Esse drama começa com a inscrição e só terminará, conforme se verá, com o batismo. Ademais, acentuaremos que Teodoro coloca o candidato à prova à qual é submetido em relação com a tentação de Adão, de um lado, e a de Cristo do outro. Estamos em plena tipologia bíblica. Pode ser que exista uma relação entre a tentação de Cristo e a tentação de Adão no Evangelho segundo São Marcos. Nele Cristo é apresentado como o Novo Adão dominando as bestas selvagens e sendo servido pelos anjos (Mc 1,13).[9] Por sua vez, a tentação do candidato ao batismo é uma participação na tentação de Cristo. Ademais, este também se opôs ao primeiro Adão. Esse paralelismo da cena do paraíso com a do batismo, tendo no meio a da vida de Cristo, aparecerá durante toda a catequese batismal. Acentuaremos que o evangelho da tentação é, ainda hoje, na liturgia romana, o do primeiro domingo da quaresma. Àquela época, nesse domingo, faziam-se as inscrições.

Um detalhe apresentado por Teodoro de Mopsuéstia merece alguma atenção. Na Síria, o candidato, durante o exame, ficava despido sobre um tecido de pele, um cilício. O trecho reaparecerá no momento da renúncia a Satanás. Nós o encontramos na liturgia africana.[10] Ele foi estudado por Johannes

---

5   Théodore de Mopsueste. *Les homélies*. XII, 18.

6   Idem, ib. XII,19. "A justificação dessa ideia pode ser encontrada em Paulo, quando ele afirma que, no batismo, Cristo destruiu para nós o *chirographum mortis*, o direito que Satanás reivindica sobre nós" (Cl 2,14). Esse texto parece ser a primeira introdução das ideias jurídicas no batismo (cf. Crehan J.-H. *Early christian baptism and the creed*. London: 1948. p. 104).

7   Idem, ib. XII, 22.

8   Idem, ib. XII, 24.

9   Cf. Holzmeister, U. *Jesus lebte mit den wilden Tieren*. Vom Wort des Lebens, Festschrift Meinertz, 1951. p. 84-92.

10   Quodvultdeus. *De Symbolo ad Catechizandos*. 1,1. In: *P.L.* 40, 637.

Quasten.[11] Parece que o sentido primitivo era o de penitência. Com efeito, nos mistérios de Eleusis encontram-se práticas análogas. De outra parte, Teodoro indica esse simbolismo. Mas de outro lado ainda, o rito tomou outro sentido relacionando-se a interpretação dos ritos batismais com um simbolismo adâmico. O tecido de pele apareceu como uma figura das "túnicas de pele" (Gn 3,21) com a qual Adão foi revestido após a queda e que significa sua decadência. Agora o candidato pisa essas túnicas de pele. É a isso que Teodoro alude quando fala dos antigos pecados, figurados pelos tecidos de pele.

Ao exame sucedia a inscrição propriamente dita. Por sua vez, esta é comentada simbolicamente. Em seu *Sermão contra aqueles que retardam seu batismo*, destinado precisamente a convidar os catecúmenos a se inscrever, Gregório de Nissa escreve: "Dai-me vossos nomes para que eu os inscreva com tinta. O Senhor, ele próprio, os gravará sobre tábuas incorruptíveis, escrevendo-os com seu próprio dedo, como outrora a Lei aos hebreus".[12] A inscrição visível no registro da Igreja figura a inscrição sobre as tábuas celestes dos nomes dos eleitos.[13] Teodoro de Mopsuéstia consagra toda uma homilia para comentar a *inscriptio*. Como para Gregório de Nissa, a inscrição nos registros figura a inscrição na Igreja celeste: "Tu que te apresentas ao batismo, aquele que é preposto para esta missão te inscreve no Livro da Igreja, de forma que saibas que desde agora és inscrito no céu onde teu padrinho tem grande cuidado de te ensinar a ti, estrangeiro nesta cidade à qual chegas recentemente, tudo aquilo que diz respeito à vida nesta cidade, a fim de que habites nela".[14]

Portanto, no primeiro domingo da quaresma, os candidatos seriam examinados e inscritos. Os quarenta dias que se seguem são um tempo de retiro: "A partir deste dia, escreve Cirilo de Jerusalém, afasta-te de toda ocupação má. Não digas palavras inconvenientes".[15] Mas "eleva os olhos de tua alma e contempla os eros angélicos e o Senhor do universo assentado em seu trono, com

---

11   Quasten, Johannes. "Theodor of Mopsuestia on the exorcism of cilicium". In: *Harvard Theological Review.* (1942) 209-219.

12   Gregório de Nissa. In: *P.G.* 46, 417 B.

13   A concepção das tábuas celestes onde são inscritos os nomes dos eleitos procede de Ex 32,32. Ela é corrente na Apocalíptica judaica. No Novo Testamento se encontra em Lc 10,20; Ap 3,5 e na Apocalíptica cristã (*Apocalipse de Pedro.* R. O. C., 1910, p. 117). Sobre as origens dessa concepção, cf. Widengren, Geo. *The Ascension of the Apostle and the heavenly Book.* Upsala: 1950.

14   Théodore de Mopsueste. *Les homélies.* XII, 16.

15   P.G. 33, 348A. Trad. bras.: Cirilo de Jerusalém. *Catequeses pré-batismais* Trad.: Fr. Frederico Vier e Fernando Figueiredo. Petrópolis: Vozes, 1978. (Fontes da catequese, 14.)

o seu Filho à sua direita e o Espírito a seu lado".[16] Todo esse tempo deverá ser dedicado à preparação do batismo: "Se o dia das tuas núpcias está próximo, deixando lá todo o resto, tu não estarias todo inteiro preparando o festim? Tu vais consagrar tua alma a seu Esposo celeste. Não deixarás estas coisas corporais para ganhar as espirituais?".[17] De um lado, essa preparação consiste em fortificar a fé contra os ataques do erro: é a função das catequeses. E, além disso, é um tempo de purificação em que "a ferrugem da alma deve ser eliminada para que permaneça somente o metal autêntico".[18]

Durante esse tempo, os catecúmenos irão todo dia à Igreja, à hora da Prima. Essa cerimônia cotidiana compreende em primeiro lugar um exorcismo. Etéria nos diz: "O costume aqui é que os que devem ser batizados venham todos os dias durante a quaresma, e em seguida são exorcizados pelos clérigos".[19] Cirilo de Jerusalém dá indicações sobre a conduta que se deve ter enquanto duram os exorcismos: "Durante os exorcismos, enquanto os outros se aproximam para ser exorcizados, que os homens permaneçam com os homens e as mulheres com as mulheres. Que os homens se assentem e que tenham entre as mãos algum livro útil: que um leia enquanto o outro escuta. Que, de seu lado, as jovens se agrupem para cantar Salmos ou para ler, mas em voz baixa, de forma que os lábios falem, mas que o som não chegue aos ouvidos dos outros".[20]

Cirilo explica longamente o sentido dos exorcismos. De um lado eles são a expressão do conflito, que envolve a alma do fiel, entre Cristo e Satanás.[21] Este faz um esforço ingente para conservar a alma em seu poder. O processo, que Teodoro mostrava inserido na hora da inscrição, continua durante a preparação: "A serpente está à margem da estrada, dando o bote em quem passa, escreve Cirilo de Jerusalém. Cuida para que ela não te pique pela infidelidade. Ela segue com os olhos aqueles que estão prestes a se salvar e procura a quem devorar. Tu vais em direção ao Pai dos espíritos, mas tu passas pela serpente. Como a superar? Calça teus pés com o Evangelho da paz, a fim de que, se ela te picar, isto seja sem dano para ti. Se percebes que algum pensamento mau te

---

16   P.G. 33, 357 A.

17   P.G. 33, 345 A.

18   P.G. 33, 357 A.

19   *Peregrinação de Etéria*. 46.

20   P.G. 33, 356 A-B.

21   Cf. DONDEYNE, A. "La discipline des scrutins dans l'Église latine avant Charlemagne". In: *Revue d'Histoire Ecclésiastique*. (1932) 14-18.

A PREPARAÇÃO

vem ao espírito, saiba que é a serpente do mal que te lança armadilhas. Guarda a tua alma, para que a serpente não possa lhe fazer o mal".[22]

Isso é um testemunho da importância da luta contra Satanás nos ritos batismais. Mas é preciso acrescentar que o tema de Satanás, impedindo o caminho que conduz a Deus, e a necessidade de vencê-lo para chegar ao fim pretendido, não se encontra apenas nos ritos batismais. Aparece, em particular, no martírio. Assim, em um êxtase, Perpétua vê "sobre a escada que sobe ao céu um dragão deitado, de um tamanho extraordinário, que lançava ciladas aos que subiam".[23] Carl-Martin Edsman acentuou, nesse ponto, o paralelismo entre os ritos batismais e a teologia do martírio.[24] Deveremos constatar isso mais de uma vez. De forma mais geral, o Satanás está presente esforçando-se por barrar o caminho do céu para as almas dos mortos. Então, em uma visão, vê "um ser gigante que, atingindo os céus, estendendo as mãos, impedia as almas de subirem. Ele compreendeu que era o Inimigo".[25] J. Quasten mostrou qual o lugar dessa concepção na liturgia funerária antiga.[26]

O rito do exorcismo tem precisamente por objetivo separar progressivamente a alma do domínio que o Satanás exercia sobre ela. Cirilo escreve: "Recebe com zelo os exorcismos, quer se trate de insuflações ou de imprecações. É coisa salutar para ti. Pensa que tu és ouro adulterado ou falsificado. Nós procuramos o ouro puro. Sem o fogo, o ouro não pode ser purificado de suas impurezas. Da mesma forma a alma não pode ser purificada sem os exorcismos, que são as palavras divinas, escolhidas nas Santas Escrituras. Como os fundidores do ouro, soprando sobre o fogo, fazem sair o ouro escondido em sua ganga, da mesma forma os exorcismos, afastando o medo pelo Espírito (*pneuma*) de Deus e fazendo ferver a alma no corpo como em sua ganga, afastam o Satanás inimigo e deixam somente a esperança da vida eterna".[27]

---

22 P.G.. 33, 361 A-B.

23 *Passion de Perpétue et de Félicité suivi des Actes*. 4, 3; texte établi, traduit et commenté par J. Amat, SC 417. Paris: Les Éditions du Cerf, 1996. Cf. Döelger J.-F. "Das Martyrium als Kampf gegen die Daemonen". In: *Antike und Christentum*. III 3. p. 177 ss.

24 Edsman, Carl-Martin. *Le baptême de feu* (Acta Seminarii Neotestamenti Upsaliensis edenda curavit A. Fridrichsen, IX) Alfredo Lorentz, Leipzig A.-B. Lundequitska Bokhandeln. Uppsala: 1940. p. 42-47.

25 Athanase d'Alexandrie. *Vie d'Antoine*. Trad.: M. G. J. M. Bartelink, SC 400. Paris: Les Éditions du Cerf, 1994 (reimpressão em 2004). 66. Trad. bras.: Atanásio. *Vida e conduta de S. Antão*. São Paulo: Paulus, 2002. (Patrística 18.)

26 Quasten, J. *Der Gute Hirte in frühchristlicher Totenliturgie*. Miscellania Mercati. I, p. 385-396.

27 P.G. 33, 349-A.B. Cf. Döelger, F.-J. *Der Exorcismus im altchristlichen Taufritual*. Paderborn: 1909.

Ao exorcismo sucedia, em cada manhã, a catequese: "A seguir, escreve Etéria, colocava-se a cadeira do bispo no *Martyrium*[28] e todos os que deviam ser batizados sentavam-se em círculo ao redor do bispo, homens e mulheres, bem como os padrinhos e as madrinhas, e também todos os que quisessem escutar, bastando que fossem cristãos. Começando pelo Gênesis, durante os quarentas dias o bispo percorria todas as Escrituras, explicando antes o sentido literal, depois o sentido espiritual: é isso que se chama catequese. Ao final de cinco semanas de instrução, eles recebem o Símbolo, do qual se explica a doutrina, como aquela de todas as Escrituras, frase por frase, em primeiro lugar o sentido literal, depois o espiritual".[29] Temos a chance de contar com uma série dessas catequeses de Cirilo de Jerusalém.[30] Elas terminavam no domingo antes de Páscoa pela *redditio symboli*.[31]

Cirilo explica também o sentido da catequese: "Não penses que se trate de sermões ordinários. Estes são bons. Mas se hoje nós os negligenciamos, poderemos compreendê-los amanhã. Ao contrário, o ensinamento seguido sobre o batismo da regeneração, se tu o negligencias hoje, quando o reencontrarás? É o tempo da plantação das árvores. Se nós negligenciamos o cavar e o regar, como tu poderás plantar bem o que uma vez foi mal plantado? A catequese é um edifício. Se nós descuidamos de cavar bem as fundações, se nós deixamos buracos e permitimos que a construção seja frágil, para que servirá todo trabalho ulterior?".[32] O tempo da catequese é aquele no qual se colocam os fundamentos da fé, enquanto se completa a purificação da alma.

Quanto à *redditio symboli*, Teodoro de Mopsuéstia vê nela a contrapartida dos exorcismos. Estes libertaram a alma da escravidão de Satã. "Pela recitação do Credo, vós fizestes com Deus, por intermédio do bispo, um compromisso e um pacto de perseverar na caridade para com a natureza divina".[33] Haveremos de acentuar que o duplo aspecto da luta com Satã e da conversão a Cristo se

---

28 O *Martyrium* encontrava-se em Jerusalém, a Igreja principal construída sobre a cisterna onde foram encontrados os instrumentos da Paixão; cf. VINCENT, L.H. – ABEL, F.M. *Jérusalem*: Recherches de topographie, d'archéologie, et d'histoire. Vol. II. Paris: 1912-1926. p. 189-194.

29 *Peregrinação de Etéria*. 46.

30 Cf. também as *Homilias Catequéticas* de TEODORO DE MOPSUÉSTIA (cf. *Homiliae catecheticae*) e o *De catechizandis rudibus* de SANTO AGOSTINHO (cf. *P.L.* 40).

31 Quando se estabeleceu o costume de uma *traditio* e de uma *redditio* da oração do Senhor, as do Símbolo foram adiantadas de um domingo. Cf. DONDEYNE, A. "La discipline des scrutins". In: *Revue d'Histoire Ecclésiastique* 28 (1932) 1-33; 75-87; aqui 14-15.

32 *P.G.* 33, 352 A-B; *Catequeses pré-batismais*.

33 THÉODORE DE MOPSUESTE. *Les homélies*. XIII, 1.

A PREPARAÇÃO

encontrará na totalidade da liturgia batismal. Ela é inteiramente mistério de morte e de ressurreição. Os ritos preparatórios já trazem essa característica.

***

O último rito preparatório para o batismo acontece durante a vigília do sábado para o domingo de Páscoa. É a renúncia a Satanás e a adesão a Cristo. O rito faz parte das cerimônias preparatórias. Contudo, ele já entra na liturgia da noite pascal. Cirilo de Jerusalém também o comenta na primeira das *Catequeses mistagógicas*. Nós o encontramos em todos os autores e em todas as Igrejas, em Jerusalém e em Milão, em Antioquia e em Roma. Sua origem é antiga. Já há menção nos escritos de Tertuliano.[34] Parece estar em estreita relação com a abjuração da idolatria. Nesse sentido, terá aparecido, não no judeu-cristianismo, no qual não teria sentido, mas no cristianismo da missão. Isso se explica, pois o conjunto de imagens que ele comporta liga-se mais ao mundo pagão que ao do judaísmo.

A renúncia a Satanás é descrita por Cirilo de Jerusalém com estas palavras: "Agora entrastes no vestíbulo do batistério e, estando de pé e voltados para o Ocidente, recebestes a ordem de estender a mão. Renunciastes então a Satanás como se ele estivesse presente, dizendo: Eu renuncio a ti, Satanás, a todas as tuas pompas e ao teu culto".[35] A fórmula de Teodoro de Mopsuéstia é análoga: "De novo estais em pé sobre os cilícios, pés descalços, tendo retirado vossas vestes exteriores, e as mãos estendidas para Deus, como em atitude de oração. Depois vos ajoelhastes, conservando o restante do corpo ereto. E dissestes: Eu renuncio a Satanás, a todos os seus anjos, a todas as suas obras, a todo o seu culto, a toda a sua vaidade e a todo desregramento secular e eu me comprometo por voto a ser batizado em nome do Pai, do Filho e do Espírito Santo".[36]

Cirilo nos explica por que a renúncia a Satã é feita com o corpo voltado para o Ocidente: "Quero vos explicar por que permaneceis voltados para o Ocidente. Como o Ocidente é a região das trevas visíveis e que Satã, tendo as trevas como herança, tem o seu império nas trevas, deste modo vós, voltando-vos simbolicamente para o Ocidente, renunciais a esse tirano tenebroso e obscuro".[37] Esse simbolismo remonta ao mundo pré-cristão. Os antigos gregos

---

34 Tertullianus. *De spectaculis*. 4; *De anima*. 35, CSEL 20. ed. A. Reifferscheid, G. Wissowa. 1890; *De corona*. 13, CSEL 70. Wien: ed. E. Kroymann, 1942.

35 P.G. 33, 1068-1069. [Trad. bras.: Cirilo de Jerusalém. *Catequeses mistagógicas*. Trad.: Frei Frederico Vier. Introdução e notas: Fernando Figueiredo. Petrópolis: Vozes, 2004.]

36 Théodore de Mopsueste. *Les homélies*. XIII, Introduction.

37 P.G. 23,1069 A; *Catequeses mistagógicas*. Igualmente em Dionísio areopagita. *De coelesti hierarchia*. 401 A.

BÍBLIA E LITURGIA

situavam no Ocidente, onde o sol se punha, as portas do Hades.[38] Nós o reencontramos frequentemente entre os Padres da Igreja. Gregório de Nissa vê no
Ocidente "o lugar onde habita o poder das trevas".[39] Santo Hilário comenta
o versículo do Salmo 67 "Ascendit super occasum" como a vitória de Cristo
sobre o poder das trevas.[40]

Mais importante é a própria fórmula da renúncia. Ela aparece como "a
ruptura do antigo pacto com o Hades".[41] Agora a alma não teme mais "o tirano
cruel" que a mantinha em seu poder. "Cristo destruiu o seu poder, abolindo a
morte por sua morte, de forma que eu seja definitivamente subtraído do seu
império".[42] Nós estamos no umbral do ato decisivo pelo qual a libertação da
alma será realizada. Teodoro de Mopsuéstia, ainda aqui, insiste nesse aspecto:
"Uma vez que o diabo, a quem obedecestes, a começar pelos chefes da vossa
raça, foi para vós a causa de numerosos males, é preciso que prometais vos
afastar dele. Antes, mesmo que quisésseis, não teríeis podido; mas, graças aos
exorcismos, a sentença divina prometeu-vos a libertação e vós podeis dizer: eu
renuncio a Satanás, indicando, por sua vez, a associação anterior que tínheis
com ele e da qual vos afastais".[43] O gesto de estender a mão (Cirilo) ou as
mãos (Teodoro) sublinhava o caráter da renúncia. Era o gesto que acompanhava, na antiguidade, um compromisso solene feito com juramento, ou sua
denúncia. Ele exprime, por parte do candidato, a denúncia do pacto que o
ligava a Satanás devido ao pecado de Adão.[44]

A Satanás, certas liturgias acrescentam "seus anjos". Assim o faz São Basílio.[45] Igualmente Teodoro de Mopsuéstia, que acrescenta este comentário: "Estes anjos não são os Satanás, mas os seres humanos submissos a Satanás e dos
quais ele faz seus instrumentos e se serve para fazer cair os outros".[46] Desses

---

38   CUMONT, Franz. Recherches sur le symbolisme funéraire chez les Anciens. Paris: 1942. p. 39 sqq.

39   GREGÓRIO DE NISSA. In: P.G. 44, 984 A, 798 C. Cf. também EUSÉBIO DE CESAREIA. P.G. 23, 720 A. [Trad.
      bras.: História eclesiástica. São Paulo: Paulus, 2000. (Patrística 15.)]; Atanásio. P.G. 17, 294 B.

40   HILARIUS. Tractatus super psalmos. Viena: ed. A. Zingerle, CSEL 22, 1891; cf. P.L. 9, 446 B. Cf. ainda DÖELGER,
      F. J. Die Sonne der Gerechtigkeit und die Schwarze. Münster: 1919. p. 33-49; RUSCH, A. Death and burial in
      christian antiquity. Washington: 1941. p. 8-10.

41   P.G. 33, 1073 B.

42   P.G. 33, 1069 A.

43   THÉODORE DE MOPSUESTE. Les homélies. XIII 5.

44   DÖELGER, F. J. Die Sonne. 118-119; CREHAN, J.-H. Early christian. 96-110.

45   BASILE DE CESARÉE. Sur le Saint-Esprit 27. Trad. du P. Benoît PRUCHE, SC 17. Paris: Les Éditions du Cerf,
      1947. p. 234. [Trad. bras.: BASÍLIO DE CESARIA. Tratado sobre o Espírito Santo. São Paulo: Paulus, 1998.
      (Patrística, 14.)]

46   THÉODORE DE MOPSUESTE. Les homélies. XIII, 7.

A PREPARAÇÃO

anjos Teodoro faz uma enumeração: "São aqueles que se aplicam à sabedoria profana e fazem penetrar no mundo o erro do paganismo"; são "os poetas que por suas fábulas fazem crescer a idolatria"; são ainda "os chefes das heresias, Mani, Marcião, Valentim, Paulo de Samosata, Ário, Apolinário. Estes, sob o nome de Cristo, introduziram seus vícios".[47]

Em seguida estão as "pompas, o serviço e as obras de Satanás". A primeira expressão é a mais difícil e é objeto de discussão. A expressão *pompa diaboli* significa propriamente o culto dos ídolos, como testemunha Tertuliano.[48] Mas sob qual aspecto esse culto é realizado? Hugo Rahner, S.J., vê na *pompa* o cortejo dos Satanás; assim a palavra designaria pessoas. A adição de *angeli* na liturgia siríaca vai nesse sentido.[49] Mas J. H. Waszink, na linha de P. de Labriolle, mantém que o sentido primitivo designa as manifestações do culto pagão, em particular as procissões e os jogos, e que *pompa* designa coisas.[50] Com efeito, é esse sentido que parece ser o primitivo, e o sentido pessoal é uma explicação, ligada à concepção bíblica e patrística do culto dos ídolos como culto de Satanás.

A interpretação de Cirilo de Jerusalém vai nesta linha: "A pompa de Satanás é a paixão do teatro, das corridas de cavalos no hipódromo, os jogos de circo e toda vaidade deste gênero. Depois também as coisas que costumeiramente são expostas nas festas dos ídolos, carnes, pães e outras coisas conspurcadas pela invocação dos Satanás impuros. Esses alimentos, que fazem parte da pompa de Satanás, são puros por eles mesmos, mas tornados impuros pela invocação dos Satanás".[51] Isso nos lembra a questão dos idolotitos já agitada no tempo dos apóstolos.

Observa-se que os espetáculos de teatro, do hipódromo e do circo fazem parte da *pompa diaboli* enquanto comportam atos cultuais que se tornam manifestações de idolatria. É o que se encontra, por exemplo, no *De Spectaculis* de Tertuliano. Contudo, com o recuo da idolatria, o acento recairá sobre as imoralidades dos espetáculos. Isso já é aparente em Teodoro de Mopsuéstia: "O que chamamos escravidão de Satanás é o teatro, o circo, o estádio, os combates de atletas, os cantos, os órgãos hidráulicos, as danças, que o diabo semeia no mundo. Sob a aparência de divertimento, ele quer conduzir as almas para

---

47   Idem, ib. XIII, 8.

48   Tertullianus. *De Corona*. 13.

49   *"Pompa diaboli"*. In: *Zeitschrift für Katholische Theologie*. (1931) p. 239 sqq.

50   *Pompa diaboli*. In: *Vigiliae Christianae*. (1947) I, p. 13 sqq.

51   P.G. 33, 1072 A. *Catequeses mistagógicas*.

BÍBLIA E LITURGIA

o seu lado. Todo aquele que participa do sacramento do Novo Testamento deve se afastar de tudo isto".[52] Os Padres mais antigos já associavam a imoralidade à idolatria. Destarte Cirilo, a propósito das pompas de Satanás, falava "da loucura do teatro, em que se veem as farsas dos micos repletos de inconveniências, bem como danças malucas de homens efeminados".[53]

O "culto de Satanás" é, para Cirilo e Teodoro, o conjunto de práticas idolátricas e supersticiosas. Dessa forma, para o primeiro "o culto do diabo é a oração nos santuários, as honras prestadas aos ídolos, como acender lamparinas, queimar perfume junto às fontes ou rios, como fazem alguns que, enganados por sonhos ou por Satanás, lançam-se em suas águas, pensando nelas encontrar a cura de suas doenças. Existem também os augures, as adivinhações, os signos, os amuletos, as lâminas gravadas, as práticas mágicas".[54] Teodoro traz uma enumeração paralela, nela acrescentando a astrologia.[55] Sabemos que, mesmo após o estabelecimento do cristianismo, tais proibições não eram vãs. O *Código de Teodósio*, no final do IV século, proíbe ainda "oferecer perfumes aos Penates, acender lâmpadas, suspender guirlandas ao redor de seu altar".[56]

* * *

À abjuração de Satanás e de suas pompas, à *apotaxis*, corresponde à adesão a Cristo, a *syntaxis*. Retomemos o texto de São Cirilo: "Quando renunciaste a Satanás e rompeste o antigo pacto com o Hades, então o paraíso de Deus abriu-se diante de ti, aquele que ele plantou no Oriente e do qual nosso primeiro pai foi expulso devido à sua desobediência. E o símbolo dessa conversão é que te voltas do Ocidente para o Oriente, que é a região da luz. Então te foi ordenado dizer: Eu creio no Pai, no Filho e no Espírito Santo e no único batismo de penitência".[57] Teodoro de Mopsuéstia indica um rito análogo, sem precisar que o catecúmeno se volte para o Oriente, mas mostrando "um joelho colocado na terra, olhando o céu e as mãos estendidas".[58]

---

52 THÉODORE DE MOPSUESTE. *Les homélies.* XIII, 12.

53 P.G. 33, 1069 C; *Catequeses mistagógicas.*

54 P.G. 33, 1073 A.

55 THÉODORE DE MOPSUESTE. *Les homélies.* XIII, 10.

56 CÓDIGO DE TEODÓSIO. XVI, 10, 201. Cf. FESTUGIÈRE, Andre-Jean. *Le monde gréco-romain au temps de Notre-Seigneur.* Paris: Bloud & Gay, 1935. p. 40-41.

57 P.G. 33, 1073, B; *Catequeses mistagógicas.*

58 THÉODORE DE MOPSUESTE. *Les homélies.* XIII, 1. O Pseudo-Dionísio também menciona o Oriente. Esse fato demonstra que o rito existia em Antioquia (*De coelesti hierarchia,* 400 A).

A PREPARAÇÃO

A profissão na direção do Oriente se opõe à abjuração em face do Ocidente. O rito se encontra na liturgia batismal de Milão: "Tu te voltaste para o Oriente. Com efeito, quem renuncia ao Satanás, volta-se para Cristo. Ele o olha face a face".[59] Sabe-se que essa "orientação" da prece encontra-se em outros lugares e não só na liturgia batismal. Voltar-se para o Oriente é um uso generalizado para rezar. São Basílio o inclui entre as mais antigas tradições da Igreja.[60] A direção do Oriente estava indicada nos lugares de oração e mesmo nas casas particulares por uma cruz pintada na parede.[61] Mais particularmente a oração voltada para o Oriente aparece no momento do martírio. Perpétua vê quatro anjos que a conduzem ao Oriente após sua morte.[62] A seguir, encontra-se o costume de voltar-se para o Oriente na hora da morte. Macrina, irmã de São Basílio, "no momento de sua morte, entretinha-se com seu celeste Esposo, sobre o qual ela não cessava de fixar os olhos, pois o seu leito estava voltado para o Oriente".[63] E Jean Moschos narra a história de um pobre homem, preso por bandidos e que pede para ser enforcado voltado para o Oriente.[64]

O simbolismo do rito prestou-se para discussão. F.-J. Dölger viu nele um uso inspirado no costume pagão de rezar na direção do sol levante.[65] Erik Peterson, por sua vez, acredita que o uso se deve a controvérsias entre judeus e cristãos sobre o lugar onde o Messias aparecerá no final dos tempos. A prece na direção do Oriente teria, destarte, designado o cristianismo por oposição à prece voltada para Jerusalém dos judeus, e mais tarde à Qibla, ou prece voltada para a Meca, dos muçulmanos. Isto mostra a sua importância para distinguir os três grandes monoteísmos no Oriente antigo.[66] De lá também aparece a significação escatológica desse rito; ela corresponde bem ao que dissemos de

---

59 AMBRÓSIO DE MILÃO. *Os mistérios:* explicação do simbolismo da iniciação cristã. Trad.: Monjas Beneditinas da Abadia de Santa Maria. São Paulo: Paulinas, 1956. Aqui se cita o n. 7.

60 BASÍLIO DE CESAREIA. *Tratado sobre o Espírito Santo.* 27.

61 PETERSON, Erik. *"La croce et la preghiera verso l'Oriente".* In: *Ephemerides Liturgicae,* 59 (1945) p. 525 sqq; DANIÉLOU, Jean. *Origène.* Collection Le Génie du christianisme. Paris: Éditions de La Table Ronde, 1948. p. 42-44.

62 *Paixão de Perpétua e Felicidade.* In: *P.L.* 11, 2.

63 GREGÓRIO DE NISSA. In: *P.G.* 46, 984 B.

64 MOSCHOS, Jean. *Pré-spirituel.* introduction, notes et glossaire par Vincent Déroche, traduction par Christian Bouchet, index par Marie-Hélène Congourdeau et Vincent Déroche = *Les Pères dans la foi.* Migne: 2006. p. 72.

65 Tertuliano narra que alguns acusavam os cristãos de adorar o Sol, devido tal costume (cf. Tertullianus. *Apologeticum.* 16, 9. Viena: ed. H. Hoppe, CSEL 69, 1939.

66 PETERSON, Erik. *"Die geschichtliche Bedeutung der jüdischen Gebetsrichtung".* In: *Theologische Zeitschrift.* (1947) p. 1 sqq; DÖELGER, F. J. *Sol Salutis.* p. 220-258.

BÍBLIA E LITURGIA

sua presença junto às pessoas que estão para morrer. Elas compreendem que o Cristo virá buscá-las.

De outro lado, certo número de textos nos indica essa significação escatológica. Ela pode ter seu ponto de partida em São Mateus: "Como o relâmpago vem do Oriente, da mesma forma aparecerá o Filho do Homem" (24,37). A *Didascalie d'Addaï* liga-o explicitamente a este texto: "Os apóstolos fixaram que vós deveis rezar voltados para o Oriente, porque, assim como o relâmpago aparece no Oriente e brilha até o Ocidente, assim será a vinda do Filho do Homem".[67] Esse aspecto escatológico aparece bem em Metódio d'Olimpo: "Do alto do céu, ó Virgens, o som de uma voz que acorda os mortos fez-se ouvir; em direção ao Esposo, ela grita, devemos nos dirigir com pressa, revestidas de nossas vestes brancas, nossas lâmpadas na mão, do lado do Oriente".[68]

Mas esse sentido primitivo, ligado à espera escatológica dos inícios do cristianismo, atenuou-se. Normalmente o Oriente designa simplesmente o Cristo. Esse simbolismo se liga a Zc 6,12: "Oriente é seu nome". É a explicação que tínhamos encontrado em Santo Ambrósio para o rito batismal: "Tu te voltaste para o Oriente. Quem renuncia a Satanás, volta-se em direção ao Cristo e o olha face a face". É o sentido que a antífona da liturgia romana apresenta: *O Oriens, splendor lucis aeternae et sol iustitiae, veni ad illuminandos sedentes in tenebris et umbra mortis*. Gregório de Nissa a explica nesta passagem: "O grande dia (da vida eterna) não mais será aclarado pelo sol visível, mas pela verdadeira luz, o Sol de Justiça, que é chamado Oriente pelos profetas porque ele não é mais escondido para os que dormem".[69] Com efeito, São João havia falado a respeito da nova Jerusalém: nela "não haverá mais necessidade do sol, porque o Senhor Deus será sua luz" (Ap 22,5). Destarte, o Cristo aparecerá como o Sol da Segunda Criação que brilha eternamente.[70]

Mas no IV século o simbolismo mais frequente é diferente. A prece voltada para o Oriente liga-se aos temas paradisíacos. O Gênesis, com efeito, afirma que "o paraíso foi plantado ao Oriente" (Gn 2,8). Voltar-se para o Oriente aparece como a expressão da nostalgia do paraíso. É a razão dada por Basí-

---

67 LA DIDASCALIE DES DOUZE APÔTRES. II, 1; 2ᵉ éd., rev. et augm. de la traduction de la Didaché des Douze Apôtres, de la Didascalie de l'apôtre Addaï et des empêchements de mariage (pseudo) apostoliques, traduite du syriaque pour la première fois par F. NAU. Paris: Lethielleux, 1912.

68 METÓDIO DE OLIMPO. *Symposium*. 11, GCS [Die Griechischen Christlichen Schriftsteller], Leipzig: ed. N. BONWETSCH, 1917. p. 132.

69 GREGÓRIO DE NISSA. In: *P.G.* 44, 505 A.

70 Cf. também TERTULIANO. *Adversus Valentinianos*. 3 ed. E. Kroymann, CSEL 47. Viena: 1906. "O Espírito Santo ama o Oriente que é figura de Cristo"; GREGÓRIO DE NISSA. In *P.G.* 44, 984 A; 44, 798 C.

lio: "É em virtude de uma tradição não escrita que nós nos voltamos para o Oriente para rezar. Mas sabemos que buscamos dessa forma a antiga pátria, o paraíso que Deus plantou no Éden, ao Oriente".[71] Igualmente as *Constituições Apostólicas* nos mostram esse uso na liturgia eucarística: "Todos, estando de pé e voltados para o Oriente, após o envio dos catecúmenos, rezam a Deus 'que subiu ao céu do céu ao Oriente', lembrando-se da antiga morada do paraíso plantado ao Oriente, onde o primeiro homem fracassou".[72] São Gregório de Nissa aprofundou esse simbolismo: "Como se Adão vivesse em nós, cada vez que nos voltamos para o Oriente – não que Deus só pudesse ser contemplado lá, mas porque nossa primeira pátria, o paraíso, onde fomos derrubados, estava no Oriente – é com razão que nós dizemos, como o pródigo: perdoa nossas ofensas".[73]

Ora, é considerável que seja esse o simbolismo que Cirilo de Jerusalém nos dá a propósito do rito batismal: "Quando tu renuncias a Satanás, o paraíso de Deus, aquele que ele havia plantado ao Oriente, abre-se para ti. Dele nosso primeiro pai, por causa de sua desobediência, fora expulso. E o símbolo disso é que tu te voltas do Ocidente para o Oriente". Nós acentuaremos a esse respeito, uma vez mais, a importância do simbolismo paradisíaco nos ritos do batismo. Em face de Adão caindo sob o domínio de Satanás e expulso do paraíso, o catecúmeno aparece como libertado da dominação de Satanás e introduzido no paraíso pelo Novo Adão. É toda uma teologia do batismo como libertação do pecado original que é, dessa forma, inscrita nos ritos.

Voltado para o Oriente, o catecúmeno pronunciava seu compromisso com Cristo. Após a denúncia oficial do pacto outrora concluído por Adão com Satanás, esse compromisso constitui o ato oficial de aliança com Cristo.[74] A palavra *aliança* (συνθήκη) o designa muitas vezes.[75] Como a renúncia, este ato era acompanhado de um gesto da mão ou das mãos estendidas, como testemunha Teodoro[76] e o Pseudo Dionísio.[77] Contudo, Teodoro interpreta esse

---

71   Basílio de Cesareia. *Tratado sobre o Espírito Santo.* 27.

72   *Didascalia et Constitutiones Apostolorum* II, 57. Paderborn: ed. Franz Xavier, 1906.

73   Gregório de Nissa. In: *P.G.* 44, 1184 B-D.

74   Cf. Crehan, J.-H. *Early christian baptism and the creed.* p. 95-110.

75   Origène. *Exhortation au martyre*, 17 (Exhortatio ad martyrium). Traduction de l'introduction, traduction des notes, révision de la traduction de Guillaume Bady. *P.G.* 11, 564-637 [a ser publicada pela SC]; 16; Grégoire de Nazianze. *Discour* 40,8; *P.G.* 36, 368 B; (Oratio 40), trad.: Paul Galay, SC 358. Paris: Les Éditions du Cerf, 1990.

76   Théodore de Mopsueste. *Les homélies.* XIII, 1.

77   Pseudo Dionísio, 401 A-B.

BÍBLIA E LITURGIA

gesto no sentido de uma súplica e não de um compromisso. Da fórmula desse compromisso, Cirilo diz que ele tratou longamente em sua catequese. Com efeito, é todo o conteúdo da fé cristã que está resumido e ao qual o novo cristão adere. Nós não vamos insistir a respeito.[78] Como bem acentuou Teodoro de Mopsuéstia, a adesão a Cristo é, propriamente falando, o ato de fé exigido para o batismo: "A natureza divina é invisível e a fé é reclamada daquele que se apresenta e promete permanecer firme, agora em familiaridade com ele. Invisíveis também são os bens que ele nos prepara no céu, e nos quais, por causa de tudo, se deve crer".[79]

***

Com a renúncia e a profissão, a preparação do batismo se completa na noite pascal. Através de seus diferentes momentos, é um só o movimento que o animou e que vai culminar no rito solene que acabamos de descrever. Agora o aspirante ao batismo, tendo oficialmente professado sua vontade de abandonar a idolatria e de se consagrar ao Cristo, vai poder receber o sacramento. Mas essa longa preparação atesta o caráter pessoal do ato que se realiza. Nada está mais distante do espírito do cristianismo primitivo que uma concepção mágica da ação sacramental. A conversão sincera e total é a condição requerida para a recepção do sacramento.

---

78 Cf. DE GHELLINCK. *Recherces sur le symbole des Apôtres*. Patristique et Moyen Âge I. Paris: Desclée de Brouwer, 1949. p. 25 sqq.; KELLY, J. N. D. *Early christian creeds*. p. 30 sqq.; CULLMANN, Oscar. *Les premières confessions de foi chrétiennes*. Paris: Presses Universitaires de France, 1948.

79 THÉODORE DE MOPSUESTE. *Les homélies*. XIII, 13-14. A adesão a Cristo, que é ao mesmo tempo adesão de fé e compromisso de vida, aparece revestida de uma grande importância no cristianismo antigo. Essa profissão é designada pelo termo επερωτημα no célebre texto batismal da 1Pd 3,21. Cf. sobre esse texto SELWIN, Eduard-Gordon. *The first Epistle of St. Peter*. Macmillan Company, 21947, 205-206; REICKE, Bo. *The disobedient Spirits and christian baptism*: a study of 1 Peter 3:19 and its context. Copenhagen: 1946, p. 173-201; CREHAN, J.-H. *Early christian*. p. 10-12.

Capítulo II

O RITO BATISMAL

Os ritos que estudamos até o presente formam os preâmbulos remotos do batismo. Cirilo de Jerusalém consagra-lhes sua primeira catequese, Teodoro de Mopsuéstia suas duas primeiras homilias. Elas constituem uma unidade bem característica, sublinhada pelo fato de serem realizadas fora do batistério. O candidato é ainda considerado estranho à Igreja. Com efeito, é a entrada no batistério que marcará a preparação imediata ao batismo. Esse momento compreenderá dois ritos preliminares: despir-se das vestes e ser ungido com o óleo. Seguir-se-á o batismo propriamente dito, realizado pela imersão na piscina batismal. Continuando, dar-se-á a vestição da túnica branca, que corresponde ao desnudamento. Examinaremos os simbolismos desses ritos.

***

No início da *Catequese preliminar*, Cirilo declara aos que se inscreveram: "Agora estais no vestíbulo do palácio. Que possais, muito em breve, ser introduzidos pelo rei".[1] Esta é a situação dos candidatos. Eles não são mais totalmente estranhos. Estão no vestíbulo. "Eles já respiram o perfume da beatitude. Recolhem as flores com as quais será tecida sua coroa".[2] Reencontramos o simbolismo do paraíso. Mas os candidatos não estão ainda dentro do santuário. A introdução no batistério significa a entrada na Igreja, isto é, o retorno ao paraíso, perdido pelo pecado do primeiro homem: "Tu estás fora do paraíso, ó catecúmeno, diz Gregório aos que retardam o batismo. Tu partilhas o exílio

---

1   *P.G.* 33, 333 A. [Trad. bras.: Cirilo de Jerusalém. *Catequeses pré-batismais.* Petrópolis: Vozes, 1978. (Fontes da catequese, 14.)]

2   *P.G.* 33, 332 B.

de Adão, nosso primeiro pai. Agora a porta se abre. Entra lá de onde saíste".[3] A mesma coisa Cirilo de Jerusalém falava aos candidatos: "Muito em breve, para cada um e cada uma de vós, o paraíso vai se abrir".[4]

Esse simbolismo era sublinhado na Igreja primitiva pela decoração dos batistérios. Normalmente aí se encontra representado o Cristo como Bom Pastor rodeado por suas ovelhas em um quadro paradisíaco de árvores, de flores e de fontes. O batistério de Dura, que é do século III, nos mostra, em vez do Cristo, a queda do primeiro casal. A isso corresponde mais exatamente, como notou L. de Bruyne, a inscrição copiada por Fortunato no cemitério paleocristão de Moiny: "A sala do santo batismo, de difícil acesso, resplandece. É lá que Cristo lava no rio o pecado de Adão".[5] A decoração dos batistérios é cheia de intenção teológica. É o paraíso de onde Adão foi expulso e onde o batismo o restaura.[6]

Um traço dessa descrição merece uma explicação: é o dos cervos que bebem na fonte. Trata-se de uma alusão ao Sl 41: "Sicut desiderat cervus ad fontem aquarum". Compreende-se que esse texto pareça ter simbolizado a sede dos catecúmenos de receber o batismo. Mas se compreende que o simbolismo é mais amplo do que aquele que possa apresentar em uma primeira abordagem. Em certos batistérios percebe-se que o cervo tem serpentes na boca. Com efeito, reporta-se a uma tradição da ciência antiga segundo a qual os cervos devoram as serpentes, o que lhes causa sede. Isso, como viu M. H.-Ch. Puech, dá à sua representação nos batistérios um simbolismo mais rico.[7] Somente após ter vencido a serpente é que o candidato tem acesso à água batismal. Vimos que esse tema aparecia nas *Catequeses* de Cirilo. Destarte, a representação do cervo que, após ter devorado a serpente, se desaltera no rio do paraíso, aparecia aos catecúmenos como um resumo de todas as etapas da iniciação batismal.

De outro lado, também a forma dos batistérios é igualmente simbólica. Franz-Joseph Dölger observou, com efeito, que ela era comumente octogo-

---

3   Gregório de Nissa. In: *P.G.* 46, 417 C; cf. também 420 C e 600 A.

4   *P.G.* 33, 357 A.

5   De Bruyne, Lucien. "La décoration des baptistères paléo-chrétiens". In: *Actes du Ve Congrès d'Archéologie Chrétienne*, Aix en Provence, 13-19 setembro 1954, p. 198 sqq.

6   Sobre a Igreja Paraíso, cf. Ciprianus. *Epistula*. 73,10. In: CCL III B/3, ed. Diercks 1996; *Epistula*. 735, 15, op.cit. Citamos da edição de Diercks. "Epistulae" 1-57. In: *CCL* [Corpus Christianorum Latinorum], III B/2, 1993; "Epistulae" 58-81. In: *CCL*, III B/3, 1996.

7   "La symbolique du cerf et du serpent". In: *Cahiers Archéologiques*, IV (1949) 18-60.

O RITO BATISMAL

nal.[8] A origem dessa forma pode vir das termas romanas. Mas é certo que ela tinha tomado no cristianismo uma significação simbólica, como atesta a inscrição da Igreja de Santa Tecla de Milão, que é de Santo Ambrósio: "Convinha-lhe que a sala do santo batismo fosse construída segundo este número: aquele em que o povo obteve a verdadeira salvação à luz do Cristo Ressuscitado". O número oito, com efeito, para o cristianismo antigo é o símbolo da ressurreição. De fato, foi na manhã seguinte ao sábado, portanto no oitavo dia, que Cristo saiu do túmulo. Ainda mais, os sete dias são a figura do tempo do mundo e o oitavo, o dia da vida eterna. O domingo é a comemoração litúrgica desse oitavo dia, a um tempo memorial da ressurreição e profecia do mundo que deve vir.[9] É no oitavo dia, inaugurado por Cristo, que o cristão entra para o seu batismo.[10] Estamos diante de um simbolismo batismal muito antigo e frequente no cristianismo antigo e ao qual parece fazer alusão a Primeira Carta de Pedro (3,20).[11]

* * *

Introduzido no batistério, o catecúmeno é despido de suas vestes: "Apenas tendo entrado, escreve Cirilo de Jerusalém, tirareis vossa túnica".[12] Para o exorcismo da quaresma, o catecúmeno despia somente sua sobretúnica e suas sandálias. Agora se trata de uma nudez completa. É o que declara Teodoro de Mopsuéstia: "Tu entras, pois, no batistério e logo tiras as tuas vestes".[13] Esse rito, que preparava para o banho batismal, é interpretado em um sentido simbólico pelos diversos autores. O ato de desvestir o catecúmeno das velhas roupas aparece para Cirilo como "imagem do despimento do velho homem e de suas obras".[14] É igualmente o simbolismo do Pseudo Dionísio que escreve: "Tal é o ensinamento que sugere a tradição simbólica ao desvestir, por assim dizer, o neófito de sua vida anterior, em lhe arrancando até as suas derradeiras afeições daqui de baixo e lhe deixando o corpo e os pés nus".[15] Gregório de Nissa, dirigindo-se àqueles que protelavam a recepção do batismo, retoma

---

8   Döelger, Franz Joseph. *Zur Symbolik des altchristlichen Taufhauses:* Das Oktagon und die Symbolik der Achtzahl, in Antike und Christentum, 4 (1943) 4, 288; 5 (1944) 4, 294.

9   Cf. o capítulo 15: O Domingo.

10 *Antike und Christentum.* 4 (1943) 153-187.

11 Daniélou, J. *Sacramentum futuri.* p. 77 sqq.

12 *P.G.* 33, 1077 A.

13 Théodore de Mopsueste. *Les homélies.* XIV, 1.

14 *P.G.* 33, 1077 A.

15 Denys l'Aréopagite. *La hiérachie céleste.* 401 A.

BÍBLIA E LITURGIA

a mesma ideia: "Despe o velho homem como uma veste imunda. Recebe a túnica da incorruptibilidade que o Cristo te presenteia".[16] Para Teodoro de Mopsuéstia, as vestes figuram o homem corruptível: "É preciso que se retire tua veste, índice da mortalidade e que, pelo batismo, tu vistas a túnica da incorruptibilidade".[17]

Cristo, por primeiro, desvestiu sobre a cruz esse velho homem, a uma só vez, pecado e mortalidade. Se o batismo é configuração ao Cristo morto e ressuscitado, o despimento das vestes é, para Cirilo, configuração à nudez de Cristo na cruz: "Despidos, vós estais nus, também nisto imitando o Cristo sobre a cruz, despido de suas vestes, ele que desvestiu os principados e as potestades por sua nudez, e que triunfou deles bravamente sobre a cruz (Cl 2,15). E porque os poderes malvados reinavam sobre vossos membros, não vos é mais permitido trazer essa velha túnica. Eu não falo aqui do homem sensível, mas do velho homem corrompido com seus desejos enganadores".[18] O desnudamento de Cristo sobre a cruz figura o "desnudamento" do homem velho, simbolizado pelas vestes. Ademais o Cristo "desnudou" os poderes malvados do domínio que eles exerciam sobre a humanidade pela ação desse homem velho. Pelo despimento batismal, participação no desnudamento de Cristo, o candidato despe também os poderes malvados do domínio que exerciam sobre ele.

Mas essa velha veste de corrupção e de pecado que o batizado despe no seguimento de Cristo é a mesma que Adão vestiu após o pecado. Destarte, percebemos aparecer a correspondência da cena do paraíso, onde Adão vencido por Satanás foi revestido pela corruptibilidade, com a do Calvário, onde Jesus, novo Adão, vencedor de Satanás, despe essa túnica corruptível, e, enfim com a do batismo em que o batizado despe, com suas velhas roupas, a corruptibilidade da qual participava enquanto estava sob o domínio do Satanás. A mortalidade, revestida por Adão, está simbolizada pela "túnica de pele" de Gn 3,21.[19] O desvestir-se do velho homem pelo batizado é, pois, o desvestimento das túnicas de pele revestidas por Adão. Gregório de Nissa explica claramente:

---

16   GREGÓRIO DE NISSA. In: P.G. 46, 420 C.

17   THÉODORE DE MOPSUESTE. Les homélies. XIV, 8. Sobre as vestimentas como símbolo das paixões e da mortalidade na antiguidade pagã e judia, cf. OPPENHEIM, P. Symbolik und religiöse Wertung des Mönchskleides in christlichen Altertum. Münster: 1932. p. 8-18.

18   P.G. 33, 1077 B.

19   Cf. PETERSON, Erik. Pour une théologie du vêtement. Lyon: L'Abeille, 1943. p.17. Por detrás desse simbolismo encontra-se a antiga ideia de que as vestes são particularmente aptas a captar a influência dos espíritos.

O RITO BATISMAL

"A alma, desvestindo-se da túnica de pele, com a qual fora revestida após o pecado, abre uma entrada para o Verbo. Por esse gesto ela retira o véu do seu coração, isto é, a carne. Eu entendo por carne o velho homem do qual devem desvestir-se aqueles que querem se lavar no banho do Verbo".[20]

A nudez batismal não significa somente desvestir-se da mortalidade, mas também retornar à inocência primitiva. É o aspecto que Cirilo acentua: "Ó coisa admirável. Estáveis nus aos olhos de todos sem sentir vergonha. É que na verdade trazíeis em vós a imagem do primeiro Adão, que estava nu no paraíso, sem sentir vergonha alguma".[21] É também a interpretação de Teodoro de Mopsuéstia: "No começo Adão estava nu e ele não se ruborizava de modo algum de si próprio. É porque é preciso que seja retirada tua veste que era a prova convincente desta sentença que abaixa o ser humano a ter necessidade das vestes".[22] Aqui não se trata mais da alusão às túnicas de pele de Gn 3,21, mas ao tecido de folhas de figueira de Gn 3,7. É esta a veste com a qual Adão e Eva se cobriram após o pecado, que atestava a perda da inocência e da confiança: "A vergonha e o medo seguiram-se ao pecado, e como Adão e Eva não ousassem mais ficar diante de Deus, eles se cobriram de folhas e se esconderam entre as árvores".[23]

Destarte, o verdadeiro simbolismo do desvestir-se das túnicas aparece. Trata-se do desaparecimento da vergonha, sentida pela pessoa pecadora diante de Deus. Recupera-se, então, o sentimento oposto à vergonha, que é a confiança filial, a *parrhésia*: um dos bens do estado paradisíaco.[24] Eis a descrição de Gregório de Nissa sobre o retorno à liberdade de filhos e filhas de Deus operado pelo batismo: "Tu nos afastaste do paraíso e nos chamaste de novo; e tu nos desvestiste das folhas de figueira, essas vestimentas sórdidas, e nos revestiste de uma roupagem de honra... Agora quando tu chamares Adão ele não terá mais vergonha nem, sob a reprovação de sua consciência, se esconderá debai-

---

20   GREGÓRIO DE NISSA. In: *P.G.* 44, 1003 D. Ele continua: "Quando os primeiros homens deixaram se levar para o mal e foram despidos da beatitude primitiva, o Senhor lhes dá as vestes de pele. No meu entender, não se trata de vestes comuns, mas da condição mortal" (*P.G.* 46, 521 D).

21   *P.G.* 33, 1080 A.

22   THÉODORE DE MOPSUESTE. *Les homélies.* XIV, 8.

23   GREGÓRIO DE NISSA. In: *P.G.* 46, 374 D. Um certo número de autores, a partir de Irineu, vê nas folhas de figueira o símbolo da concupiscência. Desvestir-se das vestes significa despir-se da concupiscência; cf. WASZINK, J. H. *Tertullianus, De anima ed. with a commentary.* Amsterdam: 1947.

24   DANIÉLOU, Jean. *Platonisme et théologie mystique.* Essai sur la doctrine spirituelle de saint Grégoire de Nysse. Paris: Aubier, 1944. p. 110-123.

BÍBLIA E LITURGIA

xo das árvores do paraíso. Tendo recuperado a *parrhéssia*, ele vai aparecer em pleno dia...".[25]

***

Tendo retirado suas vestes, o catecúmeno é ungido de óleo. Cirilo de Jerusalém comenta assim esse rito: "Desvestido de vossas vestes, fostes ungido do óleo exorcizado, desde a ponta dos cabelos até os pés e vos fizestes participantes da verdadeira oliveira que é Jesus Cristo. Separados da oliveira selvagem e enxertados na oliveira sadia, vos tornastes participantes da gordura do óleo verdadeiro. O óleo exorcizado é, com efeito, um símbolo da participação na força de Cristo. Essa força faz desaparecer toda marca do poder do inimigo. Pela invocação de Deus e pela prece, o óleo adquire o poder não somente de purificar, consumindo-os, os vestígios do pecado, mas de colocar em fuga todos os poderes invisíveis do Maligno".[26]

Nesse texto aparecem os principais simbolismos do óleo. Em primeiro lugar a sua ação é sanadora. Com efeito, a ação medicinal é um dos principais usos do óleo. Ele cura a alma das manchas do pecado que ela então mantinha. Encontramos essa função na prece para a consagração do óleo batismal da *Eucologia de Serapião*: "Nós ungimos com esta unção os que se aproximam da divina regeneração, pedindo ao Senhor Jesus que opere neles uma força sanante e fortificante e que os cure, no corpo, na alma, e no espírito, de todo traço de pecado e de iniquidade, a fim de que tenham a força de triunfar dos ataques dos poderes inimigos".[27]

As últimas palavras nos orientam para outro aspecto, que é o mais importante. O óleo é utilizado, em particular, pelos atletas, para fortificar o corpo. "O sumo sacerdote, escreve o Pseudo Dionísio, começa por endurecer o corpo do postulante com os santos óleos, chamando destarte simbolicamente o iniciado para as piedosas lutas que ele vai enfrentar então sob a direção de Cristo, pois é ele quem, em nome de Deus, organiza o combate. Em pessoa ele entrou na liça com os combatentes para defender sua liberdade e assegurar sua vitória contra as forças da morte e da condenação. Da mesma forma o iniciado vai se lançar alegremente nesses combates que ele sabe serem divinos. Ele marchará no seguimento daquele que, em sua bondade, foi o primeiro dos atletas. Foi assim que, tendo vencido todas as batalhas e todos os poderes que obstacu-

---

25 GREGÓRIO DE NISSA. In: *P.G.* 46, 600 A.

26 *P.G.* 33, 1080 A.

27 BRIGHTMAN, F. E. *"Serapion* Sacramentary". Edited by Brightman. In: *Journal of Theological Studies* (October 1899 and January 1900), p. 264.

O RITO BATISMAL

lam sua deificação, morrendo ao pecado pelo batismo, pode-se dizer que ele partilha a mesma morte de Cristo".[28]

Dessa forma a unção com o óleo destina-se a fortificar o iniciado em vista de sua luta contra o Satanás. Deve-se acentuar aqui que isso não se refere somente às lutas futuras do novo cristão, mas ao próprio ato do batismo, como bem mostra o Pseudo Dionísio. Temos de ter diante dos olhos o senso dramático da noite pascal, como conflito com os Satanás. Vimos essa luta iniciada desde o começo da preparação no momento da inscrição. Agora acontecerá o combate supremo. Assim como um bom atleta, o candidato deverá ser ungido com o óleo antes de enfrentar o Satanás.

Cirilo de Jerusalém nos mostra, com efeito, a descida na piscina batismal como descida nas águas da morte, que são o hábitat do dragão do mar, à imagem de Cristo descendo no Jordão no momento de seu batismo para quebrar o poder do dragão que aí está escondido: "O dragão Behemoth, segundo Jó, escreve Cirilo, estava nas águas e recebia o Jordão em sua goela. Ora, como era preciso quebrar as cabeças do dragão, Jesus, descendo nas águas, atacou o forte, para que nós pudéssemos andar sobre os escorpiões e as serpentes. O caminho foi percorrido para que, enfim, se pusesse um freio à morte e que todos, tendo obtido a salvação, pudessem dizer: Ó morte, onde está a tua vitória? Pelo batismo, com efeito, foi partido o grilhão da morte. Tu desces nas águas, levando teus pecados, mas a invocação da graça, tendo marcado tua alma de seu selo, impede que sejas devorado pelo terrível dragão. Tendo descido morto no pecado, tu sobes vivificado na justiça".[29]

É na perspectiva desse combate que se explica a unção do óleo, como bem viu Baumstark: "As rubricas atuais do batismo prescrevem que se faça preceder de uma ação *in pectore et inter scapulas*. A antiguidade cristã prescrevia nesse momento uma unção em todo o corpo. Qual era o sentido dessa cerimônia? Somos instruídos nesse sentido pela oração de bênção grega da água batismal: Tu santificaste as águas do Jordão enviando do alto teu Santo Espírito e cortaste as cabeças dos dragões que aí estavam escondidos. Esse texto é um testemunho evidente da crença que os abismos das águas eram habitados pelos poderes diabólicos e que Cristo os tinha vencido por seu batismo. Era para

---

28 DENYS L'ARÉOPAGITE. *La hiérachie céleste.* 401 D-404 A.

29 *P.G.* 33,441 A. LUNDBERG, Per Ivan. *La typologie baptismale dans l'ancienne Église.* A. Lorentz. A. B. Lundequistska Bokhandeln in Leipzig, Uppsalap 1942, p. 148-161; mesma exegese de Jó 40,18-20, em DÍDIMO. In: *P.G.* 39, 684 B.

a luta vitoriosa contra os poderes tenebrosos que os candidatos ao batismo eram preparados, fazendo-se neles uma unção simbólica com o óleo".[30]

***

Chegamos agora ao batismo propriamente dito. Em Antioquia ele era precedido da consagração das águas, conforme testemunham as *Constituições Apostólicas*[31] e Teodoro de Mopsuéstia: "É preciso que em primeiro lugar o Pontífice, segundo a lei do serviço pontifical, use palavras determinadas e peça a Deus que a graça do Santo Espírito venha sobre a água e a torne capaz desse nascimento considerável".[32] Outras cate--queses insistem também sobre a consagração das águas, sem precisar o momento exato desse rito. Dessa forma, Cirilo de Jerusalém escreve que "a água ordinária, pela invocação do Espírito Santo, do Filho e do Pai, adquire uma eficácia santificadora".[33] E Ambrósio, mais claramente ainda: "Tu viste a água; nem toda água cura, mas somente a água que tem a graça de Cristo cura. A água é o instrumento, mas é o Espírito Santo quem age. A água não cura se o Espírito Santo não desce para a consagrar".[34]

O rito batismal é essencialmente constituído pela imersão e emersão, acompanhadas pela invocação das Três Pessoas da Trindade. Desde o Novo Testamento a significação do rito aparece fixada nos seus dados essenciais. A imersão simboliza a purificação do pecado. O batismo é κάθαρσις. Era já o sentido do rito judaico do batismo dos prosélitos. O Novo Testamento o designa como um *banho* (λουτρόν) (Ef 5,26). A emersão significa a comunicação do Espírito Santo, que dá à pessoa a filiação adotiva (υἱοθεσία), que torna o batizado uma nova criatura por um novo nascimento (παλιγγενεσία) (Tt 3,5).[35]

Aqui também, o batismo aparece em paralelo com Adão. O batismo é uma nova criação do homem à imagem de Deus, precedida pela destruição do velho Adão. Isso já é visível em São Paulo. Rudolf Schnackenburg tem razão ao escrever que "o paralelo Adão-Cristo é de importância eminente para a teo-

---

30 Baumstark, A. "Liturgie comparée. Principes et méthodes pour l'étude historique des liturgies chrétien-nes". In: *Revue d'histoire des religions*, 146 (1954), p. 149.

31 "Didascalia et Constitutiones Apostolorum". In: *P.G.* 7, 43.

32 Théodore de Mopsueste. *Les homélies*. XIV, 9.

33 *P.G.* 33, 429 A.

34 *De sacramentis 1,15*, Botte, p. 58-59. [Trad. bras.: Ambrósio. *Os sacramentos e os mistérios*. Trad.: Paulo Evaristo Arns. Petrópolis: Vozes, 1972. (Fontes da catequese 5.)]

35 Cf. estes dois aspectos em São Paulo. Cf. Schnackenburg, Rudolf. *Das Heilsgeschehen bei der Taufe nach dem Apostel Paulus*. Münchener Theologische Studien [M Th S] I, l, Münich 1950, p. 1-15.

logia paulina do batismo".[36] A comparação do batismo à criação do primeiro Adão é frequente nos Padres. "Pelo batismo, escreve Tertuliano, a criatura humana recupera a semelhança com Deus".[37] E Teodoro de Mopsuéstia desenvolve a ideia: "Porque nós caímos e fomos corrompidos pelo pecado, é uma dissolução completa que nos causa a sentença de morte; mas em seguida o nosso Criador e Mestre, por causa de seu poder inefável, modela-nos de novo".[38]

Contudo essa destruição do homem velho e essa criação do homem novo, não foram operadas em primeiro lugar no batizado e sim no Cristo morto e ressuscitado. "O batismo, escreve São Cirilo, não é somente purificação do pecado e graça de adoção, mas também antítipo da Paixão de Cristo".[39] Vemos aqui os três planos: Adão, Cristo, o batizado, que encontramos frequentemente. Mas aqui a configuração ao Cristo morto e ressuscitado tem uma importância absolutamente fundamental. Desenvolvida em primeiro lugar por São Paulo, em numerosas passagens,[40] é ela que aparece aos Padres do IV século como a realidade significada pela imersão e emersão. Desse modo, Cirilo escreve: "Em seguida fostes conduzidos à santa piscina do divino batismo, como o Cristo foi deposto da cruz na tumba anteriormente preparada. Cada um foi interrogado em nome do Pai, do Filho e do Espírito Santo. Haveis confessado a confissão salutar e três vezes fostes imersos na água e dela emergistes, significando assim, em imagem, a sepultura dos três dias de Cristo. Por essa ação fostes mortos e nascestes, e a água salvífica foi, por sua vez, sepultura e seio materno".[41]

O simbolismo do rito é aquele que já foi indicado por São Paulo; ele é configuração sacramental à morte e à ressurreição de Cristo. É o tema que aparece em toda parte. Nós o encontramos nas *Constituições Apostólicas*, para a Síria: "Santifica esta água a fim de que aqueles que são batizados sejam crucificados com Cristo, morram com ele, sejam sepultados com ele, e ressuscitem com ele para a adoção".[42] São Gregório de Nazianzo escreve: "Nós somos en-

---

36   Loc. cit., p. 107.

37   Tertullianus. *De baptismo*. 5. [Tradução bras.: Tertuliano. *O sacramento do batismo*. Introdução, tradução e notas por Urbano Zilles. Petrópolis: Vozes, 1981. (Padres da Igreja, 3.)]

38   Théodore de Mopsueste. *Les homélies*. XIV, 11.

39   *P.G.* 33,1081 B.

40   Schnackenburg. Op. cit., p. 26-74.

41   *P.G.* 33, 1080 C.

42   *Didascalia et Constitutiones Apostolorum*. In: *P.G.* 7, 43.

terrados com o Cristo pelo batismo para ressuscitar com ele".[43] E em Milão, Santo Ambrósio exprime a mesma ideia: "Tu foste interrogado: Crês em Jesus Cristo e em sua cruz? Tu disseste: Eu creio, e foste imergido. E porque foste sepultado com Cristo, ressuscitaste com ele".[44]

Porém o que nos importa são os aprofundamentos dados a essa doutrina. Aqui o grande mestre é Cirilo. Após ter explicado que as três imersões figuram o *triduum* pascal, ele continua: "Ó coisa admirável e paradoxal! Nós não morremos na realidade e na realidade não fomos enterrados e nós, após a crucifixão, não ressuscitamos. Mas a imitação se faz em imagem (ἐν εἴκον), a salvação em realidade (ἐν ἀληθείᾳ). Cristo foi realmente crucificado e realmente colocado no túmulo e ele ressuscitou realmente. E todas essas coisas se realizaram por nosso amor, a fim de que, tendo parte, pela imitação, aos seus sofrimentos, obtenhamos em realidade a salvação. Ó amor dos homens superabundante! Cristo teve suas mãos puras e seus pés furados pelos cravos e ele sofreu. Pela comunhão de seus sofrimentos, ele me concedeu a graça da salvação sem que eu deva sofrer ou fazer esforço".

"Que ninguém, pois, continua ele, pense que o batismo consiste somente na remissão dos pecados ou na filiação adotiva, quando sabemos com certeza que, ao mesmo tempo que é purificação dos nossos pecados e garantia do dom do Espírito Santo, ele é o antítipo da paixão de Cristo. É por isso que Paulo nos dizia: 'Ignorais que nós todos, que fomos batizados no Cristo Jesus, é na sua morte que fomos batizados. Fomos sepultados com ele na morte pelo batismo'. Ele dizia tais coisas às pessoas que imaginavam que o batismo concedia a remissão dos pecados e a adoção, mas não a participação (κοινωνία) nos verdadeiros sofrimentos de Cristo; admitindo apenas uma semelhança (μίμησις).

"Ora, a fim de que aprendamos o que Cristo sofreu, foi por nós e nossa salvação, que ele sofreu na verdade e não na aparência, e que nós somos participantes de seu sofrimento, Paulo continua: 'Se somos sepultados com ele na semelhança de sua morte, nós somos também participantes de sua ressurreição'. É com razão que ele diz isto. Com efeito, agora que a verdadeira vinha foi plantada, nós também fomos enxertados em sua morte pela participação no seu batismo. Considera com grande atenção o pensamento pelas palavras do Apóstolo. Ele não disse: se somos sepultados em sua morte, mas sim, na semelhança de sua morte. Com efeito, a morte aconteceu verdadeiramente

---

43 GREGÓRIO DE NAZIANZO. In: *P.G.* 36, 369 B.
44 *De Sacramentis*. II, 20; BOTTE, 66.

O RITO BATISMAL

para o Cristo, sua alma separou-se realmente de seu corpo. Para nós existe, de um lado, imitação (ὁμοίωμα) de sua morte e de seus sofrimentos, e de outro lado, não imitação, mas verdade de salvação".[45]

Esse texto é admirável sob todos os aspectos. O batismo é um "antítipo" da paixão e da ressurreição, isto é, ele é a um tempo semelhante e diferente. E o texto explica qual é a semelhança e qual é a diferença. Há na morte e na paixão de Cristo dois aspectos a serem distintos: a realidade histórica e o conteúdo salvífico. A realidade histórica é somente imitada; o rito sacramental a simboliza, representa-a. Mas o conteúdo salutar, ao contrário, comporta uma participação (κοινωνία) real. Os dois aspectos do sacramento são assim perfeitamente definidos. É um símbolo eficaz da paixão e da ressurreição, que as representa corporalmente e as realiza espiritualmente.

Se interrogarmos agora a mistagogia ocidental com Ambrósio, encontramos o mesmo ensinamento, e quase nos mesmos termos, a ponto de se levantar a hipótese de uma influência. "O apóstolo clama (βοᾷ), conforme ouviste na leitura precedente: quem foi batizado, foi batizado na morte de Cristo. O que quer dizer: na morte? Isto é, que do mesmo modo que Cristo morreu, tu também deves experimentar a morte; como o Cristo morreu para o pecado e vive para Deus, tu também deves morrer aos prazeres passados do pecado, pelo sacramento do batismo, e ressuscitar para a graça de Cristo. Portanto, é uma morte, mas não na realidade (*veritas*) da morte corporal, mas em uma semelhança (*similitudo*). Quando imerges, recebes a semelhança da morte e da sepultura. Tu recebes o sacramento da sua cruz, porque o Cristo foi suspenso na cruz e o seu corpo foi fixado com os cravos. Tu, assim que és crucificado, tu aderes ao Cristo, tu aderes ao dom de Nosso Senhor Jesus Cristo".[46]

O batismo opera, destarte, uma configuração à única morte de Cristo, afirma São Basílio no *De Spiritu Sancto*. "Foi para nos conduzir à amizade com Deus que aconteceram a vinda de Cristo na carne, os exemplos de sua conduta evangélica, os sofrimentos, a cruz, a sepultura, a ressurreição, a fim de que o ser humano, salvo pela imitação (μίμησις) de Cristo, recupere a antiga filiação. À perfeição da vida, a imitação de Cristo é portanto necessária, não somente nos exemplos de doçura, de humildade, de longanimidade de sua vida, mas também na morte, como Paulo, o imitador de Cristo, afirmou: conforme à sua morte, a fim de chegar à ressurreição dos mortos. Como, pois, entramos na

---

45 *P.G.* 33, 1082B-1084B.
46 *De Sacramentis.* II, 23; Botte, 69.

semelhança de sua morte? Sendo sepultados com ele pelo batismo. Há uma só morte para o mundo e uma só ressurreição dos mortos. Delas o batismo é a figura (τύπος). Eis por que o Senhor que ordena nossa vida e estabeleceu a aliança (διαθήκη) do batismo, contendo a figura da morte e da vida, a água realizando a imagem (εἰκών) da morte, o Espírito comunicando as arras da vida. É por três imersões e outras tantas epicleses que o grande sacramento (μυστήριον) do batismo é realizado, a fim de que a figura da morte seja reproduzida e que, pela transmissão (παράδοσις) do conhecimento de Deus, a alma dos batizados seja iluminada".[47]

A relação com a morte de Cristo é particularmente sublinhada pela tríplice imersão, alusão ao tríduo pascal. O Pseudo Dionísio expõe assim: "Observa comigo qual é a conveniência dos símbolos que se exprimem nos mistérios sagrados. Porque a nossos olhos a morte é separação das partes unidas, que conduz a alma para um mundo invisível para nós, enquanto o corpo, escondido, por assim dizer, embaixo da terra, abandona toda a forma humana. É por isso que se imerge inteiramente o iniciado na água para figurar a morte e o sepultamento em que se perde a figura. Por essa lição simbólica, quem recebe o sacramento do batismo e é por três vezes mergulhado na água aprende mistericamente a imitar essa morte em três estágios, que foi o sepultamento de três dias e de três noites de Jesus, pelo menos na medida em que é permitido ao ser humano imitar Deus sem sacrilégio".[48]

A oposição entre o sepultamento de Cristo na terra e a imersão do batizado na água marca bem a diferença da realidade e do sacramento. É o que assinala Gregório de Nissa: "Buscamos a razão pela qual a purificação se faz pela água? E qual a finalidade de uma tríplice imersão? Eis o que os Padres ensinaram a esse respeito e que nós recebemos deles. Nosso Senhor, realizando a economia da nossa salvação, desceu à terra para suscitar a vida. Recebendo o batismo, nós nos tornamos a imagem de Nosso Senhor e mestre, mas nós não fomos sepultados na terra. A sepultura é a morada de nosso corpo uma vez mortos. Mas é na água que somos imersos. Ela que é o elemento aparentado com a terra. Realizando essa imersão por três vezes, imitamos por ela a graça da ressurreição. Não fazemos esses gestos recebendo o sacramento em silêncio, mas invocando o nome das três santas hipóstases".[49] Nós observare-

---

47 Basílio de Cesareia. *Tratado sobre o Espírito Santo*. São Paulo: Paulus, 1998, n. 15. (Patrística, 14.)

48 Denys l'Aréopagite. *La hiérachie céleste*. 404 B.

49 Gregório de Nissa. In: *P.G.* 46, 586 A-C. Cf. também Grégoire de Nysse. *Discours catéchétique* (Oratio catechetica magna). Trad.: M. Raymond Winling, SC 453. Paris: Les Éditions du Cerf, 2000; aqui a citação é de *P.G.* 35, 5-12.

O RITO BATISMAL

mos, contudo, que o sentido da analogia entre as águas e a morte e entre as águas e o batismo se perdeu e Gregório recorre à teoria helenística dos quatro elementos e de suas relações.

***

Mas se as águas do batismo são o túmulo onde é sepultado o homem pecador, elas são também o meio vivificante na qual é engendrada a nova criatura. Elas são, a uma só vez, "sepultura e mãe", diz Cirilo de Jerusalém. Esse tema liga-se diretamente à concepção da maternidade da Igreja, que parece ter se desenvolvido, sobretudo, na África. Tertuliano escreve no final do *De Baptismo*: "Vós sois abençoados quando saís do banho santíssimo do novo nascimento, e rezais pela primeira vez junto de vossa Mãe com vossos irmãos e irmãs".[50] Vê-se, desde então, a ligação entre a maternidade da Igreja e o batismo. Essa ligação é mais visível em Cipriano: "Uma vez que o nascimento do cristão realiza-se no batismo e que a regeneração batismal só acontece na Esposa de Cristo, que pode engendrar espiritualmente os filhos de Deus, onde nasceria aquele que não é filho da Igreja?"[51]

Percebe-se como esse tema vai se precisando: a Igreja é a mãe dos filhos de Deus; é no batismo que ela os gera. Desde então o simbolismo do rito estava pronto; a piscina batismal é o seio materno onde a geração dos filhos de Deus se realiza. Isso é claramente exposto por Dídimo o Cego, do qual se conhece a dependência da teologia batismal com relação aos Africanos: "A piscina é o instrumento da Trindade para a salvação de todas as pessoas. Ela se torna mãe de todos por obra do Espírito Santo, permanecendo Virgem. Está aí o sentido do Salmo: Meu pai e minha mãe me abandonaram (Adão e Eva que não souberam permanecer imortais), mas o Senhor me tomou. Deu-me por mãe a piscina, por pai o Altíssimo, por irmão o Senhor que foi batizado por nossa causa".[52]

No IV século, o tema recebe uma importância considerável nas *Cateque-ses* preparatórias ao batismo, escritas por Zenão, bispo de Verona, entre 362 e 372. "Meus irmãos, exultai de alegria no Cristo e todos, animados de um mesmo desejo, apressai-vos para receber os dons celestes. A fonte, na qual

---

50 Tertuliano. *O sacramento do batismo*. Introdução, tradução e notas por Urbano Zilles. Petrópolis: Vozes, 1981, n. 20. (Padres da Igreja, 3.)

51 *Epistula*. 74, 6; CSEL 804. Plumpe, Joseph C. *Mater Ecclesia*: An Inquiry into the concept of the Church as Mother in Early Christianity. Washington: The Catholic University of America, 1943. p. 100 sqq.

52 *P.G.* 39, 692 B.

nascemos para a vida eterna, já vos convida por seu calor salutar. Nossa mãe está desejosa de vos colocar no mundo; mas ela não está sujeita à lei que regula o parto de vossas mães. Estas gemeram nas dores do parto. Mas essa mãe celeste vos coloca no mundo, alegre, muito feliz. Livre ela vos coloca no mundo, liberta dos laços do pecado".[53] É o texto do *primeiro convite* ao batismo. As exortações seguintes retomam e desenvolvem o mesmo tema, com o realismo próprio dos latinos. Temos interesse na precisão do simbolismo, que dá ao rito a sua significação.

O mesmo simbolismo é desenvolvido com predileção em outro domínio, o de Antioquia, com Teodoro de Mopsuéstia. Este para pouco no simbolismo da configuração à morte, mas estende-se longamente sobre o simbolismo da regeneração. "É preciso que o bispo peça a Deus que a graça do Espírito Santo venha sobre a água para fazer dela o seio de um nascimento sacramental, pois o Cristo falou a Nicodemos: Se não nascer da água e do Espírito Santo, não se pode entrar no Reino de Deus. Da mesma forma que no nascimento carnal, o seio da mãe recebe um germe, que a mão divina o forma, do mesmo modo no batismo a água se torna um seio para a pessoa que é batizada para um segundo nascimento".[54] Estamos na presença de um desenvolvimento paralelo ao do Ocidente.

***

Após o rito batismal propriamente dito, resta-nos uma última cerimônia: o revestir-se da túnica branca: "Após o batismo, afirma Santo Ambrósio, tu recebeste a veste branca, para que seja a marca que prova o fato de teres despido a veste do pecado e te revestiste das vestes da inocência".[55] Essas vestes brancas substituem as roupas velhas deixadas antes do batismo e que figurava o velho homem. Elas são o símbolo do homem novo. É um dos aspectos essenciais do batismo que é assim significado. Os termos de "vestimenta da incorruptibilidade"[56] (ἔνδυμα ἀφθαρσιας),[57] ou de "vestimenta luminosa",[58] são expressões técnicas que designam o batismo das listas.[59] A origem desse simbolismo

---

53   *Sermons ou Traités* (Sermones aut Tractatus) 30; *P.L.* 11, 476 B; o autor afirma ter seguido a tradução de Chirat M. *La Vie Spirituelle*, avril 1943, p. 327. Há uma tradução de Mlle Aline Canellis, sob o título *Zénon de Vérone, Sermons ou Traités*, a ser publicada por Sources Chrétiennes.

54   Théodore de Mopsueste. *Les homélies*. XIV, 9.

55   A liturgia de Milão colocava aqui um lava-pés (*De Sacramentis*. 3,4; Botte, 72-73).

56   *De Mysteriis*. 34; Botte, 118.

57   *P.G.* 33, 1033 A. Idem. 36, 361 C; 46, 420 C.

58   *P.G.* 33, 360 A. Idem. 36, 361 C; 44, 1005 B.

59   Cf. Waszink, J. H. *Tertullien De anima*. p. 420-421.

deve-se procurar em São Paulo: "Vós todos que fostes batizados no Cristo, vós vos revestistes de Cristo" (Gl 3,27). O rito da veste branca significa, dessa forma, um dos aspectos da graça batismal.

As vestes brancas significam ao mesmo tempo a pureza da alma e a incorruptibilidade do corpo.[60] Santo Ambrósio assinalava o primeiro aspecto. Nós o encontramos em São Cirilo: "Agora que despiste os velhos hábitos e te revestiste das vestes brancas, é preciso que permaneças sempre vestido espiritualmente de branco. Não quero com isso dizer que é necessário andar sempre de branco, mas é necessário que sejas vestido daquilo que é realmente branco e luminoso, para que possas dizer como o profeta Isaías: Ele me revestiu com as vestes da salvação e me cobriu com a túnica da alegria".[61] Teodoro de Mopsuéstia insiste mais sobre a incorruptibilidade recuperada pelo batismo: "Desde que saíste do batismo, tu te reveste de uma veste toda branca. É o sinal desse mundo luminoso, do gênero de vida ao qual passaste pelas figuras. Quando, com efeito, receberes efetivamente a ressurreição e te revestires da imortalidade e da incorruptibilidade, não terás mais necessidade de tais vestes".[62]

Essa glória é uma participação na glória do Cristo transfigurado, do qual se diz que "suas vestes estavam brancas como a neve" (Mt 17,2).[63] "Quem foi batizado é puro, segundo o Evangelho, porque as vestes de Cristo eram brancas como a neve, quando ele manifestava no Evangelho a glória da ressurreição. Porque aquele cujo pecado é redimido torna-se branco como a neve".[64] São Gregório de Nissa, por seu turno, mostra o batizado trajando "a túnica do Senhor, brilhante como o sol, aquela que o revestia de pureza e de incorruptibilidade no momento em que subiu à montanha da Transfiguração".[65]

Outra série de textos vê nas brancas túnicas a restauração da integridade primitiva, na qual o primeiro Adão foi criado. Ademais, o revestimento das túnicas atinge o simbolismo paradisíaco que foi reconquistado a partir do despimento dos velhos hábitos, figura das túnicas de pele com a qual o homem foi revestido após o pecado. As túnicas brancas são o símbolo da recuperação

---

60 Sobre o simbolismo da veste branca, cf. P. OPPENHEIM. Loc. cit., p. 33-43 (sic).

61 *P.G.* 33, 1104 B.

62 THÉODORE DE MOPSUESTE. *Les homélies.* XIV, 26.

63 Este, ao menos, é o texto do *Codex Bezae* e do conjunto da tradição ocidental. Mas todos os demais manuscritos gregos dizem: "brancos como a luz". Há uma edição recente desse documento: cf. PARKER David C. *Codex Bezae:* An Early Christian Manuscript and its Text. Cambridge: Cambridge University Press, 1992.

64 *De Mysteriis.* 34; BOTTE, 118.

65 GREGÓRIO DE NISSA. In: *P.G.* 44, 1005 C. Cf. também 44, 764 D.

Bíblia e Liturgia

da veste de luz que era a do homem antes da queda. A relação das túnicas do batismo com o estado paradisíaco antes do pecado aparece numa passagem de Gregório de Nissa sobre o batismo: "Tu nos expulsaste do paraíso e para ele tu nos chamas de novo; tu nos retiraste as folhas de figueira, esse indumento miserável, e tu nos revestiste de uma túnica gloriosa".[66] Mais precisamente ainda Gregório nos mostra o pai do filho pródigo revestindo-o da túnica: "não de uma outra túnica, mas da primitiva, a mesma da qual fora despido pela desobediência".[67]

A ideia subjacente a todas essas passagens é que Adão, com efeito, antes de ser revestido da túnica de pele, foi despojado de outra veste, uma vez que foi encontrado nu. Isso foi observado com muita justeza por Erik Peterson: "Adão e Eva, pela queda, foram despojados, de forma que tomaram consciência de estarem nus. Antes, pois, estavam vestidos. Segundo a tradição cristã, com efeito, a graça sobrenatural cobre a pessoa como uma veste".[68] Destarte, a veste paradisíaca figura o estado espiritual no qual o ser humano foi criado e que ele perdeu pelo pecado. As túnicas do batismo simbolizam o retorno a esse estado. Gregório de Nissa retorna frequentemente a essa ideia da veste de glória perdida pelo pecado de Adão: "Como se Adão vivesse ainda em cada um de nós, sentimos nosso corpo revestido dessas túnicas de pele e de folhas caducas desta vida terrestre. Essa veste, uma vez despojados de nossos hábitos de glória, cada um de nós fez para si, tendo revestido as vaidades, as honrarias, as breves satisfações da carne no lugar de nossas vestes divinas".[69]

É toda uma doutrina da significação religiosa da veste que está subjacente. Já notamos anteriormente a origem nas crenças arcaicas: "É uma concepção corrente entre os antigos, explica A. Lods, que as vestes são particularmente aptas a impregnar de forças espirituais do meio na qual elas se situam. Elas podem trazer eflúvios hostis no meio sagrado, depois à saída do santuário carregar parcelas do fluido divino no meio profano".[70] Portanto, a perda da veste de glória aparece para Adão como uma dessacralização, uma redução ao estado profano. Ela corresponde à expulsão do paraíso, que é o jardim sagrado, morada de Deus, e à entrada no meio profano, miserável. Gregório emprega a

---

66   Gregório de Nissa. In: *P.G.* 46, 600 A.

67   Idem. 44, 1143 B; cf. Idem. 44, 1005 D.

68   Peterson, Érik. "La théologie du vêtement". In: *Rythmes du monde*, 1946, 4, p. 4; cf. também do mesmo autor: *Pour une théologie du vêtement*. p. 6-13.

69   Gregório de Nissa. In: *P.G.* 44, 1184 B-C.

70   Lods, Adolphe. *Israël des origines aux Prophètes*. Paris: Albin Michel, 1949. p. 313.

expressão precisa de "despojamento das vestes sagradas para nos revestir das ignominiosas folhas de figueira."[71] O revestimento da túnica batismal designa o retorno ao paraíso, enquanto mundo sagrado.

Podemos notar precisamente que o branco é, para as Escrituras, a cor das vestes sacras.[72] No Antigo Testamento os sacerdotes vestiam túnicas de linho branco (Ex 39,25). O Apocalipse de São João mostra igualmente os vinte e quatro anciãos, que celebram a liturgia celeste e que parecem anjos, vestidos de túnicas brancas (Ap 4,1). As vestes brancas de Cristo na Transfiguração são, segundo Harald Riesenfeld, uma alusão à veste branca do Sumo Sacerdote no dia da Festa da Expiação.[73] As vestes brancas dos batizados poderiam conter uma alusão a esse tema. Não parece, contudo, que elas contenham alusão ao "sacerdócio" do cristão.[74]

As vestes brancas têm, por fim, uma significação escatológica. Particularmente elas designam a glória da qual estão revestidos os mártires no momento de sua morte. É assim que no Apocalipse os que triunfaram do Satanás pelo martírio vestem-se de branco (Ap 3,5 e 18). E, na visão de Perpétua, os mártires que a receberam no paraíso estão vestidos de branco.[75] Parece impor-se a aproximação com as túnicas batismais. É a primeira vez que constatamos a semelhança entre as representações sacramentais e as escatológicas. Carl-Martin Edsman constatou esse particular no caso da *Passio Perpetuae*.[76] E no Apocalipse a liturgia celeste dos mártires é descrita em termos emprestados da liturgia visível. Isso explica por que normalmente é difícil distinguir, nos monumentos figurados antigos, se se trata de temas escatológicos ou sacramentários.

Mais precisamente ainda, as vestes brancas são para Tertuliano o símbolo da ressurreição dos corpos. Comentando no *De resurrectione carnis* o texto de Ap 14,4, que ele mistura com 7,13, escreve: "Nós temos na Escritura uma alusão às vestes como símbolo de esperança da carne: são aqueles que não sujaram suas vestes com as mulheres, designando as pessoas virgens. É por isso que eles estarão vestidos de branco, isto é, na glória de uma carne vir-

---

71 Gregório de Nissa. In: *P.G.* 44, 409 B.

72 Dom Damasus Winzen. *Pathways in Holy Scripture*: The book of Exodus. p. 10.

73 Riesenfeld. Harald. *Jésus transfiguré*. L'arrière plan du récit évangélique de la Transfiguration de Notre Seigneur. Copenhagen: Munksgaard, 1947, p. 115 et suiv.

74 Oppenheim. Loc. cit. 37.

75 *Paixão de Perpétua*. 4.

76 *Le baptême de feu*. p. 42-47. Cf. também Rusch, Alfred C. *Death and burial in Christian antiquity*. Washington: 1941. p. 217.

BÍBLIA E LITURGIA

gem. Dessa forma, o simbolismo nos fornece também um argumento para a ressurreição corporal".[77] Isso está de acordo com a crença, frequente no II século, que os mártires e as virgens ressuscitarão logo após sua morte e são glorificados corporalmente, sem esperar a ressurreição geral. A Igreja definirá mais tarde que essa crença não só absolutamente certa no que concerne à Mãe de Deus: é o dogma da Assunção.

Podemos observar que esses diversos aspectos do simbolismo das vestes brancas não são incoerentes, mas são ordenados em uma sequência orgânica. Em primeiro lugar, referem-se a Adão, simbolizando o estado paradisíaco antes da queda. Em seguida, relacionam-se com Cristo, que vem restaurar a graça perdida por Adão. No batismo as vestes brancas exprimem a configuração à graça de Cristo. Elas são, enfim, a prefiguração da glória futura, apenas antecipada na vida presente. Toda uma teologia se exprime nesse simbolismo: a teologia do Novo Adão. Isso era já verdadeiro em relação aos outros ritos que estudamos até aqui. É um primeiro aspecto da teologia bíblica dos sacramentos que nos aparece dessa forma e que podemos chamar de teologia adâmica. Outros aparecerão na continuação de nosso estudo.

---

77   *P.L.* 2, 834, A-B.

Capítulo III

A SPHRAGÍS

Entre as cerimônias do batismo há um rito do qual não tratamos até o presente momento por causa de sua particular importância; merece um estudo especial: é o da *sphragís*, isto é, a imposição do sinal da cruz na fronte do candidato ao batismo.[1] Esse rito constitui uma tradição muito antiga. São Basílio cita-o com a prece *ad Orientem* entre as tradições não escritas que provêm diretamente dos apóstolos: "Quem nos ensinou a assinalar-nos com o sinal da cruz foram os que colocam sua esperança no nome do Senhor".[2] Sua colocação na cerimônia é variável. Nós o encontramos às vezes unido à inscrição, desde o início do catecumenato, como é o caso do Pseudo Dionísio.[3] Teodoro de Mopsuéstia coloca-o entre a renúncia a Satanás e o batismo.[4] Mais comumente, ele parece ter sido conferido após o batismo. É o que encontramos em Cirilo de Jerusalém e Ambrósio. Eles o associam à unção crismal e é neste caso que se coloca a questão. De outro lado, podia ser repetido no decurso da iniciação cristã, como é o caso da liturgia romana atual.

A importância do rito aparece pelo fato de que pode, com frequência, designar o batismo todo inteiro. Ele é frequentemente chamado com o nome de *sphragís*.[5] É o que acontece com Cirilo de Jerusalém. Essa designação aparece em certas listas de nomes que os Padres utilizam para designar o batismo.

---

1 Cf. Döelger, Franz Joseph. *Sphragís. Eine altchristliche Taufbezeichnungninihren Beziehungen zur profanen und religiösen Kultur des Altertums*. Paderborn: Ferdinand Shöningh, 1911; Coppens, J. *L'imposition des mains et les rites connexes dans le Nouveau Testament et dans l'Eglise ancienne*. Louvain: 1923; Lampe, G.W. *The seal of the Spirit*, 1951.

2 Basílio de Cesareia. *Tratado sobre o Espírito Santo*, n. 27. São Paulo: Paulus, 1998. (Patrística, 14.)

3 Denys l'Aréopagite. *La hiérachie céleste*. 396 A – 400 D.

4 Théodore de Mopsueste. *Les homélies*. XIII, 17-18.

5 Pode ocorrer já em São Paulo: 2Cor 1,22; Ef 1,13 e em diversos casos nos Padres mais antigos: Clément de Rome. *Épître aux Corinthiens*. 7, 6; Hermas. *Le Pasteur, Sim*. IX, 6, 3; 16, 4. (Pastor) trad.: M. Robert

Assim, em Cirilo de Jerusalém: "Nada maior que o batismo: redenção dos escravos, remissão dos pecados, morte da falta, regeneração da alma, veste de luz, santo selo (σφραγίς) indissolúvel, veículo para o céu, delícias do paraíso, penhor do reino, graça de adoção".[6] Em Gregório de Nazianzo encontramos uma lista análoga: "O batismo é participação ao Logos, destruição do pecado, veículo para Deus, chave do reino dos céus, vestimenta da incorruptibilidade, banho de regeneração, selo (σφραγίς)".[7] Notem se os numerosos pontos de contato dessas duas listas serão acentuados.

* * *

Na antiguidade a palavra *sphragís* designava seja o objeto com o qual se imprimia um sinal, seja a mesma impressão feita por esse objeto. É assim que se chamavam com esse nome as matrizes que serviam para imprimir um selo sobre a cera. Essas matrizes eram normalmente pedras preciosas colocadas na extremidade de uma haste. Clemente de Alexandria recomendava aos cristãos ter por selo (*sphragides*) uma pomba ou um peixe ou um barco com as velas pintadas, mas não com figuras mitológicas ou de espadas.[8] Esses selos serviam, em particular, para confirmar os atos oficiais, os testamentos. São Paulo dirá de modo simbólico dos Coríntios que eles "são o selo de seu apostolado no Senhor" (1Cor 9,2), isto é, que eles são o sinal autêntico.[9]

Mais particularmente, porém – e é aqui que atingimos o simbolismo batismal –, chamava-se *sphragís* a marca com a qual um proprietário marcava os objetos que lhe pertenciam. Nesse sentido a *sphragís* diz respeito a várias categorias que vão nos interessar aqui de modo particular; a *sphragís* era a marca com a qual os pastores marcavam com ferro em brasa as ovelhas de seu rebanho a fim de poder distingui-las; de outro lado, era uso, no exército romano, marcar os recrutas com um sinal, no momento de sua arregimentação. Ele se chamava *signaculum*. Consistia numa tatuagem que se fazia na mão ou no antebraço, representando uma abreviação do nome general.[10] Esses diversos usos vão servir aos Padres da Igreja para dar diferentes significações à *sphragís* batismal. O sinal da cruz, com o qual o candidato ao batismo era marcado na

---

JOLY, SC 53bis. Paris: Les Éditions du Cerf, 1958; citar-se-á HERMAS. *Le Pasteur, Sim*, IX, 6,3; 16,4; TERTULLIANUS. *De pudicitia*. IX, 9. – ed. A. Reifferscheid, G. Wissowa, CSEL 20, 1890.

6   *P.G.* 33,360 A. [Trad. bras.: CIRILO DE JERUSALÉM. *Catequeses pré-batismais.* Petrópolis: Vozes, 1978. (Fontes da catequese, 14.)]

7   GREGÓRIO DE NAZIANZO. In: *P.G.* 36, 361 C.

8   CLÉMENT D'ALEXANDRIE. *Le Pédagogue*. III, 11 (Paedagogus). Livre III; trad.: Mme Chantal MATRAY. SC 158. aris: Les Éditions du Cerf, 1970. Citaremos Le *Pédagogue* I, II, III, conforme o número, com a página correspondente.

9   DÖELGER. *Sphragís*. p. 15.

10   DÖELGER. Op. cit. p. 32-33.

A SPHRAGÍS

fronte, assinala que ele pertence de ora em diante a Cristo. Mas pode significar também que ele pertence ao rebanho de Cristo ou ao seu exército. Essas diferentes interpretações referir-se-ão a temas diferentes do batismo.

O tema do rebanho está em relação com a concepção, de capital importância para o batismo, do Bom Pastor, que conhece suas ovelhas e as defende dos maus pastores. Pela recepção da *sphragís* o catecúmeno aparece como incorporado ao rebanho do Bom Pastor: "Aproximai-vos, diz Cirilo de Jerusalém aos candidatos, do selo sacramental (μυστικὴ σφραγίς) a fim de que sejais reconhecidos pelo mestre. Sejais contados no santo e inteligível rebanho de Cristo para serdes colocados à sua direita".[11] Nós encontramos aqui um primeiro aspecto da *sphragís*. Ela permite ao Senhor reconhecer os seus, como o pastor reconhece suas ovelhas. O mesmo diz Teodoro de Mopsuéstia: "Esta consignação com a qual és assinalado agora, é o sinal com que te tornaste doravante ovelha de Cristo. Com efeito, uma ovelha de sua aquisição recebe a marca pela qual se reconhece a qual mestre ela pertence; assim ela pasta na mesma pastagem e ela está no mesmo abrigo onde ficam as que foram assinaladas com a mesma marca, indicando que elas pertencem ao mesmo dono".[12] Teodoro sublinha aqui a incorporação à Igreja una. A *consignatio* aparece como agregação à comunidade cristã. Acentuamos que é o mesmo aspecto que o Pseudo Dionísio acentuará em Antioquia: "Por este sinal [...], o catecúmeno é recebido na comunidade daqueles que mereceram a deificação e que constituem a assembleia dos santos".[13]

Marca de pertença, a *sphragís* é também proteção. Gregório de Nazianzo une as duas ideias. A *sphragís* é: "garantia de conservação e sinal de pertença".[14] Ele desenvolve aqui mais longamente: "Se te proteges com a *sphragís*, marcando tua alma e teu corpo com a unção (χρῖσμα) e com o Espírito, o que poderá te acontecer? É para ti, mesmo nesta vida, a maior segurança. A ovelha marcada (ἐσφραγισμένον) não é facilmente pega pelo laço; aquela que não tem a marca é uma isca para os ladrões. E após esta vida, tu podes morrer em paz, sem medo de ser despojado por Deus das seguranças que te concedeu

---

11 *P.G.* 33,372 B. "Ovelhas, apressai-vos em direção ao sinal da cruz e da *sphragís* que vos libertarão de vossa miséria" (GREGÓRIO NISSA. *Homilia sobre o Batismo*. In: *P.G.* 46, 377 B).

12 THÉODORE DE MOPSUESTE. *Les homélies*. XIII, 17.

13 DENYS L'ARÉOPAGITE. *La hiérachie céleste*. 400 D.

14 GREGÓRIO DE NAZIANZO. In: *P.G.* 36, 364 A.

BÍBLIA E LITURGIA

para tua salvação".[15] A σφραγίς, marca que permite ao mestre conhecer os seus, é uma garantia de salvação.

Dídimo o Cego emprega a mesma linguagem: "Em muitas coisas a Escritura, mas sobretudo no que concerne ao santo batismo, por causa da sua identidade de essência e de ação, com o Pai e o Filho, parece fazer memória só do Santo Espírito e de sua marca salutar com a qual nós fomos selados, estando restaurados em nossa imagem primeira. Com efeito, a ovelha que não está marcada (ἀσφραγίστον) é uma presa fácil para os lobos, não tendo o auxílio da σφραγίς e não sendo reconhecida como as outras pelo Bom Pastor, uma vez que ela mesma não conhece o Bom Pastor do Universo".[16] Aqui ainda a σφραγίς é uma garantia da proteção do Pastor, ao mesmo tempo em que ela é uma marca de pertença. Vemos também aparecer uma ideia nova, a ligação com a εἰκών. A sphragís imprime na alma a imagem, a semelhança de Deus, segundo a qual o ser humano foi criado na origem.[17]

Gregório de Nissa, de seu lado, no De Baptismo, no qual exorta os relutantes a se batizarem, escreve: "A alma que não foi iluminada e ornada da graça da regeneração, eu não sei se os anjos a recebem, após sua morte. Como poderão, com efeito, uma vez que ela está sem a marca (ἀσφραγίστον) e não trazendo nenhum sinal de propriedade. É verossímil que será deixada no ar, errante e vagabunda, sem que ninguém vá à sua procura, pois elas estão sem proprietário. Ela procura seu corpo e não o encontra, chorando em vão e se arrependendo tardiamente".[18] Essa passagem nos atesta a sobrevivência, entre os autores cristãos, de concepções antigas sobre o além. Com efeito, a concepção do ar como local das almas que não conseguiram elevar-se até as esferas celestes provém de autores pagãos. Nós a encontramos em Orígenes: "As almas vis e carregadas de faltas nesta terra, sem poder tomar alento, são tomadas e lançadas abaixo, umas junto dos túmulos ou aparecendo como fantasmas de almas parecidas com sombras, outras simplesmente sobre a face da terra".[19]

***

---

15   Idem. In: P.G. 36, 377 A.

16   P.G. 39,717 B.

17   Cf. DÖELGER. Sphragís. p. 111-119. Este tema todo diferente se liga a Filão de Alexandria.

18   GREGÓRIO DE NISSA. Homilia sobre o batismo. In: P.G. 46, 424 C.

19   ORÍGENES. Contra Celso. VII, 5; trad.: bras.: Id., ib. São Paulo: Paulus, 2004. (Patrística 20.) Cf. também BASILE DE CÉSARÉE. Sur le baptême. 13, 4; P.G. 31, 432 B. (De Baptisma), trad.: Mlle. Jeane DUCATILLON. SC 357. Paris: Les Éditions du Cerf, 1989 (réimpression 2003). Sobre este tema, cf. CUMONT, Franz. Recherches sur le symbolisme funéraire chez lês Romains. p. 104 et suiv.

A SPHRAGÍS

Sinal da agregação ao rebanho de Cristo, a *sphragís* é também a marca da agregação ao seu exército. Passamos, pois, a outro tema. Cristo não é mais o Pastor, mas o Rei que chama as pessoas a se incorporarem ao seu exército. No início das cerimônias do batismo, dando os nomes, os candidatos responderam a esse apelo e se incorporaram: "Com a inscrição do nome, escreve Cirilo de Jerusalém, tem lugar o apelo para entrar na luta".[20] A *consignatio* vai designar a incorporação ao serviço do rei. Teodoro de Mopsuéstia aproxima esse simbolismo ao do rebanho: "Esta consignação, com a qual és assinalado agora, é sinal de que és marcado daqui em diante como ovelha de Cristo, como soldado do Rei do céu... O soldado escolhido para o serviço, quando, por causa do tamanho e do estado do seu corpo, parece ser digno de ser escolhido para o serviço do Império, recebe de imediato na mão uma marca que designa qual é o rei ao qual serve doravante; assim agora tu foste escolhido para o reino do céu, conhece-se pela prova que tu és soldado do rei do céu".[21]

Cirilo de Jerusalém precisa o sentido desse arrolamento: "Como aqueles que devem partir para o combate examinam a idade e a saúde dos recrutas, assim o Senhor, ao arrolar as almas, examina as vontades. Se alguém conserva uma hipocrisia escondida, ele o rejeita como inapto ao combate espiritual; se o encontra digno, ele lhe confia de imediato a graça. Ele não dá as coisas santas aos cães, mas assim que vê uma consciência correta, imprime sua *sphragís* salutar e admirável que os Satanás temem e que os anjos reconhecem. Os primeiros fogem e os outros acompanham como uma amiga. Portanto, quem recebe essa *sphragís* salutar deve ter uma vontade que responde sim ao combate".[22]

O caráter militar da *sphragís* é ainda mais visível em outra catequese. "Cada um de nós vai se apresentar diante de Deus, na presença dos inumeráveis exércitos de anjos. O Espírito Santo marcará vossas almas. Havereis de ser arrolados (στρατολογεῖθαι) na armada do grande rei".[23] Assim lemos em João Crisóstomo: "Como a *sphragís* é impressa nos soldados, assim o Espírito Santo nos crentes".[24] Encontramos esse simbolismo em outra passagem de Cirilo de Jerusalém, mas aplicada desta vez ao caráter sacramental, referindo-se ao sinal

---

20   *P.G.* 33, 333 A.

21   Théodore de Mopsueste. *Les homélies.* 13,17

22   *P.G.* 33, 373 A.

23   *P.G.* 33, 428 A.

24   *P.G.* 61, 418; Jean Chrisostome. *Catéchèse baptismale*: Trois catéchèses baptismales (Catechesis ad illuminandos 1). Trad.: Auguste Piédagnel – Louis Doutreleau, SC 362. Paris: Les Éditions du Cerf, 1990.

BÍBLIA E LITURGIA

da cruz feito na fronte: "Após meu combate na cruz, eu concedo a cada um dos meus soldados levar sobre a fronte a *sphragís* real".[25]

Gostaria de assinalar somente a passagem que essa concepção de batismo, como arrolamento ao serviço de Cristo, sancionado pela *sphragís*, que é o selo de aceitação pelo Cristo, é um tema familiar à antiguidade cristã. Foi tratado por Harnack na *Militia Christi*, por Döelger em *Sacramentum militiae*.[26] O arrolamento comportava a imposição da *sphelragís*, a inscrição no registro e o juramento. É fácil comentar as cerimônias do batismo com a ajuda dessas imagens. Sabe-se, em particular, que nos autores latinos, e Tertuliano em especial, a palavrra *sacramentum* está em relação direta com o juramento militar e sublinha o aspecto de arrolamento ao serviço de Cristo.[27] Esse vocabulário militar remonta, de outro lado, a São Paulo, que fala da armadura do cristão, de seus combates. Em particular, a comparação do novo cristão a um jovem recruta é corrente. É assim em Gregório de Nissa: "Aquele que recebeu há pouco o banho de regeneração é semelhante a um jovem soldado que acabou de ser incorporado no número dos atletas, mas que ainda não provou o seu valor militar".[28]

***

Nós observamos diversas vezes no curso das páginas precedentes que um dos traços sublinhados mais frequentemente pelos Padres da Igreja, a propósito da *sphragís*, é que ela torna o cristão invencível ao Satanás. Somos novamente conduzidos ao aspecto central do batismo e da vida cristã entre os primeiros cristãos, de modo geral. A imposição da cruz aparece no batismo como uma forma de combate contra o Satanás que lhe é atribuído desde o início. Igualmente o uso do sinal da cruz na vida cristã aparece como a expressão do fato de que o cristão continua a lutar contra o Satanás. Pelo batismo este é vencido. Marcado com o sinal da cruz, o novo batizado não lhe pertence mais. Desde então, basta que este faça o sinal da cruz para vencer os ataques e meter o diabo em fuga.[29]

Isso nos introduz em um novo aspecto da simbologia da *sphragís*. Já dissemos que, no uso profano, ela servia para marcar as ovelhas e os soldados. Mas deixamos de lado um terceiro uso, que é o de marcar os escravos. Esse uso nos

---

25   *P.G.* 33,736 A.

26   *Antike und Christentum.*2, 4.

27   Cf Döelger, F.J. *Die Sonne.* p. 110-119.

28   Gregório de Nissa. In: *P.G.* 46, 429 C.

29   Gregório de Nazianzo. *Homilia sobre o batismo* In: *P.G.* 36, 372 A.

é atestado pelo Oriente. Os escravos eram marcados por um sinal de pertença indelével, sob a forma de uma tatuagem. Essa tatuagem, diferentemente da dos soldados, era feita na fronte. No Ocidente parece que somente os escravos fugitivos eram marcados. Por isso Santo Ambrósio escreveu: "Os escravos são marcados com o sinal de seu dono (XVI, 437)"; essa marca era chamada de *sphragís* ou *stigma* e sua impressão era a *estigmatização*.[30]

Ora, é preciso acrescentar, e é o que nos importa, que a *sphragís* não marcava somente a pertença de um escravo a um proprietário temporal. Podia designar também a marca pela qual, quem era fiel a uma divindade, pertencia a ela. Prudêncio afirma que, no culto de Dionísio, para a consagração do fiel, para fazer a *sphragís* utilizavam-se agulhas incandescentes.[31] Heródoto fala de um sacerdote de Heráclito que, estando consagrado a seu deus, trazia sobre si próprio os στίγματα, os santos estigmas, de tal forma que não era permitido colocar as mãos sobre ele.[32] Isso explica a passagem de Gl 6,17: "Daqui em diante ninguém me moleste; porque eu trago no meu corpo as marcas (στίγματα) de Jesus".[33]

Para interpretar esse aspecto da *sphragís*, não temos necessidade de fazer analogia com o mundo grego. A imposição de uma marca que torna um ser inviolável para Deus é bíblica. O primeiro exemplo que encontramos é o de Caim, que foi marcado por Deus com um sinal para não ser morto (Gn 4,15).[34] Este é um sinal de proteção. E ele já é a afirmação da proteção de Deus sobre o homem pecador. Em Ezequiel (9,4) encontramos a marca de Deus colocada na fronte dos membros do Israel futuro. Assim temos uma primeira tipologia da *sphragís*. É importante considerar que este sinal é um T. Por sua vez, o Novo Testamento mostra no Apocalipse (7,4) os santos marcados com o sinal do cordeiro.[35] Esse sinal é, muito verossimilmente, o sinal da cruz, isto é, o T. Se nós nos recordamos que o Apocalipse está cheio de reminiscências batismais, parece que esse sinal seja uma alusão à *sphragís* da liturgia da iniciação.

---

30   Döelger. Op. cit. 23-32.

31   *Perist.* X, 1077.

32   II, 113. O uso dessas tatuagens existiu entre os cristãos: "Muitos tatuavam nas mãos e nos braços o nome e a cruz de Jesus, diz Procópio de Gaza" (*Commentaires sur Isaïe. Catena in Esaiam*); P.G. 87, 2401).

33   Cf Döelger. Op. cit. p. 39-51.

34   Cf Vischer, Wilhelm Eduard. *La loi ou les Cinq Livres de Moïse*. Tradução francesa. p. 103.

35   Essas duas últimas passagens são devidas expressamente a São Cipriano, quando se refere ao sinal da cruz traçado sobre a fronte dos cristãos (*Testimonia*. II, 22; CSEL, 90).

Como quer que seja, vê-se o sentido que tomará nesta linha a *sphragís* batismal. Ela marcará a característica inviolável do cristão.[36] E isso está diretamente em relação com o mesmo sinal da cruz. Com efeito, foi pela cruz que o Cristo depôs os principados e as potestades. Agora eles estão vencidos. Por seu batismo o cristão participa dessa vitória de Cristo. Agora os poderes do mal não têm mais força sobre ele. É por isso que é suficiente que ele se assinale com o sinal da cruz para lembrar aos poderes a sua derrota e para que eles fujam derrotados. Isso é verdade, antes de tudo, em relação ao rito batismal, como explica Cirilo de Jerusalém: "A invocação de graça, marcando tua alma com seu selo (*sphragís*), não permite que sejas absorvido pelo Satanás".[37] O catecúmeno pode enfrentar o Satanás sem medo no combate supremo do batismo no qual ele desce nas águas da morte, porque ele está marcado com a *sphragís*. Encontramos a mesma afirmação em outro lugar: "O Senhor não dá as coisas santas aos cães, mas naqueles que ele vê uma consciência reta ele imprime sua *sphragís* salutar e admirável que amedronta os Satanás".[38]

Falando de *sphragís*, contudo, Cirilo não designa somente a imposição do sinal da cruz no batismo, mas também o costume que os cristãos tinham de se assinalarem com uma cruz sobre a fronte em todas as circunstâncias da vida: "Não nos envergonhemos da cruz de Cristo, mas mesmo se outro a dissimule, tu trarás publicamente esse sinal sobre a fronte (σφραγίζου), a fim de que os Satanás, tendo visto o sinal real, fujam tremendo para longe. Faze esse sinal (σημεῖον), comendo ou bebendo, quando estás sentado, quando estás deitado, quando estás em pé, quando tu falas: em uma palavra, em todas as coisas".[39] Ele retoma a mesma ideia mais adiante: "Não nos envergonhemos de confessar o crucificado. Façamos o sinal da cruz (σφραγὶς τοῦ σταυροῦ) com segurança sobre a nossa fronte, com os nossos dedos e isso em todas as circunstâncias: quando nós comemos e quando nós bebemos, entrando e saindo, antes de adormecer, deitando e levantando. Isso é uma grande proteção (φυλακτήριον),[40] gratuita, para os pobres, fácil para os fracos: uma vez que a graça vem de Deus. É um sinal para os fiéis e um terror para os Satanás.

---

36   "O sacerdote te marcou na fronte com a *sphragís*, diz Cirilo de Jerusalém, para que tu recebas a impressão do selo e que sejas consagrado a Deus" (*P.G.* 33, 1102 B).

37   *P.G.* 33, 441 C.

38   *P.G.* 33, 373 A.

39   *P.G.* 33, 472 B.

40   Sobre essa palavra, cf. Döelger. *Sphragís*. p. 119 sqq. Cirilo emprega essa palavra para exprimir, em particular, a unção pós-batismal (*P.G.* 33, 1093 B).

A SPHRAGÍS

Neste sinal Jesus triunfou do Satanás. Destarte, assim que veem a cruz, eles se recordam do crucificado. Eles temem aquele que esmagou suas cabeças".[41]

Desse valor da *sphragís*, possuímos duas ilustrações consideráveis. A primeira se encontra na *Vida de Santo Antão*, precisamente a propósito da tentação. Algumas pessoas vêm visitar Antão, e como ele não as deixa entrar em sua cela, elas são forçadas a ficar de fora durante o dia e a noite. "Eis que eles ouvem no interior gritos como de uma turba, vociferações, gemidos, berros: Deixa-nos! Que tens a ver com o deserto? Tu não suportas nossos ataques. No início, os que estavam de fora pensavam que havia no interior pessoas que lutavam com ele. Mas observando pelo buraco da porta e não tendo visto ninguém, entenderam que era o Satanás. Tomados de medo eles chamaram Antão. Este, prestando-lhes mais atenção que aos Satanás, aproxima-se da porta e os convence a se retirarem. Assinalai-vos (σφραγίσατε ἑαύτους), disse-lhes, e ide com segurança. Então eles se foram, munidos com o sinal (σημεῖον) da cruz".[42]

O outro episódio encontra-se na vida de Gregório, o Taumaturgo, escrita por Gregório de Nissa. Ele conta que um diácono, chegando certa tarde em uma cidade, quis tomar um banho. "Ora, reinava nessa cidade um Satanás homicida, que aterrorizava as termas. Seu poder maléfico se exercia depois do cair da noite, contra os que se aproximavam. Por causa disso, os banhos não eram mais frequentados após o cair do sol. Tendo se apresentado, o diácono pediu ao guarda para abrir-lhe a porta. Este afirma que ninguém dos que se aproximaram das águas naquela hora tinha voltado vivo, mas que todos caíram no poder do Satanás e que muitos dos imprudentes tinham sido vítimas de doenças incuráveis".[43] Mas o diácono insiste e o guarda lhe dá a chave. "Apenas ele tinha tirado a roupa e entrado na piscina, terrores variados foram suscitados pelo Satanás, fantasmas de todos os tipos faziam uma mistura de chamas e de fumaça, atingindo seus olhos com formas de pessoas e de animais, urlando em seus ouvidos, aproximando-se de seu hálito, fazendo círculos ao redor de seu corpo. O diácono, protegendo-se com a *sphragís* e invocando o nome de Cristo, atravessa sem empecilhos a primeira peça". Na segunda peça ocorre

---

41   *P.G.* 33, 816 B.

42   Atanásio. *Vida e conduta de Santo Antão.* São Paulo: Paulus, 2002, n. 13. (Patrística 18.)

43   Sobre a relação das águas com o Satanás, no meio pagão: Tertuliano. *O sacramento do batismo.* Introdução, tradução e notas por Urbano Zilles. Petrópolis: Vozes, 1981, n. 5. (Padres da Igreja, 3.)

o mesmo: novos fantasmas e novo sinal da cruz. Finalmente nosso diácono, tendo tomado seu banho, sai todo repousado, com a admiração do guarda.[44]

***

Até agora os simbolismos da *sphragís* que relevamos estavam em relação principalmente com o sentido da palavra no mundo helenístico. Mas um último texto de São Cirilo nos colocará em outro binário, que nos indicará um novo simbolismo e nos colocará na pista do verdadeiro sentido do nosso rito. "Após a fé nós recebemos, como Abraão, a *sphragís* espiritual, tendo sido circuncidados no batismo pelo Espírito Santo".[45] Encontramos toda outra ordem de ideias: a *sphragís* batismal é colocada em relação com a circuncisão judaica. Como esta era o selo da aliança com Deus e da incorporação ao antigo Israel, assim o batismo aparece como selo da nova aliança e da incorporação ao novo Israel.[46] A *sphragís* introduz-nos aqui na teologia da aliança, e consequentemente o batismo é colocado em relação com sua figura no Antigo Testamento.

O que dá a essa interpretação seu valor é que por ela todo um grupo de textos vai entrar em jogo: os textos do Novo Testamento.[47] São Paulo faz muitas vezes alusão à *sphragís*. Assim na Carta aos Efésios: "É nele que acreditastes e que fostes marcados com o selo do Espírito Santo que fora prometido" (1,13). Assinalaremos a ligação estabelecida entre a fé e a *sphragís*, que o texto de Cirilo relembra quando trata da questão de Abraão: o procedimento do batismo, em que a *sphragís* vem após a profissão de fé, para selá-la, reproduz o procedimento de Abraão. Ora, também São Paulo se serve da palavra *sphragís* para designar a circuncisão de Abraão: "Abraão recebeu o sinal da circuncisão como selo (σφραγις) da justiça que ele tinha obtido pela fé quando fora circuncidado" (Rm 4,11). Há um perfeito paralelismo entre as duas passagens. Temos o direito de pensar que, quando São Paulo fala da *sphragís* dos cristãos,

---

44   GREGÓRIO DE NISSA. In: *P.G.* 46, 952 A-C. Há uma versão italiana. Veja GREGORIO DI NISSA. *Vita di Gregorio Taumaturgo*. Roma: Città Nuova, 1988.

45   *P.G.* 33, 513 A.

46   A expressão "selo da nova aliança" é empregada pela *Didascalia et Constitutiones Apostolorum*. VII, 22, 2, a propósito do batismo.

47   Sobre a correspondência do batismo com a circuncisão no Novo Testamento, cf. CULLMANN, Oscar. *Die Tauflehre des Neuen Testaments: Erwachsenen- und Kindertaufe*. Zürich: Zwingli-Verlag, 1948. p. 50-63; SAHLIN, Harald. *Die Beschneidung Christi*. p. 5-23.

A SPHRAGÍS

que se segue à fé, ele estabelece um paralelo entre o batismo e a circuncisão, que é a *sphragís* da Antiga Aliança.[48]

Com frequência a palavra *sphragís* é usada para designar a circuncisão. Nós não a encontramos na tradução dos LXX. É São Paulo quem a emprega pela primeira vez. A seguir, os Padres a apresentam. Para citar somente um exemplo, Eusébio de Cesareia escreve: "Abraão quando já era idoso, foi o primeiro a receber a circuncisão no seu corpo, como uma espécie de selo (σφραγίς), transmitindo esse sinal àqueles que deviam nascer dele, como uma marca de sua pertença à sua raça".[49] A circuncisão aparece, portanto, como a marca da pertença à raça de Abraão, ao Israel antigo, e como o penhor das promessas que lhe foram feitas na aliança.

Mas a circuncisão não era senão uma figura; a verdadeira *sphragís* é a da Nova Aliança. São Paulo parece sugerir isso em uma passagem da qual já falamos, mas que devemos citar por inteiro: "Mas longe esteja de mim gloriar-me, a não ser na cruz de Nosso Senhor Jesus Cristo, pela qual o mundo está crucificado para mim e eu para o mundo. Pois nem a circuncisão, nem a incircuncisão tem importância, mas sim o ser uma nova criatura..." (Gl 6,14-15). Pode ser que haja nesses στίγματα uma alusão às marcas dos sacerdotes pagãos. Mas o conjunto do texto deixa-nos entrever outra coisa: o que para Paulo é marca de sua dignidade, o que faz dele um homem consagrado, o que é mais que a circuncisão, é a cruz de Cristo. Ora Paulo traz as marcas dessa cruz em seu corpo. Essas marcas, ele as recebeu pela primeira vez quando se tornou uma nova criatura, isto é, no batismo. É a *sphragís* batismal em forma de cruz – que aqui está em segundo plano – oposta à antiga circuncisão, como sinal da aliança.[50]

O mesmo contexto batismal aparece bem em segundo plano num texto do Pseudo Barnabé: "Pode ser que digais que se circuncidava (o povo judeu) para colocar o selo (σφραγίς) (à aliança). Mas os sacerdotes dos ídolos são igualmente circuncidados. Será que eles pertencem à aliança? Aprendei que Abraão, o primeiro a praticar a circuncisão, completou-a no espírito, tendo o olhar voltado para Jesus: pois ele tinha recebido o ensinamento contido

---

48   De outro lado, a sucessão consignação-batismo parece corresponder ritualmente à incorporação dos prosélitos à comunidade judaica: cf. DIX,Gregory. "The seal in the Second century". In: *Theology* (jan. 1948). p. 7.

49   EUSÉBIO DE CESAREIA. *Demonstratio Evangelica*. 1,6; In: *P.G.* 22, 49 C.

50   Cf. também Cl 2,11-12; "Nele também fostes circuncidados, não por mãos humanas, mas na circuncisão de Cristo, pelo despojamento do corpo carnal. No batismo, fostes sepultados com ele, com ele também fostes ressuscitados, pela fé no poder de Deus, que o ressuscitou dentre os mortos".

em três letras. A Escritura diz que ele circuncidou os homens de sua casa em número de 318. Ora, 18 escreve-se por um *iota* que vale dez, e um *eta* que vale oito. E como a cruz em forma de T devia significar a graça, acrescenta-se ainda 300 (= T). As duas letras reunidas designam Jesus".[51] Qualquer que seja o valor da interpretação, é notável que Barnabé nos mostra na circuncisão a figura do signo T, que era gravado na fronte do batizado, e do anagrama do nome Jesus I H. Nós já falamos que alguns fiéis tatuavam esse sinal na sua pele.

Por meio de todos esses textos, entrevemos o paralelismo entre a circuncisão e a *sphragís*. Isso é explicitamente formulado por Astério de Amaseu: "Por que a circuncisão acontecia no oitavo dia? Porque durante os sete primeiros dias a criança trazia as faixas; mas no oitavo, livre delas, ela recebia a circuncisão, sinal do selo (σφραγίς) da fé de Abraão. É a figura daquilo que nós também, após ter carregado a hebdômade da vida, isto é, os laços do pecado, teremos de rompê-los no final dos tempos e, circuncidados da morte pela ressurreição, como no oitavo dia, abraçar a vida dos anjos. É para ensinar os cristãos a marcar as crianças, ainda antes das faixas, com o selo (σφραγίς) pelo batismo na circuncisão de Cristo, como nos diz Paulo: Nele também fostes circuncidados, não por mãos humanas mas na circuncisão de Cristo, pelo despojamento do corpo carnal. No batismo, fostes sepultados com ele, com ele também fostes ressuscitados, pela fé no poder de Deus, que o ressuscitou dentre os mortos (Cl 2,11-12)".[52]

Como vimos aqui, a comparação da circuncisão com a *sphragís* é um aspecto do tema mais geral da circuncisão como figura do batismo. Em particular, é frequente o paralelo entre a circuncisão no oitavo dia e o batismo como participação na ressurreição de Cristo na manhã depois do sábado, isto é, no oitavo dia. É um dos aspectos nos quais os Padres veem o oitavo dia figurado pelo Antigo Testamento. Justino já escrevia: "O preceito da circuncisão, que ordena circuncidar os meninos no oitavo dia, é o tipo da circuncisão verdadeira que vos circuncidou do erro e do pecado e que foi realizada por Nosso

---

51 Pseudo Barnabé. IX, 6-8. Cf. *Padres Apostólicos*. São Paulo: Paulus, 1997. (Patrística, 1.)

52 *Homiliae Psalmorum*. VI; *P.G.* 40, 445 A. "A circuncisão que era dada no oitavo dia, dizia Gregório de Nazianzo, era uma espécie de figura da *sphragís*" (Gregório de Nazianzo. In: *P.G.* 36, 400 A). Trata-se do batismo das crianças. Ora, deve-se notar que Oscar Cullmann funda-se precisamente no paralelo da circuncisão e do batismo para estabelecer contra Karl Barth o caráter neotestamentário do batismo das crianças (*Die Tauflehre*. p. 51 s).

A SPHRAGÍS

Senhor Jesus Cristo, aquele que ressuscitou dos mortos no primeiro dia da semana. Pois o primeiro dia da semana é também o oitavo".[53]

Outro aspecto da *sphragís* pode se esclarecer também pela aproximação com a circuncisão. Notamos que, em São Paulo, existe uma relação entre a *sphragís* e o Espírito Santo (Ef 1,13), sem que o caráter sacramental da *sphragís* seja claro. Essa relação se encontra nos Padres e, dessa vez, num contexto eminentemente cultual. Assim, Cirilo de Jerusalém lembra aos batizados: "como o selo (σφραγίς) da comunhão com o Espírito Santo lhes foi dado".[54] O tema da *sphragís* apresenta assim uma ambiguidade. De um lado, enquanto impressão do sinal da cruz, ele aparece em relação com Cristo crucificado.[55] De outro lado, ele está em relação com o Espírito Santo. Santo Ambrósio testemunha essa pluralidade de aspectos: "Em tudo estão o Pai, o Filho e o Espírito, uma a operação, uma a santificação. Mas certas coisas aparecem, no entanto, especiais. Como? Deus te ungiu, o Senhor te marcou com o selo e colocou o Espírito Santo no teu coração. Tu recebeste o Espírito Santo no teu coração. Recebe outra coisa. Pois, como o Espírito Santo está no teu coração, o Cristo está no teu coração. Tu tens o Cristo que te diz isto no Cântico: Coloca-me como um selo (*signaculum*) sobre teu coração. O Cristo te marcou com um selo. Como? Porque tu foste marcado com a forma da cruz de sua Paixão. Tu recebeste o selo de sua semelhança".[56]

Essa pluralidade de referência da *sphragís* é, sem dúvida, a expressão da convergência no rito de várias tradições. A interpretação cristológica liga-se ao sinal da cruz, em relação com o tema bíblico da marca impressa na fronte e que torna inviolável quem a tem. A interpretação paulina sem dúvida deve se ligar ao tema da circuncisão, isto é, ao sinal da nova aliança. Esse é, com efeito, um tema corrente. A nova aliança como dimensão espiritual é selada por um selo espiritual e não carnal. Não é mais uma marca na carne, mas uma transformação operada pelo Espírito. Isso explicaria por que a referência ritual seja menos clara no ponto de vista paulino. Explica ainda por que a *sphragís* ritual

---

53   Justino de Roma. *Diálogo com Trifão*. 41, 4. São Paulo: Paulus, 1997. (Patrística, 3.) Cf. também Ambrosius. *Expositio de psalmo 118*. 120 A. ed. M. Petschenig, 1913. Vol. 62, 475. Há uma nova edição: *Expositio psalmi 118*; Rec. M. Petschenig, editio altera supplementis aucta curante M. Zelzer, 1999; Eusébio de Cesareia. *Commentarium Psalmi VI*. In: *P.G.* 23, 120 A.

54   *P.G.* 33, 1056 B.

55   "O catecúmeno crê na cruz do Senhor Jesus pela qual foi marcado" (*De Mysteriis*. 20; Botte, 113-114); [Trad. bras.: Ambrósio de Milão. *Os sacramentos e os mistérios*. Introdução, tradução e notas por D. Paulo Evaristo Arns. Comentários por Geraldo Majella Agnelo. Petrópolis: Vozes, 1981. (Fontes da catequese, 5.)]

56   *De Sacramentis*. VI, 5-7; Botte, 99.

BÍBLIA E LITURGIA

pôde ser utilizada seja no sentido de uma configuração à morte de Cristo, seja no de efusão do Espírito.

Porém o que nos importa é o aspecto fundamental desse segundo simbolismo, é a relação entre a circuncisão e o batismo, como selos do batismo.[57] Ela nos dá a compreensão de um dos aspectos essenciais da teologia do batismo, o do "caráter" batismal. Com efeito, a circuncisão é o sinal da aliança. Ora, a característica essencial da aliança é a de ser uma ação do amor de Deus. Por ela Deus se compromete a dispor de seus bens em favor daquele com o qual conclui a aliança. A circuncisão é o selo desse compromisso. O que caracteriza esse compromisso é o fato de ser irrevogável. As infidelidades do ser humano, sejam quais forem, podem subtraí-lo dos benefícios da promessa, mas não podem fazer com que ela seja revogada. A aliança constitui uma ordem estável, definitiva. Em qualquer momento o ser humano pode recorrer a ela.

Se retomarmos agora os traços pelos quais os Padres definem a *sphragís* batismal, veremos que há um muito importante e que foi deixado de lado até agora: é o seu caráter indelével. Encontramos em Cirilo de Jerusalém a expressão *"sphragís* santa e indelével".[58] E em outro lugar ele escreve: "Que Deus vos dê o selo indestrutível do Santo Espírito para a vida eterna".[59] Às vezes interpreta-se isso, segundo a imagem helenística, como um selo indelével impresso na alma. Mas essa imagem permanece bem material. Na realidade, o caráter que não se apaga do caráter batismal procede do fato de que ele se fundamenta no compromisso irrevogável de Deus. A *sphragís* do batismo significa, portanto, um compromisso de Deus para com o batizado. Por ele Deus lhe concede irrevogavelmente um direito aos bens da graça. O batizado poderá se subtrair ao benefício ao qual tem direito, mas jamais poderá fazer revogar esse direito.

Vemos, então, que é toda a teologia do caráter sacramental que aqui está em germe, tal como Santo Agostinho precisou-a contra os donatistas, condenando a reiteração do batismo. Ele é dado irrevogavelmente. Pelo pecado o ser humano pode se subtrair a esse benefício. Mas subsiste alguma coisa que se chama caráter, e cujo fundamento é o compromisso irrevogável do amor de Deus, selado oficialmente pela *sphragís* batismal. Basílio, antes de Agostinho, já havia proposto essa doutrina: "Embora o Santo Espírito não se misture aos

---

57   Sobre o paralelismo geral entre circuncisão e batismo, cf. ORIGÈNE. *Commentaire sur l'épître aux Romains.* Tome I, livres I-II (*Commentarii in epistulam ad Romanos I-II*) II Trad.: Fr. Luc BRÉSARD. SC 532. Paris: Les Éditions du Cerf, 2009; na nota, o texto é Rm 2,12-13; *P.G.* 14, 900.

58   *P.G.* 33, 359 A.

59   *P.G.* 33, 365 A.

A SPHRAGÍS

indignos, de certa forma ele parece estar presente naqueles que foram, uma vez por todas, marcados com o selo (σφραγίς), esperando a salvação de sua conversão. Somente na hora da morte ele será retirado da alma que profanou a graça".[60]

* * *

Destarte, vemos toda a riqueza da doutrina da *sphragís*, ao mesmo tempo rito particular e aspecto do batismo. Está bem claro, com efeito, que é o batismo que é o selo da aliança. Como afirmou Cirilo em uma breve fórmula: "Se alguém não recebe a *sphragís* pelo batismo, não entrará no reino dos céus".[61] Mas a diversidade dos ritos está destinada a desenvolver de forma visível a riqueza dos efeitos operados efetivamente no batismo propriamente dito: as vestes brancas, a incorruptibilidade restaurada; a imersão, a destruição do homem pecador; a *sphragís*, a nova aliança. É por isso que sua significação importa. Ora, a *sphragís* nos mostra de forma característica que tal significação dos sacramentos deve ser buscada nas suas figuras no Antigo Testamento. Ao redor dessa tipologia bíblica se enxertam harmonias helenísticas, ricas de outros sentidos, mas que devem sempre ser reconduzidas à suas raízes escriturárias.

---

60   *P.G.* 32, 141 D
61   *P.G.* 33, 432 A.

Capítulo IV

AS FIGURAS DO BATISMO: A CRIAÇÃO E O DILÚVIO

Ao explicar o simbolismo do rito batismal de imersão e emersão, deixamos de lado o que, nas catequeses patrísticas, tem um lugar proeminente, a saber, as figuras desse rito no Antigo Testamento. Muito cedo encontramos sua enumeração. A mais antiga aparece no *De Baptismo* de Tertuliano. Essa lista foi reproduzida e desenvolvida por Dídimo de Alexandria.[1] Cirilo de Jerusalém faz uma lista, não nas *Catequeses mistagógicas*, mas na catequese sobre o batismo.[2] Ambrósio, ao contrário, consagra a essas figuras uma parte de suas catequeses mistagógicas.[3] Somente as catequeses siríacas de Teodoro de Mopsuéstia e do Pseudo Dionísio fazem exceção: a escola de Antioquia era, nós já falamos, hostil à tipologia.

Lendo essas listas ficamos impressionados ao ver como elas se parecem. Isso prova que estamos diante de um ensinamento comum. Esse ensino remonta aos mais antigos ensinamentos da Igreja. Com efeito, se as listas são mais tardias, as mesmas figuras se encontram nos escritos do Novo Testamento e dos primeiros autores eclesiásticos: a travessia do Mar Vermelho e o dilúvio são mencionados, a primeira, pela Primeira Carta aos Coríntios (10,1-5); a segunda pela Primeira Carta de Pedro (3,19-21);[4] o rochedo de Horeb é figura do batismo para São João (7,38); Barnabé, Justino, Irineu mencionam

---

1   DÍDIMO. *P.G.* 39, 693.

2   *P.G.* 33, 433. Trad. bras.: CIRILO DE JERUSALÉM. *Catequeses mistagógicas.* Petrópolis: Vozes, 1977. (Fontes da catequese, 5.)

3   *De Sacramentis.* 1, 11-24; BOTTE, 57-61. *De Mysteriis.* 8-27; BOTTE, 110-116. [Trad. bras.: AMBRÓSIO. *Os sacramentos e os mistérios.* Trad: Paulo Evaristo ARNS. Petrópolis: Vozes, 1972. (Fontes da catequese 5.)]

4   Cf. REICKE, Bo. *The disobedient spirits and christian baptism.* Lund, 1948.

As figuras do Batismo: a criação e o dilúvio

esses temas e também conhecem outros: água de Mara, o banho de Naamã. As leituras da liturgia do sábado santo, preparatórias ao batismo, são o eco do ensinamento tradicional.[5]

No pensamento dos Padres, não se trata de simples ilustrações. As figuras do Antigo Testamento estão destinadas, antes de tudo, a autorizar o batismo, mostrando que ele foi anunciado por toda uma tradição: são as *testimonia*.[6] Sua finalidade é, sobretudo, explicar. Essa interpretação conserva substancialmente todo o seu valor. Com efeito, se queremos compreender o verdadeiro sentido do batismo, está claro que temos de nos voltar para o Antigo Testamento. De um lado, em sua significação fundamental, o batismo está, como muito bem disse Oscar Cullmann, na continuação das grandes obras da criação e da libertação realizadas por Deus no Antigo Testamento. E, ainda mais, ele nasceu no país de Israel; nos elementos materiais que ele emprega como símbolo, deve ser interpretado a partir da significação desses elementos para os antigos judeus. É num simbolismo judaico que ele se explica.[7]

No estudo dessas figuras, podemos proceder considerando os diversos simbolismos que elas apresentam. Na realidade, contudo, esses simbolismos se sintetizam todos em um duplo aspecto, e que se encontra para cada uma das figuras. A água, de um lado, é princípio de destruição: ela é o instrumento de julgamento que destrói o mundo pecador; e de outro lado, ela é o meio vivificante onde nasce a nova criatura. Assim, seguiremos simplesmente a mesma ordem de nossas catequeses: uma ordem histórica.

***

A primeira figura do batismo apresentada pelas mais antigas catequeses é a das águas primitivas. Na primeira abordagem, a comparação pode causar admiração e parecer artificial. Mas devemos sempre tomar distância para procurar, por detrás das semelhanças "ilustrativas" que conduzem às imagens,[8] as analogias teológicas que constituem propriamente as tipologias. Essa analogia teológica é clara. Os profetas anunciaram que Deus, no final dos tempos, suscitaria uma nova criação. Essa ideia ocupa um lugar considerável em Isaías. Notou-se mesmo que a palavra "criar", *bārāʾ*, aparece, antes de tudo, para de-

---

5   Sobre o conjunto da questão, ler Lundberg, Per. *La typologie baptismale dans l'Ancienne Église*. Lund, 1941.

6   *De Mysteriis*. 9-12; Botte, 110-111.

7   Cf. em particular Flemington, W.-F. *The New Testament doctrine of baptism*. London: SPCK, 1948.

8   Tomo emprestada a palavra de Hebert, A.-G. *The Authority of the Old Testament*. London: Faber and Faber, 1947. p. 210-211.

BÍBLIA E LITURGIA

signar essa criação futura.[9] Temos, pois, aqui uma tipologia escatológica na qual a primeira criação é apresentada como a figura da nova criação realizada no final dos tempos.

Mas essa nova criação, o Novo Testamento nos mostra já realizada em Jesus Cristo. A Encarnação é a criação do novo universo. Ora, é essa nova criação que continua na história presente e da qual o batismo é a concretização.[10] Ele é verdadeiramente nova criação, "regeneração", conforme a palavra do Evangelho de São João (3,5). Paulo designa o novo batizado como uma "nova criatura" (2Cor 5,17). Essa nova recriação é operada nas águas batismais (Jo 3,5). A analogia das águas primordiais e das águas batismais aparece como um aspecto do paralelismo da primeira e da segunda criação, que é eminentemente bíblica.

É, pois, na continuidade da Bíblia que Tertuliano querendo, no *De Baptismo*, justificar o uso da água no batismo, apoia-se, antes de tudo, no texto da criação no Gênesis. Nesse trecho a água apresenta duas características que o batismo irá reproduzir: ela é elemento primordial no qual a vida aparece, e ela é santificada pelo Espírito Santo. Tertuliano desenvolve o primeiro aspecto: "Tu precisas, antes de tudo, ó homem, venerar a antiguidade das águas enquanto elemento primordial".[11] Foi no meio das águas que a terra apareceu. "Uma vez ordenados os elementos do mundo, quando foi preciso lhe dar habitantes, às águas primordiais é que foi ordenado produzir os viventes. A água primitiva engendrou a vida, para que não se admire que no batismo as águas sejam capazes de vivificar".[12]

A esse texto junta-se um segundo, o fato de que "o Espírito de Deus foi levado sobre as águas, ele que devia recriar os batizados. O Santo estava sendo levado sobre quem estava santo, ou antes, quem levava recebia a santidade daquele que era levado. É assim que a natureza das águas, santificada pelo Espírito, recebeu a ordem de ser, por sua vez, santificadora. É por isso que todas as águas, pelo fato de sua prerrogativa original, obtêm o sacramento da santificação, pela invocação de Deus".[13] O que se está ensinando é a consagração

---

9   HUMBERT, Paul. "Emplois et portée du verbe bara dans l'Ancien Testament". In: *Theologische Zeitschrif,* (1947) 401 sqq.

10 Cf. DAHL, Nils-A. *La terre où coulent le lait et le miel selon Barnabe 6, 8-19", Aux sources de la tradition chretienne* (Mélanges Goguel). Neuchatel-Paris: 1950. p. 62-70.

11 TERTULLIANUS. *De Baptismo* 2. [Trad. bras.: TERTULIANO. *O sacramento do batismo.* Introdução, tradução e notas por Urbano Zilles. Petrópolis: Vozes, 1981. (Padres da Igreja, 3.)]

12 Idem.

13 Idem.

da água batismal, à qual o cristianismo antigo dava grande importância: "Tu viste a água. Mas nem toda a água cura, se o Espírito não desce e não consagra essa água".[14]

Dídimo de Alexandria retoma diretamente o texto de Tertuliano, desenvolvendo-o: "A indivisível e inefável Trindade, prevendo eternamente a queda da natureza humana, ao mesmo tempo em que suscitava do nada a substância da água, preparava aos homens a cura que devia ser doada nas águas. É porque o Espírito Santo, sendo levado sobre as águas, nos é mostrado santificando-as desde esse momento comunicando-lhes a fecundidade. É preciso aproximar disso – e isso é importante – o fato de que, no momento do batismo de Jesus, o Espírito Santo desceu sobre as ondas do Jordão e repousou sobre elas".[15] Vemos aparecer uma aproximação da qual Dídimo tem razão de assinalar a importância, é a ligação entre a descida do Espírito sobre as águas primitivas e a sua descida sobre o Jordão.

Essa interpretação, com efeito, não parece ser gratuita e sim exprimir o sentido da pomba do batismo: ela parece ser uma lembrança, no sentido literal do texto, do Espírito de Deus, pairando "sobre as águas primitivas".[16] E então aparecem todos os sentidos do termo: como o Espírito Santo, pairando sobre as águas primitivas, aí suscitou a criação primeira, assim o Espírito Santo, pairando sobre as águas do Jordão, aí suscitou a segunda criação; é nessa segunda criação que o batizado nasce nas águas consagradas pela epiclese. O significado cósmico do batismo torna-se mais preciso. Ele é verdadeiramente uma nova criação e uma retomada da primeira. A tipologia toma todo o seu sentido. Ela exprime realmente a correspondência das duas ações criadoras de Deus. O simbolismo da água no batismo é o sinal sensível dessa criação. A água do batismo é uma alusão às águas primordiais.[17]

Explica-se, desde então, por que o tema é reencontrado com frequência. Assim em Cirilo de Jerusalém: "Se queres saber por que é pela água que a graça é doada, e não por outro elemento, tu o encontrarás percorrendo a Escritura. É uma grande coisa que – dos quatro elementos sensíveis do cosmo – a água é o mais belo. O céu é a morada dos anjos, mas os céus são feitos de água; a

---

14   *De Sacramentis*. 1,15; Botte, 58.

15   Dídimo. *P.G.* 39, 692 C.

16   Barrett, C.-K. *The Holy Spirit and the Gospel Tradition*. Londres: SPKC, 1945. p. 39.

17   Cf. também Clemente de Alexandria. "A nova criação (αναγέννησις) dá-se pela água e pelo Espírito, como a criação (γένεσις) do Universo; o Espírito de Deus pairava sobre as águas" (*Eclogue Prophetice*. 7; Staehlin. 138).

BÍBLIA E LITURGIA

terra é a pátria dos homens, mas a terra saiu das águas; e antes da criação das coisas visíveis, em seis dias, o Espírito de Deus pairava sobre as águas. A água é o princípio do cosmo, e o Jordão do Evangelho".[18] Notar-se-á que Cirilo, segundo a cosmologia bíblica, faz das águas superiores a morada dos anjos.

Mas o desenvolvimento mais notável é o de Santo Ambrósio. No *De Sacramentis*, ele mostra que o batismo é uma regeneração, isto é, uma nova criação. Ele se interroga então para saber por que essa regeneração acontece nas águas: "Por que foste imerso na água? Nós lemos: que as águas produzam os seres viventes (Gn 1,20). E os seres viventes nasceram. Isso foi feito no início da criação. Mas a ti foi reservado que a água te regenere pela graça como aquela engendrou a vida natural. Imita esse peixe que teve menor graça".[19] Para compreender essa passagem, é preciso lembrar-se de que "o peixe", ἰχθύς, é a figura de Cristo e, portanto, do cristão. E o que se sabe menos – e que mostrou F.-J. Döelger[20] – é a origem batismal desse tema. Ele aparece no *De Baptismo* de Tertuliano: "Nós somos pequenos peixes (*pisciculi*) segundo o ἰχθύς, Jesus Cristo, de quem nascemos. Só conservamos a vida permanecendo na água".[21] A água batismal engendra os *pisciculi*, como as águas primitivas tinham engendrado os peixes.[22]

Pode ser que nesse primeiro ciclo de figuras as águas apareçam como elemento criador e não como elemento destruidor. Isso não é inteiramente exato. Temos traços desse segundo aspecto nas liturgias copta e etíope da bênção da água, em que Deus é apresentado como tendo, na origem, "criado o céu e a terra e firmado o mar".[23] Há aqui traços do mito primitivo da criação como vitória de Deus sobre o dragão do mar, o Leviatã, que o texto do Gênesis eliminou, mas cujos traços permaneceram na Bíblia. Lundberg escreveu: "Nas liturgias copta e siríaca, o poder de Deus sobre as águas é evocado tal qual se manifestou na criação, poderoso, graças ao qual a água da morte se transfor-

---

18 *P.G.* 33, 433 A.

19 *De Sacramentis*. 3,3; Botte, 72. Cf. também São Jerônimo: "O Espírito Santo pairava sobre as águas, como sobre um carro, e gerava o mundo nascente na figura do batismo" ("Epistula". 69. In: *P.L.* 22, 659; Cf. Hieronimus. "Epistula" 59. In: *Epistulae – ed.* I. Hilberg 1910/1918; editio altera supplementis aucta. Vol. 54 [1996]). Citaremos Hieronimus. *Epistula* e o número.

20 Döelger, Franz-Joseph. *Pisciculi*. p. 120ss; ainda: *Pisciculi*. Festschrift für F. J. Döelger. Münster: 1939, p. 54-61.

21 Tertullianus. *De Baptismo*. 1.

22 Cf Theophile d'Antioche. "Ad Autolycum". II, 16. In: *Autolycus*. (Trois livres à) (*Ad Autolycum* III). Trad. M. Jean Sender. SC 20. Paris: Les Éditions du Cerf, 1948.

23 Denzinger. "Ritus Orientalium". I, p. 205. In: Denzinger, Heinrich Joseph Dominicus. *Ritus Orientalium: Coptorum, Syrorum et Armenorum*. 2 vols. Würzburg: 1863-1864.

mou, de uma forma mística, no decorrer da consagração, em água criadora de vida. A consagração da água é, por sua vez, purificação e santificação".[24]

Haveremos de nos lembrar de que esse duplo aspecto aparece a propósito do batismo de Cristo no Jordão, do qual vimos a relação com o relato da criação. Cristo é apresentado, em primeiro lugar, como triunfador do dragão escondido nas águas antes de comunicar a elas um poder santificador. Destarte, ao lado do tema das águas criadoras, o tema das águas da morte está presente na tipologia batismal. Permanece que, no que diz respeito ao ciclo da criação, o elemento de vivificação, de regeneração é que aparece como mais importante. Será de outra forma com o tema do dilúvio, que examinaremos agora.

***

O dilúvio é uma das figuras do batismo mais frequentemente citadas pelos Padres e, conforme veremos, uma das mais evidentes. O dilúvio, melhor que qualquer outro símbolo, pode ajudar-nos a encontrar o verdadeiro sentido do símbolo batismal. Não se trata de águas que lavam e sim o de águas que destroem. Isto nos permite encontrar a relação direta entre o rito batismal e a teologia do batismo como configuração à morte de Cristo. Aqui importa unir o sinal da água ao conjunto teológico do dilúvio. Isto nos conduz a linhas essenciais: o mundo sob o pecado; o julgamento de Deus destrói o mundo pecador; um justo é deixado de lado para ser o princípio de uma criação nova.[25] É este *theologumenon* que o dilúvio, a descida aos infernos, o batismo, o julgamento realizam em diferentes planos da história santa.

O paralelismo entre o dilúvio e o batismo já foi expresso no Novo Testamento: "Porque também Cristo morreu uma só vez pelos pecados, o justo pelos injustos, para levar-nos a Deus; sendo, na verdade, morto na carne, mas vivificado no Espírito. Também o Espírito foi fazer uma proclamação (κηρύττειν) aos espíritos na prisão que haviam sido desobedientes outrora, quando Deus usava de paciência – até nos dias em que Noé construía a arca. Nessa arca, umas poucas pessoas – oito – foram salvas, por meio da água. E é ela que hoje vos salva por ser antítipo (ἀντίτυπος), – o batismo – vos salva. O qual não é o despojamento da imundícia da carne, mas é o compromisso de uma boa consciência para com Deus, em virtude da ressurreição de Jesus Cristo" (1Pd 3,18-21).

---

24   Lundberg, Per Ivan. *La typologie baptismal*. p. 12-13.

25   As páginas seguintes reproduzem, em parte, o capítulo de *Sacramentum futuri* dedicada ao mesmo tema.

BÍBLIA E LITURGIA

Este texto, um dos mais obscuros da Escritura, já afirmava Bellarmin, acaba de ser esclarecido por um trabalho do Bo Reicke.[26] A dificuldade maior estava na palavra κηρύττειν que se traduzia por "pregar", o que deixava supor uma conversão dos espíritos na prisão. Ora, não se trata disto, mas da proclamação que o Cristo faz de sua vitória durante sua descida aos infernos. Os espíritos na prisão são os anjos que, antes do dilúvio, tinham se enamorado das filhas das mulheres e que, por causa disso, como dizia o livro de Henoc (10,4-6), tinham sido encarcerados no grande abismo, até o dia do julgamento. É a eles que o Cristo anuncia sua vitória. Mas os Satanás, filhos dos anjos decaídos, continuam a agir no mundo. Eles têm uma relação especial com o paganismo e com o Império. Da mesma forma que o Cristo enfrentou sem medo os anjos decaídos, que são os vencidos, do mesmo modo também os cristãos devem afrontar sem temor o mundo do paganismo e de seus Satanás. Tal parece ser o significado geral da passagem.[27]

Mas, sobretudo, o autor coloca explicitamente em paralelo o batismo e o dilúvio. A palavra ἀντίτυπος designa a realidade por oposição à figura (τύπος). O dilúvio era, pois, um "tipo" que o batismo vem realizar. Poder-se-ia pensar que se trata somente de uma analogia de imagens, mas parece que aí há mais e que temos toda uma interpretação do rito batismal. Da mesma forma que a humanidade pecadora do tempo de Noé tinha sido destruída por um julgamento de Deus por meio do dilúvio e que um justo tinha sido poupado para ser o primogênito de uma humanidade nova, assim no batismo o velho homem foi destruído por meio do sacramento da água, e o que sobe da piscina pertence à nova criação. Entre o dilúvio e o batismo é preciso também colocar a descida de Cristo aos infernos. É aí que temos a realização substancial do dilúvio. Na morte de Cristo, a humanidade pecadora que ele assumiu é destruída pelas grandes águas da morte, e ele sobe primogênito da nova criação. Ora o batismo, diz-nos São Paulo, é uma imitação sacramental da morte e da ressurreição de Cristo.[28]

Podemos notar que, ao apresentar o batismo como o antítipo do dilúvio, a *Primeira Carta de Pedro* não faz outra coisa que prolongar o que o Antigo

---

26   REICKE, Bo. *The disobedient Spirits and Christian Baptism*. Lund, p. 95 sq; cf. também GSCHWIND. *Die Niederfahrt Christi in der Unterwelt*. BIEDER, W. *Di Vorstellung von der Hollenfahrt*; J.-C., 1949. p. 96-120.

27   REICKE, Bo. Op. cit. p. 85 e 131.

28   Assim, por exemplo, JOÃO CRISÓSTOMO: "A imersão e emersão são a imagem da descida aos infernos. É por isso que Paulo chama o batismo uma sepultura" (*Homilias sobre a I Carta aos Coríntios*. 40; In: P.G. 61, 348).

AS FIGURAS DO BATISMO: A CRIAÇÃO E O DILÚVIO

Testamento já indicava. Da mesma forma que os profetas tinham anunciado que no final dos tempos Deus suscitaria "novos céus e uma terra nova" e que a tipologia cristã afirma somente que essa nova criação foi inaugurada com a ressurreição de Cristo e com o batismo que é a participação na ressurreição, o mesmo acontece aqui. Isaías (61,9) havia anunciado um novo dilúvio no final dos tempos.[29] Isso é retomado na *Segunda Carta de Pedro* (3,3-10). Ora, o ensinamento do nosso texto consiste em afirmar que o julgamento escatológico é realizado no batismo. Isso é importante para a natureza da tipologia. Ela tem por fundamento a tipologia escatológica do Antigo Testamento. E essa tipologia verifica-se no Cristo e no batismo, enquanto eles são a manifestação dos "últimos tempos".

A tipologia sacramental, que a *Prima Petri* esboçava, vai ser desenvolvida pela tradição patrística. Ela aparece em Justino, em uma passagem que encontramos explicitando a *Prima Petri*: "No dilúvio opera-se o mistério (μυστήριον) da salvação dos homens. O justo Noé com os outros homens do dilúvio, isto é, sua mulher, seus três filhos e as mulheres de seus filhos, formavam o número oito e ofereciam o símbolo do *oitavo dia* (τῆς ὀγδόης ἡμέρας), no qual nosso Cristo apareceu ressuscitado dos mortos e que se encontra implicitamente sempre como o primeiro. Ora, o Cristo, primogênito de toda a criação, tornou-se, em um novo sentido, o chefe (ἀρχή, cf. Cl 1,28) de uma nova raça, daquela que foi regenerada por ele, pela água e pelo lenho que continha o mistério da cruz, da mesma forma que Noé foi salvo pelo lenho da arca carregada pela água com os seus. Quando, pois, diz o profeta: No tempo de Noé eu te salvei, como já tinha dito, ele fala igualmente ao povo fiel a Deus, ao povo que possui estes símbolos... Como toda a terra, seguindo a Escritura, foi inundada, não é pois à terra que Deus falou manifestamente, mas ao povo que lhe obedecia, ao qual ele tinha preparado um lugar de repouso (ἀνάπαυσις) em Jerusalém, como antecipadamente tinha demonstrado por todos esses símbolos do tempo do dilúvio; eu entendo aqui que aqueles que se prepararam pela água, a fé, o lenho, e se arrependeram de seus pecados, escaparão do julgamento de Deus que deve vir!".[30]

Justino explicita os dados do Novo Testamento e, em especial, da *Prima Petri*. A água do dilúvio é a figura da água do batismo. Já falamos anteriormente do fundamento dessa analogia. Na realidade, há dois planos de comparação.

---

29   Cf. DANIÉLOU, Jean. *Sacramentum futuri*. p. 55 et suiv.
30   JUSTINO DE ROMA. *Diálogo*. 138, 2-3.

De um lado, há uma semelhança *teológica* entre o dilúvio, a descida aos infernos e o batismo, pois se trata dos mesmos caminhos de Deus. Nos três casos há um mundo pecador que deve ser destruído pelo castigo e nos três casos um justo é poupado: esse justo é, no dilúvio, Noé; na descida aos infernos, Jesus Cristo; no batismo, o cristão, por sua configuração a Jesus Cristo. Destarte, o batismo é uma imitação sacramental da descida aos infernos, um e outro sendo figurados pelo dilúvio. Mas, de outro lado, entre o batismo e o dilúvio há a semelhança da água, que reentra na tipologia ilustrativa. Ela não seria suficiente, por ela mesma, para fundar a tipologia, e este será o erro de certos exegetas: querer reconhecer o batismo em todos as passagens nas quais se encontra água no Antigo Testamento. Mas essas ilustrações tomam um sentido lá onde são sinais que permitem reconstruir as analogias teológicas. Ora, a água do batismo, na medida em que simboliza um julgamento, parece uma alusão à água do dilúvio.

Podemos, enfim, estabelecer a relação feita entre o batismo e o julgamento:"Os que são preparados pela água, pela fé e pelo madeiro, escapam do julgamento que deve vir". O fato da relação do batismo com a escatologia liga-se ao Novo Testamento. Parece bem indicado, em particular, para o batismo de João. Este é interpretado, a justo título, como uma agregação à comunidade messiânica em vista do julgamento que deve vir.[31] Van Imschoot mostrou muito bem que o sentido primitivo da frase: "Eu vos batizo na água; ele vos batizará no fogo e no espírito", é escatológico, e que somente João (3,33) é quem o modifica em um sentido sacramental, no qual o batismo do Espírito Santo não é mais o julgamento, mas o batismo cristão, oposto ao batismo joânico.[32] Mas o que é novo em nosso texto é que o batismo cristão aparece não somente como uma preparação ao julgamento escatológico – tema capital que haveremos de encontrar –, mas também como certa prefiguração. O batismo, por seu simbolismo de imersão, é como uma antecipação sacramental, por uma imitação, do julgamento final que é um batismo de fogo, e graças a este o cristão escapará desse julgamento, pois ele já foi julgado.[33] É o que afirmará Orígenes: "No batismo de água nós somos sepultados com o Cristo; no batismo de fogo,

---

31   Cf., por exemplo, Barrett, C.K. *The Holy Spirit and the Gospel Tradition*. p. 33.

32   van Imschoot, P. "Baptême de feu et baptême d'eau". In: *Ephemerides Theologicae Lovaniensis* (1936), p. 653 sq.

33   Edsman, Carl-Martin. *Le baptême de feu*. p. 124 sq.

nós seremos configurados ao seu corpo de glória".[34] Dessa forma, memorial eficaz da morte e da ressurreição de Cristo, considerado como batismo pelo próprio Cristo (cf. Lc 12,50),[35] o batismo é também profecia eficaz da morte e da ressurreição escatológica. E essas três realidades eram, elas mesmas, prefiguradas pelo dilúvio.

Ao lado do simbolismo do fogo, os textos que vimos apresentam alguns outros temas. O primeiro é o da ogdóade. Ele aparece na *Prima Petri*, a propósito dos oito personagens. Ora, se tomarmos a Segunda Epístola de Pedro, nós lemos nela: "Porque se Deus não poupou a anjos quando pecaram, mas lançou-os no inferno, e os entregou aos abismos da escuridão, reservando-os para o juízo; se não poupou o mundo antigo, embora preservasse Noé, pregador da justiça, com mais sete pessoas, ao trazer o dilúvio sobre o mundo dos ímpios; se, reduzindo a cinzas as cidades de Sodoma e Gomorra, condenou-as à destruição, havendo-as posto para exemplo aos que vivessem impiamente; e se livrou o justo Ló, atribulado pela vida dissoluta daqueles perversos (pois esse justo, habitando entre eles, afligia todos os dias a sua alma justa vendo e ouvindo as ações iníquas que eles praticavam); também sabe o Senhor livrar da tentação os piedosos, e reservar para o dia do juízo os injustos, que já estão sendo castigados" (2Pd 2,4-9). Encontramos esse número oito por causa de Noé; esta vez não é mais a propósito do número de pessoas salvas na arca, mas a respeito das analogias antediluvianas. Conhecemos, com efeito, uma tradição que reconhece sete gerações antes de Noé.[36] Ela aparece em relação com as tradições apocalípticas influenciadas pela concepção babilônica dos sete sábios pré-diluvianos.[37] Esse é um sinal a mais dos contatos de nossa Epístola com a literatura apocalíptica, mas não nos explica por que a Epístola de Pedro sublinha esse episódio, a propósito do batismo. A razão está no fato de que o número oito designava o oitavo dia, no qual Cristo ressuscitou, uma vez que é o dia depois do sábado e do qual o domingo cristão era o sacramento perpétuo. Ora, o cristão entra na Igreja precisamente pelo batismo, dado no domingo de Páscoa, que é o oitavo dia por excelência. Destarte, encontramos desde muito cedo o simbolismo batismo-ogdóade.

---

34 Origène. *Commentaire sur l'Évangile selon Matthieu*. XV, 23; In: *Commentaire sur l'Évangile selon Matthieu, livres XII-XIII (Commentarii in Matthaeum, libri XII-XIII))*. P.G. 13, 973-1181.

35 "Devo ser batizado com um batismo, e como estou ansioso até que isso se cumpra!"

36 *Reconn. Clementines.* 1,29.

37 Staerk, W. *Die Saeulen der Welt und des Hausen der Weisheit, Zeitschrift für Neutestamentliche Wissenschaft* (NZW) (1936), p. 245 sq.

Defrontamo-nos, igualmente, com o simbolismo da ogdóade em um texto de Justino. Ele designa explicitamente o oitavo dia, que sucede à semana e "que é implicitamente o primeiro". Ora, esse oitavo dia figura a ressurreição de Cristo, que aconteceu na manhã após o sábado; ele figura o batismo que é o começo de uma época nova e o primeiro dia da nova semana; ele é, enfim, a figura do oitavo dia eterno, que sucederá ao tempo total do mundo.[38] É diretamente a tradição de Justino que nos oferece uma passagem de Astério, em um sermão sobre o Sl 6.[39] Ele nos mostra o desenvolvimento do tema da ogdóade: "Por que o Senhor ressuscitou no oitavo dia? Porque a primeira ogdóade de homens, no tempo de Noé, após a destruição do mundo antigo, suscitou um novo universo em nossa raça". Encontramos a ideia do fim do mundo antigo e da nova criação. Astério vê, nas oito pessoas, a partir das quais saíram todos os homens, a figura de Cristo suscitando, ele também, uma raça nova. E Astério continua: "Como a primeira ressurreição da raça, após o dilúvio, proveio de oito pessoas, da mesma forma o Senhor inaugura a ressurreição dos mortos no oitavo dia, quando, tendo permanecido no sepulcro, como Noé na Arca, ele põe fim (ἔπαυσεν) ao dilúvio da impureza e institui o batismo da regeneração, a fim de que, tendo sido sepultados com ele no batismo, nós nos tornemos participantes da ressurreição".[40] Temos alguns traços novos que precisam a tipologia do dilúvio, em particular, a arca comparada ao sepulcro. Quanto ao tema da cessação do mal, está em relação com o nome de Noé, que significa repouso (ἀνάπαυσις).

Os textos de Justino nos colocaram na presença de uma tipologia batismal do dilúvio, que é o desenvolvimento daquela que havíamos encontrado na *Prima Petri*. Esse grupo é caracterizado pela importância que dá à ogdóade. Mas, ao lado dessa tradição, encontramos uma que coloca o acento sobre outras características, em particular sobre o tema da pomba. Ela aparece no *De Baptismo* de Tertuliano,[41] que unifica as figuras tradicionais do batismo, se bem que estejamos no direito de supor que ele reproduza a catequese primitiva: "Da mesma forma que, após as águas do dilúvio, pelas quais as antigas

---

38 P.G. 40, 448, B-D. É interessante notar que Cirilo de Jerusalém apresenta o batismo de Jesus como fim (τέλος) do Antigo Testamento e princípio (ἀρχή) do Novo (P.G. 33, 433 C).

39 ASTERIUS. In: P.G. 40, 448 B-D. M. Marcel Richard vê no autor desta homilia Astério, o sofista, e não Astério d'Amasée (*Symb. Osl.*, 25, 66-67).

40 Cf. AUGUSTINUS. *Contra Faustum Manichaeum*. 12,15 e 19, ed. J. Zycha, CSEL 25 (1891/92).

41 Ele também é encontrado na mesma escola, no PSEUDO CIPRIANO. *Ad Novatianum*. 2; In: CSEL, 55, 22-27; Cf. também HIPÓLITO. *Sermo in sancta Theophania* (Bibliotheca Gallandii, Gallandius, vol. 2, p. 442).

iniquidades foram purificadas, após o batismo, por assim dizer, do mundo, a pomba, enviada da arca e retornando com um ramo de oliveira, sinal ainda agora de paz entre os povos, anunciou a paz à terra; seguindo a mesma economia, no plano espiritual, a pomba do Santo Espírito desceu sobre a terra, isto é, sobre a nossa carne, saindo da piscina batismal após os antigos pecados, para trazer a paz de Deus enviada do alto dos céus onde está a Igreja figurada pela arca".[42] O trecho principal dessa tipologia é o simbolismo da pomba. É ele também que nos coloca no caminho de sua origem. Na passagem precedente, Tertuliano nos fala com efeito do batismo de Cristo "no qual o Espírito Santo, descendo sobre o Senhor em forma de pomba, repousa sobre as águas do batismo onde reconhece sua antiga moradia".[43]

Aqui encontramos outro veio tipológico, ela também repousando sobre o Antigo Testamento. Com efeito, a pomba que desce sobre o Cristo no batismo, se ela é uma alusão ao Espírito de Deus pairando sobre as águas primitivas (Gn 1,2), também parece ser uma alusão à pomba da arca.[44] Portanto, é a justo título que a tradição patrística viu no dilúvio uma figura do batismo de Cristo, em que este aparece como o Novo Noé sobre o qual o Espírito Santo desce para manifestar a reconciliação do ser humano com Deus.[45] Encontramos isso em São Cirilo de Jerusalém: "Alguns dizem que, da mesma forma que a salvação veio no tempo de Noé pelo madeiro e a água e que o começo de uma nova criação teve lugar, e que a pomba veio sobre ele com um ramo de oliveira, assim, afirmam eles, o Espírito Santo desceu sobre o verdadeiro Noé, o autor da nova criação, quando a pomba espiritual desceu sobre ele no batismo para mostrar que ele é aquele que, pelo lenho da cruz, confere a salvação aos crentes e que, pela tarde, por sua morte, dá ao mundo a graça da salvação".[46] Essa passagem está bem na linha de Cirilo de Jerusalém, que busca encontrar nos acontecimentos do Antigo Testamento a figura dos acontecimentos da vida de Cristo. Mas o que nos importa é que ele nos dá o caminho intermediário entre o dilúvio e o batismo: o dilúvio é uma figura do batismo de Cristo, o qual é,

---

42 Tertullianus. *De Baptismo*. 8; In: P.L. 1, 1209 B.

43 Idem. Ao simbolismo da pomba opõe-se o do corvo, figura do Satanás (Gregório Nissa. *P.G.* 46, 421 B).

44 Barrett, C.-K. *The Holy Spirit in the Gospel Tradition*. p. 39.

45 Lundberg, Per Ivan. *La typologie baptismale*. p. 73.

46 *P.G.* 33, 982 A.

BÍBLIA E LITURGIA

por sua vez, uma figura do batismo do cristão, se bem que a pomba do dilúvio aparece como figurando a vinda do Santo Espírito no batismo.[47]

Outro traço dessa tipologia de Tertuliano é o de nos mostrar na arca a figura da Igreja. Ele já se encontra em Irineu.[48] Ele não é escriturístico.[49] Nem o encontramos em Justino em que a madeira da arca figura o madeiro da cruz.[50] Mas ele faz parte da mais antiga catequese sacramental e pode remontar às origens cristãs. Nós o encontramos então em Tertuliano: *Qui in arca non fuit, in Ecclesia non sit*.[51] Mas é, sobretudo, São Cipriano que lhe dará um lugar considerável no *De unitate Ecclesiae*: "Se alguém pôde ser salvo fora da arca de Noé, aquele que está fora da Igreja é salvo",[52] o que constitui a primeira expressão do aforismo: fora da Igreja não há salvação. A ligação desse tema com o do batismo aparece frequentemente: "Pedro, mostrando que a Igreja é uma e que somente aqueles que estão na Igreja podem ser salvos, disse: Na arca de Noé, alguns, em número de oito, foram salvos pela água, o que o batismo operará igualmente para vós. Ele prova e atesta que a única arca de Noé foi a figura da única Igreja. Se, fora desse batismo do mundo, no qual ele foi purificado e resgatado, alguém pode ser salvo sem ter estado na arca de Noé, aquele que está fora da Igreja também pode agora ser vivificado pelo batismo".[53] É a mesma tipologia da *Prima Petri* que Cipriano desenvolve explicitamente. O mesmo tema reaparece na Carta LXVIII na qual Cipriano acrescenta que a Igreja "foi fundada na unidade do Senhor à imagem (*sacramentum*) da única arca".[54] E

---

47   Cf. também HIERONIMUS. *Epistula*. 69, 6; "A pomba do Espírito Santo, uma vez expulso o pássaro negro, voa em direção a Noé, como em direção a Cristo no Jordão" (*P.L.* 22, 660 A).

48   *P.G.* 33, 1093 B.

49   Em todo caso, São Jerônimo estimava que ele estivesse indicado em 1Pd 3,20. Com efeito, São Jerônimo escreve: "A arca é interpretada como uma figura da Igreja pelo apóstolo Pedro" (HIERONIMUS. *Epistula*. 133. P.L. 22, 1014).

50   Cf. AUGUSTINUS. *De catechizandis*. 32 e 34; *Contra Faustum*. 17,14. [Trad. bras.: AGOSTINHO. *A instrução dos catecúmenos*. Petrópolis: Vozes, 1984. (Fontes da catequese, 7.)] O tema geral do lenho e da água, figura da água batismal transformada pela cruz, é arcaico (Barnabé, 11,5. In: *Padres apostólicos*. São Paulo: Paulus, 1997. (Patrística, 01.); LUNDBERG, Per Ivan. *La typologie baptismale*. 98 et suiv.

51   TERTULLIANUS. *De idolatria* 24. In: *P.L.* 1, 696 B.

52   CIPRIANO DE CARTAGO. *A unidade da Igreja Católica*. Petrópolis:, Vozes, 1973. n. 6. (Fontes da catequese, 6.); CSEL 214; há uma edição de *Sources Chrétiennes*: CYPRIEN DE CARTHAGE, *L'unité de l'Église* (De ecclesiae catholicae unitate). Trad.: Michel POIRIER. SC 500. Les Paris: Éditions du Cerf, 2006.

53   CIPRIANUS. *Epistula* 68, 2.

54   CIPRIANO DE CARTAGO. *A unidade da Igreja Católica*. 10-12. Cf. também CIPRIANUS. *Epistula*. 75, 15.

As figuras do Batismo: a criação e o dilúvio

São Jerônimo será o eco da tradição unânime quando escreverá: "A arca de Noé foi o tipo da Igreja".[55] A própria liturgia lhe dará respaldo.[56]

Dependendo diretamente de Tertuliano, Dídimo de Alexandria, no *De Trinitate*, retoma os temas do *De Baptismo*, desenvolvendo-os. Nele encontramos, em particular, o bastão de Eliseu, a piscina probática, que já apareceram em Tertuliano. O dilúvio tem também o seu lugar. "O dilúvio, que purificou o mundo da antiga iniquidade, era profecia escondida da purificação dos pecados pela piscina sagrada. E a arca, que salvou aqueles que tinham entrado nela, é uma imagem (εἰκών) da verdadeira Igreja e da boa esperança que possuímos por ela. Quanto à pomba, que trouxe o ramo de oliveira no bico e indicou que a terra estava descoberta, ela designava a vinda do Santo Espírito e a reconciliação vinda do alto; a oliveira, com efeito, é símbolo da paz".[57] O simbolismo aparece agora fixado de uma forma imutável. Podemos acentuar que os antigos símbolos, as oito personagens da arca, por exemplo, que correspondem a concepções arcaicas, desapareceram. Subsistiram somente aqueles símbolos que dizem respeito às imagens dos homens de então. O símbolo mais característico é o ramo de oliveira, desprovido de sentido para os judeus e que se liga à vida dos greco-romanos. Notamos também que a arca, que figurava a cruz para Justino, representa agora a Igreja. Passamos de um símbolo cristológico para um símbolo eclesial. O simbolismo designa doravante as realidades da vida cristã: a piscina batismal e a Igreja.[58]

Com os tratados litúrgicos de Santo Ambrósio permanecemos em perspectivas análogas. Ambrósio dedicou uma obra a Noé, *De Noe et arca*. Faz parte, contudo, dos tratados morais, inspirados em Filão. Caso queiramos procurar nela um dos testemunhos da tradição litúrgica, é preciso consultar o *De Mysteriis* e o *De Sacramentis*. Neles encontramos uma sucessão de figuras batismais já fixadas. Como em Tertuliano e Dídimo, a primeira figura é a do Espírito pairando sobre as águas, de Gn 1,2; a terceira é a travessia do Mar Vermelho; a segunda, a do dilúvio: "Recebe um outro testemunho. Toda carne estava corrompida por suas iniquidades. Meu espírito não ficará mais sobre os homens, diz Deus, pois eles são carne. Por aí Deus mostra que a graça está suspensa pela

---

55   Hieronimus. In: *P.L.* 23, 185 A. Cf. também Augustinus. *Contra Faustum*. 12,17.

56   *Didascalia et Constitutiones Apostolorum*. II, 14, 9. Cf. Lundberg, Per Ivan. *La typologie baptismale*. p. 76.

57   Didymus. *De Trinitate*. II; *P.G.* 39, 697, A-B.

58   Também Orígenes conhecia o simbolismo batismal do dilúvio; cf., por exemplo, Orígène. *Commentaire sur l'épître aux Romains*. 3,1, tome I, livres I-II (*Commentarii in epistulam ad Romanos I-II*). Trad.: Fr. Luc Brésard. SC 532. Paris: Les Éditions du Cerf, 2009; *P.G.* 34, 926 A.

Bíblia e Liturgia

impureza do corpo e a sujeira do pecado grave. Dessa forma, Deus, querendo reparar o que faltava, mandou o dilúvio e ordenou a um justo, Noé, subir na Arca. Como este, após as águas terem baixado, enviou primeiro um corvo, que não voltou,ele envia uma pomba, da qual o texto afirma que ela retornou com um ramo de oliveira. Tu vês a água, tu vês o lenho, tu vês a pomba; por isso não duvides do mistério".[59] Encontramos os grandes símbolos de Tertuliano. E do conjunto desses símbolos aparece, para Ambrósio, a evidência da figura.[60]

Em São João Crisóstomo é ainda essa tipologia tradicional que é encontrada. "O relato do dilúvio é um sacramento (μυστήριον) e seus detalhes uma figura (τύπος) das coisas que devem vir. A arca é a Igreja, Noé o Cristo, a pomba o Espírito Santo, o ramo de oliveira a filantropia divina. Da mesma forma que a arca protegia, no meio do mar, as pessoas que estavam no seu interior, assim a Igreja salva aqueles que estão extraviados. Mas a arca somente protegia. A Igreja faz mais. Por exemplo, a arca tinha em seu interior os animais e os conservava como tais, a Igreja recebe as pessoas sem *logos* e não as guarda somente, ela as transforma".[61] Temos o testemunho de um autor pouco alegorista. Ele, por outro lado, tem mais valor para nós por mostrar que estamos na presença de uma tradição eclesiástica comum. E mais, em conformidade com a doutrina tipológica, o autor mostra precisamente a realidade que supera a figura. Nós já encontramos esse ponto em Santo Irineu. Todos esses testemunhos, retirados do ensinamento elementar da Igreja, nos mostram em que grau as figuras bíblicas dos sacramentos eram um elemento integrante da mentalidade cristã primitiva. Para os cristãos de então, o relato do dilúvio era sua própria história prefigurada antecipadamente: "No dilúvio opera-se o mistério da salvação das pessoas", como escreve Justino.[62]

---

59   *De Mysteriis*. 10; Botte, 110-111.

60   Cf. também *De Sacramentis*. 2,1; Botte, 62; Optat de Milève. *Traité contre les donatistes*. III-VII, 5,1 (*Contra Parmesianum Donatistam III-VII*). Trad.: Mlle. Mireille Labrousse. SC 413. Paris: Les Éditions du Cerf, 1996.

61   João Crisóstomo. *Homilia sobre Lázaro*. 6. In: *P.G.* 48, 1037-1038.

62   Sobre o dilúvio, figura do batismo, nos monumentos figurados dos primeiros séculos, cf. Daniélou, Jean. *Sacramentum futuri*. p. 84-85.

Capítulo V

AS FIGURAS DO BATISMO: A TRAVESSIA DO MAR VERMELHO

Com o dilúvio, a travessia do Mar Vermelho é uma das figuras do batismo que encontramos mais frequentemente. O tema central é também análogo. Trata-se das águas destruidoras, instrumento do castigo de Deus, mas do qual o povo de Deus é preservado. Contudo, nós nos encontramos em outro quadro bíblico, o do Êxodo. Todo o relato da saída do Egito é uma figura da redenção. Já os profetas anunciam um Novo Êxodo para o final dos tempos. Nesse Êxodo Deus realizará obras mais grandiosas do que aquelas que havia feito por seu povo no deserto. O Novo Testamento – e em particular o Evangelho de Mateus – nos mostra essas obras de Deus realizadas em Cristo. É por ele que a verdadeira "libertação" é realizada. E essa "libertação" é o batismo que é ministrado efetivamente a cada pessoa.[1]

É preciso reconhecer que aqui o Evangelho e a liturgia tornam particularmente visíveis essa relação com a saída do Egito. Com efeito, é no tempo da Páscoa, que constituía para os judeus a comemoração da saída do Egito, que Cristo realizou a redenção por sua morte. De outro lado, é nessa mesma noite de Páscoa que o batismo era, de ordinário, conferido. Destarte, essa coincidência de data sublinha de modo muito claro a continuidade entre essas diferentes ações.[2] Na saída do Egito, a morte e a ressurreição de Cristo, o batismo, constituem uma mesma ação redentora que se realiza nos diferentes planos da

---

1   Daniélou, Jean. *Sacramentum futuri.* p. 131-142.

2   Cf. Tertuliano. *De Baptismo.* 19. [Trad. bras.: Tertuliano. *O sacramento do batismo.* Introdução, tradução e notas por Urbano Zilles. Petrópolis: Vozes, 1981. (Padres da Igreja, 3.)]

BÍBLIA E LITURGIA

história: o da figura, o da realidade, o do sacramento.[3] É normal que os textos da liturgia da sinagoga sobre a Páscoa sejam assim transpostos à ressurreição de Cristo e ao batismo.

Trata-se de uma realidade tão central que envolve o mistério cristão em sua totalidade: este é verdadeiramente o "mistério pascal". Mas nesse conjunto vários aspectos podem ser distinguidos. De um lado o relato do Êxodo compreende episódios sucessivos. No momento, deixaremos de lado o primeiro desses episódios, o do cordeiro imolado e dos primogênitos poupados, que constitui propriamente a Páscoa. Voltaremos a falar disso quando trataremos da eucaristia, ainda que ele contenha elementos batismais. Haveremos de nos deter somente na passagem do Mar Vermelho e nas circunstâncias que imediatamente dizem respeito a ela. De outro lado, haveremos de insistir, sobretudo, sobre os aspectos do Antigo Testamento que estão em relação mais direta com os ritos batismais em si mesmos, isto é, sobre a travessia da água.

* * *

A significação tipológica da travessia das águas do Mar Vermelho aparece desde o Antigo Testamento e, como sempre, com um sentido escatológico. Em Isaías, Deus anuncia que "ele traçará um caminho para o seu povo no deserto, uma trilha nas águas áridas" (Is 43,19).[4] A travessia do Mar Vermelho é, ao mesmo tempo, a figura da vitória de Deus sobre Rahab, o monstro marinho que é a figura do Egito (Is 51,10). Vemos, destarte, abrir-se todo um tema em que a travessia do Mar Vermelho aparece como uma nova vitória de Deus sobre o dragão do Mar, identificado aqui mais especificamente com a idolatria do Egito. Além da sua significação histórica, a travessia do Mar Vermelho toma as proporções da figura da vitória futura de Iahweh sobre os poderes do mal.[5]

Nós temos um eco dessa tipologia escatológica no Novo Testamento. Com efeito, o Apocalipse de São João compara a vitória dos eleitos sobre a morte com a travessia do Mar Vermelho e coloca nos lábios destes o cântico vitorioso da irmã de Moisés: "Vi também como que um mar de vidro misturado com fogo. À margem desse mar, estavam de pé todos aqueles que venceram a Besta,

---

3   Cf. GUILLET, Jacques. *Thèmes bibliques*. Études sur l'expression et le developpement de la Révélation. Paris: Éditions Montaigne, 1951. p. 22-25.

4   São Cipriano relaciona explicitamente essa profecia ao batismo (CYPRIEN DE CARTHAGE. *Testimones*. 1,12; CSEL 47).

5   Um escrito judeu, contemporâneo do N.T., o *Liber Antiquitatum Biblicarum*, XV, 6, mostra na separação das águas do Mar Vermelho uma retomada da separação das águas no momento da criação (Kisch, Guido [ed.]. "Pseudo Philo's, Liber Antiquitatum Biblicarum". In: *Publications in Medieval Studies*. X. Notre Dame, 1949. p. 155).

a imagem dela e a marca de seu nome. Entoavam o cântico de Moisés, o servo de Deus, e o cântico do Cordeiro" (Ap 15,2-3). Reconhecemos na Besta o Faraó, figura do Satanás, que foi destruído pela água do julgamento, enquanto os servidores de Deus, vencedores, encontram-se na outra margem, tendo atravessado sem danos o mar da morte.[6]

Contudo, estamos ainda na tipologia escatológica. O Novo Testamento nos mostrará essa travessia do Mar Vermelho já realizada no rito batismal da travessia da piscina.[7] Encontramos isso em um texto célebre da Primeira Epístola aos Coríntios, um dos mais importantes para o fundamento bíblico da tipologia: "Todos os nossos antepassados estiveram sob a nuvem; todos atravessaram o mar e, na nuvem e no mar, todos receberam um batismo que os ligava a Moisés. Todos comeram do mesmo alimento espiritual, e todos beberam da mesma bebida espiritual, pois bebiam de uma rocha espiritual que os acompanhava; e essa rocha era Cristo. Apesar disso, a maioria deles não agradou a Deus, e caíram mortos no deserto. Ora, esses fatos aconteceram como exemplo para nós" (1Cor 10,2-6). Não precisamos sublinhar mais fortemente a relação da travessia do Mar Vermelho como batismo. A saída do Egito já é um batismo. As duas realidades têm uma mesma significação. Elas marcam o fim da servidão do pecado e a entrada em uma existência nova.

Aliás, a relação entre a travessia do Mar Vermelho e o batismo, em São Paulo, parece estar em uma linha de interpretação que era a do judaísmo de seu tempo. Sabe-se, com efeito, que no início da era cristã a iniciação dos prosélitos à comunidade judia compreendia, além da circuncisão, um batismo. Ora, esse batismo, como escreveu George Foot Moore, não era "uma purificação nem real, nem simbólica, mais essencialmente um rito de iniciação".[8] E a finalidade dessa iniciação era a de fazer o prosélito passar pelo sacramento recebido pelo povo durante a travessia do Mar Vermelho. O batismo dos prosélitos era, pois, uma espécie de imitação da saída do Egito. Isso é importante para nos mostrar que a ligação do batismo com a travessia do Mar Vermelho já existia no judaísmo e, portanto, que este nos dá o verdadeiro simbolismo

---

6   Cf. RIESENFELD, Harald. *The Resurrection in Ezechiel XXXVII*. p. 23.

7   Sobre essa questão, cf. DÖELGER Franz-Joseph. "Der Durchzug durch das Rote Meer als Sinnbild des christlichen Taufe". In: *Antike und Christentum*. (1939) 63-69; LUNDBERG, Per Ivan. *La typologie baptismale*. p. 116-146.

8   *Judaïsm*. I. p. 334.

do batismo. Em primeiro lugar, ele não é uma purificação, mas uma libertação e uma criação.

A partir dos fundamentos escriturísticos trazidos por São Paulo, a tradição cristã vai precisar a comparação entre o povo judeu da saída do Egito e o catecúmeno na noite pascal. Como o povo judeu estava sob a tirania do Faraó idólatra e foi libertado pela sua destruição pelas águas, da mesma forma o catecúmeno estava sob a tirania de Satanás e foi libertado pela sua destruição nas águas. É o que encontramos em todos os textos. Tertuliano escreve: "Quando o povo, deixando livremente o Egito, escapou ao poder do rei do Egito passando através da água, esta extermina o rei e todo o seu exército. O que mais poderia ser uma figura tão clara do batismo? As nações do mundo são libertadas, e isso pela água, e elas abandonam o diabo que as tiranizava anteriormente, que foi destruído na água".[9]

Estamos aqui na perspectiva primitiva do batismo e da redenção. A redenção é concebida como vitória de Cristo sobre o Satanás, vitória pela qual a humanidade é libertada. É essa libertação que o batismo aplica a cada cristão. No batismo, o Satanás é vencido de novo, a pessoa é salva, e isso pelo sinal da água. Anteriormente sublinhamos a importância do tema do batismo como luta com o Satanás. É esta a tipologia da qual a saída do Egito nos oferece a imagem: o que Deus opera então, pelo sacramento da água, para libertar um povo carnal de um tirano carnal e para fazê-lo passar do Egito ao deserto, ele igualmente opera pelo sacramento da água, para libertar um povo espiritual dum tirano espiritual e o fazer passar do mundo ao Reino de Deus.

No *De Trinitate*, Dídimo o Cego é levado a falar do batismo a propósito da divindade do Espírito Santo. Ele nos apresenta as suas figuras: santificação das águas pelo Espírito, dilúvio, enfim passagem do Mar Vermelho: "O Mar Vermelho que recebeu igualmente os israelitas, que não duvidaram, e que os livrou dos males dos egípcios que os perseguiram, e toda a história da saída do Egito, são o tipo ($\tau\acute{\upsilon}\pi o \varsigma$) da salvação trazida pelo batismo. O Egito, com efeito, figurava o mundo, no qual nós fazemos nossa própria infelicidade vivendo mal; o povo figurava aqueles que são iluminados (= batizados) agora; as águas, que são para o povo um meio de salvação, designavam o batismo; Faraó e seus soldados, Satanás e seus asseclas".[10] Encontramos a mesma ordem e

---

9   Tertullianus. *De Baptismo.* 9.

10   Didymus. *De Trinitate.* II, 14; *P.G.* 39, 697 A.

AS FIGURAS DO BATISMO: A TRAVESSIA DO MAR VERMELHO

a mesma interpretação que em Tertuliano. Mas isso não surpreende, pois toda a parte do *De Trinitate* que concerne ao batismo é influenciada por Tertuliano.

Os grandes doutores gregos do final do IV século insistem com predileção nesse tema. Assim São Basílio: "O que diz respeito ao Êxodo de Israel é relatado para significar os que foram salvos pelo batismo... O mar é a figura do batismo que livra do Faraó, como o batismo (λουτϱόν) da tirania do diabo. O mar matou o inimigo, o mesmo acontece no batismo; nossa inimizade com Deus é destruída. O povo saiu do mar são e salvo; nós também saímos da água como viventes dentre os mortos".[11] Notemos a última frase em que aflora a comparação com a ressurreição de Cristo. Em outro lugar Basílio escreve: "Se Israel não tivesse atravessado o mar, ele não teria escapado do Faraó; do mesmo modo, se tu não passas a água, não escaparás à cruel tirania do Satanás".[12]

A mesma concepção encontra-se em Gregório de Nissa: "Segundo São Paulo, a travessia do Mar Vermelho foi, ela mesma, uma profecia em ação (δι ἐϱγῶς) do sacramento do batismo. Com efeito, agora ainda, quando o povo se aproxima da água da regeneração, fugindo do Egito que é o pecado, ele é libertado e salvo, mas o diabo e seus sequazes, os espíritos da malícia, são destroçados".[13] Na *Vida de Moisés*, o exército egípcio, numa linha mais alegórica, figura as paixões da alma: "As paixões se precipitam na água em seguimento do Hebreu que elas perseguem. Mas a água se torna princípio de vida para aqueles que nela buscam um refúgio e princípio de morte para seus perseguidores".[14]

Ao redor desse tema essencial, outros vão se agrupar. O primeiro é o da coluna de nuvens que acompanhava os judeus durante o seu Êxodo. Essa coluna era o sinal visível da presença de Deus no meio do povo. O tema da nuvem, como sinal da inabitação de Deus no tabernáculo, encontra-se ao longo de todo o Antigo Testamento. No Novo Testamento, a presença da nuvem atesta que a morada de Deus (Jo 1,14) está agora ligada à humanidade de Jesus: é ela que repousa em Maria no momento da Anunciação (Lc 1,35). Ela aparece na Transfiguração e na Ascensão, que são precisamente as manifestações da

---

11   BASÍLIO DE CESAREIA. *Tratado sobre o Espírito Santo*. São Paulo: Paulus, 1998, n. 14. (Patrística, 14.)

12   Idem. *P.G.* 31, 425 B-C.

13   GREGÓRIO DE NISSA. In: *P.G.* 46, 589 D.

14   *P.G.* 44, 361 C. GRÉGOIRE DE NYSSE. *Vie de Moïse* (De vita Moysis), éd. de Jean DANIÉLOU. SC 01. Paris: Les Éditions du Cerf, 1942. Réimpression en 2000. Cf. ORIGÈNE. *Homélies sur l'Exode*, 5,5 (2re édition SC). (In: Exodum homiliae XIII (latine Rufino interprete). Trad.: P. Marcel BORRET. SC 321. Paris: Les Éditions du Cerf, 1985. Daqui em diante, ORIGÈNE. *Homélies sur l'Éxode*. V, 5.

Bíblia e Liturgia

divindade de Jesus. Mais particularmente São Paulo coloca-a diretamente em relação com a coluna de nuvens do Êxodo e com o batismo cristão, quando escreve: "Nossos pais foram batizados na *nuvem* e no mar". A nuvem designava claramente o Espírito Santo, potência de Deus, na cena da Anunciação. A presença da nuvem, unida à travessia do mar no relato do Êxodo, prefigurava destarte a união da água com o Espírito Santo, como os dois elementos do batismo.

Portanto, é sobre um sólido fundamento bíblico que repousa a interpretação dos Padres. Orígenes, por primeiro, precisa essa interpretação. Comentando o relato da saída do Egito, nas suas *Homilias sobre o Êxodo*, ele refaz a interpretação paulina e acrescenta: "Vede como a tradição de Paulo difere da leitura histórica. Aquilo que os judeus chamam de travessia do Mar, São Paulo chama de batismo. O que eles acreditam ser uma nuvem, São Paulo estabeleceu que é o Espírito Santo. E ele quer que essa passagem seja interpretada no mesmo sentido que o preceito do Senhor, dizendo: Se alguém não renasce da água e do Espírito Santo, não pode entrar no Reino dos Céus".[15] Destarte, nós vemos como a união da água com o Espírito, figurada pela pomba e pela água no dilúvio e na criação, é representada aqui pela união da nuvem com o mar.

É Santo Ambrósio, sobretudo, quem desenvolve esse tema. No *De Mysteriis*, após ter enumerado as outras figuras do batismo – o Espírito pairando sobre as águas e o dilúvio –, ele chega ao nosso episódio: "A terceira atestação nos é dada pelo Apóstolo. Todos os nossos pais estiveram sob a nuvem etc. De outro lado, o próprio Moisés diz no cântico: Tu enviaste o teu Espírito e o mar os engoliu. Tu vês que, na travessia dos hebreus, na qual o egípcio pereceu e o hebreu escapou, a figura do Santo Espírito já está pré-formada. O que aprendemos a mais, com efeito, deste sacramento, senão que a falta é retirada e o erro abolido, enquanto a piedade e a inocência são salvas".[16] Quanto à nuvem, ela é a figura da presença do Espírito Santo. "É ela que veio sobre a Virgem Maria e a força do Altíssimo a cobriu com a sua sombra".[17]

Ambrósio retoma o mesmo tema, com novos acentos, no *De Sacramentis*. Ele mostra a superioridade dos sacramentos cristãos sobre os *mysteria* judeus: "Existiria algo mais importante do que a travessia do Mar pelo povo judeu

---

15   Origène. *Homélies sur l'Éxode*. V, 1; 184, 2. Cf. também Basílio. *Tratado sobre o Espírito Santo*. 14; Gregório de Nissa. *Homilia sobre o batismo*. In: *P.G.* 46, 589 D.

16   *De Mysteriis*. 12; Botte, 111. [Trad. bras.: Ambrósio. *Os sacramentos e os mistérios*. Trad.: Paulo Evaristo Arns. Petrópolis: Vozes, 1972. (Fontes da catequese 5.)]

17   *De Mysteriis*. 13; Botte, 111.

para exaltarmos nesta hora o batismo? O confronto começa por aí: os judeus que atravessaram o Mar morreram todos no deserto; aquele, no entanto, que atravessa esta fonte, isto é, que passa das coisas terrenas para as celestiais [...] não morre, mas ressuscita".[18] Ambrósio, cujos liames com a exegese alexandrina são bem conhecidos, aqui interpreta a Páscoa no sentido filoniano de "passagem das coisas terrestres às coisas celestes". Quanto à coluna de nuvem, ele lhe dá o mesmo sentido que na passagem precedente. "A coluna de nuvem é o Espírito Santo. O povo estava no mar e a coluna de luz o precedia, depois a coluna de nuvem o seguia, como sombra do Espírito Santo. Tu vês que, pelo Espírito Santo e pela água, a figura do batismo se torna manifesta".[19]

Mas a nuvem aparecia somente durante o dia. À noite, tinha a aparência de uma coluna de luz. Isso conduz a outra linha tipológica, cuja origem é igualmente bíblica e que interpreta a coluna de luz do Verbo. Já o Livro da Sabedoria vê nela a imagem da Sabedoria (10,17): [Ele] os guiou por um caminho maravilhoso. Tornou-se para eles abrigo durante o dia e esplendor de estrelas durante a noite. Filão vê aí a figura do Logos. Parece bem que o evangelho de João, por sua vez, mostra-nos o Cristo como a coluna de luz. Quem me segue não anda nas trevas. Eu sou a luz do mundo" (8,12). Mais precisamente, Clemente de Alexandria aplicará a coluna de luz do Êxodo ao Verbo Encarnado.[20]

Desse modo, não nos admira encontrar essa interpretação nas nossas cateR queses batismais. Se o Espírito Santo, figurado pela nuvem, mostra o poder de Deus agindo no batismo, o Verbo, figurado pela coluna de luz, manifesta que o batismo é *iluminação*. Sabe-se que essa palavra ($\phi\omega\tau\iota\sigma\mu\sigma\varsigma$) é uma daquelas que designam o batismo. Assim Santo Ambrósio escreve na mesma passagem do *De Sacramentis*, na qual falava da nuvem: "Quem é essa coluna de luz senão o Cristo Senhor, que dissipou as trevas do paganismo e espalhou a luz da verdade e da sua graça espiritual no coração dos homens".[21]

Vemos reaparecer esse tema nas principais catequeses do quarto século. Temos pequenos sermões sobre o Êxodo, de uma dezena de linhas, de Zenão de Verona. Eles são breves comentários das leituras desse livro, feitas durante o

---

18   *De Sacramentis*. 1, 12; Botte, 52-58.

19   Idem. 1, 22; Botte, 61.

20   Clémens d'Alexandrie. *Stromate*. I, 24 (Stromata I). SC 30. Paris: Les Éditions du Cerf, 1951.

21   *De Sacramentis*. 1, 22; Botte, 61.

BÍBLIA E LITURGIA

tempo pascal. No primeiro, após ter, conforme o uso que nos atesta a Peregrinação de Etéria,[22] lembrado brevemente o sentido histórico, passa ao sentido espiritual. *Quantum spiritaliter intellegi datur, Aegyptus mundus est; Pharao, cum populo suo, diabolus et spiritus omnis iniquitatis; Israel, populus christianus, qui proficisci iubetur ut ad futura contendat; Moyses et Aaron, per id quod erant sacerdotium, per suum numerum demonstrabant duorum testamentorum sacramentum; columna viam demonstrans Christus est Dominus.*[23] A coluna de nuvem figura o Cristo, conforme a tipologia de João. Quanto ao seu duplo aspecto, de nuvem e de luz, ele corresponde, diz Zenão, aos dois julgamentos, o da água que já aconteceu, e o do fogo, que haverá de acontecer. Sem dúvida, temos aqui uma alusão ao paralelismo entre o dilúvio e o julgamento final, tema corrente no cristianismo antigo.

Com o texto de Zenão, vemos aparecer um novo aspecto de nossa tipologia, o da pessoa de Moisés. Nele, Zenão nos mostra, de um lado, a figura do sacerdote, ministro do batismo; e do outro, o Antigo Testamento. Mas ele não representa a tradição ordinária. Para ele, Moisés é uma figura de Cristo. Essa tipologia repousa sobre o Novo Testamento. O Evangelho nos mostra o Cristo como o novo Moisés, que dá a nova Lei, não sobre o Sinai, mas sobre uma montanha da Galileia, e não às doze tribos, mas aos doze apóstolos, prefiguração da Igreja universal.[24] Ora, na travessia do Mar Vermelho, Moisés tem uma função capital. É ele quem toca as águas do Mar com o seu bastão para fazê-las abrir, que por primeiro entra nelas sem perigo, precedendo o povo, e que, a seguir, faz afogar o Faraó e seu exército. Aqui ainda, e sobretudo o Novo Testamento, nos mostra nele uma figura de Cristo (cf. 1Cor 10,1; Ap 15,3).

Encontramos o paralelismo com o Cristo indicado por Gregório de Elvira ao lado de outros aspectos da tipologia batismal da saída do Egito: "É uma empresa longa e quase gigantesca falar da descida do povo ao Egito e de sua escravidão. Todos conhecem a história e ela é clara. Mas aquilo a que é preciso nos dedicar, irmãos muito queridos, é a expor o sentido espiritual (*rationem atque mysterium*) dessa passagem, segundo a inteligência espiritual. Com efeito, é que ele contém uma figura da realidade futura que merece ser exposta, pois também não há nada nas santas e divinas Escrituras que não tenha principalmente valor espiritual, seja manifestando as coisas passadas, seja sugerindo

---

22 *Peregrinação de Etéria*: Liturgia e catequese em Jerusalém no século IV. Trad.: Frei Alberto BECKHÄUSER. Petrópolis: Vozes, 2004, n. 46.

23 *P.L.* 11,510.

24 DANIÉLOU, Jean. *Sacramentum futuri*. p. 137-138.

As FIGURAS DO BATISMO: A TRAVESSIA DO MAR VERMELHO

as coisas presentes, seja insinuando as realidades futuras. É porque o Egito era a figura do mundo, Faraó do diabo; os filhos de Israel eram a imagem do primeiro pai, do qual eles são também descendentes; Moisés, enviado para libertá-los, era o tipo de Cristo".[25]

Dessa função de Moisés, Aphraate vai nos dar uma interpretação mais aprofundada, que liga o tema do Mar Vermelho ao das águas da morte: "Os judeus escaparam, na Páscoa, da escravidão do Faraó; nós, no dia da crucificação, fomos libertados do cativeiro de Satanás. Os judeus imolaram um cordeiro e foram salvos por seu sangue do Exterminador; nós, pelo sangue do Filho bem amado, ficamos livres das obras da corrupção que tínhamos feito. Eles tiveram Moisés por guia; nós temos Jesus por chefe e salvador. Moisés divide o mar para eles e os faz atravessá-lo; nosso Salvador abriu os infernos, quebrou suas portas; quando desceu na sua profundeza, ele abriu uma passagem diante de todos aqueles que deviam crer nele".[26]

Nessa passagem podemos acentuar a aproximação entre o Mar Vermelho sendo atravessado por Moisés e o abismo ao qual Jesus desceu. Sabe-se que para a teologia antiga, a descida aos infernos é o episódio central da redenção, a vitória imposta à morte em seu próprio domínio pelo Cristo, e a libertação da humanidade dominada pelo poder demoníaco. É o mistério pascal. De outra parte, a concepção do rio ou do mesmo mar como morada do dragão é um tema bíblico-patrístico.[27] Nós tínhamos afirmado que o batismo do cristão tinha aparecido como uma luta com o Satanás escondido nas águas. Aqui é a descida aos infernos que parece ser figurada pela passagem do Mar Vermelho; mas o contexto implica também uma referência ao batismo.

Se Moisés figura o Cristo, a irmã de Moisés, por sua vez, é interpretada por alguns como um símbolo da Igreja. Esse tema aparece com um sentido batismal em Zenão: "Nós devemos ver no mar a *fonte sagrada* na qual aqueles que não fogem, mas trazem seu pecado, são purificados pelas mesmas águas pelas quais os servidores de Deus foram libertados. Maria, que toca seu tamborim com as mulheres, é a figura da Igreja (*typus Ecclesiae*), que, com todas as Igrejas

---

25 GRÉGOIARE D'ELVIRE. *Tractatus* VII. éd. BATIFFOL. 76-77.

26 APHRAATE. *Démonstrations*. XII, 8. In: *P.O.* I, 521.

27 ORIGÈNE. Commentaire sur saint Jean VI-X [6,43-48] (Commentarii in Iohannem VI-X). Trad.: Mlle Cécile BLANC. SC 157. Paris: Les Éditions du Cerf, 1970. Cf. sobre a concepção da travessia do Mar Vermelho como triunfo de Iahweh sobre o dragão do Mar, GUNKEL, Hermann. Schöpfung und Chaos in Urzeit und Endzeit: eine religionsgeschichtliche Untersuchung über Gen 1 und Ap Joh 12. VANDENHOECK UND RUPRECHT, 1895. p. 31-32.

que ela gerou, conduz o povo cristão não ao deserto, mas ao céu, onde cantam hinos e batem no peito".[28] Essas linhas acrescentam elementos centrais. O Mar Vermelho é expressamente identificado à piscina batismal, onde a água tira o pecado. Assim, a imagem se faz mais precisa e apoia a liturgia. A travessia da piscina batismal é figurada pela travessia do Mar Vermelho. Nos dois casos, essa travessia traz a destruição dos inimigos temporais ou espirituais. Enfim, o tema da Igreja que engendra novos filhos pelo batismo é um tema importante do cristianismo primitivo.[29] Nós o encontramos em Cirilo de Jerusalém e, sobretudo, em Zenão.

Um último traço interessante do texto de Zenão é o paralelismo entre o cântico de Maria e os hinos da Igreja. Já Isaías descrevia o Êxodo escatológico escrevendo: "Não foste tu que secaste o mar, as águas do grande abismo, tu que fizeste um caminho pelo fundo do mar para que os redimidos pudessem atravessar? Os resgatados de Iahweh voltarão! Estarão de volta a Sião, cantando hinos. Virão carregando uma alegria sem fim, festa e alegria serão a sua bagagem, o medo e a tristeza ficararão para trás" (51,10-11). O Apocalipse, por sua vez, mostra-nos os que passaram o mar, isto é, os que triunfaram da morte, cantando o cântico de Moisés e o cântico do cordeiro (15,2-4). Zenão vê essa profecia escatológica já realizada no batismo. Isso se exprimia liturgicamente pelo canto dos salmos que se seguiam ao rito batismal durante a procissão até a Igreja. Como escreveu Dom Vinzen, o cântico de Maria é "a hora no qual o ofício divino nasceu".[30] O cântico dos hinos, na comunidade cristã, realiza a figura do cântico do Êxodo e prefigura a liturgia celeste. É preciso acrescentar que esse aspecto litúrgico já aparecia no Antigo Testamento. O cântico de Maria parece ser, com efeito, o traço da celebração litúrgica da saída do Egito no judaísmo que se incorporou no relato.[31] Ainda aqui a liturgia judia aparece-nos aparece como pano de fundo da liturgia cristã.

Destarte, a sequência dos episódios da iniciação foi colocada em relação com a sequência dos acontecimentos da travessia do Mar Vermelho. Esse paralelismo começa com a renúncia a Satanás comparada com o começo do Êxodo nas *Catequeses mistagógicas* de São Cirilo de Jerusalém: "É preciso que saibais que o símbolo do batismo encontra-se na história antiga. Com efeito,

---

28   Zenon de Verona. *Sermons ou Traités*. *P.L.* 11, 509-510.

29   Plumpe, Joseph C. *Mater Ecclesia*. 116.

30   Winzen, Dom. *Pathways in Holy Scripture*: The Book of Exodus. p. 6.

31   Morgenstein, J. "The despoiling of the Egyptians". In: *Journal of Biblical Litteratur* (1949) 25-26.

AS FIGURAS DO BATISMO: A TRAVESSIA DO MAR VERMELHO

enquanto o Faraó, o tirano áspero e cruel, oprimia o povo livre e nobre dos hebreus, Deus envia Moisés para os libertar da escravidão dos egípcios. Os batentes das portas foram ungidos do sangue do cordeiro, a fim de que o Exterminador saltasse as casas que tinham o sinal do sangue. Dessa forma, contra toda esperança, foi libertado o povo hebreu. Passemos, neste momento, das coisas antigas às coisas novas, do tipo à realidade. Lá nós temos Moisés enviado por Deus ao Egito; aqui nós temos o Cristo enviado ao mundo pelo Pai; lá trata-se de libertar do Egito o povo oprimido; aqui se trata de socorrer os homens tiranizados no mundo pelo pecado; lá o sangue do cordeiro afasta o Exterminador; aqui o sangue do verdadeiro Cordeiro, Jesus Cristo, afugenta os Satanás; lá o tirano perseguia o povo até o mar; aqui o Satanás impudente e audacioso o segue até a fonte santa; um é afogado no mar; o outro é destruído na água salutar".[32]

O interessante dessa citação é o fato de colocar em relação o começo dos ritos batismais com o episódio do Êxodo. Em primeiro lugar, o sinal marcado com o sangue do cordeiro sobre os portais e que livra do anjo exterminador figura o sinal da cruz marcado sobre a fronte dos candidatos e que afasta o Satanás. Nós falamos longamente desse rito. E é importante vê-lo aqui figurado no Êxodo. Notar-se-á que a seguir Cirilo faz alusão à perseguição dos hebreus enquanto fogem em direção ao Mar Vermelho. Ele vê aí a figura do Satanás perseguindo os candidatos ao batismo "até a fonte santa". Ora, vimos que a concepção da preparação ao batismo como tentação e luta com o Satanás é frequente nos Padres. É somente após ter devorado as serpentes que o cervo chega às águas refrescantes.

Temos já em Orígenes o tema dos egípcios perseguindo os judeus como figura dos Satanás buscando desviar a alma do batismo. "(Paulo) nomeia (esta passagem) este batismo realizado na nuvem e no mar, para que tu também, que és batizado no Cristo, na água e no Espírito Santo, tu saibas que os egípcios te perseguem e querem te conservar ao seu serviço. Eu quero dizer 'os dominadores deste mundo' e 'os espíritos maus' (Ef 6,12) que tu antes servias. Eles se esforçam em perseguir-te, mas tu desces na água e tu te tornas são e salvo. E purificado das sujeiras do pecado, tu retornas [da piscina] criatura nova, pronto para cantar o cântico novo".[33]

---

32   P.G. 33, 1068 A. [Trad. bras.: CIRILO DE JERUSALÉM. *Catequeses mistagógicas*. Petrópolis: Vozes, 1977. (Fontes da catequese, 5.)]

33   ORIGÈNE. *Homélies sur l'Exode*. V, 5 (1e édition SC) (In: *Exodum homiliae XIII* [*latine Rufino interprete*] Trad.: P. Marcel BORRET. SC 321. Paris: Les Éditions du Cerf, 1985.

BÍBLIA E LITURGIA

O mesmo tema se encontra em São Cipriano e esta vez com uma maior precisão: ele é colocado em relação com os exorcismos preparatórios ao batismo: "A malvadez obstinada do diabo pode algo até chegar à água salutar, mas ela perde no batismo toda a nocividade do seu veneno. É o que nós vemos na figura do Faraó, por longo tempo compelido, mas obstinado em sua perfídia, foi conduzido até a entrada das águas. Quando chega aí, ele foi vencido e destruído. Ora, São Paulo declara que esse mar foi a figura do sacramento do batismo... Isso acontece ainda hoje, quando pelos exorcistas o Satanás é atingido e queimado por meio de uma voz humana e de um poder divino, mas embora ele afirme frequentemente que se vai, ele não faz nada. Mas quando se recebe a água salutar e o batismo de santificação, devemos ter confiança que o diabo é destruído e a pessoa consagrada a Deus é libertada pela graça divina".[34]

* * *

Destarte, o paralelismo entre o Êxodo e o batismo, que culmina na destruição pela água do mundo do pecado, estende-se àquilo que o precede e ao que o segue. E isso é importante para nos mostrar que a analogia não conduz a tal detalhe, mas ao conjunto das duas realidades. Trata-se, nos dois casos, de uma obra eminente de libertação realizada por Deus em favor do seu povo, cativo das forças do mal. E eis aí o que dá seu fundamento incontestável no sentido literal da Escritura à tipologia batismal do Êxodo.[35]

---

34   Cyprien de Carthage. *Epistula*. 123, 15; CSEL, 764.

35   Cf. Steinmann, J. *L'Exode dans l'Ancien Testament:* La Vie Spirituelle (mar. 1951) 240.

Capítulo VI

AS FIGURAS DO BATISMO: ELIAS E O JORDÃO

Nas orações coptas e etíopes da consagração da água, após as figuras da criação, do dilúvio, da travessia do Mar Vermelho, de Mara e do rochedo de Horeb, encontramos um grupo de outras figuras caracterizadas pelo lugar que assumem: de um lado, o Jordão e de outro, o profeta Elias. É o que vemos na prece etíope: "És tu, Senhor, que no tempo de Josué, filho de Num, fizestes recuar as ondas poderosas (do Jordão), és tu que poderias sustentar tua vista! que marcaste tua aceitação do sacrifício de Elias na água enviando do céu o fogo; és tu que mostraste por Eliseu a água da geração da vida e que fizeste que Naamã fosse purificado pela água do Jordão; tu podes tudo e nada te é impossível. Dá a esta água o grande dom do Jordão e que o Espírito Santo desça sobre ela".[1]

Ora, é interessante encontrarmos essas três figuras reagrupadas exatamente na mesma ordem no *Sermão sobre o batismo* de Gregório de Nissa, pronunciado no dia da Epifania.[2] Anteriormente reencontramos esse mesmo grupo no *Comentário sobre São João*, de Orígenes.[3] Ao contrário, ele não aparece nas catequeses ocidentais antigas. Encontramos o tema de Naamã em Santo Ambrósio. Mas é um terceiro tema do ciclo de Elias e de Eliseu que lhe é acrescentado, o do machado de Eliseu boiando sobre as águas. Esta indicação aparecera anteriormente em Dídimo. Temos, pois, um conjunto determinado,

---

1   GRÉBAUT, Sylvan. *Sacramentaire éthiopien.* p. 181.

2   *P.G.* 46, 592-593.

3   ORIGÈNE. *Commentaire sur saint Jean.* VI, 43-48.

compreendendo a travessia do Jordão, o banho de Naamã no Jordão e enfim um milagre da água, do ciclo de Elias ou Eliseu.

Diversos traços caracterizam esse grupo. De um lado, observamos que o sermão de Gregório de Nissa era um sermão para a Epifania. De outro lado, as orações coptas e etiópicas são orações de consagração da água, que, provavelmente, acontecia no mesmo dia. Estamos em outro contexto que não o da Páscoa. Recordamos que a Epifania, para os Alexandrinos é, antes de tudo, a festa do batismo de Cristo. Essa festa, pois, chamava especialmente a atenção sobre o Jordão. Não nos surpreenderemos que as figuras que se ligam ao Jordão sejam as evocadas de preferência.[4] A função de Elias se explica igualmente dessa forma. Com efeito, sabe-se como ele está em relação estreita com João Batista. Agora explicamos melhor a importância, nesse grupo, das figuras de Elias e do Jordão.

De outro lado, o rito essencial do dia não é, como no dia de Páscoa, o batismo, mas a consagração da água. Mas essas figuras apresentarão um caráter diferente daquelas que vimos antes. Tratar-se-á não mais da água que destrói e que cria, mas da água que purifica e que santifica. Entramos em outro aspecto do simbolismo da água, o da água que lava e consequentemente, no plano religioso, do banho ritual: o episódio de Naamã é particularmente tocante. Como é notado por Gregório de Nissa,[5] as figuras designam aqui dois aspectos do batismo: seu valor purificador e sua instituição no Jordão pelo batismo de Cristo. Com efeito, para a tradição antiga, é o batismo de Cristo que institui o sacramento do batismo em sua forma, se não em sua colocação em execução, que supõe primeiro o cumprimento da Paixão de Cristo.[6]

Por fim um derradeiro traço, menos importante, mas notável, contudo, é a origem alexandrina desse grupo. Com efeito, é em Orígenes que ele aparece constituído pela primeira vez. E os autores que o apresentam a seguir parecem depender dele. Ora, sabemos muito bem que a festa de 6 de janeiro, como festa do Batismo do Senhor, apareceu em Alexandria pela primeira vez, entre os gnósticos basilidianos, conforme o testemunho de Clemente de Alexandria.[7] Destarte, veremos em que sentido esse grupo pode ser chamado alexandrino. Não se trata de alexandrinismo, enquanto tendência ao simbolismo, mas

---

4   Cf. F.-M. Braun. "Le Baptême d'aprè le IVe Évangile". In: *Revue Thomiste,* 49 (1949) 364-365.

5   *P.G.* 46, 592 D.

6   Riesenfeld, Harald. "La signification sacramentaire du baptême johannique". In: *Dieu Vivant,.* 13, p. 31 sqq.

7   Clémens d'Alexandrie. *Stromate.* I, 21; SC 30 I, 21.

AS FIGURAS DO BATISMO: ELIAS E O JORDÃO

de uma tradição litúrgica da Igreja de Alexandria. O testemunho de Orígenes vale, pois, não como reflexo de suas ideias pessoais, mas como documento da tradição de sua Igreja.[8]

***

E é normal que tenha surgido a ideia de aplicar à travessia do Jordão por Josué o simbolismo batismal. Com efeito, Josué é uma figura de Cristo.[9] É notável que não encontremos essa tipologia no Antigo Testamento nem no judaísmo. Isso está ligado ao fato de que ela poderia comportar uma depreciação da figura de Moisés. Mas o tema é frequente no cristianismo. Josué, entrando na Terra Prometida, aí aparece como figura de Cristo. Da mesma forma em Cirilo de Jerusalém: "Jesus, filho de Num, oferece em muitas coisas a figura (τύπος) de Cristo. Foi a partir do Jordão que ele começou a exercer seu comando sobre o povo; é também porque o Cristo, sendo antes batizado, começou sua vida pública. O filho de Num estabelece doze (homens) para dividir a herança; e Jesus envia ao mundo inteiro doze apóstolos como arautos da verdade. Aquele que é a figura salva Raab, a prostituta, porque ela tinha acreditado; este que é a realidade diz: os publicanos e as prostitutas vos precederão no Reino de Deus. No tempo de Josué as muralhas de Jericó caíram só com o ruído dos clamores; e por causa da palavra de Jesus: "não restará pedra sobre pedra, o templo de Jerusalém caiu diante de nós".[10] Temos aqui os principais traços do ciclo de Josué aos quais a tradição deu um sentido tipológico; a travessia do Jordão, a história de Raab, os muros de Jericó. Precisaria acrescentar o nome de Josué-Jesus. Duas dessas figuras, o nome de Jesus e a história de Raab, têm seu fundamento no Novo Testamento.

Acontece a mesma coisa com a travessia do Jordão? Não parece que o Novo Testamento coloque o batismo de Jesus no Jordão em relação com a travessia. Mas Harald Sahlin propôs, recentemente, ver uma relação entre ela e outro episódio do Evangelho.[11] Trata-se do capítulo 11 de São João que narra a ressurreição de Lázaro. No início desse episódio nos é dito que Jesus se encontra a leste do Jordão, "lá onde João batizava" (Jo 10,40). É-lhe anunciado que Lázaro morreu. Ele espera dois dias, depois atravessa o Jordão e ressuscita

---

8   O tema da travessia do Jordão por Josué se aproxima da travessia do Mar Vermelho, como figura do batismo, já em Clemente de Alexandria (*Eclogue Prophetarum*, 5-6.)

9   DANIÉLOU, Jean. *Sacramentum futuri*. p. 195-250.

10   *P.G.* 33, 676 D-677A. [Trad. bras.: CIRILO DE JERUSALÉM. *Catequeses pré-batismais*. Petrópolis: Vozes, 1978. p. 115. (Fontes da catequese, 14.)]

11   SAHLIN, Harald. *Zur Typologie des Johannesevangeliums*, Upsala: 1950. p. 39-42.

BÍBLIA E LITURGIA

Lázaro. Ora, Sahlin pensa que nesse episódio João quer nos mostrar em Jesus o novo Josué. Ele se reporta a Josué 1,11 – "dentro de três dias vocês atravessarão o rio Jordão" – e ao anúncio de que após essa travessia Deus realizará maravilhas (Js 3,5).

Dessa forma, a travessia do Jordão por Josué é a figura da passagem de Jesus. Mas de outro lado, o episódio da ressurreição de Lázaro parece ter um sentido batismal. A travessia do Jordão seguida da ressurreição de Lázaro é, sempre seguindo Sahlin, a figura da imersão na água batismal, que configura a ressurreição de Cristo. E a palavra de Tomé (Jo 11,6) – "vamos nós também, a fim de morrer com ele" – parece, com efeito, sugerir a ideia de uma configuração com a morte de Cristo, na travessia do Jordão, que corresponde a outro aspecto do batismo, que é morte e ressurreição. Em um só sentido, a travessia do Jordão por Josué aparece como apresentada no Novo Testamento como uma figura, não somente da ressurreição de Lázaro, mas do batismo cristão.

Essa interpretação é encontrada nos Padres. Nota-se, contudo, que o sentido intermédio para eles não é a ressurreição de Lázaro, mas o batismo de Jesus. Gregório de Nissa escreve no *De Baptismo*: "Por muito tempo te rolaste na lama; apressa-te em direção ao meu Jordão, não ao apelo de João, mas ouvindo a voz de Cristo. O rio da graça, com efeito, corre para todos os lados. Ele não tem as suas fontes na Palestina para desaparecer no vizinho mar; mas ele cobre a terra inteira e ele se lança no paraíso, correndo a contracorrente dos quatro rios que para lá descem levando ao paraíso coisas bem mais preciosas que aquelas que saem de lá. Pois estes conduzem perfumes, a cultura e a germinação da terra; aquele traz as pessoas, geradas pelo Espírito Santo. Imita Josué, filho de Num. Leva o Evangelho, como ele a arca. Deixa para trás o deserto, isto é, o pecado. Atravessa o Jordão. Apressa-te em percorrer o caminho segundo Cristo, em direção à terra que produz frutos de alegria, onde correm, segundo a promessa, o leite e o mel. Derruba Jericó, o antigo hábito não a deixe fortificada. Todas essas coisas são nossa figura (τύπος). Todas são prefigurações das realidades que agora se manifestam".[12] Esse texto é decisivo para nosso propósito. Trata-se de um escrito sobre o batismo. E a travessia do Jordão por Josué aparece como o tipo; a arca é a figura do Evangelho; o deserto representa o pecado; o Jordão figura o batismo; a queda de Jericó, por

---

12   GREGÓRIO DE NISSA. *Homilia de Baptismo. P.G.* 46, 420 D-421 A.

As figuras do Batismo: Elias e o Jordão

fim, a destruição da pessoa pecadora, seguindo uma ideia que se encontra em Orígenes.[13]

O mesmo acontece em sua homilia sobre *o Batismo de Cristo*. Após ter apresentado a travessia do Mar Vermelho como figura do batismo, Gregório continua: "O povo hebreu não recebeu a terra da promessa antes de ter atravessado o Jordão sob o comando de Josué. Este, igualmente, colocando as doze pedras, na corrente, prefigurava os doze apóstolos, ministros do batismo".[14] Encontramos aqui a tipologia de Cirilo de Jerusalém. Gregório retorna então ao Jordão: "Com efeito, único entre os rios, o Jordão, tendo recebido em si as primícias da santificação e da bênção, espalhou a graça do batismo no mundo inteiro como de uma fonte, que é a própria figura (τύπος). E essas coisas são os sinais, nas ações realmente efetuadas, da regeneração pelo batismo".[15] Temos aqui uma definição significativa da figura, que é uma ação realmente efetuada, significativa (μήνυμα) de uma ação futura. Gregório faz ainda uma alusão ao Jordão na sua relação com o paraíso: "O Jordão é exaltado, pois ele regenera os homens e os planta no paraíso de Deus".[16]

Nós acentuaremos que, nesses textos, Gregório vê no Jordão visível, que irriga a Palestina, a figura das águas batismais que irrigam o paraíso.[17] Gregório vê ainda mais realidades no Jordão. Para ele, o Jordão é o símbolo e o sacramento do próprio Cristo, rio que alegra a cidade de Deus. "É deste rio que os jorros alegram a cidade de Deus, como nós o vemos no Salmo. Não é a Jerusalém visível (com efeito, ela não tem rio que a banhe), mas a Igreja imaculada de Deus, construída sobre o fundamento dos apóstolos e dos profetas. É preciso, portanto, entender por Jerusalém o Verbo de Deus feito carne e que habitou entre nós, e por Jesus (Josué), que distribuiu as partes, a humanidade que ele assumiu; ela é a pedra angular que, tendo sido ela mesma introduzida na divindade do Filho de Deus pelo fato de ser assumida por ele, é lavada (λούεται) e recebe então o Espírito, a pomba inocente e sem malícia, unida a

---

13   *P.G.* 12, 855-856; Origène. *Homélies sur Josué*. VI, 4-6 (In: *Iesu Nave homiliae XXVI* [*latine Rufino interprete*]). Trad.: Mlle Annie Jaubert. SC 71. Paris: Les Éditions du Cerf, 1970.

14   Gregório de Nissa. *Sobre o batismo de Cristo*. In: *P.G.* 46, 592 A.

15   Idem. 593 A.

16   Idem. 593 D.

17   Sobre o paralelismo do paraíso e da Terra Santa, cf. Dah, Nils A. *La terre où coulent le lait et le miel.* p. 65-66.

ele e não podendo mais ser retirada".[18] O Jordão é o próprio Verbo que desceu ao mundo.

De outro lado, para Orígenes, a travessia do Jordão torna-se a figura por excelência do batismo, em oposição à travessia do Mar Vermelho. Para esse autor, isto se relaciona a uma oposição mais geral entre Moisés, figura do Antigo Testamento, e Josué, figura do Novo: "Lá (na saída do Egito) após ter feito a Páscoa no Egito é que eles empreendem o Êxodo; em Jesus, é após a travessia do Jordão que eles acampam em Gálgala, no dia 10 do primeiro mês, quando foi preciso, após o batismo de Jesus, que, para celebrar o festim, eles fossem antes circuncidados sobre a colina de Araloth.[19] É com a pedra afiada que todos os filhos de Israel, saídos do Egito, que eram incircuncisos, são circuncidados por Jesus; e o Senhor reconheceu ter retirado o opróbrio do Egito no dia do batismo em Jesus".[20] A travessia do Mar Vermelho figura a primeira aliança, em Moisés, por oposição à segunda aliança, a do Jordão, em Josué-Jesus.

Orígenes retomou a mesma oposição nas *Homilias sobre Josué*: "Vejamos que coisas estão aqui figuradas. Eu entro no Jordão não no silêncio da fuga, mas ao som das trompas, soando o ar divino e misterioso, para que eu avance na pregação da trombeta celeste".[21] Aparece, contudo, um elemento novo: a travessia do Mar Vermelho não é mais comparada ao Antigo Testamento. O conjunto do Êxodo é então concebido como uma figura da iniciação cristã, após a saída do Egito, figura da ruptura com a idolatria, até o batismo, figurado pela travessia do Jordão: "Tu, que abandonaste agora as trevas da idolatria, desejas aceder à audição da Lei divina, tu começas por abandonar o Egito. Assim que fores agregado ao número dos catecúmenos e que começares a obedecer aos preceitos da Igreja, tu passaste o Mar Vermelho. Se agora tu vens à fonte sacramental, e na presença da ordem sacerdotal e levítica, tu és iniciado nos veneráveis e majestosos mistérios que só conhecem aqueles aos quais é permitido conhecê-los, então, tendo passado o Jordão pelo serviço dos sacerdotes, tu entrarás na terra da promessa".[22] Aqui havia um simbolismo sedutor. Mas a tradição eclesiástica, que via na travessia do Mar Vermelho a figura do

---

18   Gregório de Nissa. *Homilia de Baptismo*. VI, 42.

19   O texto dos mss., para as últimas palavras dessa frase, é incompreensível. Staehlin viu bem que era preciso corrigir πρόβατον para ακρόβυστον. Completando sua correção, eu li ἔδει [ἐν βουνῷ τῶν ακρόβυστιῶν περιτμηθῆναι] τούς, que corresponde a Js 5,4, e dá o sentido satisfatório.

20   Origène. *Commentaire sur saint Jean*. VI, 44. A circuncisão por Josué-Jesus aparece como uma figura do batismo, do mesmo modo que a travessia do Jordão. Cf. Sahlin, Harald. *Zur Typologie*. 41. É um tema antigo. Cf. Justino de Roma. *Diálogo*. 113, 6-7.

21   Origène. *Homélies sur Josué*. P.G.12, 828.

22   Idem. 4, 1; *P.G.* 12, 843, A.

AS FIGURAS DO BATISMO: ELIAS E O JORDÃO

batismo, era muito forte para que seja o simbolismo do Antigo Testamento, seja o catecumenato o sobrepujassem. O que a tradição guardará de Orígenes é o tema da travessia do Jordão, figura do batismo. Essa figura não se oporá à travessia do Mar Vermelho, mas coexistirá com ela.

***

Após a história de Josué, o segundo domínio do Antigo Testamento no qual o Jordão tem uma função particular, vem o ciclo de Elias. Pois bem, as catequeses e as preces batismais delas nos apresentam certo número de episódios pertencentes à vida de Elias e de Eliseu, nos quais o Jordão exerce geralmente um papel. Do mesmo modo, assim como na tipologia da travessia do Jordão por Josué nós tínhamos somente um aspecto da tipologia de Josué, o mesmo acontece aqui. A tipologia de Elias é uma das mais importantes. No judaísmo do tempo de Cristo, ela se nos apresenta sob a forma material de espera do retorno de Elias, como sinal do final dos tempos. Desse sentido temos um eco no Evangelho.

O Novo Testamento, aqui como sempre, não criou a tipologia de Elias, mas mostra somente que essa tipologia se realizou nos acontecimentos da história de Cristo. Notamos que essa tipologia aparece, sobretudo, no Evangelho de Lucas, enquanto a tipologia mosaica é mais importante em Mateus.[23] Por vezes Elias é a figura de João Batista, mais ordinariamente do mesmo Cristo. A história da viúva de Sarepta (1Rs 17,9ss) e a do sírio Naamã (2Rs 5,9ss) são figuras das vocações dos pagãos (Lc 4,25-28). O pedido feito pelos apóstolos a Cristo para que enviasse fogo do céu relembra o episódio de Elias e dos sacerdotes de Baal (Lc 9,54). A ascensão de Elias figura a Ascensão de Cristo (Lc 9,51).[24]

Ora, é digno de nota que duas dessas figuras, o fogo do céu e Naamã, encontram-se aplicados ao batismo. Após a travessia do Jordão, a segunda figura que apresentam as liturgias etiópica e copta é a do sacrifício de Elias (1Rs 18,1-40). É igualmente o que encontramos nos Sermões de Gregório de Nissa: "Este sacrifício admirável e que sobrepuja toda inteligência, de Elias o Tesbita, que coisa mais é senão uma profecia em ação da fé no Pai, no Filho e no Espírito Santo, e da redenção".[25] Elias é perseguido pelos sacerdotes de Baal. Ele pede que Deus julgue entre ele e os sacerdotes. O sacrifício dos sacerdotes de Baal

---

23 DABECK, P. "Siehe, es erscheinen Moses und Elias". In: *Biblica*, (1942) 180 ss.

24 DANIÉLOU J. *Le mystère de l'Avent*. Paris: Seuil, 1948. p. 183-186.

25 GREGÓRIO DE NISSA. *Homilia de Baptismo*. P.G. 46, 592 A.

| Bíblia e Liturgia

não é marcado por nenhum sinal. Elias, por sua vez, prepara o sacrifício. Ele pega doze pedras para erguer o altar. Nele coloca os pedaços da vítima. Ele ordena que se encham por três vezes quatro cântaros de água e que os joguem sobre a vítima. Ele reza. E então "o fogo de Deus cai e consome o holocausto e a água" (1Rs 18,38).[26]

Gregório comenta assim o episódio: "Por ele Elias profetizava claramente com antecipação o sacramento do batismo (ἡ τοῦ βαπτίσματος μυσταγωγία) que devia ter lugar mais tarde. O fogo desceu sobre a água que fora lançada três vezes, a fim de mostrar que lá onde está a água sacramental, lá está também o Espírito, vivificante, ardente, inflamado, que consuma os ímpios e ilumina (φωτίζει) os fiéis".[27] Como já fizemos algumas vezes, acentuaremos aqui uma dúplice tipologia, uma levando em consideração a significação profunda da cena e a outra, os elementos materiais empregados. Sobre o primeiro aspecto, o que é marcado, como bem notou Lundberg, é a "ruptura completa com o paganismo".[28] Esse é, com efeito, um dos aspectos essenciais do batismo. E é notável que a prece grega de introdução à liturgia da Epifania retoma textualmente o texto de São Gregório: "Ó Tu que nos manifestaste em Elias o tesbita, pela tríplice efusão das águas, a Trindade das Pessoas da Única Deidade".[29] Notaremos a alusão à tríplice efusão da água. Mas a ideia essencial é a da afirmação da verdadeira fé contra a idolatria.[30]

Mas, de outro lado, Gregório relaciona a função da água no sacrifício de Elias com seu uso no batismo. Ou, mais exatamente, o sublinhado é o fogo descendo sobre a água. Isso pode ser explicado simplesmente como a efusão do Espírito Santo sobre o batizado, como o faz Gregório. Mas é, sem dúvida, correto lembrar também que certos relatos antigos do batismo de Cristo no Jordão apresentam o tema da manifestação de um fogo visível. Essa tradição muito antiga, que se apresenta no *Evangelho dos Nazarenos* e no *Diatéssaron* de Taciano, é mencionada por Justino: "Assim que Jesus desce à água, um fogo alumia o Jordão; e enquanto ele permanece na água, o Espírito Santo, como

---

26   O tema parece provir de Orígenes. Origène. *Commentaire sur saint Jean*. VI, 23.

27   Gregório de Nissa. *Homilia de Baptismo*. P.G. 46, 592 D.

28   Lundberg, Per Ivan. *La typologie baptismale*. p. 30.

29   Conybeare, Frederick C. *Rituale Armenorum*. Oxford: Clarendon Press, 1905. p. 415; também p. 419.

30   É preciso acrescentar que uma das razões que levaram a prestar atenção a esse episódio é que ele se encontrava nas preces da liturgia sinagogal, como exemplo de libertações operadas por Deus. Ora, Lundberg acentuou que a liturgia cristã do batismo tinha se inspirado em preces judaicas, como atesta um outro exemplo, o dos três jovens na fornalha (Lundberg, Per Ivan. *La typologie baptismale*. p. 34-35).

uma pomba, repousa sobre ele".[31] Assim somos conduzidos ao ciclo do Jordão.

Mas o tema do sacrifício de Elias aparece raramente na catequese batismal.[32] Há outros episódios do mesmo ciclo que encontramos frequentemente. O principal é a travessia do Jordão por Elias antes de sua ascensão. É o que encontramos no *Comentário de São João*, de Orígenes, sobre a travessia do Jordão por Josué e sobre o banho de Naamã: "É preciso observar ainda que Elias, ao estar para ser elevado ao céu por um furacão, tendo tomado sua pele de ovelha e abrindo-a, toca a água, que se abre de cada lado, e passaram um e o outro, quero dizer ele e Eliseu. Assim, ele se tornou mais apto a ser elevado, após ter sido batizado no Jordão. Com efeito, Paulo não nomeou o batismo em relação à travessia miraculosa da água".[33]

Após Orígenes, encontramos a mesma figura em São Cirilo de Jerusalém, não mais nas *Catequeses mistagógicas*, mas na *Catequese sobre o batismo*: "Elias foi elevado, mas não sem a água. Ele começa atravessando o Jordão e é a seguir que uma carruagem o levou para o céu".[34] A esse respeito podemos nos lembrar que, entre as designações do batismo, encontramos, por sua vez, em Gregório Nazianzeno e Gregório de Nissa, a expressão "veículo para o céu" (ὄχημα). Essa expressão era, pois, tradicional. De outro lado, era difícil ver em que contexto a situar. Poder-se-ia oferecer dela uma explicação pelo neoplatonismo em que a noção de corpo como veículo (ὄχημα) da alma durante sua ascensão celeste era frequente.[35] Mas seria muito estranho que uma noção neoplatônica fosse a origem de uma designação tradicional do batismo. É, pois, do lado bíblico que devemos procurar. E é o carro de Elias que aparece como a mais provável referência procurada.

Assim o fundamento bíblico da tipologia batismal de nosso episódio é duplo. De um lado, no mesmo Antigo Testamento, a travessia do Jordão por Elias aparece como uma reprise da travessia do Mar Vermelho. Aqui há como um duplo plano tipológico no mesmo Antigo Testamento. Elias já é apresen-

---

31   Justino de Roma. *Diálogo*. 88, 3. Trad. bras.: Justino de Roma. *Diálogo com Trifão*. São Paulo: Paulus, 1997. (Patrística, 3.)

32   Ver também *De Sacramentis*. 2,2; Botte, 65. [Trad. bras.: Ambrósio. *Os sacramentos e os mistérios*. Trad.: Paulo Evaristo Arns. Petrópolis: Vozes, 1972. (Fontes da catequese 5.)]

33   Origène. *Commentaire sur saint Jean*. VI, 46.

34   *P.G.* 33, 433 A; *Catequeses pré-batismais*. 3, 5. p. 38.

35   Por exemplo, Proclus. *The Elements of Theology*. A Revised Text with Translation, Introduction, and Commentary. ed. E. R. Dodds), Second Edition. Oxford: Clarendon Press, 1963. p. 182.

Bíblia e Liturgia

tado como um novo Moisés.[36] Mas, de outro lado, o elemento específico de nosso episódio é a introdução do tema da Ascensão. A ascensão de Elias após o Jordão figura a Ascensão de Cristo após a travessia da morte. E o batismo, por sua vez, aparece como a ascensão do batizado que se segue ao batismo, como uma configuração à Ascensão de Cristo.[37]

Mas o episódio mais frequente, no ciclo que examinamos, como figura do batismo é o do machado de Eliseu flutuando sobre a água do Jordão (2Rs 6,1-7). Aqui é outra tradição figurativa que encontramos. Trata-se dos textos do Antigo Testamento nos quais se vê a água e a madeira aproximados. Esses textos foram muito cedo agrupados para designar o mistério do batismo em que a água age pela força da cruz. Já encontramos um primeiro grupo nos *Testemunhos* do Pseudo Barnabé.[38] Esse tema aparece pela primeira vez em Justino em um contexto da mesma ordem: "Eliseu toma um pedaço de madeira no curso do Jordão. Ele repesca o ferro do machado com o qual os profetas queriam cortar a madeira destinada a construir sua casa. Da mesma forma, o nosso Cristo pelo batismo nos libertou dos nossos mais pesados pecados, por sua crucifixão sobre o madeiro e pelo batismo na água".[39]

Esse milagre de Eliseu não apresenta uma analogia muito profunda com o batismo, senão pelo fato de ser uma obra do poder de Deus realizada no Jordão, por meio do lenho. Isso brota mais da tipologia ilustrativa. Contudo, a antiguidade dessa figura concedeu-lhe um grande valor. Ela aparece em Irineu[40] e em Tertuliano.[41] Dídimo a emprestou de Tertuliano para desenvolvê-la longamente: "Para Eliseu, o homem de Deus, – que pergunta: onde está caído o machado? – está designando Deus que vem em meio à humanidade e pergunta a Adão: onde estás? Pelo ferro caído no abismo obscuro está designado o poder da natureza humana, decaída da luz. Pela madeira retirada e lançada na água onde está o objeto procurado está simbolizada a gloriosa cruz. O Jordão é o batismo imortal. Com efeito, é no Jordão que aquele que fez o Jordão dignou-se ser batizado por nós. Enfim, o ferro que boia sobre as águas e volta

---

36 Da mesma forma os quarenta dias passados por Elias no deserto (2Rs 19,8-12) referem-se aos quarentas dias passados por Moisés sobre a montanha (Ex 24,18).

37 Cf. *De Mysteriis*. 35-36; Botte 119.

38 Barnabé XI, 5. In: *Padres Apostólicos*. São Paulo: Paulus, 1997. (Patrística, 1.)

39 Justino de Roma. *Diálogo*. 86, 6.

40 Irineu de Lião. *Contra as heresias*. 5, 17, 4. Trad. bras.: Id., ib. São Paulo: Paulus, 1995. (Patrística, 4.)

41 Tertullianus. *Adversus Iudaeos*. 13 – ed. E. Kroymann, 1942, CSEL 70.

AS FIGURAS DO BATISMO: ELIAS E O JORDÃO

àquele que o tinha perdido significa que nós ascendemos pelo batismo a uma atitude celeste, e que nós reencontramos a graça antiga e a verdadeira pátria".[42]

Aqui estamos em pleno desenvolvimento alegórico. Sem dúvida o próprio Dídimo sentiu isso, pois ele continua: "Se alguém contesta que essa passagem seja uma profecia do batismo, que utilidade tinha em vista então o escriba sagrado que escreveu essa passagem?"[43] Aqui aparece a fraqueza da argumentação. O que justifica a interpretação aos olhos de Dídimo é a ideia origeniana segundo a qual tudo, na Escritura, deve ter um sentido figurativo. Ora, essa visão é muito contestável. Mas a fraqueza da argumentação de Dídimo, se nos impede de dar a importância ao detalhe de sua interpretação, não impede que o episódio como tal seja considerado pela tradição como uma certa figura do batismo. O sentido verdadeiro que devemos dar-lhe é-nos indicado por Santo Ambrósio. Ele cita o machado de Eliseu como figura do batismo no *De Mysteriis* e no *De Sacramentis*, o que é uma afirmação de sua pertença à catequese comum. Mas marca também o seu valor: de um lado, é um milagre que atesta o poder de Deus sobre os elementos e prefigura assim o milagre batismal;[44] e de outro lado, o recurso a Eliseu atesta a impotência do homem de se salvar sem a intervenção do poder de Deus.[45] A presença do Jordão e do madeiro conduziram a fazer desse milagre, de preferência, uma figura do batismo.[46]

* * *

O terceiro milagre do ciclo do Jordão é a cura de Naamã, o Sírio, a quem o profeta ordena mergulhar sete vezes no rio (2Rs 5,9-19). Tal cura é mencionada nas preces de consagração da água batismal copta e etiópica: "Foste tu que designaste de início, pelo profeta Eliseu, a água da geração vivificante, e que purificaste Naamã o Sírio pela água do Jordão".[47] Em Orígenes e Gregório de Nissa, o episódio é apresentado após a travessia do Jordão e o milagre de Elias. Aqui encontramos uma tradição comum e firme, assim como acontece em relação à travessia do Jordão. Como bem viu Lundberg, o aspecto novo da teologia do batismo que o banho de Naamã coloca em relevo é o da purificação. Como a água do corpo lava as sujeiras, também o banho sagrado purifica

---

42   DÍDIMO. *P.G.* 39, 700 A.

43   Idem. 700 A.

44   *De Mysteriis.* 51; BOTTE, 124.

45   *De Sacramentis.* 2, 2; BOTTE, 65.

46   Poder-se-ia acrescentar a este ciclo o milagre de Eliseu transformando a água em Jericó, que se encontra na prece copta, em Dídimo (DÍDIMO. *P.G.* 39, 700 B), em GREGÓRIO DE ELVIRA (*Tractatus.* 15).

47   DENZINGER. *Ritus Orientalium.* p. 205.

BÍBLIA E LITURGIA

pelo poder de Deus. Esse poder, que age sobre uma doença física em Naamã, age na alma do batizado: "O poder salutar e purificador que, segundo o relato bíblico, a água do Jordão tinha para Naamã, é o paradigma da purificação produzida pela água do batismo".[48]

É em Orígenes que encontramos um primeiro desenvolvimento do tema. Contudo, não nos devemos esquecer que o episódio de Naamã é citado pelo Novo Testamento (Lc 4,27). E se não faz alusão direta ao batismo, o sentido dado ao episódio não é menos digno de atenção: ele significa a aceitação pelos pagãos do Novo Israel. Esse aspecto particular do episódio será relevado por certos autores, quando eles o apresentam como figura batismal. Após ter falado do manto de Elias, Orígenes escreve: "Para perceber o significado do Jordão, que apaga a sede e enche de graças, será útil citar ainda Naamã, o Sírio, curado da lepra".[49] Ele recorda que Naamã, a princípio, ficou furioso com a proposta de Eliseu. É que "ele não compreendia o grande mistério do Jordão. Do mesmo modo que ninguém é bom, senão um só, Deus Pai, assim entre os rios, nenhum é bom, senão o Jordão que pode purificar da lepra aquele que, com fé, lava sua alma em Jesus".[50]

Essas últimas linhas se explicam pela interpretação que Orígenes dá do Jordão e da qual já falamos anteriormente. Para ele, com efeito, o Jordão é a figura do próprio Verbo. Desde então, banhar-se no Jordão é se lançar em Cristo. O Verbo é o rio "que alegra a cidade de Deus". Como ele está presente nesse rio, assim o Pai está no Filho. "É porque aqueles que se lavam nele são livrados do opróbrio do Egito, tornam-se capazes de ser elevados ao céu, são purificados da lepra mais nojenta, estão prontos a receber o Espírito Santo".[51] Notar-se-á que, nessas últimas palavras, Orígenes retoma as três figuras: a travessia do Jordão por Josué, a travessia do Jordão por Elias e o banho de Naamã no Jordão.

Orígenes chegou à interpretação batismal no episódio de Naamã, e precisamente a propósito da passagem do Evangelho segundo São Lucas em que aparece a questão do personagem. "Ninguém foi purificado a não ser o Sírio Naamã, que não era de Israel. Vê que aqueles que foram lavados pelo Eliseu espiritual, que é Nosso Senhor e Salvador, são purificados no sacramento do

---

48   LUNDBERG, Per Ivan. *La typologie baptismale*. p. 17.

49   ORIGÈNE. *Commentaire sur saint Jean*. VI, 47.

50   Idem.

51   Idem. 48.

As figuras do Batismo: Elias e o Jordão

batismo da sujeira da lepra. É a ti que ele diz: levanta-te, vai ao Jordão e lava-te, e tua carne será renovada. Naamã se levanta, parte e, lavado, realiza a figura (*mysterium*) do batismo. E sua carne se torna como a de uma criança. Quem é essa criança? Aquele que nasceu no banho da regeneração".[52]

Após Orígenes, encontra-se a interpretação batismal de Naamã nas diversas catequeses. Dídimo insiste sobre dois traços novos: o fato de Naamã ser um estrangeiro, que marca a universalidade do batismo; os sete banhos, que são uma alusão ao Espírito Santo. O primeiro se liga ao Novo Testamento e entra na melhor tipologia do episódio: "O profeta Elias anunciou por antecipação as inefáveis riquezas contidas nas águas batismais e indicou, ao mesmo tempo, que essas riquezas estendiam-se a todos aqueles que quisessem se converter, quando enviou Naamã, o leproso, que era estrangeiro e lhe pedia a cura, a se banhar sete vezes no Jordão. Prescreveu-lhe banhar-se por sete vezes, seja para que o estrangeiro pudesse aprender que foi no sétimo dia que Deus repousou de suas obras, seja antes para designar simbolicamente o Espírito divino".[53]

São Gregório de Nissa sublinha a função do Jordão: "Eliseu, quando envia Naamã o leproso para se lavar no Jordão e que o purifica de sua doença, indica o futuro, pelo uso geral da água e pelo batismo particular do rio. Com efeito, único entre os rios, o Jordão, tendo recebido as primícias da santificação e da bênção, derramou, como de uma fonte, a graça do batismo sobre o mundo inteiro".[54] O banho de Naamã aparece assim como uma figura da consagração das águas do Jordão pelo Cristo, no qual a graça será partilhada em seguida por todas as águas consagradas. É porque ele prefigura, ao mesmo tempo, como diz Gregório, o batismo e sua instituição.

Santo Ambrósio, nas suas catequeses sacramentais, cita Naamã por três vezes. Isso significa que esse personagem fazia parte da catequese elementar. Mas é nas *Homilias sobre São Lucas* que ele apresenta o desenvolvimento mais rico: "O povo, composto de estrangeiros, que era leproso, antes de ser batizado no rio místico, após o sacramento do batismo, é purificado da sujeira da alma e do corpo. Na figura de Naamã, com efeito, a salvação futura é anunciada às nações. Por que ele recebe a ordem de banhar segundo um número carregado de mistério? Por que o Jordão foi escolhido? Reconhece a graça do batis-

---

52 Origène. *Homélies sur Saint Luc*. 33. Trad.: P. François Fournier et M. Pierre Périchon. SC 87. Paris: Les Éditions du Cerf, 1962 (reimpressão 1998). A partir de agora: Origène. *Homélies sur Saint Luc*.

53 Dídimo. In: *P.G.* 39, 700 D.

54 Gregório de Nissa. In: *P.G.* 46, 593 D.

mo salutar".[55] Encontra-se aqui a interpretação de Dídimo, que prolongava o Evangelho de Lucas. O traço mais claro do episódio é, com efeito, o fato de um estrangeiro ao povo de Israel ser favorecido com esse milagre.

***

Com o ciclo de Elias e do Jordão, percorremos o conjunto das grandes figuras escriturísticas do batismo no Antigo e no Novo Testamento. Isso não quer dizer que outros textos não tenham sido aplicados ao batismo pelos Padres. Seria necessário citar, em particular, os textos dos profetas e dos Salmos. Já o Pseudo Barnabé nos dá um dossiê de textos de Isaías.[56] Gregório de Nissa cita igualmente passagens de Isaías e de Ezequiel: "Derramarei sobre vós uma água pura e sereis purificados de vossas impurezas" (Ez 36,25).[57] Da mesma forma, os Salmos são muitas vezes apresentados como testemunho. O Pseudo Barnabé cita o Salmo 1: "Aquele que realiza estes atos será como uma árvore plantada sobre o curso da água".[58] L. de Bruyne mostrou que o texto pode influenciar as representações dos batistérios.[59] Vimos a importância do Salmo 41(42): "Como o cervo anseia pela fontes de água". Nós veremos adiante a do Salmo 22(23). Mas acontece que os profetas tiram valor da tipologia na medida em que elas exprimem claramente que as realidades do passado de Israel são a expressão dos acontecimentos escatológicos realizados no Cristo. Eis por que que nosso estudo deveria abordar essas figuras.

---

55   Ambroise de Milan. *Traité sur l'Evangile de S. Luc.* Tome I, livres I-VI, 4,50-51. Trad.: Gabriel Tissot. SC 45. Paris: Les Éditions du Cerf, 1956. Citação: Origène. *Traité sur l'Evangile de S. Luc.*

56   Barnabé XI, 2-5. In: *Padres Apostólicos.* 11, 2-5.

57   Gregório de Nissa. In: *P.G.* 46, 593 A-C.

58   Barnabé XI, 2. In: *Padres Apostolicos.* 11, 2.

59   De Bruyne, Lucien. *La décoration des baptistères judéo-chrétiens.* Mél. Mohlberg, 1948. p. 188-198.

Capítulo VII

A CONFIRMAÇÃO

A história das origens do sacramento da confirmação é um dos capítulos mais obscuros das origens do culto cristão. Antes de tudo, há hesitações sobre o sentido do sacramento. Está claro que existe uma relação com o Espírito Santo. Mas ele já foi doado no batismo. A que corresponde essa nova efusão? Há uma hesitação sobre o rito: é a imposição das mãos, como ensina o Novo Testamento, ou a unção com o santo crisma, de acordo com o uso que prevaleceu no Oriente? Há uma hesitação sobre a relação entre a unção pós-batismal, apresentada por numerosas liturgias, e a da confirmação. Pode-se encontrar toda a documentação sobre essa questão nos livros de J. Coppens[1] e de B. Welte.[2] De outro lado, a questão coloca relações entre o batismo e a confirmação. Sem entrar nessas discussões, partiremos do fato certo da existência de uma unção feita com um óleo perfumado, o μύρον, no sacramento da confirmação, procurando o simbolismo dessa unção.

* * *

A primeira característica do rito é que se trata de uma unção (χρῖσμα). Isso nos introduz, de imediato, no simbolismo bíblico. No Antigo Testamento, a unção era o rito pelo qual os sacerdotes e os reis eram consagrados. Ela constituía um sacramento pelo qual o Espírito Santo lhes era comunicado em vista das funções que deveriam realizar. Nos profetas, encontramos uma primeira tipologia que é, literalmente, o messianismo. Eles anunciam, com efeito, que no final dos tempos virá o Ungido, um Messias, um *Christos*, do qual o rei

---

1   *L'imposition des mains et les rites connexes.* Louvain: 1939.

2   WELTE, B. *Die postbaptismale Salbung.* Freiburg, 1939.

Bíblia e Liturgia

davídico e o sumo sacerdote eram somente figuras. Essa tipologia messiânica ocupa um grande espaço nos Salmos. Eles fazem parte, com efeito, da liturgia do Templo, cuja relação com o sacerdócio é sabida.

Essa tipologia escatológica realiza-se em Jesus de Nazaré. O mesmo nome de Χριστός dado a Jesus é a expressão de sua missão. Esse título é expressamente aceito por ele diante de Pilatos (Mt 27,12). De outro lado, Cristo atribui a si próprio a profecia de Isaías (Mt 11,1), descrevendo a efusão do Espírito Santo sobre o Messias que deveria vir (Lc 4,18).[3] Os Atos dos Apóstolos lhe aplicam os textos dos Salmos.[4] Mas, seguindo a linha que sempre constatamos, o que é dito de Cristo é igualmente verdadeiro para o cristão. Haveremos de ter, pois, uma dúplice tipologia sacramentária na qual a unção vai ser apresentada, ao mesmo tempo em relação ao Antigo e ao Novo Testamento.

O testemunho mais antigo é o de Tertuliano: "Saídos da piscina batismal, somos ungidos pela unção abençoada conforme a disciplina antiga segundo a qual se tinha o costume de ser ungido com o óleo derramado do chifre, em vista do sacerdócio. Foi com esse óleo que Aarão foi ungido por Moisés; daí deriva o seu nome de ungido (*christus*) que vem de *chrisma* que significa unção. Foi esta unção (*chrisma*) que deu seu nome ao Senhor, tornada espiritual. Com efeito, ele foi ungido com o Espírito pelo Pai, como está citado nos Atos: eles se uniram nesta cidade contra teu santo Filho, que ungiste (At 4,27). Desse modo, nós somos ungidos sensivelmente, mas a unção opera espiritualmente".[5]

Aqui se encontra um conjunto teológico importante: a unção sacramental é colocada em relação com a unção sacerdotal do Antigo Testamento, tal como ela nos é descrita em Levítico 21. De outro lado, liga-se à unção real, e mais particularmente à unção do rei messiânico do Sl 2,2. O texto dos Atos refere-se particularmente a essa unção e a mostra realizada no Cristo; mas a unção do óleo do Antigo Testamento não é senão a figura da unção espiritual pela qual o Filho foi ungido pelo Espírito Santo. Por fim, essa unção chama-se

---

3   Este pode ser, também, o sentido da unção de Jesus em Betânia. "Esta unção significa, sem dúvida, que Jesus inaugura agora a função de Messias. Até então ele tinha sido um segundo Moisés, depois um segundo Josué" (Sahlin, Harald. *Zur Typologie des Johannes Evangeliuns*. p. 46). Haveremos de notar que essa unção (Jo 12,1-3) precede a entrada messiânica em Jerusalém (Jo 12,19).

4   2,34; 109,1; 4,25; 2,1. "Todo o Saltério é um livro profético realizado pelo acontecimento de Cristo" (Fisher, Balthasar. *Die Psalmen Frömmigkeit der Maertyrerkirchen*. Freiburg: 1949, p. 4).

5   Tertullianus. *De Baptismo* 7; *P.L.* I, 1207 A. Essa passagem foi ligada à confirmação por Welte, B. (*Die postbaptismale*. p. 25), por B. Botte ao batismo (Ambrósio, De Myst., p. 70, n. 1). Mas isso não infirma a questão do simbolismo. Cf. Tertuliano. *O sacramento do batismo*. Introdução, tradução e notas por Urbano Zilles. Petrópolis: Vozes, 1981. (Padres da Igreja, 3.)

A CONFIRMAÇÃO

chrisma e quem a recebe é chamado de *christos*. Isso constitui um novo aspecto da confirmação. O óleo é o crisma (= *chrisma*) pelo qual o batizado torna-se um novo *christos*, um *christianos*.[6]

É o que Cirilo de Jerusalém desenvolve, apresentando a mesma tradição que Tertuliano: "Tornados dignos deste santo crisma, vós fostes chamados cristãos, recebendo o nome pela regeneração. Antes que tivésseis sido dignos desta graça, vós não merecíeis verdadeiramente esse nome, mas estáveis no caminho, tendendo a ser cristãos. É preciso que saibais que a figura desse crisma encontra-se no Antigo Testamento. Quando Moisés transmitiu a seu irmão o mandamento divino, para constituí-lo sumo sacerdote, após tê-lo lavado na água, ungiu-o. E ele foi chamado Cristo, pelo fato do crisma figurativo. Da mesma forma também o sumo sacerdote, constituindo Salomão como rei, fez-lhe uma unção, após tê-lo lavado no Gihon. Mas essas coisas lhes aconteceram em figura; a vós, porém, não em figura, mas na verdade, uma vez que fostes ungidos realmente pelo Espírito Santo, pois o princípio de nossa salvação é o Ungido (o Cristo)".[7]

Encontramos o mesmo tema que em Tertuliano, contudo um pouco mais desenvolvido. A unção real é expressamente referida à unção de Salomão, enquanto Tertuliano somente a sugeria. O termo *christianos* é colocado em relação com a unção crismal de Aarão. É ainda à unção de Aarão que Ambrósio se refere no *De Mysteriis*: "Após o batismo fostes levados ao sacerdote. O que foi que aconteceu? Não foi o que disse Davi: como o nardo sobre a cabeça que desce sobre a barba, a barba de Aarão? Compreendei por que isso acontece. É porque 'os olhos do sábio estão na *sua cabeça*' (Ecl 2,14). Ele [o nardo] se espalha sobre a barba, isto é, em graça de juventude; ele se espalha sobre a barba de Aarão, a fim de que te tornes uma raça eleita, sacerdotal, preciosa. Todos nós, com efeito, somos ungidos da graça espiritual, em vista da realeza e do sacerdócio".[8]

Prefigurada pela unção sacerdotal e real do Antigo Testamento, a unção cristã é mais ainda participação à de Jesus Cristo. Após ter dedicado suas duas

---

6   Sobre a origem histórica desta palavra, cf. PETERSON, Erik. *Christianos*. Miscellanea Giovanni Mercati, t. I. Vaticano: Bibliotheca Vaticana, 1946. p. 355 sqq.

7   *P.G.* 33, 1093 A. [Trad. bras.: CIRILO DE JERUSALÉM. *Catequeses mistagógicas*. Trad.: Frei Frederico VIER. Introdução e notas: Fernando FIGUEIREDO. Petrópolis: Vozes, 1977. p. 39-40. (Terceria catequese mistagógica sobre a crisma, n. 5-6.)]

8   *De Mysteriis*. 29-30; BOTTE, 117. [Trad. bras.: AMBRÓSIO DE MILÃO. *Os sacramentos e os mistérios*. Introdução, tradução e notas por D. Paulo Evaristo ARNS. Comentários por Geraldo Majella Agnelo. Petrópolis: Vozes, 1981. (Fontes da catequese, 5.)]

BÍBLIA E LITURGIA

primeiras catequeses ao batismo, Cirilo de Jerusalém estuda a confirmação na terceira. "Batizados no Cristo e revestidos do Cristo, vós vos tornastes conformes ao Filho de Deus. Com efeito, tendo Deus vos predestinado à adoção filial, ele vos fez conformes ao corpo de glória do Cristo. Tornados participantes no Cristo, a bom direito sois chamados Cristos. Ora, fostes feitos Cristos quando recebestes o sacramento do Espírito Santo. E todas essas coisas foram realizadas simbolicamente, pois sois imagens de Cristo. Ora, o Cristo, tendo se lavado no Jordão e tendo comunicado às águas o perfume de sua divindade, saiu do Jordão e o Espírito Santo desceu pessoalmente sobre ele, o semelhante pousando sobre o semelhante. Igualmente vós, quando saístes da piscina das águas sagradas, haveis recebido a unção, sacramento daquela que já ungira o Cristo, quero vos dizer, o Espírito Santo, do qual o bem-aventurado Isaías disse, falando do Senhor: O Espírito do Senhor está sobre mim. Foi por isso que ele me ungiu".[9]

Anteriormente Cirilo já havia nos falado desse sacramento do Espírito. De um lado, em sua catequese sobre o Espírito Santo, ele relembra que "sobre Moisés, o Espírito fora doado pela imposição das mãos, que Pedro, pela imposição das mãos, doou o Espírito".[10] Mas ele continua: "a graça virá sobre ti quando fores batizado. Como, eu te direi em seguida". Temos aqui a atestação e a distinção da confirmação e do batismo e também do fato de que, não obstante a mudança do rito, trata-se do mesmo sacramento que Pedro conferia impondo as mãos. Na catequese sobre a ressurreição do corpo, Cirilo anuncia a confirmação nestes termos: "Mais tarde, aprendereis como fostes purificados dos vossos pecados pelo Senhor por meio do banho na água unido à palavra, e como vos tornastes participantes sacerdotalmente do nome de Cristo, e como o selo da comunhão do Espírito vos foi dado".[11]

Cirilo desenvolve seu pensamento nesta passagem: "O Cristo não foi ungido com um óleo ou com um perfume corporal por mãos humanas. Mas o Pai que o estabeleceu anteriormente Salvador da totalidade do Universo, ungiu-o do Espírito Santo, como disse Pedro: Jesus de Nazaré, que Deus ungiu com o Espírito Santo (At 10,38). E da mesma forma que o Cristo foi verdadeiramente crucificado, verdadeiramente sepultado, verdadeiramente ressuscitado, e que vos foi concedido no batismo de ser crucificados com ele, sepultados com ele,

---

9 P.G. 33,1088 B-1089 A. *Catequeses mistagógicas*. p. 37-38.
10 P.G. 33, 956 C.
11 P.G. 33, 1056 B.

138

A CONFIRMAÇÃO

ressuscitados com ele, em uma certa imitação, a mesma coisa acontece com o crisma. Ele foi ungido com o óleo inteligível da exultação, isto é, com o Espírito Santo, chamado óleo de exultação, pois ele é a causa da exultação espiritual; vós, vos fostes ungidos com o perfume, tornados participantes do Cristo".[12]

Essa página é uma das mais consideráveis da teologia sacramental. Ela marca, antes de tudo, o que é o sacramento, participação real à graça de Cristo, por uma imitação sacramental de sua vida. E em segundo lugar, ela mostra como essa estrutura se aplica bem ao sacramento da confirmação, assim como ao do batismo. Da mesma forma que o batismo configura ao Cristo morto e ressuscitado, a confirmação configura ao Cristo ungido pelo Espírito Santo. O batismo de Cristo, seguido da descida do Espírito, aparece, dessa forma, como uma prefiguração da morte seguida de sua instauração real, de que, por sua vez, o cristão participa pelo duplo sacramento da água e da unção.

Se tomarmos agora as *Homilias catequéticas* de Teodoro de Mopsuéstia, aí encontramos uma doutrina análoga: "Quando tu recebeste a graça por meio do batismo e te revestiste da veste branca resplandecente, o pontífice se adianta, assinala-te na fronte e diz: Alguém é assinalado em nome do Pai e do Filho e do Espírito Santo. Porque Jesus, saindo da água, recebeu o Espírito Santo que, em forma de pomba, veio repousar sobre ele; logo em seguida disso, diz--se também que ele foi ungido pelo Espírito Santo, do mesmo modo também, aqueles que foram ungidos por homens com uma unção de óleo, este adere e não se separa mais, é preciso, pois, que tu também recebas a consignação sobre a fronte, de sorte que tenhas esse sinal de que o Espírito Santo veio também em ti e que tu foste ungido".[13] A fórmula de Teodoro de Mopsuéstia nos lembra o texto de Cirilo de Jerusalém: a confirmação é uma participação na unção de Cristo pelo Espírito após seu batismo. Acentuaremos que essa unção está associada à habitação mais especial do Espírito Santo, e que também Teodoro sublinha o caráter indestrutível do óleo, o que nos conduz à doutrina do caráter sacramental, aplicado aqui à confirmação.

A doutrina da confirmação é a mesma no Ocidente. Ambrósio vê nesse sacramento a comunicação do Espírito Santo. "O batismo é seguido do sinal (*signaculum*) espiritual, pois, depois da fonte (batismal), é preciso chegar à perfeição. Ela acontece quando, pela invocação do sacerdote, o Espírito Santo é concedido, Espírito de sabedoria e de inteligência, Espírito de conselho e de

---

12   *P.G.* 33,1089 A-B.

13   Théodore de Mopsueste. *Les homélies*. 14, 27.

Bíblia e Liturgia

força, Espírito de ciência e de piedade, Espírito do temor sagrado: sete, que são os poderes do Espírito. E, na verdade, todas as virtudes têm relação com o Espírito, mas estas, por assim dizer, são as principais. Tais são as sete virtudes que tu recebes quando és marcado pelo selo".[14]

Esse texto vem trazer um elemento novo que precisa o ponto que estava ainda obscuro em nossa pesquisa. Nós dissemos que o objetivo da confirmação era a comunicação do Espírito Santo. Mas o novo cristão já é batizado no Espírito. Ora, o nosso texto precisa que aquilo que falta após o batismo é a "perfeição".[15] E essa perfeição consiste nos dons do Espírito Santo. Chegamos, pois, ao próprio objetivo da confirmação. Este não tem por finalidade a doação do Espírito Santo, já concedido no batismo. Mas é uma nova efusão do Espírito. Uma efusão que tem por finalidade conduzir à perfeição as energias espirituais suscitadas na alma pelo batismo. Como escreve Myrrha. Lot-Borodine: "é a colocação em movimento dos poderes sobrenaturais de todas as energias incluídas no banho sagrado".[16]

Essa ideia é claramente expressa pelo Pseudo Dionísio: "A diviníssima consagração do óleo santo aperfeiçoa em nós o dom gratuito e santificador do santo nascimento de Deus... Destarte se explica, em minha opinião, que tendo recebido do mesmo Deus a inteligência dos símbolos hierárquicos, os diversos promotores da hierarquia humana chamem esse rito, tão perfeitamente santo, de sacramento (τελετή) dos santos óleos em razão de sua ação aperfeiçoadora".[17] Notar-se-á aqui que não está mais em questão o Espírito Santo. Permanecem somente dois traços: o rito do óleo perfumado consagrado e a ideia de um aperfeiçoamento do que foi iniciado no batismo.[18] A tradição oriental manterá esse aspecto, vendo na confirmação o sacramento do progresso espiritual, enquanto o batismo é o do nascimento espiritual.

---

14   *De Sacramentis*. 3,8; Botte, 74-75. [Trad. bras.: Ambrósio de Milão. *Os sacramentos e os mistérios*. Introdução, tradução e notas por D. Paulo Evaristo Arns. Comentários por Geraldo Majella Agnelo. Petrópolis: Vozes, 1981. (Fontes da catequese, 5.)]

15   Cf. anteriormente São Cipriano: "Os novos batizados devem permanecer diante dos chefes da Igreja, para receber o Espírito Santo pela invocação e a imposição das mãos e ser aperfeiçoados pelo selo (*signaculum*) do Senhor" (Cyprianus. *Epistula*. 73, 9).

16   "La grâce déifiante des sacrements d'après Nicolas Cabasilas". In: *Revue des Sciences Philosophiques et Théologiques*, v. 26 (1937) 698.

17   Denys l'Aréopagite. *La hiérachie ecclesiastique*. IV.

18   Em um texto das *Constituições Apostólicas* sobre o simbolismo dos ritos sacramentais, o Espírito Santo é unido ao simbolismo do óleo (dos catecúmenos) e a confirmação (βεβαίωσις) característica do μύρον: "A água figura a sepultura, o óleo o Espírito Santo, a *sphragís* a cruz, o μύρον a confirmação" (*Didascalia et Constitutiones Apostolorum*. III, 16,3). Cf. também Dídimo, o Cego, "A *sphragís* de Cristo na fronte, a recepção do batismo, a confirmação (βεβαίωσις) pela crisma" (Dídimo. *P.G.* 39, 712 A).

Esse aperfeiçoamento da vida espiritual é expresso de dois modos pelos Padres. Santo Ambrósio coloca-o em relação com os dons do Espírito Santo. A ideia reaparecerá no *De Mysteriis*: "Tu recebeste o selo espiritual, o espírito de sabedoria e de inteligência, o espírito de conselho e de fortaleza, o espírito de ciência e de piedade, o espírito do santo temor; conserva o que recebeste. O Pai te marcou com o selo, o Cristo Senhor te fortificou, e ele colocou em teu coração o penhor do Espírito".[19] Com efeito, a teologia posterior verá nos dons do Espírito Santo a marca da alma perfeita, aquela que não é mais conduzida pelas virtudes ordinárias, mas diretamente pelo Espírito Santo por meio de dons que a fazem dócil à sua ação.

Mas encontramos em Cirilo de Jerusalém outra linha: o *chrisma* é colocado em relação com a doutrina dos sentidos espirituais, que tem sua origem em Orígenes.[20] Essa doutrina é muito querida à mística oriental. Ora, em Jerusalém, diz-nos Cirilo, a unção crismal não acontecia somente na cabeça, mas também sobre os sentidos, para marcar o acordar dos sentidos espirituais: "De início vós fostes ungidos sobre a fronte, para ser libertados da vergonha que o primeiro homem, após o pecado, levava consigo em todos os lugares, se bem que podeis contemplar a glória de Deus de face descoberta, como em um espelho; em seguida sobre as orelhas, para que encontreis ouvidos que escutem os divinos mistérios; depois as narinas, a fim de que, sentindo o perfume divino, possais dizer: nós somos o bom odor de Cristo".[21]

Cirilo acrescenta que uma última unção era feita sobre o peito: "Vós fostes ungidos no peito, para que, revestindo a couraça da justiça, consigais resistir aos ataques do Satanás. Com efeito, como o Cristo, após seu batismo e a vinda sobre ele do Espírito, tendo saído, triunfa do adversário, assim também vós, após o santo batismo e a unção sacramental, tendo revestido toda a armadura do Espírito Santo, possais resistir ao poder hostil".[22] Foi esse aspecto do sacramento que fixou a terminologia confirmação: nós vimos que ele já faz parte da concepção da *sphragís* batismal. O que permanece característico da confirmação é somente a ideia de aperfeiçoamento das energias batismais.

* * *

---

19 *De Mysteriis*. 42; BOTTE, 121.

20 Cf. RAHNER, K. "Esquisse d'une doctrine des sens spirituels chez Origène" In: *Revue d'Ascetique et Mystique*, (1932) 113 et suiv.

21 P.G. 33, 1092 B.

22 P.G. 33,1092 C.

O estudo que acabamos de fazer mostrou-nos que entre os diferentes elementos sensíveis: gestos, matéria etc., que constituem a confirmação, há um que possui uma importância particular, o emprego do μύϱον, do óleo perfumado. É, pois, o rito do qual buscaremos encontrar a significação. A importância toda especial do μύϱον é-nos atestada, em particular, pelo Pseudo Dionísio. Diferentemente do óleo dos catecúmenos, o μύϱον é objeto de uma consagração especial que ele compara com a consagração eucarística. "Há outra consagração que pertence à mesma ordem: nossos mestres chamaram o sacramento da unção. O sumo sacerdote toma o óleo santo, o depõe sobre o altar dos divinos sacrifícios e o consagra por uma santíssima invocação".[23]

Antes do Pseudo Dionísio, já se encontra em Cirilo de Jerusalém essa comparação da consagração do pão e do vinho e a do μύϱον. "Trata de não imaginar que este μύϱον seja algo de ordinário. Do mesmo modo que o pão da eucaristia, após a invocação do Espírito Santo, não é mais um pão ordinário, mas o corpo de Cristo, da mesma forma o santo μύϱον não é mais ordinário após a epiclese, nem, se se prefere a palavra, comum. Mas ele é carisma de Cristo, tornado eficaz pelo Espírito Santo, pela presença da sua divindade".[24] Encontramos aqui a concepção de certa presença do Espírito Santo no crisma, comparada, embora sem assimilar, à transubstanciação eucarística, resultando, tanto em um caso como no outro, de uma epiclese consecratória. Essa doutrina persistiu na Igreja oriental. Ela nos mostra, em todo o caso, que o crisma representa um elemento de uma santidade eminente, que merece que se desenvolva sua significação.

Sabe-se que o μύϱον, que nós chamamos "crisma", compõe-se de uma mistura de óleo e de bálsamo, ao qual os orientais acrescentam outros aromas. Portanto, o que o distingue materialmente do óleo dos catecúmenos é a presença do bálsamo e dos aromas, isto é, o fato de ele ser perfumado. É, pois, o perfume que constitui o essencial do símbolo.[25] Isso aparece claramente na prece que acompanha a unção da confirmação na liturgia siríaca: "Após ter batizado em nome do Pai, do Filho e do Espírito Santo, é que o bispo realiza a unção com o crisma, dizendo: Senhor Deus, que espalhaste o suave odor do Evangelho em todas as nações, faze agora também que este óleo perfumado

---

23 Denys l'Aréopagite. *La hiérachie ecclesiastique*. IV; *P.G.* I, 472 D-473 A. Cf. anteriormente Cyprianus. *Epistula*. 70,2; CSEL 768.

24 *P.G.* 33, 1092 A.

25 Eusebius. *Demonstratio*. IV, 15. In: *P.G.* 22, 289 D.

A CONFIRMAÇÃO

seja eficaz no batizado, a fim de que, por ele, o bom odor de Cristo permaneça firme (βεβαία) e sólido nele".[26]

O tema essencial está indicado aqui: o μύρον é um símbolo de Cristo, uma vez que é recebido por pessoas batizadas. É a doutrina que o Pseudo Dionísio desenvolve de modo aprofundado: "Os santos óleos são constituídos por uma mistura de substâncias perfumadas que embalsamam aqueles que as sentem segundo a quantidade de odor que pode chegar até eles. Destarte aprendemos então que o perfume superessencial do mito teárquico Jesus espalha seus dons intelectuais sobre nossas potências intelectivas, enchendo-as de um divino desejo. Se a percepção dos perfumes sensíveis é agradável desde que seja saudável o nosso órgão capacitado para discernir os odores, da mesma forma nossas potências intelectivas, contanto que elas conservem seu vigor natural, permanecendo também aptas para receber os perfumes da divina tearquia".[27]

Percebe-se que essa doutrina repousa sobre duas ideias. De um lado encontramos a do perfume divino, considerado como o reflexo da divindade. Esse simbolismo já aparece na Escritura. A Sabedoria é chamada uma "emanação da glória do Todo-Poderoso" (Sb 7,25). Gregório de Nissa, comentando as palavras do Cântico: "O odor de teus perfumes (μύρον) está além de todos os aromas" (1,3), escreve: "O odor dos divinos perfumes não é um odor percebido pelas narinas, mas o de certa virtude imaterial emanada do Cristo que atrai pela atração do Espírito".[28] De outro lado, encontramos a doutrina da percepção das coisas espirituais representadas pela analogia dos sentidos e, em particular, do sentido do olfato: "Tu foste ungido sobre as narinas, escreve Cirilo de Jerusalém, para que, percebendo o perfume (μύρον) de Cristo, pudesses dizer: Nós somos o bom odor de Cristo".[29] Notamos que nessa passagem aparece a dúplice ideia de percepção do perfume de Cristo e da participação ao perfume de Cristo; é esta última que as *Constituições Apostólicas* sublinhavam.

O Pseudo Dionísio precisa também isso na passagem que segue: "Destarte, a composição simbólica dos santos óleos, dando de alguma forma figura ao que é sem figura, nos mostra que Jesus é a fonte figurada dos divinos perfu-

---

26   *Didascalia et Constitutiones Apostolorum*. VII, 6, 2.

27   DENYS L'ARÉOPAGITE. *La hiérachie ecclesiastique*. 477 C – 480 A.

28   GREGÓRIO DE NISSA. In: *P.G.* 39, 780 D. Cf. LOHMEYER, Ernst. "Vom göttlichen Wohlgeruch". In: *Sitzungsberichte der Heidelberger Akademie*. IX. Heidelberg: 1919; H. Vorwart. "Εὐωδία Χριστοῦ". In: *Archive für Religionswissenchaft*. (1934); ZIEGLER, J. *Dulcedo Dei. Ein Beitrag zur Theologie der griechischen und lateinischen Bibel* = Alttestamentliche Abhandlungen 13,2. Münster: Aschendorfinwestfalen, 1937. p. 60-67.

29   *P.G.* 33, 1092 B.

mes, que é ele mesmo que, na medida que convém à Tearquia derramar sobre as inteligências que atingiram a maior conformidade com Deus os diviníssimos eflúvios que encantam agradavelmente as inteligências e que as dispõem a receber os dons sagrados e a se alimentar com alimento intelectual, cada potência intelectual recebendo então as efusões odoríficas conforme a parte que toma nos mistérios divinos".[30]

Essas últimas palavras introduzem-nos em um aspecto importante para nosso propósito. A percepção do bom odor divino é proporcional à capacidade daqueles que o respiram. Antes de tudo, isso implica a existência dessa capacidade. Aqui o Pseudo Dionísio faz uma anotação importante: "Pertence ao sumo sacerdote ocultar piedosamente a consagração dos santos óleos da multidão, segundo as leis da hierarquia... [Pois] as belezas divinas secretas, da qual o perfume extrai essa ação da inteligência, escapam com efeito de nossa profanação; eles não se revelam senão à inteligência daqueles que têm o poder de as entender".[31] Portanto, a unção do μύρον é estranha ao profano; ela é reservada aos iniciados. Ora, a iniciação é o batismo. O não batizado é excluído do μύρον como da eucaristia. O μύρον é, portanto, por essência pós-batismal. Somente o batizado pode recebê-lo. Pois é o batismo que dá a capacidade de perceber o perfume divino, a confirmação "coloca em movimento as energias infusas no banho sagrado". Portanto, ela nos aparece aqui ainda como aperfeiçoamento. É a colocação em exercício das novas disposições que brotam do fato de ser nova criatura pelo batismo. Ela representa o desenvolvimento da fé em "gnose". Encontramos sua relação com os dons do Espírito Santo e com os sentidos espirituais que significam esse desenvolvimento.

Mas, no batizado em si mesmo a percepção do perfume divino é proporcional ao seu desenvolvimento espiritual. Com efeito, a essência divina é, ela mesma, incompreensível. Nós a conhecemos através da comunicação que ela faz de si própria e que é precisamente designada pela imagem do perfume. E essa comunicação é proporcional à capacidade das almas que a recebem. "Por estas palavras: Teu nome é um óleo (μύρον) espalhado, a Escritura me parece significar que a natureza infinita não pode ser compreendida por nenhuma designação. Ela é inacessível, imperceptível, incompreensível. Mas nosso espírito dela pode conjecturar alguma coisa pelos traços e reflexos, e se representar o incompreensível pela analogia com as coisas compreendidas. Todas

---

30   DENYS L'ARÉOPAGITE. *La hiérachie ecclesiastique*. 480 A.

31   Idem. 473 B-476 B.

as concepções que formamos para designar o μύϱον da divindade não significam o próprio μύϱον por sua formulação, mas são como um frágil resíduo da emanação do divino perfume".[32] E Gregório de Nissa compara o que nós percebemos com o cheiro que persiste em um frasco após ter sido esvaziado do seu conteúdo. O que permanece não é o perfume em si, que é a essência inacessível de Deus, mas é o seu odor que manifesta a presença e que nos leva a conhecer Deus de alguma forma.

Ora, a percepção desse odor apresenta graus. Gregório de Nissa indica vários deles. Há, em primeiro lugar, o mundo visível; ele próprio é um reflexo de Deus. "Todas as maravilhas que nós vemos no mundo fornecem sua matéria aos nomes divinos, pelos quais designamos Deus como sábio, poderoso, bom e santo. Eles deixam entrever uma longínqua qualidade do μύϱον divino".[33] Por sua vez, a Igreja é a manifestação mais próxima do que Deus é. É nesse sentido que o apóstolo é "o bom odor de Cristo" e que "o perfume encheu toda a casa", isto é, que a Igreja, bom odor de Cristo, encheu o mundo inteiro. É o aspecto que as *Constituições Apostólicas* sublinham.[34] Enfim, a vida da graça, as virtudes sobrenaturais são um perfume espalhado pela presença divina na alma. Perceber esse odor, experimentar a vida da graça, aquilo que constitui a experiência mística, e portanto experimentar a presença escondida de Deus, este é, sobretudo, o aspecto sobre o qual insiste Gregório de Nissa.[35]

Haverá, pois, toda uma hierarquia de espíritos segundo seu grau de percepção do perfume divino. O Pseudo Dionísio começa essa hierarquia pela criação angélica: "É claro a meu ver que as essências que estão acima de nós, porque elas são mais divinas, recebem, por assim dizer, mais perto da fonte, a onda dos suaves odores. Para elas essa efusão é mais clara e, por sua grande transparência, elas recebem melhor a comunicação. Às inteligências inferiores e menos receptivas, em razão de sua transcendência a fonte dos odores se oculta, ao contrário, e se recusa, pois ela não dispensa seus dons senão na medida dos méritos daqueles que tomam parte".[36] Disso decorre que o símbolo litúrgico é o fato de que a "tradição sagrada, com o momento da consagração

---

32   781 D. É importante notar que Ambrósio vê no "nardo espalhado" do Cântico uma figura do μύϱον sacramental (*De Mysteriis,*29; Botte, 117).

33   Gregório de Nissa. In: *P.G.* 44, 784 A.

34   *Didascalia et Constitutiones Apostolorum.* VII. Cf. também Gregório de Nissa. 44, 825 C. A origem está em Clément d'Alexandrie. *Pédagogue.* II, 8.

35   Gregório de Nissa. In: *P.G.* 44, 821 A-828 B.

36   Denys l'Aréopagite. *La hiérachie ecclesiastique.* 480 B.

Bíblia e Liturgia

dos santos óleos, os cobre com o símbolo seráfico",[37] isto é, com doze asas santas.

Essa hierarquia se encontra na Igreja: "Nela os raios que emanam dos mais santos mistérios iluminam em toda pureza e sem intermediário os homens de Deus e espalham abertamente seu perfume sobre suas inteligências; ao contrário, o seu odor não se espalha da mesma forma sobre os que permanecem em um plano inferior. Porém, se possuem a alma bem disposta, eles se elevam espiritualmente na medida de seus méritos".[38] Encontramos a mesma ideia em Gregório de Nissa. Este, ao invés de ligá-la a uma percepção mais íntima do perfume divino, exprime-a pela sucessão do perfume e do gosto. "Há duas satisfações que a vinha nos traz: a primeira é da sua flor, quando nossos sentidos se deleitam com seu perfume; a segunda nos vem do fruto, doravante perfeito, com o qual nós nos deleitamos pelo gosto. Assim o Menino Jesus, nascido em nós, cresce diversamente naqueles que o recebem. Ele não é o mesmo em todos, mas segundo a capacidade daquele no qual habita, ele se mostra criança, crescendo, perfeito, como a videira".[39]

Dessa forma aparece-nos claramente a característica do μύρον; ele é o sacramento de aperfeiçoamento da alma, como o batismo é o sacramento da sua geração. Ele tem por objetivo o desenvolvimento das energias espirituais infusas na água batismal. Ele corresponde à entrada em ação progressiva dessas energias, pelas quais o batizado, criança no Cristo, torna-se adulto; pelo qual o Cristo atinge nele toda a sua estatura, até que ele se torne homem perfeito. É bem o que dizia o Pseudo Dionísio quando via na crisma o sacramento da τελείοτης, da perfeição. Ora, sabe-se que é bem assim que Nicolau Cabasilas compreende a crisma, quando vê nela o sacramento dos que progridem, em oposição ao batismo, sacramento dos que começam.[40] Por aí aparece também o liame da confirmação com a vida espiritual, considerada como desenvolvimento da graça germinal do batismo. Nessa linha também a noção da confirmação se estabelece: trata-se do fortalecimento da vida espiritual, ainda frágil no batizado, e que se realiza sob a ação do Espírito Santo.

---

37   Idem. 484 A.

38   Idem. 476 B-C.

39   Gregório de Nissa. In: *P.G.* 44, 828 D.

40   Lot-Borodine. *La grâce déifiante des Sacrements d'après Nicolas Cabasilas, Revue des Sciences Philosophiques et Théologiques,* v. 26 (1937). p. 705 sqq.

Capítulo VIII

OS RITOS EUCARÍSTICOS

Na iniciação cristã que acontecia na noite do sábado para o domingo de Páscoa, o batismo, a confirmação e a eucaristia formavam um só conjunto, cuja totalidade constituía a introdução do novo cristão na Igreja. Destarte, nas catequeses destinadas a explicar aos novos cristãos os sacramentos que eles haviam recebido, tais sacramentos são apresentados como se sucedendo imediatamente um ao outro. A eucaristia começa com a procissão que conduz os novos batizados do batistério à igreja, onde se fazia a preparação das oferendas. Portanto, desaparecia toda a parte anterior da missa, com o conjunto de leituras que a constituía. Como nos colocamos aqui no quadro da iniciação cristã, será essa a ordem que vamos seguir. Deixaremos, pois, de lado a parte anterior da missa e o envio dos catecúmenos que lhe sucedia. Pode-se encontrar comentários dessas partes na *Hierarquia eclesiástica* do Pseudo Dionísio, que é a única de nossas catequeses a considerar a eucaristia no quadro das missas ordinárias.

Mesmo assim reduzida, a eucaristia compreende ainda três partes principais. Em primeiro lugar há uma preparação, que chamamos de ofertório. A seguir vem o sacrifício eucarístico propriamente dito, constituído pela grande prece de ação de graças pronunciada sobre os elementos do pão e do vinho. E enfim há a distribuição dos elementos consagrados à comunidade dos fiéis. Haveremos de proceder como no estudo dos outros sacramentos. Começaremos pela descrição dos ritos essenciais, indicando o seu simbolismo. Em seguida aprofundaremos a significação desses ritos, ligando-os às suas figuras no Antigo Testamento.

BÍBLIA E LITURGIA

***

Se percorrermos as principais catequeses eucarísticas, constataremos que dois temas principais aparecem constantemente. Eles manifestam o sentido primeiro do sacramento: a missa é uma representação sacramental do sacrifício da cruz, é uma participação sacramental na liturgia celeste. Esses dois temas essenciais irão percorrer toda a liturgia eucarística. Eles se exprimem principalmente naquilo que constitui o seu coração: a prece consecratória; mas já são eles que comandam a interpretação dos diversos ritos desde o começo da liturgia. Pelo tema da morte e da ressurreição, a eucaristia aparece no prolongamento dos demais sacramentos. Pode-se dizer que toda a iniciação cristã é participação no Cristo morto e ressuscitado. Pelo tema da liturgia celeste, vemos, ao contrário, um aspecto novo que estava anunciado pela unção crismal, último rito que precede a eucaristia. E se temos observado que a liturgia batismal nos fez passar sucessivamente pelos temas da criação, do paraíso, da circuncisão, da aliança, da saída do Egito, da realeza, isto é, pela mesma sequência do Antigo Testamento, a eucaristia aparece coincidindo com um último aspecto, o culto sacerdotal.[1]

Esses temas aparecem desde o começo. Após o batismo, os novos cristãos, vestidos de túnica branca e com uma vela acesa na mão, formam-se em procissão para ir, na noite pascal, do batistério à igreja, onde irão participar dos mistérios pela primeira vez. Esse momento solene, em que o novo batizado penetra no santuário, no final de uma longa espera de quarenta dias, é frequentemente evocado por Santo Ambrósio. "O povo, purificado e enriquecido de dons eminentes (eles são o batismo e a confirmação) põe-se em marcha para os altares, dizendo: Eu irei ao altar de Deus, do Deus que alegra minha juventude. Tendo removido os vestígios do antigo erro, renovado pela juventude da águia, ele se apressa para se aproximar desse banquete celeste. Ele entra então e, vendo o santo altar preparado, clama: 'Tu preparaste uma mesa diante de mim'".[2]

---

1   É digno de atenção que Harald Sahlin, estudando a tipologia do Evangelho segundo João, tenha chegado de sua parte a concluir que ele é construído sobre o modelo da história do povo hebreu após a saída do Egito até a consagração do Templo (*Zur Typologie des Johannes evangeliums*). Isto vem confirmar a tese de Oscar Cullmann sobre a relação entre o Evangelho segundo João e os sacramentos (*Urchristentum und Gottesdienst*) e manifestar o pano de fundo pascal que lhes é comum.

2   *De Mysteriis*. 43; BOTTE, 121. [Trad. bras.: AMBRÓSIO DE MILÃO. *Os sacramentos e os mistérios*. Introdução, tradução e notas por D. Paulo Evaristo ARNS. Comentários por Geraldo Majella AGNELO. Petrópolis: Vozes, 1981. (Fontes da catequese, 5.)]

Essa cerimônia comporta duas etapas; a procissão e a entrada. Notar-se-á que a primeira é comentada com o Sl 42(43) e a segunda com o Sl 22(23). Parece que esses dois salmos eram cantados nesse momento. O primeiro é o salmo *Judica me*, que era, até antes da reforma litúrgica da missa romana do Vaticano II, o Salmo de *Intróito*, de entrada. Quanto ao segundo, tinha um lugar eminente na liturgia de iniciação, como veremos. Mas o que observaremos é que a eucaristia é apresentada, desde o início, como um banquete *celeste*. É a entrada no santuário celeste que a entrada na Igreja terrestre figura. "Estais a caminho do altar; os anjos vos olham; eles viram vosso colocar-se a caminho; observaram vossa aparência, que antes era miserável, tornar-se, de repente, brilhante".[3]

Gregório de Nazianzo desenvolve o simbolismo processional como figura da entrada no santuário celeste, inspirando-se na parábola escatológica das virgens sábias: "A parada que farás imediatamente após o batismo diante da grande cadeira é a prefiguração da glória do Alto. O canto dos salmos, com o qual serás recebido, é o prelúdio dos hinos do céu. Os círios que terás na mão são o sacramento (*mysterion*) do cortejo luminoso do Alto com o qual nós iremos à frente do Esposo, almas luminosas e virgens, levando os círios luminosos da fé".[4] Todos os detalhes do rito, os salmos, a procissão, os círios, são interpretados à luz da liturgia celeste. Na visão de Gregório, a noite pascal desemboca na eternidade. Os batizados já entraram nela. As fronteiras do mundo terrestre e do mundo celeste se quebram. Eles já se misturam com os anjos. Eles vão participar da liturgia do céu.

Ao entrar no santuário, eles contemplam pela primeira vez os mistérios escondidos. "Tu vieste ao altar, tu viste o que eras incapaz de ver anteriormente, começaste a enxergar a luz dos sacramentos".[5] Aqui começa uma segunda parte da liturgia, que é a preparação das oferendas, pelos diáconos, sobre o altar. É o espetáculo que se oferece aos olhos dos novos batizados. Pode-se distinguir três elementos: o altar, os diáconos, a preparação. Tais elementos são todos figuras das realidades celestes. O altar é brevemente explicado por Ambrósio. "O altar é a figura do corpo, e o corpo de Cristo está sobre o

---

3   *De Sacramentis.*4, 5; Botte, 79.

4   Gregório de Nissa. In: *P.G.* 36, 425 A. Sobre o simbolismo dos círios, ver 33, 372 A. Eles são colocados em relação com o cortejo nupcial em 33, 333 A, 908 B.

5   *De Sacramentis*. 3, 15; Botte, 77.

BÍBLIA E LITURGIA

altar".[6] Cirilo de Alexandria completará ainda mais dizendo: "A Igreja é o altar; a oferenda é o sacerdote".[7]

Esse simbolismo do altar foi desenvolvido pelo Pseudo Dionísio a propósito da consagração do altar com os santos óleos. "As mais santas prescrições sacramentais se impõem, para a consagração do altar dos divinos sacrifícios, com piedosas efusões do óleo santo. Pois, com efeito, é sobre o próprio Jesus, como sobre o altar perfeitamente divino de nossos sacrifícios, que se realiza a consagração hierárquica das divinas inteligências; consideremos com um olhar que não é mais deste mundo esse altar dos divinos sacrifícios. Com efeito, é o mesmo Jesus santíssimo que se oferece por nós e que nos dispensa a plenitude de sua própria consagração".[8]

Os diáconos que dispõem as oblações sobre o altar são a figura dos anjos. Esse paralelismo dos ministros visíveis e dos ministros invisíveis do sacramento já fora indicado por Dídimo a propósito do batismo. "Sobre o plano visível, a piscina engendra nosso corpo visível pelo ministério dos sacerdotes. No plano invisível, o Espírito de Deus invisível a toda inteligência mergulha (βάπτιζει) nele mesmo e regenera por sua vez o nosso corpo e a nossa alma com a assistência dos anjos".[9] Teodoro de Mopsuéstia mostra-nos os diáconos, figuras dos anjos no ato de oferecer: "Por meio dos diáconos, que fazem o serviço daquilo que se opera, nós delineamos em nossas inteligências as potências invisíveis em serviço que oferecem a esta liturgia inefável; são eles que trazem e dispõem sobre o altar numinoso o sacrifício ou as figuras do sacrifício".[10]

Da mesma forma que o altar é a figura de Cristo oferecendo-se espiritualmente ao Pai no santuário celeste, assim os diáconos representam os anjos que rodeiam essa liturgia celeste. Essas realidades todas nos permitem compreender que o sacrifício eucarístico é o sacramento do sacrifício celeste. Da mesma forma que é o Cristo que se oferece nos símbolos do altar, assim também os anjos estão realmente presentes na retaguarda da liturgia visível. Essa presença dos anjos na liturgia eucarística é muito frequentemente marcada

---

6   *De Sacramentis.* 4, 7; BOTTE, 80.

7   CIRILO DE ALEXANDRIA. In: *P.G.* 68, 596-604. A expressão procede de Orígenes. *Commentaire sur saint Jean.* 9, 6; *P.G.* 12, 868 C.

8   DENYS L'ARÉOPAGITE. *La hiérachie céleste.* 488 A. Sobre o simbolismo do altar, cf. DÖELGER, F.-J. *Die Heilig Keit des Altars und ihre Begründung, Antike und Christentum.* 2, 3. p. 162-183.

9   DÍDIMO. In: *P.G.* 39, 672 C.

10   THÉODORE DE MOPSUESTE. *Les homélies.* XV, 24.

nos altares do IV século. "Os anjos rodeiam o sacerdote. Todo o santuário e o espaço ao redor do altar estão plenos dos assistentes celestes para honrar aquele que é o sacerdote sobre o altar".[11] Essa presença assinala que o sacrifício eucarístico é uma participação sacramental no único sacrifício celeste. E, como viu muito bem Érik Peterson, ela sublinha o caráter oficial do culto prestado na eucaristia.[12]

Quanto ao rito em si da preparação das ofertas, Ambrósio faz somente uma alusão a ele: "Tu vieste ao altar, tu viste os símbolos sagrados colocados sobre ele, e tu te maravilhaste diante dessa mesma criatura, que, no entanto, não é senão uma criatura comum e material".[13] Somente Teodoro de Mopsuéstia dá das oferendas uma interpretação simbólica, mostrando nessa preparação uma figura dos preliminares da Paixão e da Ressurreição, seguindo uma linha de interpretação que dá continuidade à mistagogia oriental e que será desenvolvida, em particular, por Nicolas Cabasilas.[14] Aqui aparece o segundo grande tema, o da eucaristia como memorial da Paixão e da Ressurreição. "Por meio das figuras, escreve Teodoro, é preciso ver agora o Cristo que é conduzido, vai direto para a sua Paixão, e é estendido sobre o altar para ser imolado. Com efeito, quando nos vasos sagrados, nas patenas e nos cálices, surge a oblação que será apresentada, é preciso que penses que, conduzido para a Paixão, surge Nosso Senhor Jesus Cristo".[15]

Todavia, há uma diferença entre a Paixão em si e na liturgia. Lá eram os judeus culpados que condenavam Cristo. Ora, "não é lícito que, nas figuras de nossa salvação, existam semelhanças malvadas". Destarte, os diáconos que preparam as oblações não figuram os judeus, mas os anjos. "É preciso que consideres que os diáconos, no momento em que trazem de fora a partícula para a oblação", constituem a imagem das potências invisíveis em serviço.[16] De outro lado, "as potências invisíveis estavam presentes também no momento da Paixão, exercendo seu ministério, pois um anjo lhe apareceu então para

---

11   CHRYSOSTOME, Jean. *Sur le sacerdoce*. VI,4 (Dialogue et homélie); trad. de Mme. Anne-Marie MALINGREYT. SC 272. Paris: Les Éditions du Cerf, 1980 (réimpression 2006). A partir de então: Chrysostome. *Sur le sacerdoce. Homelia Eph.*, 3; *p.6. 62, 29-30.*

12   *Theologische Traktate*. München: Kösel, 1951. p. 329.

13   *De Sacramentis*. 4, 8; BOTTE, 80.

14   NICOLAS CABASILAS. *Explication de la divine liturgie suivi de Explication deornements sacrés et Explication des rites de la divine liturgie*. Tr. et notes de S. Salaville. 2ème édition munie du texte grec, revue et augmentée par R. Bornert et al. SC 4. Paris: Les Éditions du Cerf, 1967. 2007.

15   THÉODORE DE MOPSUESTE. *Les homélies*. XV, 25.

16   Idem. XV, 25.

BÍBLIA E LITURGIA

fortalecê-lo". Observamos que os dois temas do memorial da Paixão e da liturgia celeste se confundem um com o outro em um simbolismo comum.

Sobre esse simbolismo, Teodoro prossegue: "E quando eles a trouxeram é sobre o santo altar que os anjos colocam a oferta para o perfeito acabamento da Paixão. Assim cremos nós a esse respeito, que é sobre uma espécie de túmulo que o Cristo é colocado sobre o altar e que ele já sofreu a Paixão. É por isso que alguns dos diáconos que estendem as toalhas sobre o altar apresentam por elas a semelhança dos linhos do sepultamento. Eles figuram os anjos que, durante todo o tempo que Cristo permaneceu morto, permaneceram lá em sua honra, até que presenciaram a ressurreição".[17] Assim, nessa noite pascal, aniversário da ressurreição, o olhar de Teodoro via, por detrás dos gestos dos diáconos, os anjos desvelando-se em torno do corpo de Cristo deposto no túmulo.

A preparação dos objetos é seguida de dois ritos que são comentados em todas as catequeses: o ato de lavar as mãos e o beijo da paz. Estão nessa ordem em Cirilo de Jerusalém e na ordem inversa em Teodoro de Mopsuéstia e no Pseudo Dionísio. Assim, Cirilo comenta o primeiro: "Tu viste o diácono estender aos ministros e aos sacerdotes que rodeavam o altar de Deus a água para lavar suas mãos. Ela não lhes foi dada por causa das sujeiras corporais. Mas esse lavamento das mãos é um símbolo [para mostrar] que deveis estar puros de todo pecado e de toda indignidade. Como as mãos são o símbolo da atividade, lavando-as nós significamos a pureza e a inocência de nossas obras".[18] O Pseudo Dionísio apresenta um comentário análogo: "Graças a essa purificação das extremidades, permanecendo na pura perfeição de sua conformidade com Deus, ele poderá realizar generosamente funções inferiores, permanecendo invulnerável aos ataques da impureza".[19]

Mais importante é o beijo da paz. "Em seguida, diz-nos Cirilo, o diácono exclama: abracemo-nos uns aos outros e demos o ósculo da paz. Não pense que se trata daquele beijo que os amigos costumam dar-se ao se reencontrarem na *Ágora*. Não se trata desse beijo. Este une as almas umas às outras e abole todo ressentimento. O beijo é um sinal de união das almas. É por isso

---

17   Idem. XV, 27.

18   *P.G.* 33, 1109 A. [Trad. bras.: CIRILO DE JERUSALÉM. *Catequeses mistagógicas*. Trad.: Frei Frederico VIER. Introdução e notas: Fernando FIGUEIREDO. Petrópolis: Vozes, 1977.]

19   DENYS L'ARÉOPAGITE. *La hiérachie céleste.* 482 D. Cf. também THÉODORE DE MOPSUESTE. *Les homélies.* XV, 42. Cf. JUNGMANN, Josef-Andreas. *Missarum solemnia*. Eine genetische Erklärung der römischen Messe. II. Wien: 1948. p. 91. [Trad. bras.: Josef-Andreas JUNGMANN, *Missarum Sollemnia*. Paulus: São Paulo, 2009.]

que o Senhor disse: Se tu levas tua oferta ao altar e tu te lembras que tens alguma coisa contra teu irmão, vai primeiro reconciliar-te com teu irmão".[20] Santo Agostinho, em uma de suas homilias de Páscoa, comentando os ritos sacramentais aos novos batizados, diz por sua vez: "Diz-se após isto: a paz esteja convosco; e os cristãos se dão o santo ósculo da paz. Ele é sinal da paz. Aquilo que os lábios demonstram, esteja nos corações".[21]

Teodoro de Mopsuéstia aprofunda o sentido do rito: "Todos se dão mutuamente a paz; e por este beijo eles fazem uma espécie de profissão da unidade e da caridade que existe entre eles. Com efeito, pelo batismo já recebemos um novo nascimento, pelo qual somos reunidos numa união de natureza; e é o mesmo alimento que todos tomamos; recebemos o mesmo corpo e o mesmo sangue. Todos nós, embora numerosos, formamos um só corpo, uma vez que participamos do mesmo pão. É preciso, antes de se aproximar dos mistérios, cumprir a regra de dar a paz pela qual nós significamos nossa união e nossa caridade uns para com os outros. Não convirá, pois, aos que formam um só corpo eclesial, ter ódio a qualquer irmão na fé".[22] É um novo aspecto do sacramento que aparece; ele é sinal da unidade entre os membros do corpo de Cristo. Ora, o ósculo da paz aparece como sinal dessa unidade. Encontramos um desenvolvimento paralelo no Pseudo Dionísio.[23]

***

Os três ritos que percorremos constituem a preparação do sacramento. Chegamos, então, ao rito que é constituído pela oração consecutória propriamente dita, a grande anáfora, dita sobre o pão e o vinho. Ela é introduzida pelas antigas fórmulas que nossa liturgia conserva ainda. Cirilo as comenta deste modo: "O sacerdote exclama então: *Sursum corda*. Sim, verdadeiramente nesta hora plena de temor sagrado (φρικωδέστατον), é preciso ter nossos corações elevados ao alto para Deus e não mais voltados para a terra e para as coisas terrenas. O sacerdote convida dessa forma, implicitamente, a todos para deixar, nesta hora, as contrariedades da vida, as preocupações domésticas e manter o coração voltado para o céu, para Deus, amigo dos seres humanos. Respondei, então: *Habemus ad Dominum*, dando, por vossa resposta, o vosso

---

20   *P.G.* 33, 1112 A; cf. *Catequeses mistagógicas.*

21   Augustinus. In: *P.L.* 38, 1101 A.

22   Théodore de Mopsueste. *Les homélies.* XV, 40.

23   Denys l'Aréopagite. *La hiérachie ecclesiastique.* 437 A.

BÍBLIA E LITURGIA

assentimento a esse convite. Que não haja ninguém que diga essas palavras com os lábios, *Habemus ad Dominum*, e o espírito permanece nas preocupações da vida. Devemos sempre nos lembrar de Deus. Se isso se torna impossível por causa de nossa fraqueza humana, ao menos nesse momento é preciso fazer um esforço para tanto".[24]

Cirilo acentua bem o simbolismo do *Sursum corda*. Ele é expressão do temor sagrado (φρίκη) que deve penetrar o coração dos fiéis no momento em que se realizará a "liturgia temível".[25] O temor sagrado é o sentimento que toma conta do coração do ser humano quando o Deus vivente manifesta sua presença. É a disposição que os anjos têm diante da liturgia celeste. "Eles adoram, glorificam, proferem continuamente, com temor, os misteriosos hinos de louvor".[26] Ora, esse clima de mistério, que é o da liturgia celeste, penetra também a liturgia terrestre. São João Crisóstomo foi quem melhor exprimiu esse sentimento: o momento da consagração é "muito temível" (φρικωδέστατον).[27] "O ser humano deve se manter diante de Deus com temor (φρίκη) e tremor".[28] Pois é "com veneração que se deve aproximar destas realidades tão temíveis (φρικωδέστατα)".[29]

É preciso aproximar do *Sursum corda* o canto do *Trisagion*, que se segue. O seu conjunto constitui a introdução solene do Cânon. Um e outro exprimem que a eucaristia é uma participação na liturgia celeste. O *Trisagion*, com efeito, é o hino dos serafins que rodeiam eternamente a Trindade. "O ser humano é como que transportado ao próprio céu, escreve São João Crisóstomo. Ele permanece junto do trono de glória. Com os serafins, ele voa cantando o hino santíssimo".[30] A mesma ideia encontra-se em Cirilo de Jerusalém: "Nós mencionamos os serafins que Isaías viu, inspirado pelo Espírito Santo, rodeando o trono de Deus e cantando: Santo, santo, santo é o Senhor, Deus dos exércitos. É por isso que recitamos essa teologia que nos é transmitida pelos serafins, a fim de que participemos do hino de louvor com os exércitos hipercósmicos".[31]

---

24   *P.G.* 33, 1112 B; cf. *Catequeses mistagógicas.*

25   Idem. 1112 B. Théodore de Mopsueste. *Les homélies.* XVI, 3.

26   *P.G.* 48, 707 B; João Crisóstomo. *Da incompreensibilidade de Deus.* São Paulo: Paulus, 2007. (Patrística, 23.)

27   Id. Ib. *P.G.* 48, 733 C.

28   Id. Ib. *P.G.* 48, 734 C.

29   Id. Ib. *P.G.* 48, 726 C. Cf. Daniélou, Jean. "L'incompréhensibilité de Dieu d'après Saint Jean Chrysostome". In: *Recherches de Science Religgieuse,* (1950) p. 190-195.

30   João Crisóstomo. *Da incompreensibilidade de Deus.* In: *P.G.* 48, 734 C.

31   *P.G.* 38, 1114 B; cf. *Catequeses mistagógicas.*

Teodoro de Mopsuéstia comenta o *Trisagion* no mesmo sentido. "O sacerdote menciona entre todos os serafins que conduzem a Deus este louvor que, por uma revelação divina, foi ensinado ao bem-aventurado Isaías e que ele transmitiu pela Escritura. É esse hino que nós, reunidos, exprimimos em alta voz. Desse modo, aquilo mesmo que dizem as naturezas invisíveis, nós o cantamos também".[32] E Teodoro mostra a relação do *Trisagion* com o espírito de temor e de respeito. "Nós nos servimos das palavras temíveis das potências invisíveis para mostrar a grandeza da misericórdia que gratuitamente se espalha sobre nós. O temor preenche nossa consciência, durante toda a duração da liturgia, seja antes de clamar 'Santo', seja depois; é para a terra que abaixamos nossos olhos, por causa da grandeza daquilo que se realiza, manifestando esse mesmo temor".[33]

Destarte, o conjunto desses dois ritos exprime, por sua vez, o fato de que a liturgia eucarística é uma participação na liturgia celeste, bem como as disposições de temor sagrado que devem ter os que dela participam. Isso constitui o preâmbulo imediato do sacrifício. Nós não estamos mais sobre a terra, mas, de alguma forma, transferidos ao céu. Segundo Teodoro, é isso que o *Sursum corda* significa.[34] Restaurados pelo batismo na criação angélica, da qual havia decaído pelo pecado, o recém-batizado pode de novo unir sua voz à dos anjos. Quando estava caído pelo pecado, o ser humano foi restaurado pelo batismo na criação angélica. O novo batizado pode, outra vez, unir a sua voz à voz dos anjos. Ele é de novo admitido ao culto oficial da criação, do qual os anjos são os representantes. Pois bem, o centro desse culto é a ação sacerdotal de Cristo na Paixão e na sua Ressurreição. É essa ação sacerdotal que, subtraída ao tempo e ao lugar, constitui o coração da liturgia celeste e que a eucaristia torna presente sacramentalmente.[35]

Chegamos, então, ao rito central. O primeiro aspecto sobre o qual insistem nossas catequeses é que o pão e o vinho, pela consagração, se tornam o corpo e o sangue de Cristo. "Não consideres, pois, o pão e o vinho como ordinários, escreve Cirilo de Jerusalém. Eles são o corpo e o sangue de Cristo, conforme sua palavra".[36] Ele comenta, dessa forma, o mesmo rito: "Após termos sido santificados pelo *Trisagion*, nós pedimos a Deus que envie o Espírito Santo sobre as oblações, para que Ele transforme o pão no corpo e o vinho no sangue de Cristo. E tudo aquilo que é tocado pelo Espírito Santo é intei-

---

32 Théodore de Mopsueste. *Les homélies. P.G.*16, 6.

33 Idem. 16, 9.

34 Idem. 16, 3.

35 Cf. Jungmann, Josef-Andreas. *Missarum solemnia.* 164-165.

36 *P.G.* 33, 1108 A; cf. *Catequeses mistagógicas.*

ramente consagrado e transformado".[37] Igualmente afirma Teodoro de Mopsuéstia: "Quando o sacerdote diz que o pão e o vinho são o corpo e o sangue de Cristo, ele revela claramente no que eles se transformaram pela vinda do Espírito Santo".[38]

Por esses dois textos se notará que a consagração está ligada à descida do Espírito Santo, invocado pela epiclese. Ao contrário, Santo Ambrósio liga a consagração à ação de Cristo que age pelas palavras da instituição. "No momento que se chega à consagração, o pão se torna o corpo de Cristo. Como isso acontece? Pela consagração. E por quais palavras se faz a consagração? Pelas do Senhor Jesus. Com efeito, o que foi dito anteriormente, é dito pelo sacerdote. Mas aqui ele utiliza as palavras de Cristo. O que é a palavra de Cristo? É aquela pela qual tudo foi feito".[39] Dessa forma, de um lado a consagração, obra comum das três pessoas, é apropriada ao Espírito, pelo qual Deus realiza suas grandes obras na história; de outro ela é atribuída à Palavra criadora, ela também instrumento do poder de Deus.

Mas o que se faz presente sobre o altar, não é somente o corpo e o sangue de Cristo. É o seu próprio sacrifício, isto é, o mistério de sua Paixão, de sua Ressurreição e da sua Ascensão, do qual a eucaristia é, pois, a anamnese, o memorial eficaz. "Cada vez que se oferece o sacrifício de Cristo, são significados a morte do Senhor, sua Ressurreição, sua Ascensão e a remissão dos pecados".[40] Aqui significar não quer dizer apenas recordar, mas a palavra quer afirmar que o sacrifício oferecido não é um novo sacrifício, mas é o fazer-se presente do único sacrifício de Cristo. O valor dessa doutrina foi particularmente destacado pelos doutores de Antioquia. Como prova, serão citados dois exemplos.

Em uma catequese eucarística, inserida no comentário da Epístola aos Hebreus, São João Crisóstomo, após ter lembrado que os sacrifícios pagãos eram repetidos porque eram ineficazes, explica que o sacrifício de Cristo é eficaz e único. "Mas não oferecemos cotidianamente o sacrifício? Nós o oferecemos, mas fazendo a anamnese de sua morte. E ela é única, não múltipla. Ele é oferecido uma vez, como ele entrou uma vez no Santo dos Santos. A anamnese é a figura de sua morte. É o mesmo sacrifício que nós oferecemos, não um hoje e outro amanhã. Um só Cristo por toda a parte, inteiro em toda a parte, um

---

37   Idem. 1113C-1116 A.

38   Théodore de Mopsueste. *Les homélies.* P.G.16, 12.

39   *P.L.* 16, 440 A; cf. 405; *De Sacramentis.*

40   *P.L.* 16, 452 B.

só corpo. Com em toda a parte um corpo, em toda a parte um sacrifício. É esse sacrifício que nós oferecemos ainda agora. É o sentido da anamnese; nós fazemos a anamnese do sacrifício".[41] Nessas passagens percebe-se muito bem a força da anamnese, tornando presente, não como memória, mas na realidade, sob os sinais sacramentais, o único sacrifício de Cristo.

São João Crisóstomo insiste, sobretudo, sobre a anamnese do sacrifício da cruz. Teodoro de Mopsuéstia vê, especialmente, na eucaristia o sacrifício celeste tornado visível no sacramento. Encontramos sempre o paralelismo dos dois aspectos. "Embora no alimento e na bebida nós façamos memória da morte de Nosso Senhor, é claro que na liturgia, é como um sacrifício que nós realizamos, sem que seja algo de novo, nem que seja o seu próprio que o Pontífice fez, mas é uma espécie de imagem da liturgia que se realiza no céu... Cada vez que se realiza a liturgia desse sacrifício temível – que é manifestamente a semelhança das realidades terrestres – é preciso representar que nós estamos como quem está no céu; é a visão das realidades celestes que nós esboçamos pela fé em nossa inteligência. Consideramos que o Cristo, que está no céu, que morreu por nós, ressuscitou e subiu ao céu, é ele mesmo que agora é imolado por meio dessas figuras".[42]

Destarte, revela-se-nos melhor o sentido profundo do duplo tema que parece caracterizar, desde o início, a liturgia eucarística. Isso significa afirmar que o sacrifício de Cristo subsiste sob três modos diferentes. É a mesma ação sacerdotal que aconteceu em um momento preciso da história, que está eternamente presente no céu, que subsiste sob as aparências sacramentais. Com efeito, é a mesma ação sacerdotal do Cristo que, em sua substância, é a ação pela qual a criação atinge o seu fim, pois por ela o Deus é perfeitamente glorificado. É essa ação que, desde então, por um privilégio único, é subtraída do tempo para subsistir eternamente, e que o sacramento torna presente em todos os tempos e em todos os lugares.

***

A última parte do sacramento da eucaristia é constituída pela comunhão, precedida de dois ritos: a elevação[43] e a fração. O Pseudo Dionísio os comenta:

---

41 CHRYSOSTOME, Jean. *Homélies 1-34 sur l'Épître aux Hébreux* (In: epistulam ad Hebraeos homiliae 1-34); In: *P.G.* 63, 9-236, 130. Daqui em diante: CHRYSOSTOME. *Homélies aux Hebreux*.

42 THÉODORE DE MOPSUESTE. *Les homélies*. XV, 14 e 20 II.

43 Cf. JUNGMANN, Josef-Andreas. *Missarum solemnia*. 259-260. Ele observa que esse rito, em data antiga, só se encontra na liturgia oriental. Bem mais tarde, ela aparecerá na liturgia ocidental e se situará logo após a consagração.

BÍBLIA E LITURGIA

"Tais são os ensinamentos que o grande sacerdote revela executando os ritos da santa liturgia, quando ele desvela publicamente as oferendas anteriormente escondidas; quando ele divide em múltiplas partes sua unidade primitiva; quando, pela perfeita união do sacramento que ele distribui às almas que o recebem, ele admite à sua perfeita comunhão aqueles que o recebem. Assim, ele nos mostra, de forma sensível e como que em imagem, como o mesmo Cristo saiu de seu misterioso santuário divino para tomar, por amor do ser humano, a figura de homem; como ele desceu processivamente, mas sem alteração de sua unidade natural até o nível de nossa sensibilidade; como as carinhosas operações de seu amor por nós trazem ao gênero humano o poder de entrar em comunhão com Deus".[44]

Sobre os ritos preparatórios, fiquemos somente com um comentário da fração. Teodoro de Mopsuéstia, como já tinha feito a propósito dos ritos de oblação, une a fração aos acontecimentos históricos que acompanham a ressurreição de Cristo. "Agora que a liturgia está terminada, o Pontífice parte o pão, como Nosso Senhor, o primeiro, partilhava-se em suas manifestações, aparecendo uma vez para aquele ali, outra vez para aquele outro lá".[45] Também para o Pseudo Dionísio, o rito sensível simboliza a comunicação de Cristo para a diversidade das almas, sem divisão de sua unidade. As demais cateques não dão ulteriores explicações da fração.

O rito essencial, a distribuição do corpo de Cristo, é objeto de comentários tão desenvolvidos como a própria consagração. Com efeito, é um aspecto essencial da eucaristia o de ser alimento espiritual sob as espécies do pão e do vinho. Teodoro de Mopsuéstia releva esse simbolismo do pão e do vinho significando o alimento espiritual. "Do mesmo modo que, para durar nesta vida, nós comemos o pão, que por sua natureza não possui nada disso, mas que é capaz de manter a vida em nós, pois que Deus lhe deu tal potencialidade, dessa forma também nós recebemos a imortalidade comendo o pão sacramental, pois que, mesmo que o pão não tenha tal natureza, quando ele recebeu o Espírito Santo é capaz de conduzir à imortalidade aqueles que o comem".[46]

A eucaristia já é uma antecipação dos bens celestes. Como afirmou Teodoro de Mopsuéstia, "por ela, nós que somos mortais por natureza, esperamos receber a imortalidade; corruptíveis, nós nos tornamos incorruptíveis; da terra

---

44   DENYS L'ARÉOPAGITE. *La hiérachie céleste*. 444 C.
45   THÉODORE DE MOPSUESTE. *Les homélies*. XVI, 18.
46   Idem. XV, 12.

Os ritos eucarísticos

e das agruras terrenas, nós passamos a todos os bens e suavidades do céu. Por meio dessas espécies de figuras, nós temos a fé que possuiremos as próprias realidades".[47] Portanto, a eucaristia é "o pão dos anjos" desde já compartilhado através dos véus dos ritos. Ela nos aparece como participação antecipada no banquete celeste, que ela prefigura, e que já realiza. Voltaremos a esse aspecto a propósito do banquete escatológico. Nós encontraremos um de nossos temas essenciais, o da participação nas realidades celestes.

Mas esse alimento espiritual não deve ser considerado separado do sacrifício de Cristo. Ele é somente participação nesse sacrifício, isto é, na morte e na ressurreição de Cristo. Com efeito, o mistério da Paixão e da Ressurreição torna-se presente para poder nos aplicar seus efeitos. A comunhão é precisamente a forma pela qual tais dons são aplicados à nossa alma. Por essa razão, não consideramos diferentes as teologias da comunhão e da consagração, pois ambas são participação no mistério de Cristo morto e ressuscitado. Destarte, é importante notar que, para nossas catequeses, a comunhão aparece como participação seja na morte como na ressurreição de Cristo.

Já Santo Ambrósio marcava fortemente essa realidade. "Todas as vezes que tu recebes [a Eucaristia], que diz o Apóstolo? Todas as vezes que nós recebemos, nós anunciamos a morte do Senhor. Se nós anunciamos sua morte, nós anunciamos a remissão dos pecados. Se todas as vezes que o sangue é derramado, ele é derramado para a remissão dos pecados, eu o devo receber sempre, para que os pecados me sejam sempre redimidos".[48] Dessa forma, aparece bem claro que a comunhão é o modo como a alma se apropria dos efeitos do sacrifício que se faz presente pela consagração. São Gregório de Nazianzo sublinhava assim esse aspecto: "A eucaristia, diz ele, é o sacrifício não sangrento pelo qual nós comungamos os sofrimentos e a divindade de Cristo".[49]

Teodoro de Mopsuéstia acentua muito bem o valor desse liame da comunhão com a morte de Cristo: "Portanto, da mesma forma que pela morte de Cristo Nosso Senhor nós recebemos o nascimento no batismo, assim o alimento, é também em figura que nós o recebemos por meio de sua morte. Participar dos mistérios é comemorar a morte do Senhor, que nos concede a ressurreição e o gozo da imortalidade; pois convém que nós que, pela morte de Nosso Senhor recebemos um nascimento sacramental, recebamos pela

---

47   Idem. XVI, 30.
48   *De Sacramentis*. 4,28; Botte, 86-87.
49   Gregório de Nazianzo. In: *P.G.* 35,576.

Bíblia e Liturgia

mesma morte o alimento do sacramento da imortalidade. Participando do mistério, nós comemoramos em figura sua Paixão, pela qual obteremos a posse dos bens futuros e a remissão dos pecados".[50]

Notaremos a grande unidade existente nessa perspectiva no conjunto da iniciação cristã: do batismo até a comunhão. Toda ela aparece como participação no Cristo morto e ressuscitado. Não há outro mistério, quando o mistério pascal é único. É esse mistério que é o único objeto de toda a vida sacramental e esta, por sua vez, o torna presente em todos os tempos e lugares, a fim de aplicar às almas o seu fruto vivificante. Veremos que isso ultrapassa o quadro estritamente sacramental e se estende ao conjunto do culto; a semana cristã, o ano litúrgico são apenas representações do mistério pascal, representações eficazes que operam o que significam.

Metódio de Olímpia expressou de forma notável essa realidade. "A Igreja não podia conceber e nem regenerar os crentes pelo banho da regeneração, se o Cristo, após ter-se aniquilado por eles, a fim de poder ser recebido nesta recapitulação de sua Paixão, não morresse de novo descendo do céu; e se unindo à Igreja, sua Esposa, não estabeleceu assim que uma certa força fosse retirada de seu lado, de modo que todos aqueles que são fundados nele, que são regenerados pelo batismo, haurissem sua carne e de seus ossos, isto é, seu poder e sua glória. Desse modo, a Igreja cresce cada dia em tamanho e beleza pela cooperação e pela comunhão do Logos, ainda agora condescendente conosco e que continua seu êxtase na anamnese de sua Paixão".[51]

* * *

Outros aspectos da eucaristia aparecerão quando estudarmos as figuras do Antigo Testamento que a anunciam; ela é antecipação do banquete escatológico, sacramento da unidade, fonte da alegria espiritual, documento da aliança. Neste momento era importante assinalar sua significação central. Ora, desde o início do ofertório até a comunhão, constatamos que dois temas dominavam a teologia da eucaristia: o do memorial eficaz da Paixão, da Ressurreição e da Ascensão e o da participação no sacrifício e no banquete celestes. Esses dois traços, pois, constituem a significação essencial, simbolizada pelos ritos sacramentais.

---

50   Théodore de Mopsueste. *Les homélies.* XV, 7.

51   Metódio de Olimpo. *Banquet.* III, 8.

Capítulo IX

AS FIGURAS DA EUCARISTIA

A consagração é realizada na missa pela grande oração consecratória, que começa com o *gratias agamus* e conclui com a epiclese. Ora, a estrutura dessa prece merece que se detenha um pouco nela. Começa pela recordação das grandes obras realizadas no passado por Deus. Temos um considerável exemplo no oitavo livro das *Constituições Apostólicas*. O sacerdote dá graças a Deus pela criação do mundo e pela do ser humano, por sua introdução no paraíso, pelo sacrifício de Abel, pelo translado de Henoc, pela libertação de Noé, pela aliança de Abraão, pelo sacerdócio de Melquisedeque, pela libertação do Egito.[1] Compreende, a seguir, a lembrança das grandes obras de Deus no Novo Testamento e dos mistérios de Cristo; é a única parte conservada em nosso prefácio. Termina pela epiclese, pedido dirigido ao Espírito Santo que realizou essas grandes obras no passado, a fim de que as continue no presente.

Esse dúplice aspecto da *narratio*, ao qual corresponde a ação de graças, é constitutivo do pensamento cristão.[2] Ele se apoia sobre a fé naquilo que Deus operou no passado para fundar a esperança daquilo que realizará no presente e no futuro.Vê, assim, a continuidade entre o Antigo Testamento, o Novo e os sacramentos. Dessa forma, convida-nos a procurar no Antigo Testamento a prefiguração dessas realidades. Nesse sentido, a tipologia da eucaristia não é senão a explicação do próprio conteúdo da prece consecratória. Ela é essencialmente tipológica. O cânon atual da missa romana conserva essa estrutura

---

1 *Didascalia et Constitutiones Apostolorum*. VIII, 12, 20-27.

2 Cf. Augustinus. *De catechizandis Rudibus*. In: *P.L.* XL, 317 C; trad. bras.: Agostinho. *A instrução dos catecúmenos*. Teoria e prática da catequese. Petrópolis: Vozes, 1984. (Fontes da catequese, 7.)

BÍBLIA E LITURGIA

quando nos mostra na eucaristia o memorial, em primeiro lugar, do sacrifício de Abel, do de Melquisedeque e do de Abraão e, em seguida, da Paixão, da Ressurreição e da Ascensão. Dessa forma, a missa nos aparece como a continuação, no tempo presente, das ações sacerdotais do Antigo Testamento.

Contudo, nessas prefigurações, as ações são de duas espécies. Umas – e é a grande maioria – são figuras do sacrifício de Cristo e, portanto, da missa enquanto ela é representação desse sacrifício; é, assim, do sacrifício de Abel e do de Isaac.[3] Eles estão em relação com a realidade que a missa representa, não com os ritos pelos quais ela o torna presente. Ora, o que devemos estabelecer aqui é o significado dos próprios ritos, que são a oblação e a manducação do pão e do vinho. Ora, esses ritos aparecem prefigurados por quatro episódios do Antigo Testamento: o sacrifício de Melquisedeque, o maná do Êxodo, o banquete da Aliança, o banquete pascal.

***

O pão e o vinho oferecidos por Melquisedeque são considerados uma figura da eucaristia a partir de uma data muito antiga. Clemente de Alexandria já fala de Melquisedeque "que oferece o pão e o vinho, o alimento consagrado como figura (τύπος) da eucaristia".[4] Esse conceito é desenvolvido por São Cipriano. A *Carta LXIII*, dirigida a Cecílio, com efeito, é consagrada a combater os hereges que rejeitavam o uso do vinho na eucaristia. Nessa ocasião, Cipriano enumera os principais textos do Antigo Testamento nos quais o vinho está presente como figura da eucaristia. Ora, entre essas passagens está a de Melquisedeque. "Em Melquisedeque, o sacerdote, nós vemos o sacramento do sacrifício do Senhor prefigurado segundo a atestação da Escritura. Melquisedeque, rei de Salém, ofereceu o pão e o vinho."[5]

Cipriano começa por mostrar que Melquisedeque é a figura (*typus*) de Cristo, apoiando-se no Sl 109,4: Tu és sacerdote para sempre segundo a ordem de Melquisedeque. "Quem é, acima de tudo, sacerdote do Deus Altíssimo senão Nosso Senhor Jesus Cristo, que ofereceu ao Pai aquilo mesmo que Melquisedeque ofereceu, a saber, o pão e o vinho, isto é, seu corpo e seu sangue".[6] Assim, da mesma forma que Melquisedeque é figura de Cristo, sua oferenda é figura da oblação de Cristo. E como Cipriano acentuava anteriormente, não somente figura do sacrifício de Cristo, mas do sacramento desse sacrifício. A

---

3   cf. CHRYSOSTOME, P.G., L, 601

4   CLÉMENS D'ALEXANDRIE. *Stromate*. IV, 25. STAEHLIN, 319, 25. SC 463. Mondésert.

5   CYPRIANUS. *Epistula*. 63, 4; CSEL, 703.

6   Idem, 704.

identidade da oferenda do pão e do vinho sublinha, com efeito, essa relação: "Assim, a figura do sacrifício, consistindo de pão e de vinho, precedeu no passado. Com efeito, aquilo que o Senhor realizou e cumpriu, quando ofereceu o pão e o cálice de vinho misturado com água: aquele que é a plenitude cumpriu a realidade da imagem figurativa".[7] A figura de Melquisedeque faz parte da catequese comum. Santo Ambrósio dela se utiliza várias vezes. Para ele é a figura essencial da eucaristia, junto com a do maná. "Nós sabemos que a figura destes sacramentos precedeu a época de Abraão, quando São Melquisedeque, que não teve começo, nem fim dos dias, ofereceu o sacrifício".[8] Ambrósio se utiliza disso, em particular, para estabelecer a anterioridade do sacrifício cristão sobre o sacrifício mosaico: "Recebe o que digo, a saber, que os mistérios dos cristãos são anteriores aos dos judeus. Se os judeus remontam a Abraão, a figura de nossos sacramentos é anterior, desde que o sumo sacerdote Melquisedeque veio até Abraão vencedor e lhe ofereceu o pão e o vinho. Quem tinha o pão e o vinho? Não Abraão, mas Melquisedeque. É, pois, ele o autor dos sacramentos".[9]

O texto de Santo Ambrósio faz alusão à passagem misteriosa da Carta aos Hebreus na qual o seu autor mostra em Melquisedeque, "sem pai, sem mãe, sem genealogia, sem começo nem fim de vida", a figura do Filho de Deus (Hb 7,3). Sabemos todos das especulações originadas por essa passagem nos primeiros séculos e das quais o próprio Santo Ambrósio não escapou. Elas nos mostram em Melquisedeque uma manifestação do Verbo e do Espírito Santo.[10] Em todo caso, o que resulta da Carta aos Hebreus é que Melquisedeque é aí apresentado como a figura de Cristo como Sacerdote eterno.[11] Mas é preciso reconhecer, de outro lado, que a passagem não faz alusão à oferta do pão e do vinho como figura da eucaristia sacramental. Então, essa figura tem fundamento no Novo Testamento ou brota somente da especulação dos Padres da Igreja?

---

7   Idem, 704.

8   *De Sacramentis*. 5,1; BOTTE, 88. [Trad. bras.: AMBRÓSIO DE MILÃO. *Os sacramentos e os mistérios*. Introdução, tradução e notas por D. Paulo Evaristo ARNS. Comentários por Geraldo Majella Agnelo. Petrópolis: Vozes, 1981. (Fontes da catequese, 5.)]

9   *De Sacramentis*. 4,10; BOTTE, 80.

10   BARDY, Gustave. *"Melchisédech dans la tradition patristique"*. In: *Revue Biblique*, (1926) 416 sqq; (1927) 24 sqq.

11   A *Carta aos Hebreus* outra coisa não faz senão aplicar à pessoa histórica de Jesus a tipologia messiânica do Salmo 109.

Um fato deve chamar a nossa atenção: a escolha feita pelo Cristo do pão e do vinho como matéria visível da eucaristia. Com efeito, recordando até que ponto os gestos de Cristo estão carregados de reminiscências do Antigo Testamento, aparece como verossímil que a escolha do pão e do vinho contenha uma alusão ao gesto de Melquisedeque, pois ele também tinha oferecido o pão e o vinho. Isso foi observado pelo P. Féret: "A quem se esforça em compreender, ele escreve,[12] pelos textos e além dos textos, o que foi em seu desenvolvimento concreto e em seu poder de evocação bíblica, a ceia de quinta-feira santa, os desenvolvimentos da Carta aos Hebreus sobre o sacerdócio de Jesus segundo a ordem de Melquisedeque, não parecem ser gratuitos, mas solidamente fundados sobre os fatos evangélicos, principalmente sobre a oferta do pão e do vinho".

Dessa forma o desenvolvimento da Carta aos Hebreus se fundamentaria sobre a própria intenção de Cristo de instituir a eucaristia. A matéria visível desta seria uma alusão efetiva ao sacrifício de Melquisedeque, querida pelo Cristo e não imaginada ulteriormente pelos Padres. Mas nos resta ainda nos interrogar qual seja o seu fundamento e a sua significação. Com efeito, já notamos, a propósito do batismo, que as analogias ilustrativas, a água para o batismo, o pão e o vinho para a eucaristia, não valeriam senão enquanto exprimiam analogias teológicas subjacentes. Resta-nos, portanto, perguntar-nos qual é a analogia privilegiada que levou o sacrifício de Melquisedeque ser considerado a figura eminente do sacrifício de Cristo. Em particular, a pergunta se coloca a respeito da superioridade propugnada pela Carta aos Hebreus, e retomada por Santo Ambrósio, do sacrifício de Melquisedeque sobre os do judaísmo.

Ora, isso foi profundamente visto por um autor do qual não falamos ainda, Eusébio de Cesareia. Ele lembra que, se os sacrifícios do judaísmo constituem uma etapa nova na preparação e na prefiguração do Novo Testamento, eles marcam, de outro lado sobre certos pontos, um estreitamento. Isso aparece em vários pontos. Em primeiro lugar, o sacerdócio em Israel se tornará exclusivo de uma tribo particular e dele as demais serão excluídas. Ao contrário, o sacerdócio de Melquisedeque é um sacerdócio universal, ele não é o privilégio de uma casta particular. "Melquisedeque não tinha sido escolhido do meio dos homens, nem ungido com um óleo fabricado".[13] Em segundo

---

12   Féret, Henri-Marie. *La messe et sa catéchèse* = Lex Orandi 7. Paris: Les Éditions du Cerf, 1947. p. 229 sqq.

13   Eusebius. *Demonstratio Ev.* V, 3. In: *P.G.* 22, 365 B-C.

As figuras da Eucaristia

lugar, o culto do Antigo Testamento é realizado em um local único, o Templo de Jerusalém. Isso aparece como um progresso, na medida em que se trata de um símbolo visível do monoteísmo: o santuário único manifesta o Deus único. Mas é também um estreitamento. E o profeta Malaquias anunciará, como um traço do reino que virá, "que o sacrifício será oferecido em todos os lugares" (1,11). Os Padres da Igreja verão nessa perspectiva uma figura da eucaristia, "sacrifício da Nova Lei, oferecido em todos os lugares" (Ml 1,11).[14] Ora, o sacrifício de Melquisedeque não está ligado a um lugar único, ele pode ser oferecido em todos os lugares.[15]

Isso é verdadeiro também para a matéria do sacrifício: "Da mesma forma que aquele que seria o sacerdote das nações não aparece em nenhum lugar como tendo usado de sacrifício corporal, mas como tendo abençoado Abraão no pão e no vinho, da mesma maneira Nosso Senhor, o primeiro e após ele aqueles que recebem dele o seu sacerdócio em todas as nações, realizando o sacrifício espiritual conforme as normas da Igreja, significam os mistérios do corpo e do sangue salutar pelo pão e o vinho. Melquisedeque, tendo contemplado antecipadamente essas coisas no Espírito Santo, usou figuras da realidade que houvesse de vir".[16] Há, pois, uma semelhança maior da eucaristia com o sacrifício de Melquisedeque do que com os sacrifícios dos judeus. P. Féret dá a razão profunda disso: "O pão e o vinho apresentados por Melquisedeque a Abraão são uma oferenda *mais espiritual*, mais próxima da simplicidade natural, do que todas as carnes sagradas que haverá de prescrever a lei mosaica".[17]

Dessa forma, a significação eucarística do pão e do vinho nos aparece. "Da mesma forma que instituiu a eucaristia no curso da refeição pascal, Cristo quis mostrar a continuidade entre o sacramento que ele instituiria e a aliança mosaica; da mesma forma instituindo sob as aparências de pão e do vinho, ele quis mostrar sua continuidade com a aliança noáquica, da qual Melquisedeque é o sumo sacerdote. Assim, não é somente do culto do Antigo Testamento que Cristo realiza as figuras. Ele realiza também as figuras de todos os sacrifícios

---

14 Idem. I,10. In: *P.G.* 22,92 C. JUSTINO DE ROMA. *Diálogo.* 28, 5; 29, 1; 41, 2; 116, 3. Trad. bras.: JUSTINO DE ROMA. *I e II Apologias. Diálogo com Trifão.* São Paulo: Paulus,1997. (Patrística, 3.); TERTULLIANUS. *Adversus Iudaeos.* 5; IRINEU DE LIÃO. *Contra as heresias.* 4, 17,18. São Paulo: Paulus, 1995. (Patrística, 4.); *P.G.* 1025 A.

15 EUSEBIUS. *Demonstratio Ev.* In: *P.G.* 22, 365 B.

16 Idem. 22, 365 D.

17 FÉRET, Henri-Marie. *La messe.* p 229. Cf. EUSEBIUS. *Demonstratio Ev.* I,10.In: *P.G.* 22, 84 A. Eusébio faz eco a uma polêmica contra os sacrifícios sangrentos que apareciam no final do judaísmo. Cf. SCHOEPS, Joachin-Hans. *Theologie und Geschichte des Judenchristentums.* Breslau: Altjüdische Allegoristik, 1936. p. 220-223.

que são oferecidos a Deus por todas as religiões e em todos os tempos. Cristo os assume e transubstancia em seu próprio sacrifício. As aparências do pão e do vinho significam esse caráter universal do sacrifício da eucaristia. E é este o significado que a liturgia da missa dá quando nos mostra essa realidade prefigurada 'o santo sacrifício, a hóstia imaculada, oferecida pelo sumo sacerdote Melquisedeque'."[18]

***

O simbolismo do sacrifício de Melquisedeque incidia sobre os elementos do pão e do vinho. Com os milagres do Êxodo, a correspondência [tipológica] volta-se para as condições maravilhosas pelas quais Deus nutriu o seu povo. Quando tratamos do batismo, já falamos do ciclo do Êxodo. A passagem do Mar Vermelho foi apresentada como figura do sacramento do batismo. A eucaristia está igualmente figurada no Êxodo. Os dois episódios essenciais são o maná do deserto e o rochedo de Horeb. Este é susceptível de uma dupla interpretação, uma batismal que se liga a São João, e outra eucarística, que é paulina.[19] Dessa forma, os sacramentos do Êxodo figuram o conjunto da iniciação realizada na noite pascal.

Os Padres da Igreja sublinham essa sequência. Assim, São João Crisóstomo escreve: "A propósito do batismo tu viste qual era a figura e qual era a realidade. Vê, eu vou te mostrar também a mesa e a comunhão dos sacramentos esboçadas nelas, se uma vez mais não desejas encontrá-la toda inteira, mas examinas os fatos, tal como é natural que eles estejam nas figuras. Com efeito, após a passagem sobre a nuvem e o mar, Paulo retoma: e todos se alimentaram do mesmo alimento espiritual. Igualmente ele te diz que, saindo da piscina das águas, tu te apressas em direção à mesa, do mesmo modo, saindo do mar, eles foram a uma mesa nova e maravilhosa, eu quero dizer o maná. E do mesmo modo que tens uma bebida misteriosa, o sangue salutar, eles também tiveram uma espécie maravilhosa de bebida, uma água abundante que brotava de um rochedo árido. Ela estava lá onde não havia nem fonte, nem águas correntes".[20]

Nessas passagens, a sequência batismo-eucaristia está bem marcada. Toda inteira a iniciação aparece como uma imitação sacramental da saída do Egito. De outro lado, o maná e a água do rochedo são aí aproximados como figuras eucarísticas. Esses mesmos traços se encontram em Teodoreto: "As coisas an-

---

18 Daniélou, Jean. *Le mystère de l'Avent*. Paris: Seuil, 1948. p. 35 sqq.
19 A respeito da interpretação batismal, cf. Daniélou, Jean. *Sacramentum futuri*. 170-176.
20 João Crisóstomo. In: *P.G.* 51, 247 A-C.

tigas eram as figuras das novas: a Lei de Moisés é a sombra, a graça o corpo. Quando os egípcios perseguiam os hebreus, estes, atravessando o Mar Vermelho, escaparam de sua tirania. O mar é a figura da piscina batismal; a nuvem, do Espírito; Moisés, do Cristo Salvador; o bastão, da cruz; o Faraó, do diabo; os egípcios, dos Satanás; o maná, do alimento divino; a água, do rochedo do sangue do Salvador. Com efeito, da mesma forma que os homens, por primeiro, após ter atravessado o Mar Vermelho experimentaram todos o alimento divino e todos a fonte extraordinária, também nós, após o batismo salutar, participamos dos mistérios divinos".[21]

A primeira das duas figuras é o maná. Embora toda a tradição alexandrina de Clemente a Orígenes, na trilha de Filão, a entenda Palavra Deus, seguindo Mt 4,4, a interpretação patrística, fundada em Jo 6,31-33, é comum nas catequeses. Citaremos somente Ambrósio.[22] Após ter estabelecido, pelo exemplo de Melquisedeque, que os sacramentos cristãos são mais antigos que os sacramentos judeus, ele mostra, no maná, que eles são mais eficazes. "É uma grande maravilha o maná concedido por Deus aos Pais. Os céus os alimentaram de um alimento cotidiano, conforme está escrito: o homem comeu o pão dos anjos (Sl 77,25). E, no entanto, aqueles que comeram este pão morreram no deserto. Este pão que tu recebes, o pão descido do céu, te comunica a substância da vida eterna, que é o Corpo de Cristo. Como a luz é maior que a sombra, a verdade que a figura, o corpo do Criador é maior que o maná do céu".[23]

Ambrósio acentua, de uma só vez, seja as analogias do maná e da eucaristia, como a superioridade da realidade sobre a figura. Mas essa superioridade não deve desconsiderar que o maná do Antigo Testamento já era diferente do alimento profano e constituía um verdadeiro sacramento. Isso é fortemente marcado por Santo Agostinho. "O maná significa o pão (eucarístico), o altar de Deus significa o pão (eucarístico). Mas já eram sacramentos. As aparências são diversas, mas a realidade é a mesma. O alimento corporal é outro, uma vez que eles comeram o maná e nós uma outra coisa. Mas o alimento espiritual é o mesmo quer para eles como para nós".[24]

---

21 Théodoret de Cyr. *Questions sur l'Octateuque.* In: *P.G.* 80, 257 B-C.
22 Cf. também Cyprien. *Epistula.* 68,14; CSEL, 763.
23 *De Mysteriis.* 46; Botte, 123.
24 *Augustinus, Tractatus in. Johannem evangelium.* 26, 6, 12. In *P.L.* 35, 1612.

Isso tem consequências para a significação figurativa do maná. A correspondência não está na analogia do elemento, que não falta. Ela é mais profunda. Ela diz respeito às condições sob as quais é dado o alimento em ambos os casos, e aos efeitos que ele produz. Tanto no maná como na eucaristia, trata-se de um auxílio dado somente por Deus e que o ser humano não pode consegui-lo por si próprio. É, portanto, uma graça sobrenatural. Trata-se, de outro lado, de um alimento cotidiano, o que distingue a eucaristia – sacramento de cada dia – do batismo – sacramento dado uma só vez. Trata-se de um alimento espiritual, que devia ser recebido com as disposições de fé (1Cor 10,3).

Ainda mais que para o sacrifício de Melquisedeque, a aplicação do maná à eucaristia aparece fundada na realidade das coisas. De outro lado, essa aplicação repousa sobre a própria Escritura. O judaísmo já havia dado um significado escatológico ao maná. Como Deus tinha alimentado o seu povo com um alimento miraculoso no tempo do Antigo Testamento, da mesma forma ele o realizaria no tempo do Novo Êxodo escatológico.[25] Essa significação escatológica do maná aparece no Novo Testamento. É assim que São João escreve no Apocalipse: "Ao vencedor, darei o maná escondido" (2,17). O maná é colocado no mesmo plano que a árvore da vida (Ap 2,17) como figura da participação nos bens divinos no mundo futuro.

O objetivo preciso do Novo Testamento é mostrar que esse alimento escatológico já está presente na Igreja, pela eucaristia. Esse é, por sua vez, o ensinamento de São Paulo e de São João. Na Primeira Carta aos Coríntios, São Paulo, após ter afirmado que os judeus do Êxodo comeram do mesmo alimento espiritual, acrescenta: "Ora, esses fatos aconteceram como exemplo para nós" (1Cor 10,6). E São João mostra-nos Cristo afirmando: "Vossos pais comeram o maná no deserto e, no entanto, morreram. Eis aqui o pão que desceu do céu: quem dele comer nunca morrerá. E Jesus continuou: Eu sou o pão vivo que desceu do céu. Quem come deste pão viverá para sempre" (Jo 6,49-51). Portanto, a figura eucarística do maná faz parte não somente da tradição perene da Igreja, mas do próprio ensinamento de Cristo.[26]

---

25 Cf Behm. *Artos.* Theol. Woert., I, p. 476; Schoeps, Hans-Joachin. *Theologie und Geschichte des Judenschristentums.* Tübingen: 1949. p. 91-93; Foot-Moore, George. *Judaïsm in the first century of the Christian Era.* Cambridge: Harvard University Press, 1927. II. p. 367-368. Bietenhard, H. *Die Himmlische Welt,* pp. 230-231.

26 Sobre a significação eucarística das palavras de Cristo, cf. Hoskyns, Edwyn Clement. *The Fourth Gospel.* London: Faber & Faber, 1947. p. 297; Cullmann, Oscar. *Urchristentum und Gottesdienst.* 2. ed. 89-99; deve-se anotar que a multiplicação dos pães é uma realização da profecia do maná escatológico, ela própria figura da Eucaristia; temos aqui os paradigmas da tipologia escatológica e da tipologia sacramental. Reencontraremos isso a respeito do rochedo de água viva e do banquete sagrado.

As figuras da Eucaristia

Vimos anteriormente que Teodoreto e São João Crisóstomo associavam o rochedo de Horeb e o maná, como figuras, à eucaristia. O maná figura o pão, e a água do rochedo o vinho. Isso representa toda uma tradição que tem sua origem em São Paulo (1Cor 10,4). Porque existe outra, da qual já falamos, que liga o rochedo de Horeb ao batismo e que tem sua origem em João. Cipriano, em particular, recusa ver nas águas do rochedo o vinho eucarístico.[27] Existem, na realidade, duas formas de tipologia que aqui se opõem, uma que insiste mais sobre os elementos visíveis, a outra sobre as realidades escondidas. Qualquer que seja a tipologia, a tradição eucarística do rochedo de Horeb é bem atestada. Vimos que ela se encontra entre os Padres da Igreja de Antioquia. Ela aparece também na tradição ocidental em Santo Ambrósio e Santo Agostinho.

Ambrósio lhe dá lugar nas suas duas catequeses. No *De Mysteriis*, as águas são associadas ao maná para manifestar a superioridade dos sacramentos cristãos. "A água brotou do rochedo para os judeus. O sangue de Cristo para ti; a água os dessedentou por uma hora; o sangue apaga tua sede para sempre. Lá o judeu bebeu e continuou a ter sede; tu, quando bebes o sangue de Cristo, não poderás jamais ter sede. A água era figura, o sangue é verdade. Se a figura parece-te admirável, quanto mais é aquele do qual tu te impressionas com a figura".[28] A comparação com a eucaristia é ainda mais precisa no *De Sacramentis*. "O que contém a prefiguração que nos apresenta o tempo de Moisés? Aí vemos que o povo judeu tinha sede e que ele murmurava a fim de que Moisés encontrasse água. Então ele tocou a rocha e desta jorrou uma água abundante, conforme a palavra do Apóstolo: eles bebiam do rochedo espiritual que os acompanhava. E esse rochedo era Cristo. Bebe, tu também, para que o Cristo te acompanhe. Vê o mistério. Moisés é o profeta; o bastão é a Palavra de Deus; a água jorra: o povo de Deus bebe. O sacerdote toca; a água brota no cálice para a vida eterna".[29]

Como Santo Ambrósio, Santo Agostinho associa o milagre do rochedo e o do maná, como figuras, à Eucaristia, seguindo São Paulo: "Todos beberam a mesma bebida espiritual. Eles beberam uma bebida. Nós uma outra. Mas essas bebidas se diferenciavam somente pela aparência visível, pois elas significavam a mesma coisa pela sua virtude escondida. Eles beberam verdadei-

---

27 Cyprianus. *Epistula*. 63, 8; CSEL, 705-707.

28 *De Mysteriis* 48; Botte, 123.

29 *De Sacramentis*. 5, 4; Botte, 89.

169

Bíblia e Liturgia

ramente a mesma bebida? Eles beberam do rochedo que os acompanhava. O rochedo é a figura de Cristo. O Cristo verdadeiro está no Verbo unido à carne. E como eles beberam? O rochedo foi golpeado por duas vezes pelo cajado. A dúplice percussão significa os dois braços da cruz".[30]

Acentuamos a alusão à cruz de Cristo. De seu lado, Ambrósio falava do sangue jorrado de Cristo. Na base dessas duas frases, vê-se aparecer o tema do sangue saído do lado de Cristo sobre a cruz. Sabe-se, com efeito, que a tradição antiga vê, na água jorrada do rochedo do deserto, a figura do sangue brotado do lado perfurado de Cristo. Um e outro figurando os sacramentos. Temos aqui uma tipologia em três planos.[31] Na água e no sangue jorrados do lado de Cristo, os Padres viram a figura do batismo e da eucaristia; destarte, a água brotada do rochedo poderia por sua vez figurar ambos. Ela significou mais geralmente o batismo; mas era normal que se visse nela também uma figura da eucaristia. E se alguém estranhasse tal fato, Agostinho respondia a respeito da passagem que acabamos de ver: importa pouco aqui a diferença do elemento visível; ela existia também para o maná. O que importa é a força invisível comunicada nos dois casos, seja sob as espécies da água do rochedo, seja sob a do vinho do cálice.[32]

***

Na passagem de sua *Carta a Cecilio*, em que enumera as figuras dos elementos eucarísticos no Antigo Testamento, São Cipriano une ao episódio de Melquisedeque com o do banquete da Sabedoria (Pr 9,5): "Por Salomão também o Espírito nos mostra a figura do sacrifício do Senhor, fazendo menção da vítima imolada, do pão, do vinho e também do altar; a Sabedoria, diz ele, construiu uma casa e a sustentou com sete colunas. Ela imolou suas vítimas. Ela misturou no odre a água e o vinho e preparou a mesa. Depois ela enviou

---

30   Augustinus. *Tractatus in Johannis Evangelium.* 26, 6, 12; *P.L.* 35, 1612.

31   Cf Rahner, Hugo. "Flumina de ventre Christi". In: *Biblica* (1941) 16, 169-302; 367-403; Braun, F. M. "L'eau et l'esprit". In: *Revue Thomiste* (1949) p. 1-30. Tudo isso está fundado na mesma Escritura. Isaías (48,21) anuncia que uma fonte brotará no final dos tempos, parecida com aquela do Êxodo, e o Cristo declarou que essa profecia fora realizada por ele (Jo 4,13). Tais textos são expressamente relacionados aos sacramentos por Cipriano (Cyprianus. *Testimones.* 1,12; CSEL, 47; *Epistula.* 63,8). Esse mesmo autor entende a profecia do batismo, mas isso não muda a interpretação geral.

32   Do mesmo modo que o maná, após a travessia do Mar Vermelho, significava a eucaristia, da mesma forma a Terra Prometida, onde corriam o leite e o mel, após a travessia do Jordão, figura o corpo de Cristo. Esta é uma figura muito antiga. (Cf. Barnabé. VI, 10-17. In: *Padres Apostolicos* = Patrística 01; Tertullien. *De resurrectione carnis.* 16 – *éd.* E. Kroymann 1906, CSEL, 47). Pode ser que a 1Pd 2,2 faça alusão a ela. O leite e o mel, oferecidos aos novos batizados, a inseriu nos mesmos ritos (Hippolyte de Rome. *La Tradition apostolique.* 23. Cf. Dahl, Nils A. *La terre où coulent le lait et le miel.* p. 60; Zenão de Verona. *Tract.,* 2, 63; *P.L.* 11, 519.

AS FIGURAS DA EUCARISTIA

seus servos que convidavam, a alta voz, para vir beber em seu odre, dizendo: Vinde comer meus pães e bebei o vinho que eu misturei para vós. Salomão fala de vinho misturado, quer dizer que ele anuncia profeticamente o cálice do Senhor com a mistura de água e de vinho".[33]

Vemos aparecer um novo tema, que corresponde a um novo aspecto da eucaristia: o do banquete, exprimindo a união com a divindade.[34] Não estamos mais no ciclo do Êxodo, mas no do Templo. A liturgia judaica conhecia um banquete sagrado, que era realizado no Templo, sobre a montanha de Jerusalém, e que era o sinal visível do povo de Deus. Assim, lemos no Deuteronômio: "Ao contrário, vocês buscarão Iahweh somente no lugar que ele, seu Deus, tiver escolhido entre todas as tribos, para aí colocar o seu nome e aí fazê-lo habitar. [...] E nesse lugar vocês comerão, diante de Iahweh seu Deus, festejando com suas famílias por tudo o que vocês tiverem realizado e que foi abençoado por Iahweh seu Deus" (Dt 12,4-7. Cf. também 17-18).[35]

Ora, encontramos em toda a tradição judaica uma série de textos que nos mostram os banquetes messiânicos reservados ao final dos tempos como um banquete sagrado, do qual os banquetes rituais da Lei foram figuras. É o sentido da passagem do Livro dos Provérbios citado por Santo Ambrósio. M. André Robert mostrou que ele dependia literariamente de uma passagem do Segundo Isaías, em que apresenta a felicidade messiânica como um banquete:

"Atenção! Todos os que estão com sede, venham buscar água.
Venham também os que não têm dinheiro:
comprem e comam sem dinheiro e bebam vinho e leite sem pagar.
Ouçam-me com atenção, e comerão bem e saborearão pratos suculentos".
(Is 55,1-3)

O tema se encontra, de outro modo, em Is 65,11-13. A concepção do banquete messiânico será especialmente desenvolvida na literatura apocalíptica. Ela já aparece no Apocalipse de Isaías:

"Iahweh dos exércitos vai preparar

---

33   CYPRIANUS. *Epistula*. 63, 5; Cf. também *Testimones*. II, 2; CSEL, 64.

34   Cf. DANIÉLOU, Jean. "Les repas de la Bible, et leur signification". In: *La Maison-Dieu*. 18, p. 133.

35   O primeiro desses banquetes é aquele que, após a conclusão da Aliança sobre o Sinai, reuniu na Montanha do Sinai Moisés, Aarão e os 70 anciãos (Ex 24,11). Os banquetes rituais são o memorial deste. Destarte, nessa perspectiva a Eucaristia aparecerá como o banquete da Nova Aliança.

no alto deste monte, para todos os povos do mundo,
um banquete de carnes gordas,
um banquete de vinhos finos, de carnes suculentas, de vinhos refinados".
(Is 25,6).

Os Apocalipses não canônicos apresentam as mesmas perspectivas. Assim o *IV Esdras*, descrevendo o mundo futuro, escreve: "Construída a cidade e preparado o banquete".[36] Particularmente importante é o *Livro de Henoc*, do qual se sabe a influência sobre o judaísmo dos tempos pré-cristãos e sobre o próprio Novo Testamento. O tema do banquete escatológico aparece nele. "O Senhor dos Espíritos habitará com eles, e com este Filho do Homem eles comerão; eles tomarão assento à mesa pelos tempos dos tempos".[37] Descobre-se que o banquete futuro apresenta também os traços de ser um banquete com o Filho do Homem. Encontramos essa dimensão no Novo Testamento: "Vocês hão de comer e beber à minha mesa no meu Reino, e sentar-se em tronos para julgar as doze tribos de Israel" (Lc 22,29-30).

Dessa forma, de um lado o banquete messiânico apresenta bem os mesmos traços que a refeição litúrgica no Templo de Jerusalém. Ele acontece na casa da Sabedoria (Pr 9,1), que M. Robert identificava com o Templo.[38] Acontece na Montanha (Is 25,6). Esta é a Montanha de Sião, local da habitação de Deus e onde acontecerá a manifestação messiânica. Acontece na Cidade (Esd 8,52), a Jerusalém terrestre figura da Jerusalém celeste. Mas, ao mesmo tempo, o banquete ultrapassa o banquete litúrgico, que é unicamente a figura. Ele apresenta uma qualidade e uma abundância que indica não estarmos mais no plano da criação presente e sim no mundo transformado (Is 25,6 e 55,1); trata-se de bens espirituais (Is 55,3) dos quais os alimentos visíveis da refeição litúrgica são o símbolo. Enfim – e é um traço especialmente importante –, como eram admitidos às refeições rituais somente os membros do povo de Israel, agora "todos os povos" são admitidos ao banquete escatológico (Is 25,6).

Portanto, a tipologia do banquete sagrado aparece no Antigo Testamento. O Novo Testamento, do mesmo modo que para o maná e o rochedo, vai afirmar apenas que o banquete, de resto precisado e enriquecido em seu conteúdo, realiza-se com o Cristo, pois com ele chegaram os tempos messiânicos. Aqui é preciso acrescentar uma importância particular dada às refeições de

---

36 VIII, 52.
37 LXII, 14.
38 Loc. cit. p. 377.

AS FIGURAS DA EUCARISTIA

Cristo narradas pelo Evangelho. Elas aparecem revestidas de uma significação religiosa e já realizando o banquete messiânico prefigurado pelos banquetes rituais do Antigo Testamento. Essa característica significativa dos banquetes do Evangelho foi assinalada por vários escritores recentes, em particular por Lohmeyer,[39] por Cullmann[40] e por P. Montcheuil.[41] "A refeições diárias de Cristo, escreve este último, têm algo de sacramental... O fato de Cristo não ter aparecido somente como um mestre que ensina, mas de ele ter querido participar da comunidade de mesa com os humanos, não marca, seja a intimidade social que ele quis estabelecer com eles, seja a vontade de os reunir entre eles e sobretudo com a sua pessoa?... Mas não basta ficar em generalidades que apelam somente para uma significação em alguma forma universal da comunidade de mesa. É preciso procurar descobrir o que isso pode representar no pensamento de Cristo e dos evangelistas... Ora, o Evangelho, em continuidade com o Antigo Testamento, faz um uso religioso da metáfora da refeição".

Um estudo mais preciso das refeições de Cristo narradas pelo Evangelho mostra-nos que tal significação não é somente religiosa, mas propriamente messiânica, isto é, que elas aparecem como sendo a realidade das quais o Antigo Testamento, de que já falamos constitui as figuras. Antes de tudo, o fato de Cristo participar das refeições aparece como uma significação messiânica e expressando a alegria anunciada pelos profetas. Vê-se isso na passagem que se segue à refeição oferecida por Mateus a Cristo. Os discípulos de João escandalizam-se: "Os discípulos de João Batista e os fariseus estavam fazendo jejum. Então alguns perguntaram a Jesus: 'Por que os discípulos de João e os discípulos dos fariseus fazem jejum e os teus discípulos não fazem?' (Mc 2,18). Cristo responde: 'Vocês acham que os convidados de um casamento podem fazer jejum enquanto o noivo está com eles?'" (Mc 2,19). Destarte os banquetes aparecem como a expressão da característica de alegria messiânica que a presença de Cristo determina.[42] Ao período representado por João, que é o da espera, sucedeu o de Jesus, que é o da presença. Encontra-se a mesma

---

39   "Vom urchristlichen Abendmahl". In: *Theologische Rundschau.* (1937) p. 276 sqq.

40   "La signification de la Sainte Cène dans le christianisme primitif". In: *Histoire de Philosophie Religieuse*, 16 (1936) p. 1-22.

41   "La signification eschatologique du repas eucharistique". In: *Recherches de Science Religieuse*, (1936) p. 5 sqq.

42   Esta palavra precede imediatamente o episódio dos discípulos que colhem as espigas no sábado. Ora, Harald Riesenfeld (*Jésus transfiguré*. p. 326) escreve que o episódio (Mc 2,23-27) "designa a refeição escatológica e representa mesmo a Eucaristia". O mesmo autor mostra o lugar, nesta passagem, da refeição escatológica e do sábado escatológico (p. 322).

BÍBLIA E LITURGIA

oposição entre João e Jesus em outra passagem: "Pois veio João Batista, que não comia nem bebia, e vocês disseram: 'Ele tem um Satanás!' Veio o Filho do Homem, que come e bebe, e vocês dizem: 'Ele é um comilão e beberrão, amigo dos cobradores de impostos e dos pecadores!'" (Lc 7,33-34).

Esta última passagem indica-nos uma segunda característica das refeições de Jesus que tocou profundamente aqueles que delas foram testemunhas e que suscitou uma forte reprovação dos fariseus: é o fato de ele aceitar comer "com os publicanos e os pecadores". É notável que essa expressão é imediatamente seguida, em Lucas, do relato do jantar na casa de Simão. Nesse jantar Jesus admite a presença da pecadora de Magdala. Da mesma forma que o banquete de Jesus na casa de Mateus, o publicano, que precede a passagem sobre o jejum e da qual já fizemos menção anteriormente, também este suscita as murmurações dos fariseus: "Alguns doutores da Lei, que eram fariseus, viram que Jesus estava comendo com pecadores e cobradores de impostos. Então eles perguntaram aos discípulos: 'Por que Jesus come e bebe junto com cobradores de impostos e pecadores?' Jesus ouviu e respondeu: 'Eu não vim para chamar justos, e sim pecadores'" (Mc 2,16-17). As últimas palavras marcam bem o significado dessa refeição. O P. de Montcheuil o explicita bem: "Aceitando esta íntima comunidade com os pecadores, Jesus mostra que ele veio destruir a barreira entre as pessoas pecadoras e Deus... É um ato de dimensão religiosa que esclarece muito bem o que existe de mais essencial na missão de Cristo".[43]

Dessa forma, as refeições de Cristo no Evangelho aparecem-nos como a realização do banquete messiânico anunciado pelas profecias e pelos apocalipses. Assim como a multiplicação dos pães nos aparece, ao mesmo tempo como a realização da figura do maná e a profecia da eucaristia, assim, as refeições de Cristo aparecem, por seu turno, como a prefiguração da admissão das nações à comunidade messiânica que se realiza na Igreja. Destarte, em uma passagem de São Lucas, Cristo declara "que não é o fato de ter comido e bebido com ele", durante sua vida terrena, que constitui a realização das promessas. "Haverá choro e ranger de dentes, quando virem Abraão, Isaac e Jacó no Reino de Deus, e vocês jogados fora. Muita gente virá do Oriente e do Ocidente, do norte e do sul, e tomarão lugar à mesa no Reino de Deus"

---

43   Op. cit. p. 32-33. Santo Ambrósio viu muito bem essa dimensão na *Traité sur l'Evangile de S. Luc 2, 11*; Lv, 66: "Jesus come com os publicanos e os pecadores. Isso significa que ele não se recusa a partilhar a refeição com aqueles aos quais deverá conceder o sacramento".

(Lc 13,28-29). Ora, M. André Feuillet afirma que isso devia ser entendido a respeito dos gentios na Igreja.[44]

A realização do banquete escatológico pela conversão das nações pagãs é, aliás, formalmente afirmada no prosseguimento da mesma passagem, pela parábola dos convidados ao banquete. Tendo um convidado de um banquete de Jesus na casa de um chefe dos fariseus afirmado "Feliz daquele que come no Reino dos Céus", Cristo responde: "Um homem deu um grande banquete e convidou muitas pessoas. Na hora do banquete, mandou seu empregado dizer aos convidados: 'Venham, pois tudo está pronto'. Mas todos, um a um, começaram a dar desculpas. Então o dono da casa ficou muito zangado, e disse ao empregado: 'Saia depressa pelas praças e ruas da cidade. Traga para cá os pobres, os aleijados, os cegos e os mancos'" (Lc 14,16-21). Nós acentuaremos que essa passagem parece fazer alusão ao tema do Antigo Testamento de onde partimos, o do banquete da Sabedoria, como já o notou Orígenes.[45] Como nos Provérbios, a Sabedoria enviou seus servos para convidar todos os que passavam para o festim preparado no Templo, assim também o pai de família envia seus servidores para convocar ao festim preparado todos aqueles que se apresentam. Da mesma forma, a Igreja aparece como a Casa da Sabedoria, onde se distribuem o pão e o vinho, não somente em figura, mas como o sacramento das coisas divinas. E é legítimo que a liturgia aplique essa passagem à eucaristia.

Mas a aplicação do festim escatológico à eucaristia possui, aqui, um caráter ainda muito geral. É na tradição patrística que encontramos as profecias da *Sabedoria* e de Isaías aplicadas explicitamente à eucaristia. Já citamos a passagem na qual São Cipriano mostra no banquete da Sabedoria uma das figuras mais explícitas da eucaristia, junto com o maná do deserto. Por sua vez, Orígenes aproxima a parábola evangélica do banquete e o convite ao banquete da Sabedoria em um contexto eucarístico: "A Igreja pede aos servidores que introduzam no meio, isto é, no local onde a Sabedoria misturou o seu vinho e, mediante os seus servidores, convida todos aqueles que estão na ignorância,

---

44   *"Les ouvriers de la vigne et la théologie de l'alliance"*. In: *Recherches de Science Religieuse*, (1947) p. 320 sqq.

45   Origène. *Commentaire sur le Cantique des Cantiques*. 3 (Libri X in Canticum canticorum); trad.: Marcel Borret, Luc; Bréssard, Henri Crouzel. SC 376. Paris: Les Éditions du Cerf, 1992; *P.G.* 13, 155.

dizendo: vinde, comei meu pão e bebei o vinho que misturei. É essa Casa de banquete onde todos aqueles que vêm do Oriente e do Ocidente tomarão lugar com Abraão, Isaque e Jacó no Reino dos céus. É nessa Casa que a Igreja e cada alma desejam entrar, tornando-se perfeitos, para usufruir das doutrinas da Sabedoria e dos mistérios da ciência como das delícias de um banquete e da alegria do vinho".[46]

A mesma interpretação aparece em São Gregório de Nissa e em Santo Ambrósio, sem referência eucarística explícita, mas com uma alusão certa ao sacramento. Dessa forma, escreve o primeiro: "A vinha em flor anuncia o vinho que encherá um dia o odre da Sabedoria e será versado aos convivas para que eles bebam com gosto na revelação divina sobre a ebriedade que eleva os homens das coisas terrenas às coisas invisíveis".[47] Ora, nesse contexto paralelo, Gregório explica que "para aqueles que conhecem o sentido escondido da Escritura não há diferença entre o que é afirmado aqui e a instituição do sacramento durante a ceia".[48] Por outro lado, nós nos lembramos de que o perfume da vinha está em relação com a confirmação, como o vinho da vinha com a eucaristia. Estamos, pois, na presença do paralelismo místico-sacramental, tão característico dos Padres Gregos.[49]

A interpretação sacramentária é mais explícita em Santo Ambrósio: "Tu queres comer, tu queres beber. Vem ao festim da Sabedoria que convida todos os homens por uma grande proclamação, dizendo: Vinde, comei meu pão e bebei meu vinho que preparei. Não temas que nesta refeição da Igreja te falte ou o perfume agradável, ou as suaves comidas, ou as bebidas variadas, ou os servidores convenientes. Lá colherá a mirra, isto é, a sepultura de Cristo, de modo que, sepultado com ele pelo batismo, tu também ressuscites como ele ressuscitou. Lá tu comerás o pão que fortifica o coração do homem, tu beberás o vinho, até que chegues à perfeita estatura de Cristo".[50] O paralelismo com o batismo, a alusão ao banquete da Igreja não deixam nenhuma dúvida sobre o sentido eucarístico do texto.[51]

---

46 Idem.

47 Gregório de Nissa. In: *P.G.* 44, 873 A.

48 Idem. In: *P.G.* 44, 989 C.

49 Cf. Lewy, Hans. *Sobria ebrietas*. Untersuchungen zur Geschichte der antiken Mystik 3. Giessen; 1929. p. 3-34.

50 Ambrosius. *De Caïn et Abel*. I, 5; ed. C. Schenkl. CSEL, 32, I, 356.

51 Cf. Quasten, Johan. *Sobria Ebrietas in Ambrosius De Sacramentis*. Miscellanea Liturgica in honorem M.C. Mohlberg. Roma: 1948. p. 124-125.

Nós vimos que a passagem da Sabedoria não era somente profecia do banquete escatológico. Assinalamos que esse tema aparecia também nas profecias e nos apocalipses. Nós nos detivemos em duas passagens: uma em Is 55,1 e a outra em Is 25,6. Ora, essas duas passagens são igualmente aplicadas pelos Padres da Igreja ao banquete eucarístico. O primeiro se encontra em Dídimo o Cego. "Vós que tendes sede, vinde às águas, vós, mesmo que não tenhais dinheiro, vinde e tomai o vinho precioso e comei as carnes suculentas. Pela água, ele designa o Espírito Santo e a fonte batismal. O vinho e a carne gorda designam o que era antes oferecido pelos judeus, e que agora indicam a comunhão imortal do corpo e do sangue do Senhor".[52] A aplicação da profecia ao batismo é muito antiga. A liturgia do sábado santo ainda a conserva. A aplicação eucarística é importante. De outro lado, Dídimo marca também o sentido cultual dos alimentos: trata-se do banquete sagrado da Lei antiga. É este banquete sagrado no qual o profeta vê uma figura dos bens escatológicos e que Dídimo nos mostra realizado na eucaristia.

Quanto à passagem do *Apocalipse de Isaías*, este é citado por Cirilo de Jerusalém, mas aplicado à unção batismal: "É desta unção que desde os tempos antigos o bem-aventurado Isaías falou dizendo: E o Senhor preparará para todas as nações um banquete sobre esta montanha – é a Igreja que ele designa assim –; eles beberão o vinho, eles beberão a alegria, eles serão ungidos com o óleo perfumado" (33,1093 B). A alusão ao μύρον é devido a um contrassenso da tradução dos LXX. O texto hebraico fala não de óleo perfumado, mas de carnes gordas. Mas a passagem nos mostra pelo menos que o texto era utilizado como figura sacramentária. A aplicação à eucaristia é feita também por Eusébio. Após ter citado esse texto, com o mesmo contrassenso, e aplicado o μύρον à unção batismal, ele conclui: "A profecia anuncia às nações a alegria do vinho, profetizando por ele o sacramento da Nova Aliança, estabelecido por Cristo, que hoje é visivelmente celebrado em todas as nações".[53]

Eusébio, como Ambrósio citado anteriormente, marca bem o que faz a característica essencial da refeição messiânica em relação ao banquete cultual judaico: é que ela é aberta a todas as nações. Portanto, isso nos conduz muito além da analogia do pão e do vinho tal como os textos nos apresentam; con-

---

52   *P.G.* 39, 716 B.
53   Eusebius. *Demonstratio Ev.* I, 10; *P.G.* 22, 92 C.

BÍBLIA E LITURGIA

duz-nos à ideia teológica fundamental: a eucaristia aparece como a realização do alimento cultual judaico, ela significa, portanto, a participação nos bens da aliança. Mas, enquanto a refeição judaica era reservada aos que tinham recebido a circuncisão e realizado suas abluções rituais, o que caracteriza os tempos novos, inaugurados pelo Messias, é que a refeição cultual está aberta a todos. Isso é verdadeiro a respeito das refeições de Cristo. Os Padres nos mostram que tal é verdadeiro também a respeito da eucaristia, figurada pelas refeições de Cristo.

Resta-nos, pois, fazer uma última consideração: o aspecto cultual da Nova Aliança aparece não somente na significação, mas na própria origem da eucaristia. Da mesma forma que observamos que a alusão a Melquisedeque pôde determinar a escolha do pão e do vinho por parte de Cristo, da mesma forma – e mais ainda – a característica de refeição que a eucaristia apresenta aparece como uma retomada da refeição cultual do Antigo Testamento. Com efeito, a refeição durante a qual o Cristo instituiu a eucaristia parece ter sido uma refeição cultual, uma *chaboura*, tal como as comunidades judaicas estavam habituadas a celebrar. A prece da consagração, com efeito, é a retomada da prece da bênção sobre os pães e sobre o vinho que o presidente tinha o costume de fazer durante a refeição.[54] É, pois, no mesmo quadro de uma refeição sagrada judaica que o Cristo instituiu a refeição da Nova Aliança, como é dentro do quadro da comemoração judaica da Páscoa que ele morreu sobre a cruz. Isso sublinha expressamente a relação, ao mesmo tempo, da continuidade e da diferença entre essas refeições sagradas e a eucaristia.

* * *

Vê-se, desde logo, a importância dessas figuras para a compreensão da eucaristia. Da mesma forma que a significação dos ritos batismais nos tinha aparecido por referência ao Antigo Testamento, assim acontece com os ritos eucarísticos. Se quisermos compreender por que é sob a forma de uma refeição, na qual se partilham o pão e o vinho, que Cristo instituiu o sacramento de seu sacrifício, é preciso nos reportar às alusões ao Antigo Testamento que esses ritos comportavam e que estavam presentes ao espírito de Cristo, antes

---

54   Cf. Dix, Gregory. *The Shape of the Liturgy*. p. 50 a 120; Bouyer, Louis. "La première eucharistie dans la dernière Cène". In: *La Maison-Dieu 18*, (1953) p. 34-47.

que a dos simbolismos que nós mesmos poderíamos elaborar. É assim que temos maior chance de conhecer o verdadeiro sentido desses ritos. Ora, essa busca nos conduziu a ver no pão e no vinho uma alusão ao sacrifício de Melquisedeque, ao maná do deserto, à refeição do Templo. Compreendemos que a eucaristia é um sacrifício espiritual e universal, que ela é o alimento do povo de Deus na caminhada em direção à Terra Prometida, que ela é, enfim, a participação de todas as nações na comunhão dos bens divinos.

Capítulo X

O CORDEIRO PASCAL

Até o presente momento estudamos separadamente as figuras bíblicas do batismo, da confirmação e da eucaristia. Mas existe certo número de textos bíblicos particularmente importantes nos quais está figurado o conjunto da iniciação. São o capítulo 12 do Êxodo, o Salmo 22(23) e o Cântico dos Cânticos. Eles tinham um papel especial na liturgia pascal, da qual constituíam as leituras e o canto. Em seguida se explica que sua relação com os sacramentos conferidos durante a noite pascal foram cuidadosamente perscrutados. Haveremos de estudá-los como conclusão de nossa pesquisa dos sacramentos, quando faremos a revisão do conjunto, cada um em função de uma perspectiva bíblica particular.

A iniciação cristã acontecia na noite pascal, do sábado santo para o domingo de Páscoa. Tal circunstância a colocava diretamente em relação com a morte e a ressurreição de Cristo. Mas a ressurreição de Cristo já estava inscrita no quadro da festa judaica da Páscoa. Compreende-se, desde então, porque a liturgia da iniciação está toda permeada de reminiscências da saída do Egito. Mas o conjunto da Páscoa judaica apresentava dois aspectos que eram suscetíveis de ser considerados como figuras da iniciação cristã. Um é constituído pelo conjunto da travessia do Mar Vermelho, seguida pela manducação do maná e pela saciação na fonte do rochedo de Horeb. Estudamos essas diferentes figuras separadamente a propósito dos sacramentos do batismo e da eucaristia, que o próprio Novo Testamento nos convida a ver simbolizados nelas.

Mas encontramos outro grupo que, também ele, foi considerado uma figura da iniciação: trata-se da aspersão com o sangue do cordeiro sobre os mon-

tantes e os portais das casas dos judeus, de modo a proteger seus primogênitos contra o anjo exterminador. Essa unção era acompanhada pela manducação do cordeiro com pães ázimos e ervas amargas. Esses dois aspectos da Páscoa correspondem à dupla tradução que os Padres da Igreja dão à palavra *Pascha*. A maior parte, na trilha de Filão, a traduz por διάβασις "travessia", e a entende como travessia do Mar Vermelho. Outros, contudo, em particular Teodoreto, a exprimem por ὑπέρβασις "ação de saltar por cima", e a compreendem como o anjo exterminador pulando as casas marcadas com o sangue do cordeiro.[1] Aliás, é este significado que corresponde à verdadeira significação da palavra. É sob esse segundo aspecto que vamos considerar o conjunto dos ritos da Páscoa como figura da iniciação cristã.

***

É por demais reconhecido, como uma figura eminente da redenção, o episódio do anjo exterminador poupando os primogênitos das casas marcadas com o sangue do cordeiro. Estamos aqui diante de um *theologumenon* essencial da Escritura: o mundo está sob o pecado, mas Deus poupa aqueles que são marcados com o sangue de Cristo. Aqui, contudo, interessa-nos um aspecto particular que é o dos sacramentos. Ora, esse episódio aparece em relação com o batismo. De um lado ele figura aquilo que o batizado realizou: o homem é pecador; o batismo é um julgamento que destruiu o homem pecador; mas, por causa de Cristo, estando destruído o pecado, o batismo engendra a criatura nova. A esse respeito, o episódio da Páscoa é análogo ao do dilúvio e ao de Rāḥāb, que aparecem figurando um dos aspectos da redenção e, portanto, do batismo.

Mas, de outro lado, os Padres consideraram a unção com o sangue do cordeiro como figura não somente do conteúdo, mas também de um dos ritos do batismo. Da mesma forma que o dilúvio coloca o tema da morte e da ressurreição em relação com a água batismal, o do cordeiro relaciona o tema com a *consignatio*. Do mesmo modo que a aspersão com o sangue sobre as portas afugenta o anjo exterminador, assim também a unção feita sobre a fronte dos candidatos ao batismo afugenta o Satanás. Portanto, a unção com o sangue figura a *sphragís* sacramental. Essa figura se tornava evidente porque a *sphragís* era o sinal da cruz marcado sobre a fronte. Ora, os Padres acentuaram que a unção sobre os umbrais e os portais fazia uma espécie de cruz. Portanto, já é a

---

1 DANIÈLOU, Jean. *Sacramentum futuri*. 182-183.

BÍBLIA E LITURGIA

cruz de Cristo que tinha preservado os primogênitos dos judeus, figurando a cruz que preservaria os cristãos.

Isso já aparece em data muito antiga. O nosso primeiro testemunho é de Justino: "Aqueles que foram salvos no Egito, foi o sangue da Páscoa que os preservou, aquele com o qual se ungiram os portais e os umbrais das portas. Pois a Páscoa é Cristo que em seguida foi imolado. Da mesma forma que o sangue da Páscoa salvou os que estavam no Egito, o sangue de Cristo preservará da morte aqueles que acreditaram nele. Será que Deus se enganaria caso o sinal (σημεῖον) não fosse encontrado nas portas? Não, mas ele anuncia anteriormente a salvação que devia acontecer pelo sangue de Cristo, para aqueles que são salvos (do pecado) dentre todas as nações, uma vez que, após ter recebido o perdão dos pecados, eles não pequem mais".[2] A palavra sinal (σημεῖον) designa, para Justino, o sinal da cruz. É esse sinal da cruz feito com sangue que preservou os judeus; é esse sinal que salva os pecadores marcados no batismo.

Essa interpretação sacramentária é ainda mais precisa nos escritores ulteriores. Assim, lemos na *Homilia pascal*, de Hipólito de Roma: "O sangue como sinal é o mistério (μυστήριον) sangrento do selo (σφραγίς) de Cristo. O sinal não era então realidade, mas figura da realidade que devia vir. Todos aqueles que têm esse sangue impresso em suas almas, como a Lei ordenava que ele fosse impresso e ungido nas casas, todos esses serão poupados da praga exterminadora. O sangue é como um sinal em vista da preservação quer das casas, quer das almas. Estas são, com efeito, pela fé e pelo Espírito Santo, uma casa consagrada. Este é o mistério da Páscoa cósmica e universal".[3] Notamos a precisão da teologia pascal dessa passagem. De outra parte, a *sphragís* designa claramente a consignação batismal. É o sinal da cruz marcado sobre a fronte que consagra a alma. Por ela o mistério pascal se estende a todo o universo das almas.[4]

De outro lado, a significação batismal da figura aparece em uso nas cateueses mistagógicas. Nós a encontramos particularmente em Cirilo de Jerusalém aplicada à renúncia a Satanás que acompanha a imposição do sinal da cruz: "É preciso que saibais que o símbolo da renúncia a Satanás se encontra

---

2 Justino de Roma. *Diálogo*. 111,4; trad. bras.: Id. *I e II Apologias. Diálogo com Trifão*. São Paulo: Paulus, 1997. (Patrística, 3.)

3 Hyppolite de Rome. *Homélies pascales*. Tome I (Une homélie inspirée du traité sur la Pâque d'Hippolyte), texte traduit et annoté par Pierre Nautin. SC 27. Paris: Les Éditions du Cerf, 1951 (réimpr. 2003).

4 Cf. Melitão de Sardes. *The Homily on the Passion*. 67, editet by Campbell Bonner. Studies and Documents.1940.

na história antiga. Com efeito, assim que o Faraó, tirano áspero e cruel, oprimia o povo livre e nobre dos hebreus, Deus enviou Moisés para os libertar da escravidão dos egípcios. Os batentes das portas foram ungidos com o sangue do cordeiro, para que o exterminador saltasse as casas que tinham o sinal (σημεῖον) do sangue. Passemos agora das coisas antigas às coisas novas, da figura (τύπος) à realidade. Lá nós temos Moisés enviado por Deus ao Egito; aqui nós temos o Cristo enviado pelo Pai ao mundo. Lá se trata de libertar do Egito o povo oprimido; aqui, de socorrer os homens tiranizados no mundo pelo pecado; lá o sangue do cordeiro descarta o exterminador; aqui o sangue do verdadeiro Cordeiro, Jesus Cristo, põe os Satanás em fuga".[5]

O último trecho é particularmente interessante. Com efeito, nós vimos que uma das funções da *sphragís* era a de colocar em fuga os Satanás; portanto, a alusão aos Satanás colocados em fuga pelo sangue de Cristo é certamente relativa à *sphragís* sacramental. De outro lado, a relação explícita com a *sphragís* se encontra em outro lugar. Gregório de Nissa escreve em seu Sermão sobre o batismo – trata-se do batismo das crianças: "Vale mais ser batizado sem ter consciência, do que morrer sem ser marcado do selo (σφραγίς) e sem ser iniciado. Nós temos a prova disso na circuncisão do oitavo dia, que é uma espécie de *sphragís* figurativa, e que era realizada em crianças sem o uso da razão – e também na unção sobre as portas que preservava os primogênitos por realidades das quais eles não tinham consciência".[6] O paralelismo com a circuncisão, que é a figura essencial da *sphragís* batismal, é característica, e também a ideia de que se trata de um rito material e não explicitamente de um ato espiritual.

Mas é com Cirilo de Alexandria que a aplicação batismal se faz mais evidente. Comentando a festa judaica da Páscoa no *De Adoratione* ele escreve: "Ao dizer que era preciso ungir as entradas das casas, quero dizer, os portais e as travessas das portas, o texto estabelece que a aspersão do sangue salve aqueles que receberam a unção: o sacramento do Cristo interdita a entrada da morte e a torna inacessível. É por isso que nós também, ungidos pelo sangue sagrado, nós nos tornaremos mais fortes que a morte e desprezaremos a corrupção".[7] A unção sobre os portais é a figura do sacramento que marca as almas com o selo de Cristo e dessa forma as subtrai do acesso da morte. O que operou

---

5   P.G. 33, 1068 A. [Trad. bras.: Cirilo de Jerusalém. *Catequeses mistagógicas*. Trad.: Frei Frederico Vier. Introdução e notas: Fernando Figueiredo. Petrópolis: Vozes, 1977. p. 26.]

6   Gregório de Nissa. *Homilia de Baptismo*. P.G. 36, 400 A.

7   P.G. 68, 1069 A.

então o sangue do cordeiro para os judeus, o batismo opera para os cristãos: "porque a eficácia dos diversos sacramentos não será diminuída".[8]

Essa doutrina está presente, de forma mais explícita ainda, nas *Homilias pascais* do Pseudo Crisóstomo, nas quais reconhecemos a tradição de Cirilo de Alexandria. A segunda homilia trata, sucessivamente, do "sacramento da unção" e da "manducação que torna presente em nós o corpo divino".[9] A Páscoa torna-se verdadeiramente figura da iniciação no seu conjunto. "A redenção operada por Cristo torna-se um sinal (σημεῖον) salutar para aqueles que dela tomam parte. Vendo o sinal, Deus salva aqueles que dele foram ungidos pela fé. Pois não existe outro caminho para escapar do anjo exterminador senão o sangue de Deus que, por amor, derramou o seu sangue por nós. Por esse sangue nós recebemos o Espírito Santo. Com efeito, o Espírito e o sangue são aparentados, se bem que pelo sangue, que nos é conatural, nós recebemos o Espírito que não nos é conatural e que o acesso da morte seja bloqueado em nossas almas. Esta é a *sphragís* do sangue".[10]

Aqui aparece toda uma teologia sacramentária da unção batismal figurada pela unção sobre as portas. A unção sobre a fronte com a sinal (σημεῖον) da cruz é o sinal visível que figurava a unção com o sangue do cordeiro. E esse sinal visível opera um efeito invisível. Aquele que é marcado por ele é reconhecido por Deus e poupado pelo anjo. O Espírito é derramado nele. É essa efusão do Espírito que é a realidade da qual a *sphragís* é o sinal. E quem tem nele a vida do Espírito já é incorruptível e não está mais sob o poder da morte. A união da *sphragís* com o Espírito Santo nos conduz mais ainda à teologia sacramentária. É o dúplice aspecto da *sphragís* que é expresso: o selo da cruz e o selo do Espírito.

A teologia ocidental não é menos precisa. E será ela que vai dar, para concluir, a atestação mais formal do simbolismo batismal da unção nas portas. Santo Agostinho, no *De catechizandis rudibus* propõe um modelo de instrução que deve ser ministrado aos candidatos ao batismo; ele escreve: "A Paixão de Cristo foi figurada pelo povo judeu, quando recebeu a ordem de marcar as portas das casas com seu sangue. É pelo sinal da sua Paixão e da sua cruz que se deve marcar atualmente sobre a fronte, como sobre uma porta, e que todos

---

8   CIRILO DE ALEXANDRIA. In: *P.G.*, 68, 897 C. Cf. também *Glaphyres. P.G.* 69, 428 A.
9   *P.G.* 59, 727 B. Jean CHRISOSTOME. *Homélie pascale*. 7. (In: sanctum pascha sermo 7.). Trad.: M. Fernand FLOËRI. SC 48. Paris: Les Éditions du Cerf, 1957 (reimp. 2004).
10 *P.G.* 59, 726 D- 727 A.

os cristãos são marcados".[11] A alusão ao rito da *sphragís* que acontecia durante a preparação ao rito do batismo é explícita. De uma maneira geral, também o é a alusão ao sinal da cruz, com o qual os cristãos eram marcados na fronte.[12]

Essa pesquisa nos permite descobrir um novo aspecto da teologia da *sphragís*. Ela aparece como sinal que afasta o anjo exterminador e, portanto, como expressão do amor gratuito de Deus poupando aqueles que foram marcados com o sangue do seu Filho. É esse aspecto que foi incorporado ao rito da *sphragís* pela mediação do sinal sobre as casas. De outro lado, observamos que esse simbolismo nos auxilia a compreender o sinal exterior da *sphragís*. Ela é constituída pelo sinal da cruz feito na fronte. Esse sinal da cruz está em relação direta com o sangue da Paixão. Esse duplo aspecto do sangue e da cruz é que constituía o rito da Páscoa judaica e ao qual o rito cristão faz eco pelo sinal da cruz, símbolo do sangue da Paixão.[13]

***

Acabamos de ver, um pouco antes, que o Pseudo Crisóstomo aproximava a unção sobre as portas e a manducação do cordeiro, como figuras do batismo e da eucaristia. É o segundo elemento que examinaremos agora. Verdadeiramente falando, a questão se coloca de modo bem diferente. Com efeito, tanto a unção sobre as portas aparece desde a origem como uma figura do batismo, quanto o símbolo eucarístico da refeição aparece como secundário. Afirmo bem o simbolismo eucarístico. Pois a interpretação figurativa da refeição pascal é, ao contrário, uma das mais antigas no cristianismo. Mas a tradição mais antiga viu nela, ao contrário, uma figura seja das circunstâncias da Paixão de Cristo, seja da vida espiritual do cristão. A interpretação sacramentária veio a seguir.

Como o banquete da Sabedoria e a refeição do Templo, a refeição pascal foi considerada já no judaísmo uma figura do reino que deve vir, como festim messiânico. "O pensamento da refeição pascal, escreve J. Leenhardt, era dominado pela lembrança da redenção, já realizada, e pela espera de uma nova redenção que realizaria definitivamente as virtualidades da primeira".[14]

---

11 AUGUSTINUS. *De catechizandis.* In: *P.L.* 40, 335; trad. bras.: AGOSTINHO. *A instrução dos catecúmenos.* Teoria e prática da catequese. Petrópolis: Vozes, 1984. (Fontes da catequese, 7.)

12 Cf. anteriormente LACTANCE. *Institutions divines.* 4,26 (Divinae institutions I); *P.L.* 6,531. Trad.: M. Pierre MONAT. SC 377. Paris: Les Éditions du Cerf, 1992; "O Cordeiro é o Cristo que salva aqueles que trazem sobre sua fronte o sinal do sangue, isto é, da cruz". Daqui em diante, LACTANCE. *Institutions divines.*

13 Pode-se notar que a unção com o sangue é interpretada, algumas vezes, pela Eucaristia (THÉODORET DE CYR. *Questions sur l'Octateuque.* 12. *P.G.* 80, 252 D; CIRILO, *Glaphyres.* In: *P.G.* 69, 428 A).

14 LEENHARDT, Franz-Joseph. *Le Sacrement de la Sainte Cène.* Paris: Delachaux et Niestlé, 1948. p. 21.

Encontra-se eco dessa interpretação escatológica no Novo Testamento: "Desejei muito comer com vocês esta ceia pascal, antes de sofrer. Pois eu lhes digo: nunca mais a comerei, até que ela se realize no Reino de Deus" (Lc 22,15). Desse modo, a ceia pascal, comida pelo Cristo com seus discípulos antes da Paixão, aparece como uma figura do banquete messiânico ao qual o Cristo convida os seus no Reino do Pai.

Todavia, é bem claro que essas palavras, pronunciadas imediatamente antes da instituição da eucaristia, não deixam de estar relacionadas com ela. Entre a refeição pascal e o banquete messiânico, a refeição eucarística constitui-se num canal intermediário. Ela já é a realização antecipada do banquete messiânico figurado pela refeição pascal. Também a Primeira Carta de São Pedro, que talvez seja uma exortação dirigida a escravos batizados no quadro da Páscoa, descreve a vida cristã, inspirando-se no ritual da Páscoa judaica: "Por isso, estejam de espírito pronto para agir, sejam sóbrios e ponham toda a esperança na graça que será trazida a vocês quando Jesus Cristo se manifestar" (1Pd 1,13). Aqui, contudo, segundo a concepção exposta anteriormente, para a Páscoa se realizar na vida da "alma cristã" depende mais das disposições pessoais dela do que do sacramento da eucaristia em si. Essa interpretação é a que se encontra no conjunto da tradição antiga.

O primeiro texto no qual encontramos uma alusão eucarística precisa é a *Homilia pascal* de Hipólito: "Vós comereis em uma casa; uma é a sinagoga, uma é a casa, uma é a Igreja, na qual o santo corpo de Cristo é consumido".[15] A interpretação da casa onde deve ser comida a ceia da Páscoa como figura da unidade da Igreja é antiga. Já é encontrada em Cipriano, ao lado da Arca de Noé e da casa de Rāḥāb.[16] Essa alusão à Igreja provavelmente levou Hipólito ao simbolismo da refeição pascal como figura da eucaristia. Com efeito, para dela participar, é preciso estar na casa, isto é, na Igreja. É, portanto, a concepção da eucaristia como sacramento da unidade que aparece figurada na refeição pascal.

Mas é com Cirilo de Alexandria que o simbolismo eucarístico da refeição pascal toma todo o seu desenvolvimento. Em *Graphyres*, o preceito de comer a Páscoa à noite é interpretado pelo fato de que a eucaristia sacramentária é reservada à vida presente: "O texto prescrito de comer as carnes à noite, isto

---

15   Hyppolite de Rome. *Homélies pascales*. II,163.

16   Cyprien de Carthage. *L'unité de l'Église*. 8 (De ecclesiae catholicae unitate, CSEL, 217). Trad.: M. Michel Poirier. SC 500. Paris: Les Éditions du Cerf, 2006. Trad. bras.: Cipriano de Cartago. *A unidade da Igreja Católica*. Petrópolis: Vozes, 1973. (Fontes da catequese, 6.)

é, no mundo presente. É assim que Paulo a nomeia, dizendo: a noite passou, o dia se aproxima. Ele designa por dia o século futuro, no qual o Cristo é a luz. O texto diz, portanto, para comer as carnes neste mundo. Com efeito, enquanto estamos neste mundo, é pela santa carne e o sangue precioso que nós conhecemos, de forma ainda grosseira, o Cristo. Mas quando tivermos chegado ao dia de seu poder e que ascenderemos ao esplendor dos santos, nós seremos santificados de uma forma que só conhece aquele que distribui os bens futuros".[17]

A refeição pascal, celebrada então pelo povo que ainda estava na noite, antes do dia de sua libertação, figura também a eucaristia como forma da comunhão do Cristo na vida presente, e figura o festim futuro. Cirilo une essa característica presente da eucaristia também à relação do cordeiro pascal com a morte de Cristo. "A comunhão à santa carne e a bebida do sangue salutar contêm a confissão da Paixão e da morte recebida por nós pelo Cristo, como ele mesmo proclamou ao instituir para os seus as leis do sacramento: Todas as vezes que comerdes este pão e que beberdes deste cálice, vós anunciareis a morte do Senhor. Portanto, no século presente, pela comunhão a essas realidades, nós anunciamos a morte. Então quando tivermos na glória do Pai, não será mais o tempo de confessar sua Paixão, mas de contemplar puramente, como Deus, face a face".[18]

Vemos, pois, sob qual aspecto a refeição pascal nos leva a considerar a eucaristia. O que caracteriza a refeição pascal é a manducação do cordeiro imolado. Esse cordeiro imolado é a figura de Cristo na sua Paixão, como São João já ensina.[19] Continuando, como refeição pascal, a eucaristia é o sacramento de Cristo enquanto destinado à morte. É um memorial da Paixão. Ora, é precisamente o sentido da passagem de 1Cor 11,26 que Cirilo cita. Podemos nos interrogar se tal passagem não é uma alusão de Cristo ao quadro pascal da instituição da eucaristia. E com razão, uma vez que as ressonâncias pascais da Primeira Carta aos Coríntios são numerosas. Vemos pois, pouco a pouco, aparecer a importância teológica do tema eucarístico do cordeiro pascal.

O *De Adoratione* retoma os temas de *Graphyres*. Aí reencontramos a oposição da vida presente, tempo dos sacramentos, à da vida futura, tempo da vi-

---

17   CIRILO. *Glaphyres*. In: *P.G.*, 69, 428 B.

18   Idem. 428 C.

19   MANSON, Thomas Walter. ΙΛΑΣΤΗΡΙΟΝ. In: *Journal of Theological Studies*. (1945), p. 20 sqq.

BÍBLIA E LITURGIA

são.[20] A relação entre a eucaristia e a vida espiritual está ligada a uma alegoria do cordeiro. "O fato que aquele que participou do Cristo, pela comunhão a sua santa carne e a seu sangue, deve ter também o seu espírito e desejar entrar em suas disposições interiores, visando conhecer aquilo que está nele, como o texto sugere, dizendo que é preciso comer a cabeça com os pés e os intestinos. Com efeito, não é a cabeça a figura do espírito, os pés a do caminho das obras, e os *interiora* das vítimas a da vida interior e escondida?".[21]

Essa alegoria pode nos parecer estranha. Na realidade, após o século III, vemos as diferentes partes do cordeiro ser objeto de uma interpretação simbólica. Hipólito entende a cabeça e o coração símbolos da divindade de Cristo; os pés, da sua encarnação.[22] Gregório de Nazianzo apresenta uma interpretação análoga.[23] E lê-se a mesma coisa em Gaudêncio de Bréscia: "Vê se pela cabeça tu não entenderás a divindade, pelos pés a encarnação no final dos tempos, pelas *interiora* os mistérios escondidos".[24] A interpretação de Cirilo é diferente. Ele vê na cabeça o pensamento de Cristo, nos intestinos a disposição de seu coração, nos pés as suas obras. Dessa forma, a eucaristia deve consistir em revestir-se das disposições, do espírito, dos costumes de Cristo. Temos um primeiro esboço de uma doutrina do "interior de Jesus Cristo".

Já assinalamos diversas vezes o parentesco das *Homilias pascais* do Pseudo Crisóstomo com os escritos de São Cirilo. Esse parentesco se verifica de novo. A segunda *Homilia pascal*, após ter comparado o batismo à unção sobre as portas, mostra no banquete pascal a figura da eucaristia. As prescrições concernentes à manducação do cordeiro são interpretadas como disposições necessárias para a comunhão. A Lei proíbe comer as carnes cruas. Atendo-se apenas à letra, isso pode parecer estranho. Quem teria a ideia de comer a carne crua? "Mas para nós isso apresenta um grande sentido e significa que não se deve ir com negligência ao santo corpo. Não participam dele aqueles que se aproximam sem respeito, e a união com ele não é correspondida pelas boas obras. Da mesma forma, aqueles que transformam a eucaristia em refeição abundante, fazendo da comunhão santificadora um pretexto para comer e beber. Estes são rejeitados pelo Apóstolo, pois eles não acedem santamente ao que é santo. Destarte, são culpados de impiedade aqueles que não preparam por

---

20 CIRILO. *De Adoratione.* 17. In: *P.G.* 68, 1073 A.

21 Idem. 1072, A.

22 HYPPOLITE DE ROME. *Homélies pascales.* 29.

23 GREGÓRIO DE NAZIANZO. In: *P.G.* 36, 645 A.

24 GAUDÊNCIO DE BRÉSCIA. *P.L.* 68, 27.

seus corpos para a comunhão ao corpo de Cristo, [corpo] que ele nos doou para que, unidos a ele, nós nos tornemos dignos de receber o Espírito Santo".[25]

Observamos o acento colocado sobre a necessidade da retidão de intenção para receber o sacramento; parece mesmo tornar-se uma condição de validade. De outro lado, encontramos o acento colocado sobre o Espírito, que caracteriza as *Homilias*. O autor continua comentando alegoricamente, como Cirilo, as partes do cordeiro, mas com um simbolismo diferente: a cabeça significa a primeira vinda de Cristo, os pés a Parusia final. De toda maneira, a refeição pascal é inteiramente interpretada em função da comunhão eucarística. De outro lado, isso é explicitamente afirmado: "A preparação do santo alimento foi assim prescrita pela Lei em seus símbolos, e essa prefiguração foi prescrita em vista de nossa utilidade".[26] Reconhece-se, nesta última expressão, a frase de São Paulo a respeito do rochedo do deserto. Nosso autor estende o princípio à refeição pascal.

Nós vimos agora as características da tipologia eucarística da refeição pascal. De um lado, funda-se no próprio Novo Testamento, pelo fato de Cristo ter instituído a eucaristia no quadro da refeição pascal. A figura conduz não aos elementos, que são diferentes, o pão e o vinho de um lado, o cordeiro de outro, mas à própria refeição. Essa refeição era, no judaísmo, um "sacramento de salvação".[27] Mas esse sacramento era figurativo. Na eucaristia, a realidade que prefigurava o cordeiro está agora presente nas aparências do pão e do vinho. Portanto, a eucaristia aparece como a manducação do verdadeiro cordeiro pascal. E sua relação com a refeição pascal carrega-a de toda a significação simbólica daquela.

Eis a segunda interpretação da nossa tipologia. Ela sublinha um aspecto capital da eucaristia: sua relação com a Paixão de Cristo. Com efeito, segundo o Novo Testamento, o cordeiro pascal é a figura da Paixão. Portanto, enquanto a Paixão é figurada pelo cordeiro pascal, pensada conforme a categoria pascal, a eucaristia aparece como sacramento da Paixão. É isso que Cirilo compreendeu muito bem. Ela é memorial da Paixão. Mais ainda, ela é participação no mistério da morte e da ressurreição de Cristo. O cordeiro pascal era o sacramento da Aliança Antiga, recordando a eleição gratuita do povo de Israel.[28]

---

25 Chrisostome. *Homélie pascale*. In: *P.G.* 59, 727-728.

26 Idem.

27 Leenhardt, Franz-Joseph. *Le Sacrement de la Sainte Cène*. p. 21.

28 "O sentido da festa pascal era atualizar todo ano, de modo vivificante, a aliança estabelecida pela graça divina entre Iahweh e Israel" (Leenhardt. p. 19).

Destarte, a eucaristia é "o sangue da Nova Aliança, derramado pela remissão dos pecados", não somente do povo judeu, mas "de uma multidão". A eucaristia é o sacramento da aliança com a humanidade, concluída pelo Cristo sobre a cruz.

* * *

Entre as indicações que acompanham a refeição pascal deixamos de lado, até agora, as que dizem respeito aos ázimos que são comidos com o cordeiro. Eles aparecem duas vezes no texto do Êxodo a propósito da Páscoa. Fazem parte da refeição pascal e, durante os sete dias seguintes, são o alimento do povo. Este último uso é o mais antigo. A festa dos ázimos é muitas vezes mencionada no Pentateuco.[29] A princípio constituía uma festa distinta da Páscoa e também da festa das primícias. Começava no dia 15 de nîsãn, na manhã seguinte à Páscoa, e durava sete dias. Dessa festa, o uso dos ázimos introduziu-se no ritual da Páscoa. No Deuteronômio já se constata a fusão.

Deixaremos de lado a distinção entre esses dois aspectos dos ázimos para nos deter somente no próprio simbolismo do elemento. Há uma particular importância no simbolismo pascal, porque já se encontra figurativamente interpretado pelo Novo Testamento. Com efeito, na Primeira Carta aos Coríntios, na qual já constatamos os inumeráveis contatos com a Páscoa, São Paulo escreve: "Vocês não sabem que um pouco de fermento leveda a massa toda? Purifiquem-se do velho fermento, para serem massa nova, já que vocês são sem fermento. De fato, Cristo, nossa páscoa, foi imolado. Portanto, celebremos a festa, não com o velho fermento, nem com fermento de malícia e perversidade, mas com pães sem fermento, isto é, na sinceridade e na verdade" (1Cor 5,6b-8).

São Paulo retira daqui seu simbolismo porque os ázimos eram um pão sem fermento. Ora, o fermento era constituído da velha massa fermentada. Os ázimos são os primeiros pães constituídos da farinha da nova moedura, quando ainda não há o fermento. Portanto, os ázimos aparecem como um símbolo da novidade da vida. Comidos após a Páscoa, os ázimos significam que, após a imolação de Cristo, do qual os cristãos se fizeram participantes pelo batismo, estes morrem para a vida antiga e vivem de uma vida nova. É preciso notar que os sete dias correspondem à semana pascal, que se seguia ao batismo, e durante a qual as vestes brancas dos novos batizados simbolizavam a novidade de vida na qual tinham entrado.

---

29   Cf. Ex 23,15; Lv 29,6-8; Nm 28,17; Dt 16,1-4.

Esse simbolismo paulino determinará todo o desenvolvimento ulterior. Os ázimos jamais aparecem como figura da eucaristia propriamente dita. Mas eles se ligam ao simbolismo da iniciação enquanto representam as disposições dos novos iniciados. Dessa forma, são a figura do tempo que se seguiu à iniciação batismal, e mais geralmente da existência cristã. É preciso observar, de outro lado, que o simbolismo dos ázimos, porque representa uma vida pura, é anterior ao cristianismo. Já para Filão, "os ázimos foram prescritos pela Lei para reanimar as brasas da vida pura e austera, que era aquela dos primeiros tempos da humanidade – a festa dos ázimos, com efeito, é a comemoração anual da criação do mundo – e para testemunhar admiração e honra à simplicidade e à pobreza da existência primitiva".[30] O cristianismo uniu esse simbolismo à nova criação operada pelo Cristo em vez de ver nele uma comemoração da criação primitiva.

Os mais antigos autores cristãos entendem o símbolo dos ázimos no sentido paulino, sem que haja aí um liame direto com os sacramentos; eles simbolizam simplesmente a existência cristã e sua novidade. Assim, para Justino, "o que significavam os ázimos é que vós não mais realizeis as velhas obras do mau fermento. Mais vós tendes realizado tudo de uma forma carnal – trata-se dos judeus. É por isso que Deus ordenou preparar um novo fermento, após os sete dias dos ázimos, o que significa a prática das obras novas".[31] O simbolismo conduz ao novo fermento, que significa assim a vida nova trazida pelo Evangelho. É o simbolismo da massa nova, mas aplicado ao Cristo, que nós encontramos em Hipólito: "Que os judeus comam os ázimos durante sete dias, que eles pratiquem a virtude durante as sete idades do mundo. Mas nós, nossa Páscoa, o Cristo foi imolado, e nós temos recebido uma nova massa de sua mistura santa".[32]

Aqui, ainda, é Cirilo de Alexandria quem exprime, de forma mais clara, a relação do simbolismo dos ázimos com a eucaristia. Não que ele faça dos ázimos o símbolo da eucaristia. Mas eles são apresentados simbolizando a vida daquele que participou da eucaristia. Assim nos *Glaphyres*: "O texto prescreve aos judeus comerem os pães ázimos, significando figurativamente que aqueles que comungaram o Cristo devem alimentar seus lumes de desejos sadios e puros, familiarizando-se com uma forma de vida inocente e sem mistura de

---

30   Filão de Alexandria. *De Specialibus Legibus*. 2, 160.

31   Justino de Roma. *Diálogo*. 14, 3.

32   Hippolyte de Rome. *Homélies pascales*. 39.

BíBLIA E LITURGIA

malícia".[33] Estamos inteiramente dentro da linha paulina, mas com uma alusão mais explícita à eucaristia.

O *De Adoratione* desenvolve ainda mais a mesma ideia: "Nós todos, que fomos santificados e que comungamos da vida eterna, pelo modo sacramental, nós devemos nos esforçar sem cessar para guardar a lei estabelecida pela Páscoa. Nós não cessaremos de celebrar a festa no Cristo, retirando o fermento de nossos territórios, isto é, de toda a terra onde iremos morar. Com efeito, é preciso que aqueles que foram chamados à fé e à justiça, que estão no Cristo, celebrando espiritualmente a festa, não o façam mais no fermento da malícia e do pecado, mas, ao contrário, purificando o velho fermento, se transformem em alguma coisa de melhor e apareçam como uma massa nova, com toda a sua família e toda a sua casa, o que significa a imensa multidão daqueles que receberam a fé".[34]

Estamos dentro da mais pura linha paulina. E é mesmo mais curioso ver Cirilo em seguida voltar a um tema de Filão: "O texto afirma que é preciso chamar santo o primeiro dia da semana, demonstrando assim, eu penso, que a época das origens da existência humana era santa, em Adão nosso primeiro pai, quando ele não tinha ainda violado os mandamentos. Mais santo a muito maior é o tempo do fim, aquele de Cristo, que é o segundo Adão, restaurando nossa raça, após os acidentes acontecidos no meio, na novidade da vida".[35] Esse texto admirável ordena a ideia filoniana dos ázimos como símbolo dos tempos primitivos, e a ideia paulina dos ázimos como símbolo dos tempos que virão depois de,Cristo, em uma perfeita síntese, resumindo, assim,o simbolismo dos ázimos.[36]

***

Pelo que dissemos até o momento, vê-se que o mistério da Páscoa presta-se, de forma muito especial, para figurar a iniciação cristã. De outro lado, a coincidência da data da Páscoa judaica e a daquela em que era geralmente

---

33 CIRILO DE ALEXANDRIA. *Glaphyres*. In: *P.G.* 69, 429 A.

34 CIRILO. *De Adoratione*. 17. In: *P.G.* 68, 1076 C.

35 Idem. 1076 D.

36 Nessas diferentes passagens, Cirilo fala da festa dos ázimos. Quando ele comenta os ázimos da refeição pascal, vê aí antes de tudo as disposições necessárias à comunhão mais do que aquelas que a seguem (*Homiliae Paschales*. 19. In: *P.G.* 77, 825 A).

concedido o batismo convidava à aproximação. Mas essa mesma coincidência não era fortuita. Exprimia uma relação entre as duas realidades. Com efeito, trata-se de um mesmo mistério que se realiza em um e em outro, o do anjo exterminador, poupando os que estão marcados com o sangue, e o da refeição comemorativa da aliança assim constituída. Destarte, a tradição patrística não fez senão precisar uma doutrina já inscrita nos próprios acontecimentos antes de estar nas Escrituras que lhes dão suporte e que é a expressão da unidade do plano de Deus manifestado pelas correspondências entre as duas alianças.

Capítulo XI

O SALMO 22(23)

As numerosas e importantes alusões que as catequeses antigas fazem ao Salmo 22(23) chamam grandemente a atenção. Assim na *Quarta catequese mistagógica*, São Cirilo de Jerusalém escreve: "O bem-aventurado Davi te faz conhecer a força do sacramento (da eucaristia), dizendo: Tu preparas uma mesa diante dos meus olhos, em face dos que me perseguem. O que ele designa com isso senão a mesa sacramental (μύστικη) e espiritual que Deus nos preparou? Tu ungiste minha cabeça com o óleo. Ele te ungiu a cabeça na fronte, pela *sphragís* de Deus que recebeste, para que tu te tornes marcado pela *sphragís*, consagração a Deus. E tu percebes também que é questão do cálice sobre o qual Cristo, após ter dado graças, disse: este é o cálice do meu sangue".[1]

Desse modo, se vê que para Cirilo o Salmo 22(23) é considerado uma profecia da iniciação cristã. Na unção do óleo, ele encontra a *sphragís* pós-batismal feita com o óleo consagrado; na mesa e no cálice: E meu cálice pleno e inebriante é admirável, ele nos mostra a figura das duas espécies do sacramento. Voltaremos a esses simbolismos. Porém, o que queremos notar é que Cirilo alude ao texto como se este fosse bem conhecido pelos neobatizados. Isso parece supor que o Salmo já lhes tivesse sido explicado antes dos sacramentos que lhes foram ministrados na noite pascal. Dessa forma, Cirilo tem a necessidade de lhes explicar agora só a significação profética.

Ora, isso nos é explicitamente afirmado por Santo Ambrósio, ele que também comenta o Salmo em suas duas catequeses. "Escuta qual sacramento rece-

---

1   CIRILO DE JERUSALÉM. *Catequeses mistagógicas.* Trad.: Frei Frederico VIER. Introdução e notas: Fernando Figueiredo. Petrópolis: Vozes, 2004; no texto é a catequese n. 4, p. 44.

O Salmo 22(23)

beste, escuta Davi que te fala. Ele também previa em espírito estes mistérios e exultava e declarava: 'não precisar de nada' (v. 1). Por quê? Porque aquele que recebeu o Corpo de Cristo não precisará jamais de nada. Quantas vezes escutaste o Salmo 22(23) sem compreendê-lo. Vê como ele convém aos sacramentos celestes".[2] Este ensino faz-se mais preciso aqui. O neobatizado "escutou muitas vezes o Salmo sem compreender". Dentro, pois, da liturgia do batismo ele ocupava um lugar fundamental.

Essa função torna-se mais precisa com o apoio de outros textos. Dídimo de Alexandria escreve no *De Trinitate*: "Para aqueles aos quais ainda não se conferem os bens terrestres, por causa de sua idade, a riqueza divina é comunicada toda inteira. Desse modo, eles cantam alegremente: O Senhor me conduz e nada me faltará".[3] Assim o Salmo era cantado pelos novos batizados. Podemos mesmo ir mais longe, e uma passagem de Santo Ambrósio nos mostra o momento em que ele era cantado: "Tendo deposto os trajes do antigo erro, sua juventude renovada como a da águia, ele se dirige para o banquete celeste. Ele chega e, vendo o altar preparado, proclama: Tu me preparaste uma mesa".[4] Destarte, o Salmo 22(23) devia ser cantado no curso da procissão da noite pascal que conduzia o novo batizado para a igreja onde ele iria fazer sua primeira comunhão.

Compreende-se que o Salmo tenha parecido apropriado para ser cantado nesse momento. Ele constituía como que o resumo de toda a iniciação batismal. De Gregório de Nissa temos um breve comentário sacramental que nos mostra bem porque podia ser assim considerado: "Por este Salmo o Cristo ensina à Igreja que é preciso, antes de tudo, que tu te tornes uma ovelha do Bom Pastor; é a catequese que te guia para as pastagens e as fontes da doutrina. É preciso que sejas antes sepultado com ele na morte pelo batismo. Mas isso não é a morte, mas sombra e imagem da morte. Após isso, ele prepara a mesa sacramental. Depois ele unge com o óleo do Espírito. Por fim ele traz o vinho que alegra o coração do homem e produz a sóbria embriaguez".[5]

---

2   *De sacramentis*. 5,12-13; Botte, 91; trad. bras.: Ambrósio de Milão. *Os sacramentos e os mistérios*. Introdução, tradução e notas por D. Paulo Evaristo Arns. Comentários por Geraldo Majella Agnelo. Petrópolis: Vozes, 1981. (Fontes da catequese, 5.)

3   Didymus. *De Trinitate*. In: *P.G.* 39, 708 C.

4   *De Mysteriis*. 43; Botte, 121.

5   Gregório de Nissa. In: *P.G.* 46, 692 A-B. Esse paralelismo do Salmo 22(23) e da iniciação aparece pela primeira vez em Orígenes (Lewy, Hans. *Sobria ebrietas*. p. 127).

BÍBLIA E LITURGIA

Temos aqui o modelo da explicação que devia ser dada do Salmo 22 na catequese batismal. Com efeito, o texto de Gregório de Nissa outra coisa não faz senão dar de forma mais completa o que se encontra na *Catequese mistagógica* de Cirilo de Jerusalém. Portanto já sabemos que o Salmo era cantado na noite pascal – e sem dúvida em outras circunstâncias da iniciação; por outro lado, que ele era explicado, desde antiga data, no decurso da semana da Páscoa. Com efeito, o comentário do Salmo está próximo de outros comentários que eram feitos nesse período: o do *Cântico dos Cânticos* e o do *Pai-nosso*. Esses três textos representam três documentos secretos cujo sentido não podia ser comunicado senão aos batizados.[6]

Mas se coloca uma última questão. Para que os batizados pudessem cantar o Salmo durante a noite pascal, era preciso que o aprendessem. É justamente o que nos sugere Eusébio: "Assim que nós aprendemos a fazer a memória do sacrifício sobre a mesa com os sinais sacramentais do corpo e do sangue, segundo as prescrições da Nova Aliança, nós aprendemos a dizer, pela voz do profeta Davi: "Tu preparaste uma mesa para mim diante daqueles que me perseguem. Tu ungiste minha cabeça com o óleo". Claramente, nesses versículos, o Verbo designa a unção sacramental e os santos sacrifícios da mesa de Cristo".[7] Esse texto confirma, antes de tudo, que as palavras do Salmo eram cantadas no momento em que o novo batizado assistia, pela primeira vez, ao sacrifício eucarístico. Ele nos revela, ainda, que essas palavras eram ensinadas.

Ora, nós estamos certos, ao menos para uma liturgia, a respeito das circunstâncias nas quais o Salmo era ensinado. Em um sermão, falsamente atribuído a Santo Agostinho, temos com efeito uma explicação do Salmo destinada a acompanhar a *Traditio*: "Nós vos transmitimos este salmo, ó bem-amados que caminhais para o batismo de Cristo, a fim de que o conheçais pelo coração. Ora, é necessário, visto sua significação escondida (*mysterium*), que nós vo-lo expliquemos com a luz da graça divina".[8] Sabe-se que durante a preparação quaresmal havia uma *Traditio* do *Credo* e, às vezes, do *Pater*, que devia ser aprendida e depois recitada (*redditio*). Ora, esse texto nos faz saber que acontecia a mesma coisa com o Salmo 22(23).

---

6   Mais tarde o Salmo 22(23), como o *Pater* serão explicados durante o batismo.

7   EUSEBIUS. *Demonstratio*. I, 10.

8   AGOSTINHO. In: *P.L.* 39, 1646.

O Salmo 22(23)

De outro lado, em uma série de discursos sobre os Salmos, estudados por Dom Germain Morin,[9] encontra-se uma explicação do Salmo 22(23) que comporta indicações análogas e que, portanto, foi pronunciada diante dos aspirantes ao batismo, por ocasião do rito da *traditio*. "Guardai no coração os versículos deste Salmo, diz o autor, e recitai-os oralmente". E mais adiante: "Guardai o Salmo que vos foi transmitido (*traditum*), de modo que, possuindo-o oralmente, vós o realizeis em vossa vida, em vossas palavras e em vossos costumes". E o texto continua com uma explicação sacramental do Salmo. A "mesa preparada é o altar eucarístico sobre o qual o pão e o vinho são mostrados cada dia *in similitudinem corporis et sanguinis Christi*. O perfume espargido sobre a cabeça é o óleo do crisma, do qual os cristãos retiram o seu nome". Portanto esses dois textos nos atestam a existência de uma *traditio* do Salmo 22(23). Ora, nós sabemos que, ao menos na liturgia de Nápolis, havia uma *traditio psalmorum*, atestada pelo quarto domingo da quaresma.[10]

***

Afirmamos que o Salmo 22(23) tinha sido considerado pelos Padres como um resumo misterioso da sucessão dos sacramentos. Podemos ver como a tradição concebeu a interpretação tipológica dos diversos versículos. A seguir veremos sobre o que repousa essa interpretação. O versículo 2 fala de uma pastagem para a qual o Pastor conduziu suas ovelhas. São Gregório de Nissa vê nessas pastagens a catequese preparatória ao batismo em que a alma é alimentada pela Palavra de Deus. Essa interpretação já se encontra em Orígenes, que vê no fato "de ser conduzido ao verde prado", a instrução feita pelo Pastor.[11] São Cirilo de Alexandria é mais preciso ainda: "O lugar da verdura deve ser compreendido das palavras sempre verdejantes, que é a Santa Escritura inspirada, que alimenta os corações dos crentes e lhes dá a força espiritual".[12] A interpretação conduz à Palavra de Deus, mas sem referência à catequese. Enfim, Teodoreto escreve que, pelas pastagens, a Escritura entende "a santa doutrina das palavras divinas pelas quais a alma deve ser alimentada, antes de chegar ao alimento sacramental".[13]

---

9   "Études sur une série de discours d'un évêque de Naples au VIe siècle". In: *Révie Bénédictine*, (1884) p. 385 sqq.

10   Morin, Dom. Op. cit. p. 400; Dondeyne. A. "La discipline des scrutins". In: *Revue d'Histoire Écclesiastique*, (1932) p. 20-21.

11   Origène. *Commentaire sur le Cantique des Cantiques*. 2. In: *P.G.* 13, 121 B.

12   Cirilo de Alexandria. In: *P.G.* 69, 841 A.

13   Théodoret de Cyr. In: *Questions sur l'Octateuque*. In: *P.G.* 80, 1025 C. Cf. também Ambrosius. *Expositio de psalmo* 118. 2. ed. M. Petschenig 1913. SC 62; 475; CSEL, 62, 299; há uma nova edição: *Expositio psalmi*

BÍBLIA E LITURGIA

O versículo 3 designa, em geral, o batismo: "para fontes tranquilas me conduz". Desta forma, lemos em Atanásio: "As fontes tranquilas significam sem dúvida o santo batismo pelo qual o peso do pecado é retirado".[14] Cirilo de Alexandria liga o lugar de muito verde às águas tranquilas: "O lugar de muito verde é o paraíso de onde nós caímos e para onde o Cristo nos conduz e nos estabelece pelas águas tranquilas".[15] Teodoreto dá a mesma interpretação: "As águas tranquilas são o símbolo daquela na qual aquele que procura a graça é batizado: ele se despe da vetustez do pecado e recupera a juventude".[16] O interessante é que tais comentários não são mistagógicos. Portanto, parece que o Salmo, de modo geral, era interpretado no sentido sacramentário.

Ao lado da tradição que vê o batismo no versículo 2, uma outra o coloca no versículo 3: "Embora eu caminhe por um vale tenebroso, nenhum mal temerei, pois junto a mim estás". É o sentido de Gregório de Nissa: "É preciso que sejas sepultado na morte com ele pelo batismo. Mas esta não é uma morte, mas uma sombra e uma imagem da morte".[17] É notável que Cirilo de Alexandria diz a mesma coisa: "Uma vez que somos batizados na morte de Cristo, o batismo é chamado sombra e imagem da morte, que não deve ser temida".[18] Nós reconhecemos a tipologia sacramentária do batismo, imitação ritual da morte de Cristo, realizada pela imersão na água, e que produz um efeito real.

O versículo seguinte dá a entender a efusão do Espírito: "teu bastão e teu cajado me deixam tranquilo [são o meu guia]". A palavra guia traduz o grego παράκλησις. É ela que explica ver-se nesse versículo uma alusão ao Paráclito.[19] Assim, em Gregório de Nissa: "Ele te conduz a seguir pelo bastão do Espírito; com efeito o Paráclito (aquele que guia) é o Espírito".[20] Porém mais genericamente a efusão do Espírito está ligada ao versículo 5: "unges minha

---

118; Rec. M. Petschenig, editio altera supplementis aucta curante M. Zelzer, 1999. De agora em diante citaremos: Ambrosius. *Expositio de psalmo 118*.

14 Athanasius. *Expositio Psalmi 23*. In: *P.G.* 27, 140 B.

15 Cirilo de Alexandria. In: *P.G.* 69, 841 A.

16 Théodoret de Cyr. In: *Questions*. In: *P.G.* 30, 1025 D.

17 Gregório de Nissa. In: *P.G.* 46, 692 B.

18 Cirilo de Alexandria. In: *P.G.* 69, 841 B.

19 A palavra grega παρακαλεῖν significa, às vezes, no Antigo Testamento "guiar". É esse sentido que convém aqui para vale profundo [riacho perigoso] (cf. Ex 15,2; Is 49,10). É, de outro lado, um aspecto do Paráclito no NT (Jo 16,13). Cf. Barrett, C.-K. "The Holy Spirit in the forth Gospel". In: *Journal of Theological Studies*, (1950) p. 1-16.

20 Gregório de Nissa. In: *P.G.* 46, 692 B. Para Ambrósio (*De Sacramentis*. 5,13; Botte, 95) e Teodoreto (*Questions*. 71, 1028 B), trata-se do selo da cruz marcado sobre o batizado e que põe o Satanás em fuga.

O Salmo 22(23)

cabeça com óleo". É assim para Cirilo de Jerusalém: "Ele ungiu tua cabeça com óleo sobre a fronte, pelo selo que tu recebes de Deus, para que tenhas a marca do selo".[21] A mesma coisa em Atanásio: "Este versículo designa o crisma sacramental".[22] Teodoreto é mais explícito ainda: "Estas coisas são claras para aqueles que foram iniciados e não precisam de nenhuma outra explicação. Eles reconhecem o óleo espiritual com o qual suas cabeças foram ungidas".[23]

Destarte, os Padres buscaram encontrar os sacramentos do batismo e da confirmação nos primeiros versículos do nosso Salmo. Porém, mais ainda, os últimos versículos lhes parecem uma figura do banquete eucarístico. E antes dos outros o versículo 5: "Tu preparaste uma mesa para mim". A interpretação eucarística encontra-se em todos, a ponto de se tornar uma das figuras mais constantes. Ela é encontrada nas catequeses sacramentárias. É assim em São Cirilo de Jerusalém: "Se tu queres conhecer o efeito do sacramento, interroga o bem-aventurado Davi que diz: Tu preparaste uma mesa para mim, bem à face dos que me perseguem. Eis o que ele quer dizer. Antes da tua chegada, os Satanás prepararam para os homens mesas imundas, cheias de poderes diabólicos. Mas quando tu chegaste, Senhor, puseste diante de mim uma mesa, que não é outra senão a mesa sacramental e espiritual que Deus nos preparou".[24]

Vimos que Santo Ambrósio coloca tais versículos nos lábios do novo batizado quando ele chega diante do altar para participar, pela primeira vez, da missa: "Ele chega, e vendo preparado o santo altar, exclama: preparaste diante de mim uma mesa".[25] A mesma interpretação é apresentada por Gregório de Nissa: "Ele prepara a mesa sacramental".[26] Encontra-se a mesma figura em Atanásio.[27] São Cirilo torna mais preciso esse efeito: "A mesa sacramental é a carne do Senhor que nos fortifica contra as paixões e Satanás. Com efeito, Satã tem medo dos que participam com reverência dos mistérios".[28] E para Teodo-

---

21   *P.G.* 33, 1102 B; Cirilo de Jerusalém. *Catequeses mistagógicas.*

22   Athanasius. *Expositio Psalmi 23.* 140 C.

23   Théodoret de Cyr. *Questions.* 71, 1028 C.

24   *P.G.* 33,1102 B; Cirilo de Jerusalém. *Catequeses mistagógicas.* p. 44. Na *Primeira Catequese*, dirigida aos catecúmenos, Cirilo entende este versículo como significando a catequese (*P.G.* 33, 377 B).

25   *De Mysteriis.* 43; Botte, 121.

26   Gregório de Nissa. In: *P.G.* 46, 692 B.

27   Athanasius. *Expositio Psalmi 23.* 140 D.

28   Cirilo de Alexandria. In: *P.G.* 69, 841 C.

BÍBLIA E LITURGIA

ro de Mopsuéstia trata-se "do alimento sacramental que nos é proposto por aquele que foi estabelecido como Pastor".[29]

Se a mesa preparada pelo Pastor é considerada figura da refeição eucarística, é mais ainda também da "taça transbordante" ou, como traduzem os LXX, do "cálice inebriante", que ele propõe aos seus. A aplicação da segunda parte do versículo 5 – "minha taça é transbordante" – à eucaristia é antiga e importante, pois já a encontramos em São Cipriano,[30] entre as figuras eminentes da eucaristia: "A mesma figura (da eucaristia) é expressa nos Salmos pelo Santo Espírito quando ele faz menção do cálice do Senhor: Vosso cálice que embriaga é admirável. Mas a embriaguez que vem do cálice do Senhor não se parece com aquela que dá o vinho profano. É por isso que ele acrescenta: É verdadeiramente admirável. Com efeito, o cálice do Senhor embriaga de tal modo que ele deixa [em ação] a razão".[31]

Retornaremos logo sobre a questão da embriaguez produzida pelo vinho eucarístico. No momento, observemos somente que a expressão "calix praeclarus" a tal ponto foi incorporada à liturgia eucarística que foi introduzida no cânon da missa romana: "Accipiens et hunc praeclarum calicem". A aproximação com o cálice da ceia é feita explicitamente por Cirilo de Jerusalém em sua catequese eucarística: "Teu cálice que embriaga é admirável. Tu vês que se trata aqui daquele cálice que Jesus tomou nas suas mãos e sobre o qual deu graças, antes de dizer: Este é meu sangue que será versado por uma multidão para a remissão dos pecados".[32] Da mesma forma Santo Atanásio interpreta o versículo da "alegria sacramental".[33]

É preciso que retornemos para um traço importante, que é a expressão "inebriante", unida ao cálice. Com efeito, essa expressão foi a fonte de numerosos desenvolvimentos que sublinham um aspecto da eucaristia significado pelo vinho. A expressão "inebriante" opera espiritualmente efeitos análogos aos do vinho, isto é, a alegria espiritual, o esquecimento das coisas da terra, o êxtase. Mas o vinho não opera esses efeitos espirituais como o faz o vinho profano. A embriaguez que o vinho eucarístico versa é uma "sóbria embria-

---

29 THÉODORE DE MOPSUESTE. *Les homélies*. 1028 B.

30 Anteriormente ela aparece em Orígenes (ORIGÈNE. *Commentaire sur l'Évangeli selon Matthieu* X-XI (Commentarii in Matthaeum X-XI; *P.G.* 13, 1734); trad.: M. Robert GIROD. SC 162. Paris: Les Éditions du Cerf, 1970; aqui o c. 15; cf. também *Commentaire sur le Cantique des Cantiques* 3). Citaremos o evangelho de Mateus como: ORIGÈNE. *Commentaire sur l'Évangeli selon Matthieu*.

31 CYPRIANUS. *Epistula*. 73,11.

32 *P.G.* 33, 1104 A; CIRILO DE JERUSALÉM. *Catequeses mistagógicas*.

33 ATHANASIUS. *Expositio Psalmi 23*. 140 D.

O Salmo 22(23)

guez". Ora, sabemos que se trata de uma expressão tradicional para designar os estados místicos, e que aparece pela primeira vez em Filão.[34] O interesse do nosso texto é devido ao fato de ele estar unido a um contexto sacramental. Ele sublinha um aspecto da teologia sacramental dos Padres: sua relação com a vida mística.

Deixamos de lado, há pouco, o final do texto de São Cipriano. Após ter mostrado que o versículo do salmo figura a eucaristia, ele continua: "Mas a beleza que vem do cálice do Senhor não é parecida com aquela que vem do vinho profano. É por isso que o texto acrescenta: é verdadeiramente admirável. Com efeito, o cálice do Senhor inebria de tal modo que deixa a razão agindo; ele conduz as almas à alegria espiritual; por ele cada qual renuncia ao sabor das coisas profanas pela compreensão das coisas de Deus. Enfim, da mesma forma que o vinho vulgar delicia o espírito, abre a alma e afasta toda tristeza, assim também o uso do sangue salutar e do cálice do Senhor afasta a lembrança do velho homem, leva ao esquecimento da vida profana e lhe dá bem-estar colocando nele a alegria da bondade divina, o coração triste e sombrio que antes o peso do pecado oprimia".[35]

Em suas catequeses sacramentárias, Santo Ambrósio desenvolve o tema da sóbria embriaguez, mas sem citar, a esse propósito, o nosso Salmo, se bem que ele lhe dá, de outra parte, um sentido sacramental. Mas na *Exposição do Salmo 118*,[36] ele retoma o mesmo tema com as mesmas expressões, a propósito do nosso versículo, se bem que o sentido sacramental da passagem é certo: "O cálice do Senhor concede a remissão dos pecados, no qual o sangue é derramado, sangue este que retira os pecados de todo o mundo. Este cálice inebriou as nações, para que elas não se lembrem mais de suas próprias dores, mas que esqueçam seus erros antigos. É por isso que a embriaguez espiritual é boa. Com efeito, ela não turba a caminhada do corpo, mas sabe elevar o elã do espírito. A enebriação do cálice salutar é boa, pois abole a tristeza da consciência pecadora e espalha a alegria da vida eterna. É por isso que a Escritura afirma: teu cálice inebriante é admirável".[37]

Johannes Quasten nota justamente que se encontram aqui os mesmos traços que no *De Sacramentis*: a relação com o cálice da ceia, a remissão dos

---

34 Cf. Hans, Lewy. *Sobria ebrietas.* p. 3-34.
35 Cyprianus. *Epistula.* 63,11.
36 Quasten, Johan. *Sobria ebrietas in Ambrosius De Sacramentos.* In: Mohlberg. I. p. 117-125.
37 Ambrosius. *Expositio de psalmo 118.* 21, 4; CSEL, 62, 475.

BÍBLIA E LITURGIA

pecados. Observamos que o acento não é colocado sobre o aspecto místico, mas sobre a própria conversão operada pela iniciação cristã. A eucaristia produz o esquecimento dos erros passados; ela transporta para um mundo novo. E esse mundo é o da alegria espiritual. Ambrósio ama esse tema. Nós o encontramos, associado ao nosso Salmo, em outras passagens de sua obra. Dessa forma, na *Exposição do Salmo I*: "Aqueles que beberam na figura, foram saciados, aqueles que bebem na realidade são inebriados. Essa embriaguez é boa, pois concede a vida eterna. Por isso, bebe deste cálice como o profeta diz: E teu cálice inebriante é admirável".[38]

De sua parte, São Gregório de Nissa dá um lugar importante ao tema da sóbria embriaguez.[39] Ora, na catequese sacramental do Salmo 22(23), que já citamos, ele também comenta o sentido do *calix inebrians*: "Trazendo nele o vinho que alegra o coração do homem, o Cristo provoca na alma esta sóbria embriaguez, que eleva as disposições do coração das coisas que passam para o que é eterno: como é admirável o meu cálice inebriante. Com efeito, aquele que experimentou essa inebriação troca aquilo que é efêmero por aquilo que não tem fim e habita na casa do Senhor por toda a duração de seus dias".[40] É nessa passagem de São Gregório que aparece, de forma mais clara, a relação da eucaristia com a inebriação mística. Como Lewy intuiu muito bem, a *sobria ebrietas* designa para ele a experiência mística, mas essa experiência mística culmina na vida eucarística.[41]

* * *

Até o presente momento o Salmo 22(23) apareceu ocupando um lugar importante na liturgia da iniciação. Mas ainda não indicamos de modo preciso o que dá à tipologia do Salmo 22(23) sua característica própria. É o que podemos estudar agora. Ora, há um traço que temos encontrado frequentemente, sem nele insistir: é o quadro pastoral. É para verdes pastagens, figura dos alimentos celestes, que o Messias, sob a forma de um Pastor, conduz as ovelhas do seu rebanho. É aí que encontramos um tema particularmente que-

---

38 AMBROSIUS. *Explanatio psalmorum*; rec. Michael Petschenig, editio altera supplementis aucta curante M. Zelzer 1999. CSEL, 64, 8; cf. também *De Helia et jejunio*. 10, 33; CSEL, 32, 429.

39 DANIÉLOU, Jean. *Platonisme et théologie mystique*. p. 290-294.

40 GREGÓRIO DE NISSA. In: *P.G.* 46, 692 B.

41 LEWY, Hans. *Sobria ebrietas*. p. 136. Pode-se citar também João Crisóstomo: "O cálice de nossa inebriação é admirável. Quem é ele? É o cálice espiritual, o cálice salutar, o cálice do sangue do Senhor. Esse cálice não produz a embriaguez, mas a sobriedade" (CHRISOSTOME. *Homélie sur la résurrection du Seigneur*. II. (In: Resurrectionem Domini.). Trad.: Michel Aubineau. SC 187. Paris: Les Éditions du Cerf, 1972. Citar-se-á, a partir de então: CHRISOSTOME. *Homélie sur la résurrection*. *P.G.* 50, 455 A.

O Salmo 22(23)

rido ao cristianismo primitivo. Já vimos como estava espalhada a concepção dos batizados como ovelhas marcadas com a marca de Cristo.

Isto está bem acentuado em Orígenes. Os pagãos são a presa dos maus pastores, identificados com os deuses das nações: estes são "rebanhos constituídos sob pastores que são anjos".[42] Esta antiga concepção já aparece no *Livro de Henoc* em que os 70 pastores são as divindades das nações pagãs. O Cristo é o Bom Pastor (Jo 10,11), que vem "separar suas ovelhas de suas companheiras e conduzi-las a pastar separadamente para fazê-las experimentar seus sacramentos inefáveis".[43] O Salmo nos mostra o Pastor que antes instrui as ovelhas sobre a sua doutrina, conduzindo-as em suas pastagens; depois das "pastagens, as conduz às águas tranquilas e em seguida aos alimentos espirituais e aos sacramentos misteriosos".[44] Nós encontramos a matriz de Orígenes que insiste sobre o lado espiritual, mais que sobre o rito. Mas é clara a alusão à iniciação cristã dos pagãos.

O liame dos sacramentos com o tema pastoral se encontra a seguir. Assim em Gregório de Nissa: "No Salmo, Davi te convida a ser ovelha da qual Cristo é o Pastor e que a ti nada falta, pois o Bom Pastor se torna, por sua vez, pastagem, água tranquila, morada, caminho e guia, distribuindo a graça segundo as tuas necessidades. Por isso ele ensina à Igreja que tu deves te tornar antes de tudo ovelha do Bom Pastor que te conduz pela catequese salutar aos prados e às fontes das doutrinas sagradas".[45] A mesma coisa Cirilo de Alexandria vê no Salmo "O canto dos pagãos convertidos, feitos discípulos de Deus que, nutridos e saciados espiritualmente, a ele exprimem seu reconhecimento e graças pelo alimento salutar chamando-o de pastor e tratador. Porque eles têm por guia não somente um santo, como Israel tinha Moisés, mas o príncipe dos pastores e o mestre das doutrinas, em quem estão todos os tesouros da sabedoria e da ciência".[46]

Mas temos de tematizar um elemento do qual não tratamos ainda. A influência do Salmo 22(23) sobre o culto cristão primitivo não aparece somente nos textos litúrgicos, mas também nas representações figuradas. Com efeito, vários estudos recentes mostram que a representação do Bom Pastor era parti-

---

42   Origène. *Commentaire sur le Cantique des Cantiques.* 2; P.G. 13, 120 A.

43   Sobre Henoc, cf. Federico Corrente e Piñero Antonio, *Livro I de Henoc* (Etiópico e grego). In: Díez Macho A (ed.). *Apócrifos do Antigo Testamento.* IV: 13-143 Madri: Edições Cristiandad, 1984.

44   Idem.

45   Gregório de Nissa. In: *P.G.* 46, 692 A.

46   Cirilo de Alexandria. In: *P.G.* 49, 840 C.

cularmente frequente nos antigos batistérios. Podemos nos perguntar por que é assim. Ora, os autores desses estudos estão de acordo sobre a influência do Salmo 22(23).[47] É pela intermediação desse Salmo, cuja importância foi vista na liturgia batismal, que o tema sacramental e o tema pastoral se conjugam. É por causa dele que é preferentemente como Pastor que Cristo é apresentado aos novos batizados. Destarte, queriam representar aos seus olhos, nos batistérios, o mesmo mistério que eles celebravam no Salmo.

No batistério de Dûra, "o fundo da ábside onde se encontra a pia batismal, é ocupado pela figura do Bom Pastor que conduz seu rebanho. A seus pés, à esquerda, a queda do primeiro casal humano está reproduzida em dimensões reduzidas".[48] O tema do Pastor parece vir de nosso Salmo. Contudo, como viu muito bem Mons. de Bruyne, a aproximação com Adão parece sugerir, sobretudo, o tema de Cristo dando sua vida por suas ovelhas, tal como nos mostra João.[49] Mas, além disso, a alusão a nosso Salmo é mais precisa. Assim, no batistério de Nápoles "não se encontra o Pastor reproduzido como em Dûra, carregando a ovelha nos ombros, mas o Pastor repousando em um quadro paradisíaco, com ovelhas, flores, fontes. Paz e frescor formam a atmosfera que reina ao redor do Bom Pastor".[50]

Ora – e a observação, eu creio, não foi ainda feita – sabemos que é precisamente em Nápoles que a *traditio* do Salmo 22(23) fazia parte da iniciação ao batismo. De outro lado, o quadro do frescor corresponde bem mais ao Salmo 22(23) que a João 10. É mais verossímil que, neste caso, seja em nosso salmo que o pintor se inspirou. As descrições que possuímos seja do batistério de Latrão, seja daquele do Vaticano, nos mostram que as representações no Ocidente, são correntes. Mas temos ainda um testemunho mais preciso e realmente decisivo. Com efeito, ainda hoje, embaixo do batistério de Néon, em Ravena, pode-se ler a inscrição:[51]

> *In locum pascuae ibi me conclavit*
> *Super aqua refectionis edocavit me.*

---

47   QUASTEN J. "Das Bild des Guten Hirten in den altchristlichen magisterien". In: *Pisciculi*. (1939) p. 220-244; DE BRUYNE. Lucien. *La décoration des baptistères paleochrétiens*. Mélanges Mohlberg. 1948. p. 188-198.

48   DE BRUYNE. Op. cit. p. 189.

49   Idem. p. 199.

50   Idem. p. 197-198.

51   Idem. p. 198.

O Salmo 22(23)

Esses são os versículos 1 e 2 do Salmo 22(23). É, pois, evidente a sua relação com a decoração dos batistérios.

***

Podemos, desde agora, reconstituir a gênese e estabelecer o fundamento da interpretação do Salmo 22(23). O Antigo Testamento conhece uma doutrina do Pastor que deve vir ao final dos tempos: reunir as ovelhas dispersas de Israel. Esse Pastor conduzirá suas ovelhas para pastagens maravilhosas, onde brotam fontes, cresce o verde; são descritas com termos que lembram, quer as árvores do paraíso, quer as fontes do Êxodo.[52] O Novo Testamento nos mostra que essa figura escatológica realizou-se no Cristo. Ele é o Bom Pastor que dá sua vida por suas ovelhas e as conduz para as pastagens (Jo 10,10-11). Os Padres da Igreja afirmarão expressamente que ele é o Pastor anunciado pelos profetas, aplicando a ele os textos destes.[53] Nós encontramos o grande princípio da tipologia do Novo Testamento, que consiste propriamente em afirmar que as realidades escatológicas são realizadas no Cristo.

O Salmo 22(23) é um desenvolvimento litúrgico; é permitido pensar, pois, que ele não deixa de ter relação com o tema dos profetas.[54] Portanto, ele tem por objeto o anúncio do Pastor escatológico. Mas esse tema é unido ao da refeição escatológica, que encontramos no capítulo precedente. Portanto, temos um tema da refeição messiânica de cor pastoral. Ora esse tema, os Padres da Igreja quiseram nos mostrar realizado de duas formas diferentes e, no entanto, paralelas. De um lado, o tema do Bom Pastor – que combate contra os poderes do mal, deles triunfa e introduz suas ovelhas nas pastagens paradisíacas – aparece no quadro da teologia da morte e do martírio. M. Quasten notou, com efeito, que o Bom Pastor, fora dos batistérios, aparece, sobretudo, nos sarcófagos.[55]

Isso aparece nas orações da liturgia dos mortos. O Cristo é o Pastor que arranca as ovelhas dos lobos devoradores, os Satanás, que buscam impedir o seu acesso ao céu. O texto mais notável, em particular por sua característica arcaica, é o da *Paixão de Perpétua e Felicidade*. Em sua primeira visão, Perpétua vê uma escada que sobe até o céu e sobre a qual está um dragão. Ela consegue, apesar disso, alcançar o ponto mais alto: "E eu vi um imenso jardim e no seu

---

52   "Iahweh é o meu pastor. Nada me falta. Em verdes pastagens me faz repousar; para fontes tranquilas me conduz"; cf. particularmente Is 49,10; Ez 34,1ss; Zc 11,4 ss.

53   Cyprianus. *Testimones*. 1,14; CSEL, 14.

54   Cf. Robert, A.. "Les attaches littéraires de Proverbes", I-IX. In: *Revue Biblique*. (1934) p. 374 et suiv.

55   Quasten, J. *Der Gute Hirte in früchristlicher Totenliturgie*. I. p. 373 sqq.

meio um homem sentado, de cabelos brancos, com vestes de Pastor, grande, enquanto tirava as ovelhas; e homens vestidos de branco, aos milhares, o rodeavam. Ele me chamou e me deu um pedaço de queijo que amassava. Eu o recebi de mãos juntas e o comi".[56] O paraíso celeste é apresentado na linha do Salmo 22(23), sob a forma de um jardim radioso no qual um pastor está rodeado de ovelhas – e de homens revestidos com a túnica branca dos batizados e que recebiam a eucaristia celeste.

Se alguém quer se convencer da antiguidade dessa apresentação do Pastor celeste acolhendo as ovelhas nas pastagens eternas, basta se reportar ao primeiro texto consagrado ao martírio, o Apocalipse de São João. Encontramos aí uma visão que se parece estranhamente com a de Perpétua e que pode já ser um traço da influência do Salmo 22(23) sobre as representações escatológicas. Lemos, com efeito, no capítulo 7 do Apocalipse: "Um dos Anciãos tomou a palavra e me perguntou: 'Você sabe quem são e de onde vieram esses que estão vestidos com roupas brancas?' Eu respondi: 'Não sei não, Senhor! O Senhor é quem sabe!' Ele então me explicou: 'São os que vêm chegando da grande tribulação. Eles lavaram e alvejaram suas roupas no sangue do Cordeiro. É por isso que ficam diante do trono de Deus, servindo a ele dia e noite em seu Templo. Aquele que está sentado no trono estenderá sua tenda sobre eles. Nunca mais terão fome, nem sede; nunca mais serão queimados pelo sol, nem pelo calor ardente. Pois o Cordeiro que está no meio do trono será o pastor deles; vai conduzi-los até as fontes de água da'" (Ap 7,13-17).

Mas a mensagem cristã não é somente a da salvação celeste, mas da salvação já adquirida pelo batismo e pela eucaristia. Assim, nós vemos a tipologia escatológica do Salmo 22(23) apresentar também uma forma sacramentária. E foi esta que constituiu o objeto do nosso estudo. Mas era importante traçar a sua gênese. O festim celeste para o qual o Pastor convida as ovelhas nas pastagens eternas já está realizado de forma antecipada nos sacramentos. Portanto, é de forma legítima que os Padres da Igreja nos mostram nas águas tranquilas do Salmo 22(23) a figura do batismo; na mesa preparada, a do banquete eucarístico; no cálice inebriante, a do precioso sangue.

***

---

56 *Passion de Perpétue et Félicité.* 4, 8-10.

O Salmo 22(23)

Uma das conclusões que podemos tirar deste estudo é a influência exercida pelo Antigo Testamento sobre as representações do cristianismo primitivo. M. Cerfaux mostrou como os *theologoumenon* da redenção, como rebaixamento e exaltação do Servo, procedia de Isaías 53. Haveremos de ver mais adiante que a teologia da Ascensão e a de sentar-se à direita vem do Salmo 109. Ora, vimos aqui como o Salmo 22(23) influenciou as representações escatológicas e sacramentárias do cristianismo antigo. Ele modelou as representações que são expressas nos afrescos das catacumbas e as visões dos mártires. Ele forneceu também os temas nos quais os primeiros cristãos amaram representar sua primeira iniciação e da qual as pinturas das catacumbas são um testemunho. E é ele ao qual a missa romana faz ainda eco hoje quando exalta o cálice admirável que contém o sangue de Cristo e versa a sóbria embriaguez.

Capítulo XII

O CÂNTICO DOS CÂNTICOS

Os profetas do Antigo Testamento apresentaram a aliança entre Iahweh e Israel no deserto do Êxodo como uma união nupcial. Mas essa união não era senão a prefiguração de uma união mais perfeita que aconteceria no final dos tempos, quando se desse o novo Êxodo: "Eu a conduzirei ao deserto e lhe falarei ao coração" (Os 2,16). Ora, para certos exegetas, o Cântico dos Cânticos é a profecia dessas núpcias futuras,[1] o epitalâmio das núpcias escatológicas do Cordeiro, descritas pelo Apocalipse: "Vi também descer do céu, de junto de Deus, a Cidade Santa, uma Jerusalém nova, pronta como esposa que se enfeitou para o seu marido" (21,2). O Novo Testamento nos mostra essas núpcias escatológicas realizadas pela Encarnação do Verbo que contrai uma aliança indissolúvel com a natureza humana (Jo 3,29). Tais núpcias serão definitivamente realizadas quando o Esposo vier ao final dos tempos e quando as almas dos justos formarem um cortejo nupcial para ir ao seu encontro (Mt 25,1-3).

Mas entre sua inauguração e sua consumação na Parusia, as núpcias de Cristo e da Igreja continuam – e precisamente na vida sacramental. É um novo aspecto da teologia da iniciação que nos aparece, o aspecto nupcial. E isso não é o menos importante. Ele vale seja para o batismo como para a eucaristia.[2] Temos inúmeros testemunhos para um e para outro sacramento. No que diz respeito ao batismo, o tema se encontra pela primeira vez em Tertuliano: "Quando a alma vem à fé, recriada pela água e pelo Espírito Santo no segundo

---

1 Cf. Robert, André. *Le genre littéraire du Cantique des Cantiques.* Vivre et penser (Rev. Bibl.), III, 1944. p. 192 sqq.

2 São João Crisóstomo chama o conjunto da iniciação cristã de núpcias espirituais (Chrisostome. *Homélie sur la résurrection.* 1 PG 1, 441 A).

O Cântico dos Cânticos

nascimento, ela é recebida pelo Espírito Santo. A carne acompanha a alma nessas núpcias com o Espírito. Ó feliz casamento, que não admite adultério".[3] A mesma concepção se encontra em Orígenes: "O Cristo é chamado esposo da alma, uma vez que esta o esposa quando vem à fé".[4] Notamos que para Tertuliano o esposo é o Espírito Santo, para Orígenes é o Cristo.[5] No IV século, Dídimo o Cego escreverá: "Na piscina batismal, aquele que criou nossa alma tomou-a por esposa".[6] Por sua vez, a eucaristia é apresentada como uma união nupcial entre Cristo e a alma: "O Cristo deu aos filhos da câmara nupcial a alegria do seu corpo e do seu sangue", escreve Cirilo de Jerusalém.[7] E Teodoreto: "Comendo os membros do Esposo e bebendo seu sangue, nós realizamos uma união nupcial".[8]

É, pois, com certo fundamento que o Cântico dos Cânticos, profecia das núpcias escatológicas, será considerado uma figura da iniciação cristã, festa das núpcias de Cristo com a alma. Um segunda razão, de ordem litúrgica, acrescenta-se a esta. No IV século, o batismo era normalmente conferido na noite pascal. Ora, nós sabemos que o Cântico dos Cânticos era lido, na liturgia judaica, durante o tempo da Páscoa. Sabemos também que a liturgia cristã antiga foi fortemente marcada pela liturgia judaica. É, pois, possível que ainda aqui a liturgia cristã tenha tomado a sucessão da liturgia sinagogal e mostrado, no batismo e na eucaristia, a própria realização do texto lido durante esse tempo litúrgico.

Na interpretação sacramentária do Cântico dos Cânticos temos de distinguir dois aspectos. De um lado, o conjunto do Cântico é considerado pelos Padres da Igreja como uma figura dos sacramentos enquanto união nupcial do Cristo com a alma. Isso aparece como um desenvolvimento legítimo do sentido literal do texto. Mas, por outro, os Padres procurarão colocar em relação os diferentes versículos do Cântico com aspectos diversos da liturgia

---

3   Tertullianus. *De anima*. 41, 4. ed. A. Reifferscheid, G. Wissowa 1890, CSEL 20; cf. também Tertullien. *De carnis resurrectione*. 63.

4   Origène. *Homélies sur la Genèse*. 10, 4. (Genesim homiliae XVI – latine Rufino interprete). Trad.: Louis Doutreleau. SC 7bis. Paris: Les Éditions du Cerf, 1943; reimpr. 2003. Citar-se-á: Origène. *Homélies sur la Genèse*.

5   Cf. Waszink, J. H. *Tertullien, De anima*. Edition with commentary, Meulenhoff. Amsterdan: 1947. p. 456-457; ele dá diversas referências.

6   Dydimus. *De Trinitate*. In: *P.G.* 39, 692 A.

7   *P.G. 33*, 1100 A; trad. bras.: Cirilo de Jerusalém. *Catequeses mistagógicas*. Trad.: Frei Frederico Vier. Introdução e notas: Fernando Figueiredo. Petrópolis: Vozes, 2004.

8   Théodoret de Cyr. *Questions sur l'Octateuque*. In: *P.G.* 81, 128 B.

BÍBLIA E LITURGIA

da iniciação. Aqui estaremos diante de elementos de inegável valor. Alguns têm um fundamento escriturístico: é o caso, em particular, do convite ao banquete de Ct 5,1. Outros, ao menos, repousam sobre uma tradição antiga e comum: é o que encontramos para o ato de desvestir-se da túnica de Ct 5,3. Enfim, encontramos alegorias fundadas sobre analogias exteriores às quais daremos menor importância. Um comentário seguido do texto nos conduzirá a múltiplas repetições. Seguiremos a mesma ordem da iniciação batismal. Com efeito, como o Salmo 22(23), o Cântico apareceu como uma figura total do conjunto dos sacramentos.

***

A *Protocatequese* de Cirilo de Jerusalém começa assim: "Já o perfume da beatitude chega até vós, ó catecúmenos. Vós já recolheis as flores espirituais para tecer as coroas celestes. Já se espalha o bom perfume do Espírito Santo. Vós estais no vestíbulo da morada real. Possais ser aí introduzidos pelo rei. Agora, com efeito, as flores já apareceram nas árvores. É preciso, então, que o fruto amadureça".[9] As alusões ao Cântico dos Cânticos são claras: "As flores apareceram" (2,12); "O perfume espalhou-se" (1,2); "O rei introduziu" (1,4). Os catecúmenos estão no vestíbulo do jardim real, do paraíso, onde vão realizar as núpcias. Os perfumes do ar paradisíaco já chegam até eles. Santo Ambrósio precisa ainda mais isso. Ele aplica à situação do catecúmeno outro versículo do Cântico: "Leva-me tu; correremos após ti" (Ct 1,4). Esse perfume paradisíaco, esse bom odor do Espírito Santo, é a graça preveniente de Deus, pela qual atrai as almas até seu paraíso: "Vê o que significa esta passagem. Tu podes seguir o Cristo, se o mesmo Cristo te atrai".[10] E o mesmo texto é comentado no *De Mysteriis*: "Atrai-nos para que respiremos o odor da ressurreição".[11]

Notamos que, no texto de Cirilo de Jerusalém, ao tema do perfume do paraíso une-se o tempo da primavera. Os começos da catequese são como as flores primaveris, cujos frutos serão recolhidos no batismo. Ora, é preciso lembrar que o batismo se situa no quadro da primavera, como relembra o mesmo

---

9   *P.G.* 33, 333 A; trad. bras.: CIRILO DE JERUSALÉM. *Catequeses pré-batismais.* Petrópolis: Vozes, 1978. (Fontes da catequese, 14.)

10 *De Sacramentis.* 5,10; BOTTE, 90; trad. bras.: D. Paulo Evaristo ARNS. Comentários por Geraldo Majella AGNELO. Petrópolis: Vozes, 1981. (Fontes da catequese, 5.).

11 *De Mysteriis.* 29; BOTTE, 117. Ao notar que "a Esposa cativa, que é Israel, exprime o voto que seu Esposo, que é Iahweh, a faça entrar em Sião" (ROBERT, André. *Le genre littéraire,*.p. 204), a legitimidade da aplicação do versículo ao batismo aparece plenamente: é pelo batismo que Deus faz entrar a humanidade cativa, figurada em Israel, na verdadeira Sião, que é a Igreja.

O Cântico dos Cânticos

Cirilo.[12] A primavera, tempo no qual Deus criou o mundo, é um aniversário da criação.[13] A ressurreição de Cristo na primavera marca também que ele é a nova criação.[14] E o batismo por sua vez é, ele mesmo, uma nova criação. Assim, não é somente o texto litúrgico que associa o batismo à primavera, é o próprio quadro sazonal que se encontra também carregado de uma significação simbólica.

Até aqui o candidato ao batismo, se ele respira os perfumes do paraíso, está ainda no fora do quarto nupcial. A introdução nele figurará a entrada no batistério que inaugura as núpcias sacramentais. É isso que nossas catequeses querem prefigurar no versículo "O rei introduziu-me no seu celeiro". Cirilo de Jerusalém declara: "Até aqui vós estáveis além da porta. Possa ele fazer-se ver e possais dizer: O rei introduziu-me em seu celeiro".[15] Santo Ambrósio, em uma passagem aplica esse versículo à entrada na sala do banquete eucarístico.[16] Mas adiante ele entende "a câmara do esposo como o lugar da realização do mistério do batismo".[17]

Vimos que o primeiro rito, após entrar no batistério, era o despojamento das antigas vestes. É a esse título que é trazido um versículo do Cântico dos Cânticos, dos mais frequentemente citados nas catequeses sacramentais: "Eu depus minha túnica. Como a revestirei de novo?" (v. 3). Cirilo de Jerusalém o cita três vezes. Em uma primeira passagem, que não faz parte das catequeses mistagógicas, ele dá o simbolismo do versículo sem alusão direta ao rito: "Despoja o velho homem com suas obras, e dize o versículo do Cântico: Eu tirei minha túnica, como revesti-la de novo?"[18] Uma segunda passagem diz respeito ao batismo em geral: "Assim tu, uma vez que fores purificado, tu olharás para o futuro, tuas ações como uma lã pura e tua túnica permanecerá imaculada, de modo que possas dizer sempre: depus a minha túnica, como revesti-la de novo?"[19] Enfim, uma última passagem comenta o próprio rito de se a depor as vestes : "Logo após ter entrado, fostes despojados de vossas

---

12   *P.G.* 33, 837 B.

13   Filão de Alexandria. *De Specialibus Legibus.* II,150; Eusébio., *De Pascha.* In: *P.G.* 23, 697 A.

14   *P.G.* 33, 836 A.

15   *P.G.* 33, 428 A.

16   *De Sacramentis.* 5,11; Botte, 90.

17   Ambrosius. *Expositio de psalmo* 118. I, 17. Essa dúplice interpretação se explica pelo fato de que a primeira tradução, utilizada por Ambrósio, vertia *cubiculum*, quando o texto grego traduziu ταμειον por celeiro (*De sacramentis.* 5,11; Botte, 90).

18   *P.G.* 33, 438 B; Cirilo de Jerusalém. *Catequeses mistagógicas.*

19   Idem. 908 A.

BÍBLIA E LITURGIA

túnicas, o que é imagem do despojamento do velho homem com suas obras. Possa a alma não mais vestir a túnica que tinha deposto, e dizer a expressão que o Cântico atribui à Esposa do Cristo: Eu depus a minha túnica, como posso vesti-la de novo?".[20]

O tema não é mais restrito a Cirilo. Santo Ambrósio também parece fazer alusão a ele. Sobretudo Gregório de Nissa o desenvolveu em seu *Comentário sobre o Cântico*, tão cheio de ressonâncias sacramentais: "Eu depus a minha túnica, como posso revesti-la de novo? Por essas palavras a Esposa promete não mais retomar a túnica tirada, mas a se contentar com uma única túnica, conforme o preceito dado aos discípulos. Esta túnica foi a que vestiu quando foi renovada pelo batismo".[21] E é a Igreja oriental que parece ter visto nesse versículo do Cântico uma figura do batismo. Explicamos anteriormente, a propósito do simbolismo do despojamento das vestes, quais aspectos do sacramento esse rito exprimia.

Chegamos então ao rito batismal propriamente dito. O Cântico contém várias alusões à água, as quais foram interpretadas em um sentido batismal. O versículo "Os seus olhos são como pombas junto às correntes das águas, lavadas em leite, e repousando junto às torrentes borbulhantes" (5,12) Cirilo de Jerusalém o aplica ao batismo de Cristo, no qual o Espírito desce sobre as águas do Jordão na forma de uma pomba: "Por este se prediz, de forma simbólica, que é assim que o Cristo se manifestará visivelmente aos olhos".[22] Santo Ambrósio acredita antes que a alusão ao leite significa a simplicidade: "O Senhor batizado no leite, isto é, na sinceridade. E os que são batizados no leite, são aqueles cuja fé é sem rodeio".[23] De outro lado "jardim fechado" (4, 12) significa para Ambrósio que o sacramento do batismo deve permanecer selado "sem ser nem violado pelas ações, nem divulgado pelas palavras".[24]

Mas o versículo cujo simbolismo batismal é mais conhecido não é contextualizado: "Os teus dentes são como o rebanho das ovelhas tosquiadas, que sobem do lavadouro" (4, 2). Foi particularmente citado por Santo Ambrósio, no *De Mysteriis*: "Este louvor não é medíocre. A Igreja é comparada a

---

20   Idem. 1080 A.

21   GREGÓRIO DE NISSA. In: *P.G.* 46, 1004 A.

22   *P.G.* 33, 981 A; CIRILO DE JERUSALÉM., *Catequeses mistagógicas*.

23   AMBROSIUS. *Expositio de psalmo 118*. 16, 21. Mas ele faz alusão à pomba do batismo a respeito de 4,1: "Teus olhos são como os da pomba" (*De Mysteriis*. 37; BOTTE, 119).

24   *De Mysteriis*. 55; BOTTE, 126. A mesma coisa TEODORETO DE CIRO. *Interpretatio in Canticum Canticorum*. 3; In: *P.G.* 81, 144 C. Isso corresponde bem ao sentido do texto, que exprime a inviolabilidade da aliança.

O Cântico dos Cânticos

um rebanho, contendo nela as virtudes numerosas das almas que depuseram pelo batismo os pecados que estavam grudados nelas".[25] Mas o tema volta em outros lugares: "Como as ovelhas, satisfeitas pelo bom alimento e aquecidas pelo calor do sol, se banham no rio e dele saem alegres e limpas, da mesma forma as almas dos justos sobem do banho espiritual".[26] A alusão aos dentes é de outro modo interpretada por Ambrósio porque, nos sacramentos do Novo Testamento, "os batizados, mesmo tendo todo o corpo purificado, contudo em seguida têm necessidade de ser purificados pelo alimento e pela bebida espiritual, como no Antigo Testamento o maná sucedia à fonte de Horeb".[27] Portanto, trata-se aqui da eucaristia e de sua força de perdoar os pecados após o batismo.

Sem dúvida alguma, Agostinho aprendeu de Ambrósio esse simbolismo. Sabe-se que, no *De doctrina cristiana*, ele o cita em exemplo, para mostrar como uma doutrina, comum em si mesma, torna-se sedução quando ela é apresentada sob os véus misteriosos da alegoria: princípio perigoso que transforma a tipologia bíblica em um simbolismo literário:[28] "O que faz, eu te pergunto, que se alguém fala de bons e fiéis servidores de Deus, que depondo os fardos do mundo, vieram ao banho do santo batismo, ele encanta tanto aquele que o escuta que se ele exprime a própria ideia servindo-se da passagem do Cântico dos Cânticos na qual se diz à Igreja: teus dentes são um rebanho de ovelhas que retornam do lavadouro. O pensamento é o mesmo, e portanto eu contemplo os santos, eu não sei por que, com mais gosto enquanto eu os vejo, como os dentes da Igreja, cortar as pessoas de seus erros e eu sinto um vivo prazer ao vê-las como ovelhas tosquiadas, tendo deposto as preocupações do século e saindo do lavadouro, isto é, do batismo".[29]

Essa exegese tão contestável não é, portanto, somente um procedimento literário de Ambrósio ou de Agostinho, como este último texto deixaria crer. Com efeito, nós a encontramos em Teodoreto, tão pouco voltado à alegoria. Trata-se de uma tradição comum. "Eu penso que, por rebanhos de ovelhas, o Esposo designa aqueles que foram purificados pelo batismo, tendo sido des-

---

25   *De Mysteriis.* 38; Botte, 119.

26   Ambrosius. *Expositio de psalmo 118.* 16, 23.

27   Idem. 29.

28   Cf. sobre este texto Marrou, Henri-Irénée. *Saint Augustin et la fin de la culture antique. "Retractatio".* Paris: Ed. de Boccard, 1949. p. 489.

29   S. Aurelii Augustini opera omnia. *De doctrina christiana libri quatuor.* Editio latina. In: *P.L.* 34, 38-39; aqui 2, 6. Daqui em diante citar-se-á Augustinus. *De doctrina christiana.* Há uma edição brasileira: Agostinho. *A doutrina cristã.* Manual e exegese e formação cristã. São Paulo: Paulus, 2002. (Patrística, 17.)

BÍBLIA E LITURGIA

truídos os pecados, conforme o ensinamento de Paulo que fala 'do banho da água com a palavra'. Assim, diz ele, vós tendes os dentes limpos e purificados de toda falta de palavra, de forma que pareceis semelhantes àqueles que são achados dignos do batismo de salvação".[30] Vê-se, nas entrelinhas desses textos, toda uma incorporação do Cântico à liturgia da iniciação, que ultrapassa as interpretações particulares.

De outro lado, temos a prova disso nas *Catequeses* de São Cirilo de Jerusalém. Estamos inteiramente na catequese comum. Ora, Cirilo interpreta, ele também, nosso texto em um sentido batismal, indicando de outro lado um simbolismo diferente: "A alma que antes era escrava recebe agora o mesmo Senhor por esposo; este, recebendo o compromisso sincero de sua alma, exclama: Tu és bela, minha bem-amada, tu és bela. Teus dentes são um rebanho de ovelhas, levando cada um dois gêmeos. Ele fala dos dentes por causa da profissão de fé proferida por um coração direito[31] e os gêmeos por causa da dúplice graça, aquela que é realizada pela água e pelo Espírito".[32] Aparece bem que o texto era aplicado ao batismo e que essa aplicação era interpretada diversamente. O batismo está significado não pelo lavadouro, mas pelos gêmeos aos quais a sequência do versículo faz alusão.[33]

Ao sair do batismo, subindo da piscina, o novo batizado é revestido da túnica branca e acolhido pela comunidade cristã. Isso dá lugar a uma das interpretações mais consideráveis de Santo Ambrósio. Citando 1,1 e 8,5, ele nos mostra o batizado no clarão da graça – que a roupa resplandecente de brancura simboliza –, saindo da piscina batismal, em meio à admiração dos anjos. "A Igreja, revestida dessas vestes que ela recebeu pelo banho da regeneração, diz no Cântico: Eu sou negra, mas sou bela, filhas de Jerusalém (1,3). Negra pela fragilidade da condição humana, bela pela graça; negra porque vindo do meio dos pecadores, bela pelos sacramentos da fé. E vendo suas vestes, as filhas de Jerusalém são tomadas de estupor e clamam: Quem é esta que sobe vestida de branco? (8,5). Ela era negra. Como de repente ela tornou-se branca?".[34]

---

30   TEODORETO DE CIRO. *Interpretatio in Canticum Canticorum.* 2; *P.G.* 81, 129 B.

31   A aproximação dos dentes e da profissão de fé é devida também a Ambrósio.

32   *P.G.* 33, 446 C; CIRILO DE JERUSALÉM. *Catequeses mistagógicas.*

33   A mirra de 5,1 e 6,1 é também figura do batismo como configuração à morte de Cristo, segundo Gregório de Nissa (GREGÓRIO DE NISSA. In: *P.G.* 46, 1016 D) e TEODORETO (*Interpretatio in Canticum Canticorum.* 81, 148 C).

34   *De Mysteriis.* 35; BOTTE, 118-119. A palavra *negra* designa "os sofrimentos do exílio". (ROBERT, André. *Le genre littéraire.* p. 204). A aplicação ao estado do homem antes do batismo é legítima.

O Cântico dos Cânticos

Destarte, os anjos não podem suportar o clarão que brota do novo batizado e isso evoca, no espírito de Ambrósio, a cena da Ascensão: "Os anjos também hesitaram quando o Cristo ressuscitou, e as potências do céu hesitaram vendo aquilo que, embora carne, subia ao céu. Eles diziam também: Quem é este rei da glória? Enquanto outros diziam: Abri-vos, portas eternas e o rei da glória entrará. Outros diziam ainda: Quem é este rei da glória? Em Isaías também tu encontras as virtudes do céu que hesitam e dizem: Quem é este que sobe do Edom, que ascende de Bosra vestido de vestes avermelhadas, no brilho de sua veste branca?".[35] Temos aqui uma alusão ao tema neotestamentário do estupor dos anjos diante da Ascensão do Cristo subindo ao seu Pai após a Ressurreição, na glória resplandecente de seu corpo transfigurado.[36] Dessa forma, o sacramento da iniciação aparece como uma configuração ao Cristo ressuscitado e que sobe ao seu Pai. Ambrósio, em outro lugar, apresenta explicitamente a iniciação como participação na Ascensão: "A alma, batizada no leite, sobe ao céu. Os poderes a admiram dizendo: Quem é esta que sobe vestida de branco? E apoiada sobre o Verbo de Deus, ela penetra nas alturas".[37]

Ambrósio voltou, no *De Sacramentis*, a esse belo tema da admiração dos anjos na presença dos novos batizados. Mas ele coloca essa passagem em relação com a procissão que vai do batistério à igreja: "Resta que tu chegues ao altar; tu começas a te colocar a caminho. Os anjos te viram; eles viram à vossa chegada e eles viram a natureza humana, que antes estava toda imunda de uma sujeira sombria, súbito brilhar de um vivo clarão. Então eles clamaram: Quem é esta que sobe do deserto vestida de branco? Portanto, os anjos estão em admiração. Tu queres saber por que eles admiram. Escuta o Apóstolo Pedro dizendo que as coisas que nos são conferidas são elas que os anjos desejam ver, e de outro lado que olhos jamais viram e que orelha jamais escutou o que Deus preparou para aqueles que o amam".[38]

O batismo toma aqui toda a sua dimensão. Se, pelos olhos visíveis, não há senão uma túnica branca e uma procissão noturna, eles, os anjos, que veem a realidade das coisas, admiram o acontecimento extraordinário que é realizado. O batismo é um acontecimento que repercute na criação espiritual toda inteira, um acontecimento incomum para o qual os anjos não ousam lançar

---

35 *De Mysteriis.* 36; Botte, 119.

36 Benoit, Pierre. "L'Ascension". In: *Revue Biblique,* (1949), p. 161 sqq.

37 Ambrosius. *Expositio de psalmo 118.* 16, 21.

38 *De Sacramentis.* 4,5; Botte, 19.

BÍBLIA E LITURGIA

seus olhares. É da Primeira Carta de São Pedro (1,12) que o texto citado por Ambrósio foi retirado. O importante é a relação estabelecida entre o batismo e a realidade da qual a epístola diz que faz os anjos ficarem boquiabertos. Dessa forma, os sacramentos aparecem como os grandes acontecimentos da história santa, os *mirabilia* que preenchem o espaço que vai da *gloriosa Ascensio* à gloriosa parusia, e cuja trama constitui essa cauda fulgurante de obras divinas que não podem ser suportadas pelos anjos devido ao seu fulgor e que lhes causa estupor.

Se Ambrósio desenvolveu particularmente essa tipologia, significa que ele é o herdeiro da tradição mistagógica. Com efeito, as *Catequeses* de Cirilo de Jerusalém nos oferecem um comentário análogo de nossa passagem. Em sua *Catequese sobre o batismo*, Cirilo, para aumentar o desejo dos catecúmenos, fala-lhes antes de iniciação e diz: "Os anjos vos rodearão com seus coros e dirão: quem é esta que sobe, vestida de branco, apoiada sobre seu Bem-amado?"[39] O batismo aparece como a participação na Ascensão de Cristo, cercado de coros angélicos. Através desses símbolos, é toda uma teologia, a mais profunda teologia dos Padres, que se nos desvela pouco a pouco.

Mas não é somente os anjos que admiram o batizado, subindo das águas purificadoras, vestido dos esplendores ofuscantes da graça. É o mesmo Cristo que acolhe e louva sua beleza. Santo Ambrósio, em seu desenvolvimento, segue exatamente o de Cirilo, de modo que a dependência é evidente. Com efeito, este último, após o texto que acabamos de citar, continua: "Aquela que antes era escrava, recebe agora o mesmo Senhor por Bem-amado. E aquele, recebendo o compromisso sincero de sua amada, exclama: Tu és bela, minha bem-amada, tu és bela".[40] O batismo aparece plenamente como mistério nupcial. A alma, até aqui, simples criatura, torna-se a esposa de Cristo. Ao sair da água batismal, na qual ele a purificou em seu sangue, ele a acolhe em sua branca roupa de esposa e recebe o juramento que a compromete com ele para sempre.

Ora, é em termos análogos que Santo Ambrósio continua, após a passagem que acabamos de citar: "Cristo, vendo sua Igreja em vestes brancas, aquela Igreja pela qual ele mesmo, como tu vês na profecia de Zacarias, tinha revestido uma veste de ignomínia, vendo a alma purificada e lavada pelo banho batismal, diz: Tu és bela, minha bem-amada, tu és bela, teus olhos são

---

39   P.G. 33, 448 B; CIRILO DE JERUSALÉM. *Catequeses mistagógicas*.

40   Idem. 448 B.

216

O Cântico dos Cânticos

como pombas, e não há mancha em ti, pois a falta foi destruída na água".[41] Ele conserva a comparação dos olhos que são como as pombas: "Os olhos são belos como pombas, pois é sob a aparência de uma pomba que o Espírito Santo desceu do céu".[42] O Espírito Santo, derramado na alma pelo batismo, é ele quem confere a beleza da qual a alma está revestida.

E agora se estabelece o diálogo admirável que leva a unir o batismo aos demais sacramentos. A alma está plena e, portanto, ela deseja ainda mais: "Eu o levaria e introduziria na casa de minha mãe, e você me iniciaria" (Ct 8,1-2). Tu vês como, plena dos dons da graça, ela deseja penetrar mais adiante nos sacramentos e consagrar a Cristo todos os seus sentidos. Ela procura ainda o amor e pede às filhas de Jerusalém, isto é, às almas fiéis, que supliquem por ela, desejando que, por seu meio, seu Esposo seja conduzido a um amor mais generoso por ela.[43] Aparece o verdadeiro sentido do mistério sacramental, para além do véu dos ritos. É o mistério do amor de Deus pela alma, suscitando o amor da alma para com Deus. Através dos símbolos que parecem nos afastar da literalidade dos sacramentos, desvela-se a nós sua verdade mais profunda.

À aspiração da alma, o Cristo responde. "Então o Senhor Jesus, tocado ele mesmo pelo ardor de tal amor, pela graça de tal beleza, que nada mais obscurece nos batizados, diz à Igreja: Coloca-me como um selo sobre teu coração, como uma marca sobre teu braço. Isto quer dizer: Tu és bela minha bem-amada, tu és toda bela e não há em ti nenhum defeito. Coloca-me como um selo sobre teu coração, que faça brilhar tua fé na plenitude do sacramento. Que tuas obras brilhem também e apresentem o sinal de Deus, à imagem do qual tu foste feita. Que teu amor não seja perturbado por nenhuma perseguição, que as grandes águas não extravasem do exterior. É por isso que recebeste o selo espiritual".[44]

A alusão à confirmação é certa. A *signaculum spiritale* é a expressão latina que corresponde à *sphragís* grega. É esse selo que figura o *signaculum* que a bem-amada do Cântico coloca sobre seu coração. E os traços assinalados por Ambrósio correspondem bem à confirmação. Ela é um complemento

---

41   *De Mysteriis*. 37; Botte, 119.

42   Idem.

43   *De Mysteriis*. 40; Botte, 120.

44   *De Mysteriis*. 41; Botte, 120-121. Aqui ainda a interpretação patrística está rigorosamente na linha do sentido literal. "O selo significa que Iahweh pede a Israel para lhe permanecer fiel" (Robert, André,.*Le genre littéraire*. p. 210). Ora, o selo batismal é presentemente a expressão do compromisso de recíproca fidelidade entre Deus e a alma.

BÍBLIA E LITURGIA

(*plenum*) que aumenta a luz da fé e fortifica o vigor do amor. O mesmo versículo é interpretado paralelamente no *De Sacramentis*. Ambrósio explica que, ainda que o sacramento seja obra das Três Pessoas indivisivelmente, cada uma age seguindo seu modo próprio: "Como? Deus te ungiu, o Senhor te marcou com o selo e colocou o Espírito Santo em teu coração. Portanto, tu recebeste o Espírito Santo em teu coração. Recebe também outra coisa. Porque como o Espírito está em teu coração, o Cristo está em teu coração. Como? Tu tens essa interpretação no Cântico dos Cânticos: Coloca-me como um selo sobre teu coração. Tu foste marcado com o sinal de sua cruz, o sinal da Paixão. Tu recebeste o selo à sua imagem, para que ressuscites à sua imagem, que tu vivas à sua imagem".[45]

O *signaculum* não faz alusão senão à cruz marcada na fronte. Mas Ambrósio observa que se trata também de uma unção. Esse outro aspecto do rito, ele o vê prefigurado no versículo 2,1: "Teu nome é como um óleo perfumado (*unguentum*) derramado".[46] O mesmo versículo é interpretado igualmente por Teodoro no sentido sacramental. Mas trata-se da *consignatio*, que se fazia em Antioquia, conforme já vimos, antes do batismo: "Se tu queres interpretar esse versículo de um modo mais sacramental, lembra-te da santa iniciação (μυσταγωγία) na qual os iniciados, após a renúncia do tirano e a confissão de fé, recebiam em herança (σφραγίς) real, a unção com o óleo perfumado espiritual, sendo munidos no óleo, como em um sinal, da graça invisível do Espírito Santíssimo".[47]

Mas voltemos a Ambrósio, vendo por que o *signaculum* impresso sobre o coração e o nardo que espalha seu odor designam a confirmação. Mesmo após essa nova graça, que marcava um acréscimo, a alma não fica satisfeita. Ela aspira a mais ainda. "Mantendo escondida a sublimidade dos sacramentos celestes e afastando dela os assaltos violentos do vento, ela deseja a doçura da graça da primavera e sabe que seu jardim não pode desagradar a Cristo, ela chama o mesmo Espírito Santo, dizendo: Que meu bem-amado desça no seu jardim e que ele coma do fruto de suas belas árvores (Ct 4,16). Com efeito, ela possui belas árvores, carregadas de frutos, que banham suas raízes nas águas da fonte sagrada".[48]

---

45   *De Sacramentis*. 6, 6-7; BOTTE, 99.

46   *De Mysteriis*. 29; BOTTE, 117.

47   TEODORETO DE CIRO. *Interpretatio in Canticum Canticorum*. 81, 60 C.

48   *De Mysteriis* 56; BOTTE, 127.

O CÂNTICO DOS CÂNTICOS

A alma purificada, tornada um paraíso, agora deseja mais. Agora ela quer receber o próprio Esposo para consumar sua união com ele. Ambrósio entende esse texto de outra maneira; segundo ele o texto diz respeito à Igreja, que convida o Cristo para vir à alma dos batizados, pela eucaristia: "Tu vieste ao altar, tu recebeste a graça de Cristo, tu obtiveste os sacramentos celestes. A Igreja se rejubila da redenção de um grande número e ela se rejubila ainda de uma alegria espiritual, vendo em pé, ao seu redor, sua família vestida de branco. Tu tens isso no Cântico dos Cânticos. Ela invoca Cristo em seu contentamento, em uma sala preparada, digna de um banquete celeste, e é por isso que ela diz: Que meu Bem-amado desça no seu jardim para aí colher o fruto de suas árvores. Quem são estas árvores? Tu tinhas te tornado árvore seca em Adão. Agora, pela graça de Cristo, são numerosas as árvores carregadas de frutos".[49]

O Cristo responde a esse apelo e vem visitar o horto de sua Esposa: "O Senhor Jesus aceita de bom grado e responde a sua Esposa com uma condescendência celeste: Eu desci no meu jardim, minha irmã noiva, eu colhi minha mirra com meu mel. Eu comi o meu pão com meu mel. Eu bebi o meu vinho com o meu leite".[50] É o banquete eucarístico que é descrito por Ambrósio: "Por que ele fala de alimento e de bebida? Quem é iniciado compreende".[51] No *De Sacramentis*, ela já não é tolhido pelo segredo do arcano, ele é mais explícito: "Tu vês que no pão não há mais nenhum amargor, mas somente doçura. Tu vês a natureza desta alegria que não é misturada com nenhuma falta".[52]

Mas nesse versículo, é somente a alusão ao pão e ao vinho que sugere a Ambrósio um sentido eucarístico. O versículo seguinte, ao contrário, é o mesmo convite, endereçado pelo Esposo às almas, para participar do banquete de suas núpcias com a Igreja. É isso que Gregório de Nissa explica: "Para aqueles que conhecem o sentido escondido das Escrituras, não há diferença entre o que é dito no Cântico: Comei, amigos, embriagai-vos, meus bem-amados, e a iniciação sacramental (μυσταγωγία) dos apóstolos. Com efeito, aqui e lá, o texto diz: Comei e bebei".[53] Poder-se-ia fazer uma objeção, observa contudo Gregório, "que no texto evangélico não é questão de embriaguez. Acontece

---

49   *De Sacramentis*. 5, 14; BOTTE, 91.

50   *De Sacramentis*. 5,15; *De Mysteriis*. 57.

51   *De Mysteriis*. 57; BOTTE, 127.

52   *De Sacramentis*. 5,17; BOTTE, 92.

53   *P.G.* 44, 989 C; CIRILO DE JERUSALÉM, *Catequeses Mistagógicas...*

BÍBLIA E LITURGIA

que o inebriante é o próprio Cristo que produz o êxtase das realidades inferiores às do alto".[54]

O apelo à exaltação do Esposo dos Cânticos é interpretado igualmente pelas nossas catequeses. "A Igreja, vendo uma tão grande graça – a celebração pelo Cristo do banquete nupcial – convida os filhos e filhas, convida os vizinhos, para acorrer aos sacramentos: Comei, amigos, bebei, embriagai-vos, meus bem-amados. Aquilo que nós comemos, o que nós bebemos, o Espírito Santo disse anteriormente pelo Profeta: Provai e vede que o Senhor é doce. O Cristo está neste sacramento. Pois é o Corpo de Cristo, não é como um alimento corporal, mas espiritual".[55] E no *De Sacramentis* ele celebra a sóbria embriaguez que o vinho eucarístico produz: "Todas as vezes que tu bebes, tu recebes a remissão dos pecados e tu és embriagado em espírito. Quem está embriagado pelo vinho vacila e titubeia, mas aquele que está embriagado do Espírito, está enraizado no Cristo. Admirável embriaguez que produz a sobriedade do Espírito. Eis o que temos a percorrer a respeito dos sacramentos".[56]

Com a sóbria embriaguez produzida pelo vinho eucarístico, a sede da alma é por fim saciada. No final da iniciação ela passou das coisas terrenas às coisas celestes. E é porque a eucaristia marca o termo dos sacramentos. Acentuaremos, contudo, que na celebração do banquete das núpcias da Igreja com Cristo, que a eucaristia realiza, o aspecto nupcial não é sublinhado e seu simbolismo não é diferente do simbolismo do banquete da *Sabedoria* ou do cálice inebriante do Salmo 22(23). O aspecto mais propriamente nupcial da eucaristia aparece na interpretação de outros versículos do Cântico em que não é somente o banquete nupcial, mas a própria união nupcial é que figura a união entre Cristo e a alma, consumada na eucaristia.

É ao primeiro versículo do Cântico que Santo Ambrósio nos conduz: "Tu vieste ao altar, onde o Senhor Jesus te convida, quer se trate de ti ou da Igreja, e ele te diz: que ela me beije com um beijo da boca. A palavra pode se aplicar bem a Cristo e a ti. Tu queres aplicar ao Cristo. Tu vês que és puro de todo pecado, uma vez que todas as tuas faltas foram canceladas. Por isso ele te julga digno dos sacramentos celestes e te convida ao banquete do céu. Tu queres aplicar este versículo a ti. Percebendo-te puro de todo pecado e digno de poder aceder ao altar de Cristo – o que é, com efeito, o altar senão a figura do

---

54   *P.G.* 44, 989 D; *Idem.*

55   *De Mysteriis.* 58; BOTTE, 127.

56   *De Sacramentis.* 5,17; BOTTE, 92; cf. também *De Caïn et Abel.* I, 20-21; CSEL, 356-357.

O Cântico dos Cânticos

corpo de Cristo – e descobre os admiráveis sacramentos. Então tu dizes: Que ele te beije com um beijo de sua boca, isto é, que o Cristo me dê um beijo".[57] Destarte a comunhão eucarística, na qual o corpo de Cristo é posto nos lábios do batizado purificado de seus pecados, é verdadeiramente o beijo dado pelo Cristo à alma, e que é a expressão da união de amor que ele contrai com ela. Aqui é diretamente a união matrimonial que se torna a figura da eucaristia.

Isso se encontra em Teodoreto: "Se alguém, cujos pensamentos são baixos, é perturbado pelo termo beijar, que ele considere que, no tempo do sacramento, acolhendo os membros do Esposo, nós o beijamos e abraçamos, e nós o aplicamos, com os olhos, em nosso coração, e nós imaginamos como uma espécie de abraço matrimonial, e nós pensamos em nos unir a ele, abraçá-lo e beijá-lo, o amor afastando o medo, conforme a Santa Escritura".[58] O texto é ainda mais forte que o de Santo Ambrósio, mas procede da mesma inspiração. A comunhão eucarística é verdadeiramente considerada como união nupcial. Ela é a consumação do ágape da caridade pela união. A ideia aparece em outro lugar. Comentando a expressão "dia das núpcias",[59] Teodoro a aplica à eucaristia e escreve: "Comendo os membros do Esposo e bebendo seu sangue nós realizamos com ele uma união ($\varkappa o\iota\nu\omega\nu\iota\alpha$) nupcial".[60]

***

Dessa forma, toda a tradição catequética nos mostra no Cântico dos Cânticos uma figura da iniciação cristã. E o fundamento dessa hipótese é bem claro. Desde quando o Cântico é profecia das núpcias escatológicas do Messias e do novo Israel, está-se no direito de o ver realizado nos sacramentos cristãos nos quais se realizam as núpcias perpétuas de Cristo e da Igreja. Mas podemos nos perguntar se essa interpretação sacramental da teologia nupcial é permitida pelo Novo Testamento. Ora, há um texto no qual o mistério do batismo e da eucaristia é apresentado como o cumprimento das núpcias escatológicas: é o da Carta aos Efésios: "Vós, maridos, amai a vossas mulheres, como também Cristo amou a Igreja, e a si mesmo se entregou por ela, a fim de santificar pela palavra aquela que ele purifica pelo banho da água. Pois quis apresentá-la a si mesmo toda bela, sem mancha, nem ruga, nem qualquer reparo, mas santa e sem defeito. É assim que os maridos devem amar suas esposas, como amam

---

57   *De Sacramentis*. 5,5-7; Botte, 89-90.

58   Teodoreto de Ciro. *Interpretatio in Canticum Canticorum*. 81, 53 C.

59   Esta expressão designa no texto do Cântico "o acontecimento escatológico" (Robert, André. *Le genre littéraire*. p. 207). Ora, esse acontecimento escatológico realizou-se pela iniciação cristã.

60   Théodore de Mopsueste. *Les homélies*. 128 A.

seu próprio corpo. Aquele que ama sua esposa está amando a si mesmo. Ninguém jamais odiou sua própria carne. Ao contrário, alimenta-a e a cerca de cuidado, como Cristo faz com a Igreja; e nós somos membros do seu corpo. *'Por isso, o homem deixará o seu pai e sua mãe e se unirá à sua mulher, e os dois serão uma só carne'.* Esse mistério é grande – eu digo isto com referência a Cristo e à Igreja" (Ef 5,25-32).

Esse texto apresenta, antes de tudo, o interesse de mostrar que o próprio rito do batismo pode ser ligado ao tema nupcial. Com efeito, vemos aparecer aqui o tema do banho nupcial. Dom Casel nos mostra que se trata de uma alusão a um rito conhecido do mundo antigo: o início das núpcias com um banho dos futuros esposos.[61] Trata-se de um banho sagrado, marcando, sobretudo para a esposa, sua consagração ao culto da família na qual ela entrava. É nesse banho que Paulo vê a figura do batismo. Mas, sobretudo, se acentuará que o banho constitui a purificação, e que é a própria união nupcial que constitui a plena santificação. A alusão à eucaristia é evidente. É por ela que o Cristo e a alma se tornam uma só carne, como o esposo e a esposa.[62] Ora, é justamente o que os Padres nos mostram na explicação do Cântico dos Cânticos.

Isso foi marcado por Metódio de Olímpia. As núpcias de Cristo com a Igreja, realizadas sobre a cruz, continuam em toda a Igreja pelo batismo e pela eucaristia: "O Verbo de Deus desceu para se unir à sua Esposa, morrendo voluntariamente por ela, a fim de a tornar gloriosa e imaculada no banho da purificação. Porque a Igreja não poderia, de outro modo, conceber os crentes e dá-los à luz de novo pelo banho da regeneração, se o Cristo não morresse de novo, não se unisse à sua Igreja e não lhe desse a força de sua parte, a fim de que pudessem crer todos aqueles que nasceram do banho batismal".[63] Destarte, o batismo regenera perpetuamente os cristãos mergulhando-os na morte de Cristo. A eucaristia, por sua vez, os faz perpetuamente crescer, vivificando-os pela força do seu lado aberto, isto é, pela comunhão de sua carne ressuscitada. Assim, toda a iniciação cristã se torna expressão do mistério nupcial. O texto paulino vem dar a explicação das figuras que encontramos até aqui. É por isso que o mistério da Paixão é a realização das núpcias escatológicas do Verbo com o Novo Israel; que a iniciação cristã é a continuação do mistério da Paixão e que o batismo e a eucaristia são o mistério nupcial.[64]

---

61   "Le bain nuptial de l'Église". In: *Dieu vivant*. IV. p. 43-44.

62   Esta interpretação eucarística de Ef 5,31 é expressamente utilizada por São João Crisóstomo em seu Comentário da *Carta aos Efésios*.

63   METÓDIO DE OLIMPO. *Symposium*. III, 8.

64   cf. QUODVULTDEUS, De Symb., I, 6; P.L. XL, 645 A.

Capítulo XIII

AS FIGURAS DO NOVO TESTAMENTO

Uma das aquisições da exegese contemporânea mostra como os Evangelhos estão plenos de alusões aos sacramentos. Com efeito, na medida em que vemos neles não somente documentos históricos sobre a vida de Cristo, mas também a expressão da fé e da vida de fé da comunidade cristã, eles apresentam um dúplice plano. As realidades da vida de Cristo na existência terrena aí se tornam figuras da vida gloriosa da Igreja, em particular tal como ela exprime na vida sacramental. Dessa forma, as alusões à água viva e às abluções, às espigas deixadas ou ao pão multiplicado tomam ressonâncias batismais e eucarísticas. Em particular, é a tese desenvolvida por Oscar Cullman no *Urchristentum und Gottesdienst* e por Harald Sahlin em *Zur Typologie des Johannesevangeliums*.[1]

Não está em questão o estudo de todas as alusões sacramentarias dos Evangelhos. De outro lado, já indicamos várias delas: a multiplicação dos pães, a água e o sangue jorrando do lado aberto de Jesus na cruz, as espigas esmigalhadas no dia de sábado, o ato de lavar os pés. Com efeito, essas figuras aparecem, em particular, no prolongamento direto de episódios do Antigo Testamento: o maná e o rochedo do Horeb. O evangelho de João apresenta, dessa forma, um simbolismo em três planos: a vida de Cristo projeta-se, de uma parte, no plano de fundo do Êxodo e torna-se, por sua vez, a figura da vida sacramental da Igreja. Abordaremos somente dois episódios do Evangelho de João que nos conduzirão a aspectos novos do simbolismo sacramental.

---

1 Cf. também Hoskyns, Edwin. *The fourth Gospel*. London: Faber and Faber, 1948; Connel, A. *Consummatum est*. Upsala: 1950.

O primeiro, a piscina de Betesda, liga-se ao batismo; o segundo, as núpcias de Caná, à eucaristia.

***

O quinto capítulo do Evangelho de João narra o relato da cura de um paralítico, na beira da piscina de Betesda, operada por Jesus. A tradição cristã antiga viu nesse episódio uma figura do batismo. Tertuliano, Dídimo, Ambrósio o comentam em suas catequeses. As preces de consagração da água batismal da Etiópia e do Egito fazem menção dele.[2] Mais ainda: é um dos motivos que se encontram mais frequentemente nos afrescos dos antigos batistérios. A *Capela Greca*, no final do segundo século, apresenta-nos esse episódio em paralelo com o do rochedo de Horeb, que é uma figura batismal. A Capela dos Sacramentos apresenta-o ao lado do batismo de Jesus e de um pescador puxando um peixe, que dizem respeito ao batismo. Estamos na presença de uma das figuras mais arcaicas e mais comuns do batismo.

Ora, a tradição cristã é simplesmente expressão do próprio Novo Testamento. Com efeito, no Evangelho de São João, o episódio tem um sentido batismal. Pode-se, pois, considerar que esse sentido batismal remonte à comunidade apostólica. A piscina de Betesda era um lugar onde se realizavam milagres de cura. Tais milagres, contudo, aconteciam para uma única pessoa, em um momento preciso, por intermédio de um anjo. Essas condições são eliminadas. O próprio Jesus é a salvação que age em todos os tempos, sem intermediário, para qualquer pessoa. Destarte, Jesus é a realidade da qual a cura feita pelo anjo era a figura. Notamos, além disso, que a cura acontece no sábado, o que escandaliza ainda mais os fariseus; por isso Cristo manifesta que ele é o mestre e a realização do sábado.[3]

Mas essa ação de Cristo apresenta características particulares. De um lado, não é somente cura do corpo, mas a essa cura está ligado o perdão dos pecados (14-16). Assim, como é frequente no Evangelho de João, a realidade visível aparece como sinal de uma realidade invisível. Os pães da multiplicação são figuras da Palavra de Deus e da eucaristia. Aqui o sinal é figura do quê? Da remissão dos pecados que é o objeto do próprio batismo. Isso já nos orienta para o sentido sacramental. Mas, como sempre em São João, os sacramentos não são somente designados em seu conteúdo, mas em seu sinal. Os pães da

---

2   LUNDBERG, Per Ivan. *La typologie baptismale dans l'Église ancienne*. p. 45.

3   Oscar CULLMANN em *Urchristentum und Gottesdienst*. p. 87; Harald SAHLIN acrescenta que o episódio mostra a superioridade do batismo cristão sobre a purificação dos judeus: *Zur Typologie des Johannesevangeliums*. p. 20-21 e 73.

As figuras do Novo Testamento

multiplicação figuram o pão eucarístico. Aqui o milagre acontece junto de uma piscina. Ora, nós nos lembramos que os batismos cristãos eram realizados em piscinas. E piscinas de águas vivas, o que sugere a agitação da água pelo anjo. A cena designa também a remissão dos pecados em relação com a piscina de águas vivas. Portanto, ela aparece claramente como uma figura do batismo.

Desde então, os Padres estavam na linha da verdadeira interpretação do texto, uma vez que eles o interpretavam no sentido batismal. Tertuliano é o primeiro autor que encontramos nesse sentido: "Um anjo por sua intervenção agitava a piscina de Betesda. Os que se sentiam doentes jogavam-se nela. O primeiro que nela entrasse, cessava de sentir o seu mal após o banho. Essa figura da cura corporal profetizava a cura espiritual, segundo a lei que quer que as coisas carnais precedam sempre, em figura, as espirituais. Dessa forma, progredindo na humanidade a graça de Deus, foi dado ao anjo e às águas poderem ainda mais. Então, quando eles só tinham o remédio para os males do corpo, curavam também a alma; então, quando eles só operavam uma salvação temporal, restauravam a vida eterna; então, quando eles libertavam por ano somente uma pessoa, agora eles preservam multidões a cada dia, destruindo a morte pela remissão dos pecados".[4]

Não se poderia encontrar um comentário mais preciso para o texto de João. Tertuliano sublinha admiravelmente os traços sobre os quais leva o simbolismo batismal. Nos dois casos trata-se de uma força comunicada às águas. Mas essa força não conduzia senão a uma cura carnal na piscina judaica e concedia uma saúde temporal. Aqui ela opera a salvação espiritual e a remissão dos pecados. Em ambos os casos é a força da água que é considerada. A piscina de Betesda é a figura da piscina batismal. Da mesma forma, a salvação era comunicada somente uma vez por ano. O batismo é dado a cada dia. Por fim, o beneficiário era somente uma pessoa. Aqui são multidões. Tertuliano releva os mesmos traços que notamos em São João e que constituem a comparação entre a figura e o sacramento.

Deixei de lado um traço porque nele a teologia própria de Tertuliano aparece: trata-se do anjo.[5] Com efeito, para nosso autor, a função do anjo persiste

---

4 Tertullianus. *De baptismo* 5; *P. L.* I. 1206; trad. bras.: Tertuliano. *O sacramento do batismo*. Introdução, tradução e notas por Urbano Zilles. Petrópolis: Vozes, 1981. (Padres da Igreja, 3.)

5 O testemunho de Tertuliano é importante não somente para o sentido da passagem, mas também por sua autenticidade. Sabe-se, com efeito, que vários manuscritos importantes do Novo Testamento omitem o versículo 4, no qual aparece o anjo (cf. Hoskyns, Edward. *The fourth Gospel*. p. 265).

BÍBLIA E LITURGIA

nos dois casos. Ele somente detém uma eficácia maior no batismo: *Plus aquis et angelo acessit*. É justamente esse ponto que está na origem de toda a exposição de Tertuliano. Ele quer estabelecer que um anjo age por meio da água no batismo cristão, que é um anjo que comunica às águas sua força purificadora: "Tendo as águas recebido uma força salutar pela intervenção de um anjo, o espírito é lançado na água por meio do corpo e o corpo purificado na água por meio do espírito".[6] Para justificar isso, Tertuliano apresenta exemplos. Ele mostra que os próprios pagãos reconhecem que os Satanás agem por meio das águas. Em primeiro lugar, ele menciona o batismo de iniciação que os mistérios de Isis e de Mitra apresentam: "Mas vamos mais longe. Não é somente nesses falsos sacramentos que os espíritos impuros vêm cobrir as águas para colocá-las a serviço de seus malefícios".[7]

Tertuliano dá exemplos: "Não é verdade que encontramos isso também nas fontes obscuras, nos córregos selvagens, nas piscinas termais, nos canais e cisternas das casas, dos quais se diz que fazem perder a razão, pelo poder de um espírito mau". Porque lembrar essas coisas: "Para tornar menos difícil acreditar que um santo anjo de Deus esteja presente nas águas que devem estar preparadas em vista da salvação dos homens, quando um anjo mau tem o hábito de um comércio frequente com esse elemento para a perdição dos homens". De outro lado, Tertuliano tem um argumento melhor ainda: "Se tu te admiras com essa intervenção do anjo, ela tem precedentes". E é agora que aparecem os textos da piscina de Betesda.

O elemento interessante para nós, do ponto de vista da teologia do batismo, é a questão do papel atribuído à água. Ao que ele corresponde? A ideia da presença particular de um anjo no batismo não é própria de Tertuliano. Nós a encontramos particularmente em Orígenes. Antes do batismo a alma se encontrava em poder do Satanás. Pelo batismo ela foi confiada a um anjo.[8] Mais ainda: o anjo está presente no batismo: "Quando o sacramento da fé te foi dado, as forças celestes, os ministérios dos anjos, a Igreja dos primogênitos estavam presentes".[9] Parece, mesmo, que ele seja o ministro: "Vem, anjo, recebe pela palavra aquele que se converteu do antigo erro da doutrina dos

---

6   TERTULLIANUS. *De Baptismo*. 4.

7   Idem. 5.

8   BETTENCOURT, Estêvão Tavares. *Doctrina ascetica Origenis seu quid docuerit de ratione animae humanae cum daemonibus*. Città del Vaticano:Libreria Vaticana, 1945. p. 23.

9   ORIGÈNE. *Homélies sur Josué*. 9, 4.

As figuras do Novo Testamento

Satanás; toma-o para dar-lhe o batismo do segundo nascimento".[10] No batismo há, pois, como um duplo ministro: o sacerdote visível e o anjo invisível: "No plano visível, a piscina engendra nosso corpo visível pelo ministério dos sacerdotes; no plano invisível, o Espírito de Deus regenera, por sua vez, nosso corpo e nossa alma com a assistência dos anjos".[11]

Como notou muito bem Erik Peterson,[12] essa presença dos anjos durante as ações litúrgicas e singularmente no batismo traduz o caráter oficial das ações sacramentais do culto cristão. É possível também que tenhamos uma relação com a missão dos anjos relativamente à entrada das almas na vida eterna. Com efeito, temos acentuado o paralelismo frequente entre as representações batismais e as representações funerárias. Elas são tão próximas uma das outras que muitas vezes é difícil discernir se um afresco faz alusão a uma ou a outra. Ora, a função dos anjos na liturgia da morte é conhecida. No ofertório da missa romana dos defuntos faz-se ainda alusão a São Miguel. Mais ainda, em certos apócrifos, vemos o anjo purificar a alma por uma espécie de batismo no rio, antes de introduzi-la na presença de Deus.[13] Ora, o batismo sacramental é uma antecipação do batismo escatológico. Portanto, a função do anjo nele é normal.

Destarte, a concepção de Tertuliano se liga a toda uma tradição. Mas nele ela toma um sentido particular: o anjo do batismo aparece como o precursor do Espírito Santo, sendo que o rito da água lhe é especialmente reservado, estando a efusão do Espírito ligada à unção: "Não é na água que nós recebemos o Espírito Santo, mas purificados na água sob a missão de um anjo, nós somos preparados para [receber] o Espírito Santo. Essa realidade também foi precedida pela figura. É assim que João foi o precursor do Senhor, preparando seus caminhos: da mesma forma que o anjo que preside o batismo prepara os caminhos para o Espírito que deve vir para a purificação dos pecados, que a fé obtém com a assinalação em nome do Pai, do Filho e do Espírito Santo".[14]

Fica claro nesse texto curioso que é o anjo o santificador das águas batismais e é ele quem lhes comunica a virtude purificadora. De outra parte, fica

---

10 Origène. *Homélies sur Ézéchiel*. 1,7 (Jerôme, Préface aux Homélies sur Ézéchiel). In: Ezechielem Homeliae XIV. Trad.: Marcel Borret. SC 352. Paris: Les Éditions du Cerf, 1989; citaremos: Origène. *Homélies sur Ézéchiel*.

11 Dídimo, o Cego. *De Trinitate*. In: *P.G.* 39, 672 C.

12 *Theologische Traktate*. München: 1951 p. 361 ss.

13 Edsman, Carl-Martin. *Le baptême de feu* p. 65-67; Lundberg, Per Ivan. *La typologie baptismale*. p. 44-45.

14 Tertullianus. *De Baptismo*. 6.

BÍBLIA E LITURGIA

claro o que diferencia a comparação entre a ação dos Satanás nas fontes e nos riachos e a ação do anjo na piscina de Betesda. Como o anjo de Betesda comunica às águas a força de curar os corpos, o anjo do batismo comunica às águas o poder de curar as almas. Parece também que Tertuliano identifica igualmente o Espírito que pairava sobre as águas primitivas e lhes comunicava uma força santificante, com um anjo.[15] Aqui existe uma concepção particular de Tertuliano que está diretamente relacionada com a piscina de Betesda. Tal concepção, de outra parte, tem seguidores no Ocidente. Assim, Optato de Mileto contesta o batismo dos donatistas afirmando: "Como tendes, entre vós, um que possa movimentar as águas".[16] É clara a alusão a Betesda.

A interpretação da piscina batismal de Betesda persiste após Tertuliano. Nós a encontramos em Dídimo que depende estreitamente de Tertuliano: "Lembrando um pouco mais do que já fizemos, todos estão de acordo em ver uma figura do batismo nessa piscina de Jerusalém, cujo nome é Betesda. Trata-se de uma figura, não da realidade. Com efeito, a imagem é para um tempo, a realidade é eterna. É por isso que era uma vez por ano que a água agitada pelo anjo curava uma só pessoa, a primeira que nela descesse, e o fazia de sua doença corporal, não espiritual. Mas o batismo autêntico, após a manifestação da fé e do Espírito, a cada dia, antes a cada hora ou mesmo a cada instante, liberta do pecado, para sempre, todos aqueles que descem à piscina batismal".[17] Nós encontramos aqui uma comparação mais precisa do que a que Tertuliano já fazia. Acentuamos que, para Dídimo, essa interpretação era universal, comum a toda a Igreja.

Pois bem, não estranhamos a encontrar nas catequeses batismais que apresentam o ensino comum da Igreja. Santo Ambrósio dedica-lhe todo um capítulo do De Sacramentis. Ele começa por uma indicação interessante: "O que foi lido ontem?"[18] O capítulo quinto de São João era uma das leituras litúrgicas da oitava da Páscoa. Estamos aqui no mesmo contexto litúrgico que o do Salmo 22. Ambrósio relembra o texto e continua: "Por que um anjo? É que o mesmo [Cristo] é o Anjo do grande altar. À sua hora, porque ele estava reservado para a última hora, a fim de completar o dia que terminava e parar o seu término. Todas as vezes que o anjo descia, a água era agitada. Pode ser

---

15   AMANN, E. "L'ange du baptême chez Tertullien". In: *Revue de Science Religieuse*, 1921. p. 208 sqq.

16   Optat de Milève. *Traité contre les donatistes*. II, 16.

17   DÍDIMO. In: *P.G.* 39, 708 A-B.

18   *De Sacramentis*. 2, 3.

que tu digas: por que não acontece mais agora? Escuta o porquê. Os sinais são para os incrédulos, a fé para os crentes".[19]

Vê-se a linha de interpretação de Ambrósio. Ele desenvolve, nos detalhes, o sentido alegórico do episódio: o anjo figura o Cristo; o momento no qual ele desce na água, a hora de Cristo, isto é, a última hora. A interpretação continua assim. A pessoa que desce em primeiro lugar simboliza o povo judeu. "Mas então um só era curado. Como é maior a graça da Igreja, na qual todos aqueles que descem são salvos". O mais curioso é a interpretação desta frase: "Não tenho ninguém que me lance". Ambrósio vê aí a fé na Encarnação: "Ele não podia descer. Ela não podia ser salvo se não acreditasse que Nosso Senhor Jesus Cristo tinha assumido sua carne de uma Virgem. Pois, de onde vem o batismo, senão da morte de Cristo? Aí está todo o mistério. Ele chegou à saúde porque acreditou naquele que devia vir. Mas ele teria estado mais perfeito, se tivesse acreditado que aquele cuja vinda ele tinha esperado já estava presente".[20]

Nada sobra aqui da interpretação de Tertuliano. O anjo é uma figura de Cristo. No *De Mysteriis*, Ambrósio trata também de Betesda e atesta o seu sentido figurativo: "Essa piscina era uma figura para que tu creias que uma força divina desce na fonte batismal".[21] O anjo é a figura do Espírito Santo, que vivifica a água batismal. O homem que transportava o paralítico é também interpretação do Verbo encarnado, "por cuja vinda não é mais a sombra que cura alguém, mas a realidade que cura a todos".[22] O traço que persiste em todas as interpretações é a característica universal da salvação trazida por Cristo, por oposição ao caráter reduzido da cura encontrada na piscina. Com efeito, esse parece ser um dos traços característicos das figuras neotestamentárias. Ele marca um dos aspectos essenciais da oposição entre a ordem judaica e os tempos messiânicos inaugurados por Jesus.

Os textos que analisamos até o presente tinham traços relativos ao batismo. Mas a interpretação batismal de Betesda se encontra em outra parte. Em seu segundo *Sermão contra os Anomeus*, São João Crisóstomo comenta o capítulo quinto de São João que era a Carta do dia: "Obedeçamos ao milagre que nos foi lido hoje".[23] E ele desenvolve a comparação entre a piscina e o batismo no mesmo sentido que nos outros textos: lá um só foi curado; aqui,

---

19   Idem. 2, 4.
20   Idem. 2, 7; Botte, 63-64.
21   *De Mysteriis.* 23; Botte, 115.
22   Idem. 24.
23   João Crisóstomo. In: *P.G.* 48, 803 C.

Bíblia e Liturgia

"mesmo que tu lances o universo inteiro dentro da piscina, a força da graça não é diminuída, mas cura a todos; é a diferença entre o poder dos servidores e a autoridade do mestre".[24] Lá a cura acontecia uma só vez, aqui todos os dias; lá era curado somente os corpo, aqui as almas.[25]

* * *

Se a cura da piscina de Betesda é uma figura do batismo, parece de bom tom que as núpcias de Caná sejam uma figura da eucaristia. Encontramos aqui, no plano do Novo Testamento, o tema das núpcias escatológicas. Podemos notar, em primeiro lugar, que o Evangelho de São Mateus traz duas parábolas que apresentam o mundo do futuro em uma imagem nupcial. São as parábolas dos convidados ao banquete (Mt 12,3) e a das virgens sábias (Mt 25,1). O sentido delas é, certamente, escatológico. Mas, como vimos, os sacramentos são uma antecipação das núpcias escatológicas. É, pois, natural que a tradição cristã aplique essas duas parábolas à iniciação. Com efeito, é o que nos mostra a tradição antiga. As duas parábolas possuem uma função considerável, e muitos detalhes delas foram colocados diretamente em relação com certos ritos do batismo ou da eucaristia. Buscaremos o simbolismo sacramental das núpcias em geral.

No início de sua *Protocatequese*, Cirilo de Jerusalém explica aos candidatos a necessidade de ter uma intenção reta e de praticar uma conversão séria para receber os sacramentos. Para explicar tudo isso, ele utiliza a parábola dos convidados ao festim. O banquete de núpcias para o qual o rei chama os convidados é a iniciação sacramental. E a veste nupcial representa as disposições que os candidatos devem possuir: "Segundo o Evangelho, alguém, por curiosidade, quis participar das núpcias. Ele entrou com uma veste não adequada, assentou-se para comer. O Esposo deixou-o à vontade. Mas se esperava que ele, vendo todos os demais vestidos de branco, tomasse ele mesmo uma veste idêntica... Assim nós, que somos os servidores de Cristo, nós te deixamos entrar. Ora, é possível que tu tenhas entrado com uma alma imunda pela lama do pecado. Despe, eu te peço, a veste que tens e reveste a túnica branca da pureza. Eu te advirto antes que entre Jesus, o Esposo das almas, e que ele não veja tuas vestes".[26]

---

24 Idem. 804.

25 Cf. também Chrisostome, *Homélie sur la résurrection*. 3; P.G. 50, 439 D: "O anjo descia na piscina e um só era salvo. O Senhor do universo desceu no Jordão e curou o universo inteiro nele".

26 P.G. 33, 336 B – 341; trad. bras.: Cirilo de Jerusalém. *Catequeses pré-batismais*. Petrópolis: Vozes, 1978. (Fontes da catequese, 14.) *Reconnaissances clémentines* viam na veste nupcial o símbolo do próprio ba-

O banquete nupcial figura a iniciação batismal. Ele constitui o enlace de Jesus com a alma. Cirilo assinala que esse banquete nupcial é aberto a todos, mas ao mesmo tempo ele exige uma conversão interior. O tema reaparece mais tarde: "Começai por lavar vossas vestes pela penitência, a fim de que, admitidos na nos aposentos do Esposo, sejais encontrados puros. Porque o Esposo chama todos indistintamente. Sua graça é liberal. E a voz de seus arautos que ressoa possantemente reúne ao seu redor os homens. Mas ele em pessoa discerne aqueles que entraram nas núpcias figurativas. Que não aconteça que alguém dentre aqueles que se fizeram inscrever escute dizer-lhe: Amigo, por que entraste sem as vestes nupciais? Até o momento todos vós estais à entrada da porta. Que aconteça que todos vós possais dizer: o rei introduziu-me em seu quarto (Ct 1,4). Que então as vossas almas se encontrem sem manchas, nem nada desse gênero (Ef 5,27)".[27]

Observaremos a aproximação da parábola dos convidados com dois outros textos: o da Carta aos Efésios sobre o mistério nupcial do batismo, e o do Cântico dos Cânticos. Estamos diante de um conjunto que diz respeito às núpcias e é aplicado aos sacramentos. Já Orígenes aproximava nossa parábola ao referido versículo dos Cânticos. "O rei introduziu-me em seus aposentos. Por estas palavras a Esposa pede aos amigos do Esposo que a introduzam na casa da alegria, onde se bebe o vinho e onde a festa está preparada. É o aposento onde a Sabedoria preparou o seu vinho e, por seus servos, convida os ignorantes a entrar. É este o local do banquete onde todos aqueles que virão do Oriente e do Ocidente se assentarão com Abraão, Isaque e Jacó, no Reino dos Céus (Mt 8,11). Davi, tendo admirado o cálice desse banquete, disse: meu cálice é admirável".[28]

Vimos como nessa passagem confluem o Salmo 22, o banquete da Sabedoria, a parábola dos convidados, o Cântico dos Cânticos, isto é, os diversos aspectos do banquete escatológico realizados na eucaristia. Mais precisamente é interessante notar a aproximação da nossa parábola ao Cântico. Vemos que a tradição é remota. Quanto ao tema das velhas vestimentas que é necessário depor para revestir a veste nupcial, e é aqui aplicado às disposições do candidato, fica bem claro que ele está em relação com o simbolismo do despoja-

---

tismo (que permite o acesso ao banquete eucarístico): a veste nupcial é a graça do batismo (IV, 35; cf. WASZINK, J. H. *Tertullien, De anima*. p. 457).

27 P.G. 33, 428 A-B; CIRILO DE JERUSALÉM. *Catequeses pré-batismais*. Observa-se que o começo da parábola era considerado como versículo na liturgia romana eucarística.

28 ORIGÈNE. *Commentaire sur le Cantique des Cantiques*. 3; P.G. 13, 155.

BÍBLIA E LITURGIA

mento da túnica antiga e do revestimento da túnica branca que faz parte do rito do batismo. De outro modo, Cirilo aplica a um e a outro o mesmo versículo (Is 61,10): "Ele me revestiu com as vestes da salvação e cobriu-me com a túnica da alegria".[29]

A segunda parábola nupcial do Evangelho é a das virgens sábias. O acento não está colocado no despojamento das más disposições, e sim na preparação positiva para entrar nas núpcias. Aplicada aos sacramentos, a parábola aponta as disposições necessárias para participar do banquete eucarístico e, liturgicamente, o cortejo de virgens indo diante do Esposo com suas lâmpadas acesas evocará a procissão da noite pascal. Por ela os novos batizados, levando suas velas acesas na mão, vão do batistério à igreja para participar da refeição eucarística. Cirilo evoca esse duplo aspecto, quando, no início da *Protocatequese* apresenta o conjunto da iniciação: "Carregando nas mãos as lamparinas do cortejo nupcial, vós significais o desejo dos bens celestes, o firme propósito e a esperança que o acompanha".[30] A espera escatológica, que é significada pelas velas acesas das virgens sábias, é transposta para a espera da iniciação batismal que é uma antecipação da parusia e de um encontro da alma com Cristo, o esposo.

Gregório de Nazianzo faz, explicitamente, a ligação da noite pascal com o cortejo nupcial da parábola: "A parada que farás, imediatamente após o batismo, diante do assento episcopal, é a prefiguração da glória futura. O canto dos Salmos, com o qual tu serás recebido, é o prelúdio da salmodia do alto. As lamparinas, que tu acenderás, são o sacramento (μυστήριον) do cortejo luminoso do alto, com o qual nós iremos na frente do Esposo, almas virgens e luminosas, com as lâmpadas brilhantes da fé. Não nos deixemos adormecer pela negligência, a fim de não deixar passar aquele que é esperado, quando ele vier de improviso, e não fiquemos sem alimento e sem óleo, e o medo de ser excluídos da câmara nupcial. Lá não haverá lugar nem para a pessoa arrogante e negligente, nem para aquele que estiver vestido com uma veste suja e não com as vestes nupciais".[31]

Essa passagem nos mostra no cortejo batismal a figura da procissão dos eleitos quando a parusia chegar. Melhor ainda, esse cortejo é o sacramento, o

---

29 *P.G.* 33, 428 A e 1104 B; trad. bras.: CIRILO DE JERUSALÉM. *Catequeses mistagógicas*. Trad.: Frei Frederico VIER. Introdução e notas: Fernando Figueiredo. Petrópolis: Vozes, 2004. p. 30-31. A parábola é aplicada também à eucaristia.

30 Idem. 333.

31 *P.G.* 36, 426 B-C.

sinal visível da liturgia celeste. Ele exprime a perpétua parusia sacramental que constitui o culto cristão e que São João descreveu no Apocalipse. Esse texto é, por sua vez, precioso para conhecermos a liturgia batismal na Capadócia, no século IV, com a parada diante da *bêma*, a cátedra do bispo que preside assentado ao fundo da abside. Acentuaremos, enfim, a alusão final à parábola dos convidados. Nesse discurso dirigido a catecúmenos, a duas parábolas são aproximadas com um sentido sacramental certo. Ele é uma confirmação a mais para o sentido eucarístico da parábola dos convidados nos Padres.

As duas parábolas que acabamos de abordar são a retomada pelo Cristo do anúncio das núpcias escatológicas – e são os Padres que as aplicaram à iniciação cristã. Mas nós vimos, a propósito da tipologia da refeição escatológica, que as refeições de Cristo manifestavam que esta já tinha se cumprido pela sua vinda à terra. Assim a multiplicação dos pães é a realização do maná do Novo Êxodo, a refeição na casa de Simão, o fariseu, representa a refeição do banquete messiânico. E, ao mesmo tempo, as refeições de Cristo são figuras dos sacramentos. Pois bem, isso se verifica também pelo banquete nupcial. Há um episódio na vida de Jesus que é o cumprimento do banquete nupcial escatológico e para o qual, ao mesmo tempo, a significação sacramental é provável e análoga à da multiplicação dos pães: é o das bodas de Caná.

A significação sacramental do episódio foi valorizada por Oscar Cullmann.[32] É um traço geral do Evangelho de João, no qual as expressões têm um sentido simbólico e mais especificamente sacramental. Isso se verifica no encontro com a Samaritana, na multiplicação dos pães, na piscina de Betesda. Isso é verdade também para o nosso episódio. A expressão: "Minha hora ainda não chegou", os "três dias" que introduzem o texto são uma alusão à Paixão. Da mesma forma, a água mudada em vinho tem uma alusão à Paixão de Cristo, na qual serão abolidas as purificações legais e o sangue de Cristo destruirá os pecados. "A escrupulosa observância judaica será substituída pela alegria festiva da idade messiânica simbolizada pelo banquete nupcial".[33] E o vinho eucarístico será o sacramento pelo qual será significada e operada a participação nesse banquete nupcial.

Essa interpretação eucarística é confirmada pela tradição patrística. Dessa forma, São Cipriano cita o episódio para justificar o uso do vinho eucarístico: "Como isto é perverso e contrário, quando o Senhor, nas núpcias, fez do vinho

---

32 *Urchristentum und Gottesdienst*. p. 67-72.

33 Alf Gozzel. *Consummatum est*. p. 257.

com a água, de fazermos nós a água misturada com o vinho, quando o sentido figurado (*sacramentum*) dessa realidade deveria nos advertir de oferecer antes o vinho no sacrifício do Senhor. Com efeito, porque a graça espiritual faltava aos judeus, o vinho também lhes faltava. Pois a vinha do Senhor dos exércitos é a casa de Israel. Mas o Cristo, ensinando que o povo dos gentios sucedia Israel, mudou a água em vinho, isto é, mostrou que, nas bodas de Cristo e da Igreja, é o povo dos gentios que afluirá, faltando os judeus".[34] Dessa, forma, as bodas de Caná figuram a união de Cristo com a Igreja. Para ela as nações são convidadas, como significa a substituição pelo vinho, símbolo da alegria messiânica, da água de purificação dos judeus. E a refeição eucarística é o sacramento da participação das nações nesse banquete espiritual.

Por sua vez, Cirilo de Jerusalém, nas *Catequeses mistagógicas*, desenvolve o mesmo tema: "Em Caná da Galileia o Cristo mudou a água em vinho, que é aparentado com o sangue. E nós consideramos como pouco digno de fé que ele tenha mudado o vinho em seu sangue! Convidado às bodas corporais, ele realizou esse milagre. E nós não confessamos bem mais que ele tenha dado aos filhos dos aposentos nupciais a alegria de seu corpo e de seu sangue".[35] Notamos que aqui ainda o acento é colocado ao mesmo tempo sobre o símbolo do vinho e sobre o das bodas. Um e outro dizem respeito à eucaristia: o vinho designa o seu sinal visível; as núpcias marcam que na eucaristia se realiza a união de Cristo com a Igreja na alma do cristão.[36]

Ao lado da tradição – parece ser a mais bem fundada –, que vê no milagre de Caná uma figura da eucaristia, constatamos outra corrente, que vê nas bodas uma figura do batismo. O acento aqui é colocado sobre o simbolismo da água, em vez de ser sobre o do vinho. Já encontramos um simbolismo análogo no milagre de Horeb. Dessa forma, Tertuliano classifica Caná entre as figuras do batismo.[37] A prece litúrgica siríaca da bênção da água na vigília da Epifania menciona também o milagre de Caná ao lado do de Mara, como figuras da transformação da água. Nós conhecemos essa série tipológica. O texto de Tertuliano manifesta que tal interpretação é, ela também, antiga.[38]

Nós observamos, a propósito da prece siríaca, a relação do milagre de Caná com a Epifania. Sabe-se que ainda hoje a liturgia romana une nessa festa

---

34   Cyprianus. *Epistula*. 63, 22; CSEL, 711.

35   P.G. 33, 1107 C; Cirilo de Jerusalém. *Catequeses mistagógicas*.

36   Cf. também Eusebius. *Demonstratio Ev.* 9; P.G. 22, 684 D; Gaudence de Brescia. *Sermo.* 2; P.L. 20, 855 B.

37   Tertullianus. *De Baptismo.* 9; P.L. 1, 1210 A.

38   Lundberg, Per Ivan. *La typologie baptismale.* p. 22-23.

as três manifestações de Cristo: a adoração dos magos, o batismo no Jordão, as bodas de Caná. Ora, por outro lado, ao menos no Oriente, o dia da Epifania era aquele no qual se conferiam os batismos, assim como no da Páscoa. Vê--se como toda uma tipologia sacramental se constitui ao redor dessa festa. Da mesma forma que a iniciação pascal situou-se no prolongamento do Êxodo, a travessia do Mar Morto figurando o batismo e o maná a eucaristia, da mesma forma a tipologia da Epifania constitui-se no quadro neotestamentário: o batismo no Jordão figurando o batismo cristão, e as bodas de Caná, a eucaristia. O que caracterizou esse ciclo foi sua característica nupcial. A iniciação cristã apareceu como a celebração das bodas de Cristo com a Igreja. Temos eco disso na antífona do *Benedictus* da liturgia romana para a festa da Epifania: "Hoje a Igreja uniu-se a seu Esposo celeste, porque, no Jordão, o Cristo lavou os pecados dela, os magos acorrem com presentes às núpcias reais e os convivas se deliciam com a água mudada em vinho, aleluia".

SEGUNDA PARTE

As festas

Capítulo XIV

O MISTÉRIO DO *SHABAT*

O estudo dos sacramentos nos mostrou que eles eram, no tempo presente da história sagrada, a continuação dos grandes eventos de Deus no Antigo e no Novo Testamento e a prefiguração da escatologia. Esse estudo mostrou-nos que, para compreender plenamente certos aspectos, devemos situá-los na perspectiva bíblica. Ora, isso é verdadeiro também a respeito de outros aspectos do culto cristão – e em particular da liturgia das festas. Ela apresenta um ciclo duplo: hebdomadário e anual. Estudaremos, sucessivamente, um e outro, deixando bem entendido o que se situa no prolongamento da Escritura e especialmente do Antigo Testamento. Antes de tudo, encontramos a festa semanal, isto é, o domingo. Este é uma criação propriamente cristã, ligado ao fato histórico da ressurreição do Senhor. Mas como uma festa hebdomadária, põe-se a questão de sua relação com o *shabat* judaico. Antes de estudar seu simbolismo, devemos situar o domingo em relação com o *shabat*. Tal estudo apresenta um duplo aspecto: o primeiro é o do simbolismo do *shabat*, isto é, uma questão de tipologia; o segundo é o do repouso sabático, isto é, uma questão de instituição. Somente secundariamente haveremos de insistir nesse ponto.

* * *

As figuras do Antigo Testamento são de personagens, como Noé ou Isaque; de acontecimentos, como a travessia do Mar Vermelho ou o ingresso na Terra Prometida; enfim, de instituições como o Templo ou a circuncisão. O *shabat* entra na terceira categoria, da qual é um dos casos eminentes. Sua característica figurativa é afirmada pelo Novo Testamento: "Ninguém, pois, julgue vocês pelo que comem ou bebem, ou por causa de festas anuais, mensais ou de sábados. Tudo isso é apenas sombra daquilo que devia vir. A realidade é Cristo" (Cl 2,16-17). Temos aqui a afirmação que guiará toda a nossa exposição: a realidade é Jesus Cristo. Portanto, temos de procurar qual é o conteúdo da realidade religiosa do *shabat*, pois assim ela nos levará a conhecer, ao lado de outras figuras, uma parte de quem é o Cristo. Por essa razão seu estudo é para nós um ensinamento sempre atual, uma vez que a instituição do sábado, enquanto tal, foi abolida desde que Cristo veio e que a completou. Ora, o conteúdo da noção de *shabat* é expresso por dois versículos do Êxodo que indicam seus dois aspectos essenciais. De um lado, o *shabat* é "um dia de repouso (ἀνάπαυσις) consagrado a Iahweh" (Ex 16,25); do outro o *shabat* "é o sétimo dia (ἑβδόμη)". O repouso e a hebdômada (sete dias), tais são os dois temas essenciais que o *shabat* contém. O Antigo Testamento os apresenta como uma prescrição literal; o Novo Testamento mostra seu cumprimento atual: como o Cristo é o verdadeiro repouso, como o cristianismo é o verdadeiro sétimo dia. E isso já nos mostra o que a tipologia do *shabat* apresentará em particular: ela será uma tipologia do tempo.

Essa tipologia do *shabat* iniciou no próprio Antigo Testamento. Acentuamos com frequência que ele apresenta uma primeira reflexão espiritual sobre as instituições mosaicas, uma primeira tipologia bíblica. Aqui essa afirmação encontra eminentemente sua aplicação e, como haveremos de indicar, em um duplo ponto de vista. Em primeiro lugar, encontramos aí uma interpretação escatológica. Com efeito, o sábado é o símbolo da duração sagrada. A esse respeito se pode dizer que ele é para a história e para o tempo o que o Templo, a outra instituição essencial do mosaísmo, é para o universo e para o espaço: seu grande símbolo bíblico. O sábado exprime a consagração do tempo a Deus, como o Templo exprime a do espaço. E da mesma forma que o Templo, pela consagração de um recinto limitado, era o sacramento e a figura da consagração do universo total, que a ressurreição de Jesus Cristo e a criação do cosmos da Igreja deviam realizar; da mesma forma o *shabat*, pela consagração de um dia particular, era o sacramento da consagração a Deus da história total que devia, ela também, ter seu princípio na ressurreição do Verbo encarnado.[1]

O outro elemento do *shabat* é a noção de repouso (ἀνάπαυσις). Constatamos igualmente aqui uma primeira tipologia do Antigo Testamento. Ela con-

---

1   Sobre o aspecto propriamente escatológico, que aparece no judaísmo considerando a eternidade como um repouso do *shabat*, cf. RIESENFELD, Harald. *Jésus transfiguré*. p. 215 e sqq.; HEBERT, G. Armstrong. *The Throne of David*. London: Faber and Faber, 1941. p. 147-149.

BÍBLIA E LITURGIA

siste em uma espiritualização. Tal espiritualização encontra-se nos profetas e, em particular, em Isaías. É nele que aparece, pela primeira vez, a afirmação que os Padres da Igreja retomarão: o verdadeiro *shabat*, o verdadeiro ἀνάπαυσις é, não a cessação do trabalho do corpo, mas a cessação do pecado:

Parem de trazer ofertas inúteis. O incenso é coisa nojenta para mim; luas novas, sábados, assembleias... não suporto injustiça junto com solenidade. Eu detesto suas luas novas e solenidades. Para mim se tornaram um peso que eu não suporto mais. Quando vocês erguem para mim as mãos, eu desvio o meu olhar; ainda que multipliquem as orações, não escutarei. As mãos de vocês estão cheias de sangue.

> Lavem-se, purifiquem-se, tirem da minha vista
> as maldades que vocês praticam.
> Parem de fazer o mal.
> Aprendam a fazer o bem.
> (Is 1,13-19)[2]

Essa passagem é com certeza a mais importante, pois veremos a seguir o ensinamento de Cristo prolongá-la diretamente. A espiritualização do repouso sabático, que de outro lado não é exclusiva da prática efetiva do sábado, é a que encontramos em Filão, transportada em uma perspectiva platônica, quando ele verá, no sábado, o símbolo da alma "que repousa em Deus e não realiza mais nenhuma obra mortal".[3]

Assim encontramos já preparada, no Antigo Testamento e no judaísmo apocalíptico e alexandrino, uma dupla tipologia do *shabat*. E, sobretudo, ela permanece indeterminada em seu objeto. Como nos dizia São Paulo, é o Cristo a realidade, cuja sombra é o *shabat*. Ora, os Padres da Igreja não serão os primeiros a dizer isso. A interpretação cristológica do *shabat* já é marcada no Novo Testamento. Retomaremos os dois aspectos do *shabat*, mas na ordem inversa. Antes de tudo o Novo Testamento prolonga a espiritualização do *shabat*, tal como tinha mostrado Isaías, mas ao mesmo tempo marcando que o *shabat* foi superado porque Cristo é a realidade que ele figurava. Esse aspecto aparece nas passagens do Evangelho nas quais nós vemos Cristo em conflito com os fariseus a respeito do repouso sabático. A tipologia do *shabat* aparece

---

2   Cf. também 58,13: "Se você disser que o sábado é um dia agradável e honrar o dia consagrado a Iahweh; se você o respeitar, deixando de viajar, de buscar seu próprio interesse e tratar de negócios [...]".

3   FILON D'ALEXANDRIE. *La Migration d'Abraham*. Paris: Les Éditions du Cerf. 1957, n. 91.

não formulada teoricamente, como está em São Paulo, mas vivida existencialmente na oposição concreta dos fariseus, que encarnam a figura, e do Cristo, que representa a realidade. O primeiro texto se encontra no Evangelho de São Mateus (12,1-13). Os discípulos colhem espigas no campo, num dia de sábado. Os fariseus protestam. Cristo toma a defesa dos discípulos.[4]

Jesus começa por mostrar que o Antigo Testamento dá exemplos de legítima violação do sábado: "Vocês nunca leram o que Davi e seus companheiros fizeram, quando estavam sentindo fome? Como ele entrou na casa de Deus, e eles comeram os pães oferecidos a Deus? Ora, nem para Davi, nem para os que estavam com ele, era permitido comer os pães reservados apenas aos sacerdotes. Ou vocês não leram também, na Lei, que em dia de sábado, no Templo, os sacerdotes violam o sábado, sem cometer falta?" (Mt 12,3-5). Seguem as palavras capitais: "Pois eu digo a vocês: aqui está quem é maior do que o Templo. Se vocês tivessem compreendido o que significa: 'Quero a misericórdia e não o sacrifício', vocês não teriam condenado estes homens que não estão em falta. Portanto, o Filho do Homem é senhor do sábado" (Mt 12,6-8). É preciso aproximar desta passagem aquela que a segue imediatamente, na qual vemos, curado por Jesus, num dia de sábado, um homem com a mão seca. E Jesus responde aos que o atacam: "É permitido fazer o bem, mesmo que seja em um dia de sábado" (Mt 12,12).[5] Nessa passagem há uma crítica aos abusos do formalismo dos fariseus em sua forma de entender o repouso do *shabat*, isso é claro. Mas há bem mais. Em primeiro lugar, Jesus mostra o caráter secundário do *shabat*. Não é uma lei absoluta, mas uma instituição provisória. E ele dá um exemplo, inaugurando uma argumentação que os Padres retomarão, desenvolvendo-a. Ele deixa entender que é livre de dispor dessa instituição, uma vez que é o mestre – e para servir de exemplo aos discípulos que o seu tempo é chegado. Mas há mais: a analogia com o Templo nos mostra que as duas instituições são paralelas. Ora, Jesus se apresenta como maior que o Templo. E da mesma forma isso é evidente em relação ao *shabat*. O *shabat* e o Templo estão completos, pois Cristo, *shabat* e Templo do Novo Testamento, está lá.

---

4   Esta passagem é interpretada em um sentido totalmente análogo a H. Riesenfeld. Ele vê na cena a prefiguração do sábado escatológico e do banquete celeste (*Jésus transfiguré*. p. 318). Este sábado é realizado em Cristo. Haveria aqui, portanto, uma alusão à eucaristia dominical (Cullmann, *Urchristentum und Gottesdienst*, p. 60 sq.).

5   Santo Epifânio, comentando essa passagem escreve que "o Filho do Homem, mestre do *shabat*, libertou-se dele e nos dá o grande *Shabat*, que é o mesmo Senhor, nosso repouso e nosso [...]" (*De Haeresia*. 66, 84; In: *P.G.* 41, 165).

Dessa realidade do novo *shabat*, que aparece com o Cristo, o contexto nos dá dois exemplos. De uma parte, a passagem que citamos precedeu imediatamente estas palavras de Jesus: "Venham a mim todos vocês que estão cansados de carregar o peso do seu fardo, e eu lhes darei descanso. Carreguem a minha carga e aprendam de mim, porque sou manso e humilde de coração, e vocês encontrarão descanso para suas vidas. Porque a minha carga é suave e o meu fardo é leve" (Mt 11,29-30).[6] Portanto, o Cristo aparece como o verdadeiro repouso, o ἀνάπαυσις, o *shabat* verdadeiro. E em segundo lugar, o episódio é seguido pela cura, num dia de sábado, do homem da mão seca. Ora, essa cura, como os milagres de Jesus, é uma manifestação antecipada da vinda do seu Reino, o verdadeiro repouso. A coincidência do fato com o dia de sábado manifesta a relação dos dois acontecimentos, bem como os vendedores expulsos do Templo manifestam que Jesus é o mestre do Templo e o Templo verdadeiro. Destarte, nessas passagens, Cristo aparece como quem inaugura o verdadeiro *shabat*, substituindo o *shabat* figurativo. De outro lado, não se explicaria a oposição dos fariseus se não houvesse nele a pretensão de substituir as instituições mosaicas. Dessa atitude concreta, a tipologia ulterior não terá senão que desenvolver as consequências.

O Evangelho de São João nos apresenta um episódio análogo. Trata-se da fé do paralítico curado, num sábado, à beira da piscina de Betesda. Já falamos desse episódio a propósito do batismo. Os judeus perseguiam Jesus porque ele realizava curas em dia de sábado. Jesus responde: "Meu Pai trabalha sempre e eu também devo agir" (Jo 5, 17). Aqui ainda os judeus procuram matá-lo "porque ele se fazia igual a Deus" (5,18). A relação dessas misteriosas palavras com o repouso do *shabat* é evidente. Mas Jesus vai além. Os judeus da época de Jesus, em sua exaltação do *shabat*, acreditavam que o próprio Deus era submisso ao *shabat*. Encontramos essa mesma ideia expressa no *Livro dos Jubileus*.[7] A palavra de Jesus condena formalmente a aplicação a Deus do repouso sabático entendido como ociosidade. Não existe em Deus nenhuma ociosidade. São Cirilo de Alexandria afirma que a atividade de Deus, que ele exerce sem cessar, é semelhante ao seu amor. Ora, essa afirmação tem grande consequência. A

---

6 Parece haver aqui a alusão a carregar um "fardo" no dia de sábado. Cristo é o verdadeiro *shabat* que livra do verdadeiro fardo, que é o pecado. Por uma oposição subtil, o repouso sabático é apresentado como um fardo e o jugo de Cristo como um repouso. A aproximação é feita por Santo Agostinho (*Epistula*. 2, 5, 10. In: Augustinus. *Epistulae. ed.* A. Goldbacher 1895-1923: epistulae 1-30, CSEL, 34/1).

7 2, 16. Cf. Marmorstein, A. "Quelques problèmes d'ancienne apologie Juive". In: *Revue d'Études Juives* (1914) p. 161. Contudo, Filão já combate essa concepção. "Deus jamais cessa de agir. Assim como esquentar é próprio do fogo. Da mesma forma, criar é próprio de Deus" (*Legum Allegoriae*. I. 5-6).

O MISTÉRIO DO SHABAT

ociosidade, o *otium*, do *shabat*, aparece desde então como um dado literário, inferior, do qual se deverá procurar o significado espiritual. Os Padres da Igreja partirão desse texto para condenar o repouso sabático, mostrando que esta não é a lei do universo e para mostrar como o cristianismo é a realidade, da qual essa ociosidade não era senão a figura. Orígenes, após citar a mesma frase de São João, escreverá: "Ele mostra por esta afirmação que em nenhum *shabat* deste mundo Deus deixou de administrar o mundo. O verdadeiro *shabat*, no qual Deus repousará de todas as suas obras, será no século futuro".[8] A ação de Cristo aparece como a realidade que vem substituir a ociosidade figurativa do *shabat*.

Desse modo vemos aparecer no próprio Evangelho, de forma concreta, a oposição entre Cristo e o *shabat*, oposição que ainda permanece velada. Há realmente um tempo no qual a figura e a realidade coexistem. Tal coexistência continuará na comunidade cristã primitiva. Vemos os apóstolos em Jerusalém observarem o *shabat* após a ressurreição de Cristo (At 13,14; 16,3). Mas é a sobrevivência de um mundo desgastado, visto que a realidade chamada a substituí-lo já está presente. Acontece o mesmo com o Templo, que os Apóstolos continuam a frequentar para rezar, enquanto já está presente o Templo novo, que é a comunidade cristã. Estamos em um desses gonzos da história, uma dessas articulações essenciais em que a realidade aparece e livra progressivamente de um mundo antigo que vai fenecendo.[9] A destruição de Jerusalém conduzirá ao fim do Templo. São Paulo proclama o fim do *shabat* (Rm 14,6). Somente poucas comunidades judaicas continuarão a observá-lo.[10] E é também São Paulo quem formula o sentido dessa evolução histórica. Se o *shabat* morre pouco a pouco, significa que ele era apenas uma instituição provisória e figura do mundo que deveria vir. Agora esse mundo chegou e a figura deve desaparecer: "Ninguém, pois, julgue vocês pelo que comem ou bebem, ou por causa de festas anuais, mensais ou de sábados. Tudo isso é apenas sombra daquilo que devia vir. A realidade é Cristo" (Cl 2,16-17).

Destarte, a realidade nos mostra, em Cristo, o repouso figurado pela realidade sabática e cuja significação profética Isaías começou a entrever a. O Novo Testamento nos mostra, em todo o caso, em Cristo o sétimo dia, isto é, o tem-

---

8   ORIGÈNE. *Homélies sur les Nombres*. III, 4 (2. ed.). (In: Numeros homiliae XXVIII). Trad.: Louis DOUTRELEAU et André MÉHAT. SC 461. Paris: Les éditions du Cerf, 2001. Citaremos: ORIGÈNE. *Homélies sur les Nombres*.

9   É isso que exprime o tema de Cristo τέλος-αρχή, como gonzo, que encontramos no ciclo de Noé.

10   EUSÉBIO DE CESAREIA. *História eclesiástica*. São Paulo: Paulus 2000, n. III, 27. (Patrística 15.)

BÍBLIA E LITURGIA

po consagrado que sucede aos dias profanos, do qual o relato da criação nos tinha dado uma primeira interpretação teológica. Aqui ainda a interpretação neotestamentária é cristológica: ela nos mostra em Cristo esse sétimo dia, do qual o Antigo Testamento entrevia somente a interpretação profética. O texto capital é o prólogo do Evangelho de São Mateus. Com efeito, os ancestrais de Cristo são agrupados em seis conjuntos de sete personagens. Desse modo, Cristo aparece inaugurando a sétima idade do mundo, sendo a sétima idade atribuída apenas a ele. Fica claro que este é o sentido de tal disposição. Já o Livro das Crônicas, nas genealogias de Abrão e de Noé, agrupa seus descendentes no número simbólico de setenta. Esses agrupamentos septenários são evidentemente intencionais. O que Mateus nos apresenta é uma aplicação a Cristo do simbolismo cronológico da semana sagrada. A genealogia de Lucas é igualmente fundada sobre a cifra sete, mas de forma diferente. Ela compreende setenta e sete personagens de Abraão até Jesus. Gregório de Nazianzo já havia notado essa característica septenária. Destarte, a genealogia de Mateus faz do sétimo dia uma figura de Cristo.

A Carta aos Hebreus vai mostrar que essa interpretação do sétimo dia já possui um sentido profético (3,7; 4,11). O autor parte da palavra do Salmo 94,11:[11] "Ele não entrará em meu repouso (ἀνάπαυσις)". Esse repouso ele o aproxima formalmente do sétimo dia (4,4). Trata-se, pois, do repouso do sétimo dia, isto é, do repouso sob a forma escatológica. Ora, o autor mostra que tal repouso não pode ser aquele do qual se diz que Deus repousou no sétimo dia. Com efeito, "as obras ficaram completas desde o início do mundo" (4,3), e aqui se trata do futuro do mundo. Dessa forma, a interpretação "arqueológica", a do Antigo Testamento, está descartada. De modo algum se trata da entrada na Terra Prometida.Obviamente, é esse o sentido que os Salmos sugerem. Mas, como anota o autor: "Se Josué lhes tivesse proporcionado esse repouso, Davi, muito tempo depois, não falaria de um outro dia" (4,8). Assim, a queda de Jericó, após sete dias, não é por acaso aquilo que se designa por ἀνάπαυσις do Salmo? Fora do repouso de Deus, na ordem da criação, do repouso de Israel, na ordem do Antigo Testamento, há um terceiro repouso, que é aquele do qual fala o Salmo: "Resta, pois, um dia de repouso (ἀνάπαυσις)". Com efeito, aquele que entra no "repouso de Deus", repousa também de suas

---

11   Ver a exegese desse texto em CRISÓSTOMO. In: *Epistula ad Hebreos*. 8; *P.G.* 63, 55-58. Ele distingue os três repousos: o de Deus, o da Terra Prometida e o de Cristo.

O MISTÉRIO DO SHABAT

obras, como Deus "repousou das suas. Apressemo-nos, pois, para entrar nesse repouso" (4,10-11).

Esse texto é particularmente notável pelo paralelismo que institui entre os três "sabadismos", figurados pelo *shabat* litúrgico. Este aparece no judaísmo como uma comemoração da criação e da consagração a Deus; a seguir aparece como uma comemoração da entrada na Terra Prometida e da realização temporal da promessa. Mas, por sua vez, esses dois simbolismos são a prefiguração e a profecia de outro *shabatismus*, de um sétimo dia que não fora realizado e que é realizado agora em Jesus Cristo; desde então esse sétimo dia está presente e devemos nos apressar para entrar nele. Desse modo, encontramos, mais comentado e justificado, o tema escatológico que estava indicado na genealogia de Mateus. O simbolismo do sétimo dia serve, antes de tudo, para valorizar o cristianismo como acontecimento escatológico. Estamos, pois, bem dentro da perspectiva histórica. Tal é, com efeito, o sentido de toda a Carta aos Hebreus. Deus, que havia dado aos judeus uma primeira chance de salvação, que eles recusaram, oferece agora uma nova salvação, o Cristo. Ele é o sétimo dia, a sétima idade do mundo. É uma idade de graça aberta com ele. Não se pode deixar passar esse momento de graça, como os judeus fizeram com o seu. Notemos, de outro lado que, no tema do repouso e no tema do sétimo dia o aspecto espiritual e o aspecto escatológico estão reunidos – e reunidos na única pessoa de Cristo que lhes dá o sentido. Com efeito, a mensagem do Novo Testamento é a de designar o Cristo como aquele que anuncia as prefigurações do Antigo Testamento.[12]

***

O Novo Testamento nos apresenta como um fato a abolição do *shabat* e sua realização em Cristo. Os escritores eclesiásticos haverão de explicitar sua significação. Com efeito, essa abolição, como a das outras instituições mosaicas, é um problema difícil. De um lado, a prática literal do *shabat* é objeto de um mandamento expresso de Deus, no Antigo Testamento, que os cristãos consideram como um livro inspirado. De outro lado, essa prática foi abolida pelo Cristo, e o *shabat* não tem mais para o cristão senão um valor de símbolo. Como conciliar essas duas afirmações? É impossível admitir que Deus se contradiga. Duas soluções extremas se apresentam então. De um lado, alguns judaizantes mantinham a prática literal do *shabat*. Eles estavam, desde então,

---

12   É preciso verificar uma alusão escatológica sobre o "repouso" do sétimo dia na palavra de Pedro na Transfiguração: "Não é bom estar aqui?". É a hipótese sedutora de RIESENFELD, Harald. (*Jésus transfiguré.* p. 259). Mas ela não é decisiva.

BÍBLIA E LITURGIA

de acordo com o Antigo Testamento, mas em conflito com a Igreja. De outro lado, os gnósticos rejeitavam o Antigo Testamento considerando-o como obra de outro Deus. Isso a fazia esvanecer a contradição, mas conduzia a uma rejeição do Antigo Testamento, rejeição que era igualmente inaceitável. Os cristãos viram bem que era preciso afirmar, tanto a inspiração do Antigo Testamento como o caráter superado do *shabat*. Mas eles demoraram algum tempo para ver como conciliar essas duas afirmações.

Uma primeira solução consistia em negar pura e simplesmente que a prática literal do sábado jamais fora objeto de mandamento de Deus. É a posição do Pseudo Barbané. Para ele as instituições do Antigo Testamento são linguagem puramente simbólica; a missão da gnose é a de compreendê-la. Mas os judeus não tiveram acesso a essa gnose. Eles tomaram essa linguagem ao pé da letra. Todas as suas práticas não cessaram jamais de ser condenadas por Deus. Em particular, a do *shabat* foi sempre reprovada.[13] Como bem disse M. Lestringant: "Para ele a exegese cristã não deu à Escritura um sentido novo, porque em nenhum momento ele teve outro sentido. Deus jamais revelou senão uma só verdade. Os sacrifícios, o Templo, a circuncisão não eram senão sinais. Sua prática constituía uma violação flagrante da vontade de Deus. De outra parte este advertiu formalmente a nação infiel de que ele não queria nem sacrifícios nem oferendas".[14] Essa solução simplificava a questão. Cristo não teve de dar um sentido figurado ao *shabat*. O *shabat* jamais teve outro sentido. Ele jamais fora senão um símbolo. O sentido figurado da Escritura é o sentido literal, pois Moisés teve a intenção de falar uma linguagem simbólica. Essa solução radical, que será ainda a de Pascal,[15] se ela assegurava a unidade da Revelação, suprimia sua consistência que é própria do Antigo Testamento.

A solução de Justino será mais atrativa. Antes de tudo ele mostra que, mesmo no Antigo Testamento, o mandamento do *shabat* não é objeto de uma obrigação incondicional, uma vez que admite exceções: "Será que Deus desejava que vossos sacerdotes pecassem, pois ofereciam sacrifícios no dia do *shabat*, ou [que pecassem] aqueles que dão ou recebem a circuncisão no dia se sábado, uma vez que o Senhor ordena que as crianças recém-nascidas sejam

---

13   BARNABÉ. 2, 5. In: *Padres Apostólicos*. São Paulo: Paulus, 1997. (Patrística, 1.)

14   LESTRINGANT, Pierre. *Essai sur l'unité de la révélation biblique*. Paris: Editions Je Sers, 1942. p. 168.

15   DUBARLE, André-Marie. "Pascal et l'interprétation de l'Écriture". In: *Recherche de Science Philosophhique et Théologique*, (1941) p. 346 sq.

circuncidadas no oitavo dia, mesmo que este dia seja um sábado".[16] Justino reproduz o mesmo argumento de Cristo em Mateus (12,5), acrescentando um segundo exemplo ao que Cristo dera. Estamos no início de um raciocínio que encontraremos ao longo da patrística e que se enriquecerá sem cessar com novos exemplos. Tertuliano dará o da queda de Jericó em dia do *shabat*,[17] e dos Macabeus combatendo no dia de *shabat*.[18] Todos esses textos são encontrados em Irineu,[19] em Aphraate,[20] nos *Testimonia adversus judaeos* transmitidos sob o nome de Gregório de Nissa.[21] É uma primeira forma de argumentação que se encontra no prolongamento do Evangelho.

A segunda argumentação procede também do Evangelho: é o fato de que Deus não observa o *shabat* na administração do mundo. Já notamos isso a propósito de João 5,17, que é uma resposta à concepção do judaísmo segundo o qual o próprio Deus está submisso ao *shabat*. Justino retoma esse argumento por duas vezes: "Vejam os astros; eles não repousam nem fazem *shabat*".[22] E mais adiante: "Deus administra hoje o mundo da mesma forma que todos os demais dias".[23] Mesmo no judaísmo, certas pessoas, como Filão, rejeitam de certo modo a ideia verdadeiramente excessiva da submissão de Deus ao dia do *shabat*. O argumento de Justino será retomado por Clemente de Alexandria: "Sendo bom, se Deus deixasse de fazer o bem, deixaria de ser Deus".[24] Nós o reencontramos em Orígenes: "Nós vemos Deus agindo todos os dias, e não há *shabat* no qual ele não aja".[25] E está na *Didascália dos Apóstolos*: "A economia do universo prossegue sempre; os astros não param nem mesmo um momento seu movimento regular, produzido pela ordem de Deus. Se ele diz: tu repousarás, como ele mesmo agiria, criando, conservando, alimentando, governando a nós e às suas criaturas... Mas essas coisas (o preceito do repouso sabático) foram estabelecidas por um tempo em figura".[26]

---

16   Justino de Roma. *Diálogo*. 27, 5; trad. bras.: Id. *I e II Apologias. Diálogo com Trifão*. São Paulo: Paulus, 1997. (Patrística, 3.)

17   *Josué*. VI, 4.

18   Tertulianus. *Adversus Iudaeos*. 4; P.L. 2, 606 B-C; CSEL, 70.

19   P.G. VII, 994-995; Irineu de Lião. *Contra as heresias*. I-V. São Paulo: Paulus, 1995. n. V, 8. (Patrística, 4.)

20   Aphraate. *Démonstrations*. 13.

21   Gregório de Nissa. In: P.G. 46, 222 B – C.

22   Justino de Roma. *Diálogo*. 23, 3.

23   Idem. 29, 3.

24   Clément d'Alexandrie. *Stromate*. 6, 16; SC 446.

25   Origène. *Homélies sur les Nombres*. 23, 4.

26   *Didascalia et Constitutiones Apostolorum*. 6, 18, 17; ver também Aphraate. *Démonstrations*. 13, 3.

Essas duas primeiras razões contra o valor absoluto do repouso sabático estão, pois, no mesmo desenvolvimento do Evangelho. Justino acrescenta aí um terceiro argumento que é o mais importante para conhecer sua posição a respeito do *shabat*: "Os que foram chamados justos foram Moisés e Abraão, que eram agradáveis a Deus; eles não tinham sido circuncidados nem tinham observado o *shabat*. Por que Deus não havia lhes ensinado tais práticas?"[27] Não somente o mundo não está mais submetido ao *shabat*, mas os patriarcas, que os judeus veneram, Deus não os submeteu ao sábado. Certos judeus, como o autor do *Livro dos jubileus*, nos mostram os patriarcas observando o *shabat*. Mas isso é um exagero evidente. De nenhuma forma o *shabat* é necessário para a salvação, porque os próprios judeus reconhecem que Abraão foi salvo sem ter praticado o *shabat*.[28] Essa argumentação, que não se encontra em termos explícitos no Novo Testamento, mas da qual encontramos o equivalente, será retomada por toda a tradição.[29] Nós a encontramos também na *Didascalia*: "Se Deus quisesse que observássemos o repouso após seis dias, ele teria começado por fazer repousarem os patriarcas e todos os justos que viveram antes de Moisés".[30]

Então, por que o *shabat* foi instituído? Justino não vai mais além de Barnabé, e ele considera que Deus quis a prática do sábado em seu teor literal. Não é, pois, uma simples figura. Mas essa instituição divina não é uma honra para Israel; ela não marca um progresso no plano da salvação. Totalmente ao contrário; é por causa da malvadez de Israel que Deus impôs-lhe o *shabat*. "Foi somente para vós que a circuncisão foi necessária, pois Noé e Melquisedeque não observaram os *shabats* e, no entanto, eles agradaram a Deus, bem como aqueles que os seguiram, até Moisés, sob cujo comando se viu vosso povo injusto construir um bezerro no deserto... Eis por que Deus se adaptou a vosso povo. O *shabat* vos foi prescrito para vos fazer conservar a lembrança de Deus".[31] Portanto, porque os judeus foram infiéis à Lei natural do culto divino é que, para os conduzir, Deus lhes deu o *shabat* como um meio educativo. Portanto, o *shabat* aparece como sinal da reprovação do povo judeu. "É bem

---

27 Justino de Roma. *Diálogo*. 27,5; cf. também 46, 2-3.

28 Idem. 16,3.

29 Tertuliano. *Adversus Judeos*. 4; Afraate, *Démonstrations*. 12, 8.

30 *Didascalia et Constitutiones Apostolorum*. 6, 18, 16.

31 Justino de Roma. *Diálogo*. 19, 6; cf. também 27, 2; 45, 3; 46, 5; 112, 4.

por causa das vossas injustiças e daquelas de vossos pais que, para vos marcar com um sinal, Deus prescreveu observar o *shabat*".[32]

Destarte, a existência do *shabat* se justifica, mas não ainda como uma etapa histórica. Notemos, com efeito, que segundo Justino não somente o *shabat* era para Deus um instrumento inferior e existia em vista de uma ordem melhor, mas a ordem melhor era aquela que ele tinha instituída primitivamente. A situação dos patriarcas é superior à dos judeus. Esta marca uma decadência. E Cristo restabeleceu a ordem primitiva. Quer dizer que Justino não via outra forma de evitar a contradição em Deus senão admitindo que sua vontade fora sempre a de que o *shabat* não existisse, e que este não tenha sido senão uma infração provisória à ordem imutável estabelecida por ele. É isso que Justino afirma formalmente: "Os sacrifícios, Deus não os aceita de vossa parte; e se anteriormente ele vo-los ordenou, não é porque ele tenha tido necessidade deles, mas foi por causa dos vossos pecados. Se não aceitamos esse raciocínio, todos iremos cair em concepções absurdas, por exemplo, que não é o mesmo Deus que existia no tempo de Henoc e no de todos aqueles que não observaram o *shabat*, uma vez que foi Moisés quem ordenou cumpri-lo. É porque as pessoas foram pecadoras que aquele, que é sempre o mesmo, estabeleceu esta e outras ordenações".[33] A imutabilidade de Deus não parece salvar Justino, que, a respeito da imutabilidade do mundo estabelecido por Deus, não tem a ideia de uma revelação progressiva. Nós encontraremos em Eusébio de Cesareia essa concepção que nega toda a história.

Como quer que seja, vê-se desde então que Deus pode suprimir o *shabat* sem, de alguma forma, contradizer-se. Com efeito, Deus foi levado a instituí--lo forçado pela maldade do povo judeu e, consequentemente, com a vontade de fazê-lo desaparecer, uma vez que ele tivesse cumprido sua finalidade educativa: "Desta forma, assim como a circuncisão começou após Abraão, o *shabat* após Moisés (fica demonstrado que essas instituições foram feitas por causa da dureza de vosso povo); da mesma forma também, de acordo com a vontade de Deus, é necessário que elas desapareçam naquele que nasceu de uma Virgem, da estirpe de Abraão, Jesus Cristo, Filho de Deus".[34] A vinda de Jesus Cristo assinala o final dessa economia provisória. Esta era somente destinada a preparar aquela. Sua prática literal era um esboço do que Jesus

---

32   Idem. 21, 1.

33   Idem. 23, 1.

34   Idem. 43, 1.

Cristo haveria de realizar plenamente. "Eu posso, no presente, mostrar uma a uma, que todas as prescrições de Moisés são somente tipos, anúncios, símbolos do que deveria chegar com Jesus".[35] O verdadeiro *shabat* não consiste em consagrar um dia a Deus, e sim todos os dias. Nem mesmo se abster do trabalho corporal e sim do pecado: "A lei nova quer que observeis constantemente o *shabat*, e vós, porque permaneceis um dia inteiro sem nada fazer, vós credes que sois piedosos. Não é nessas coisas que se agrada o Senhor nosso Deus. Se existe entre vós um perjúrio ou um ladrão, que ele cesse (παυσάσθω); se há um adúltero, que ele faça penitência; então ele observou os *shabats* de delícias, o verdadeiro *shabat* de Deus".[36]

Essas últimas linhas são importantes. Elas opõem claramente a prática exterior do repouso de um dia por semana, que não é senão uma figura, à prática interior, da qual esse repouso é o símbolo. Na realidade, o *shabat* abrange toda a vida cristã que deve ser consagrada a Deus – e isso não pelo abandono do trabalho manual, mas pela cessação do pecado. E o contexto mostra que essa cessação do pecado deve ser entendida como o batismo. É, pois, o Cristo que é o verdadeiro *shabat*, do qual o *shabat* judaico era a figura. O que importa aqui é que encontramos a interpretação espiritual de Isaías, que está na base de toda essa passagem. Justino a cita longamente,[37] mas em relação com a economia cristã. O verdadeiro *shabat*, do qual Isaías tinha falado e que consiste em "cessar de fazer o mal" (1,16), somente se realiza em Jesus Cristo, a cessação de todo pecado. Cristo introduziu no único *shabat*, do qual o *shabat* da Lei não era senão uma prefiguração profética e que não concedia o que significava. Justino prolonga a espiritualização começada por Isaías, completando-a no âmbito cristão. Estamos, portanto, dentro da mais autêntica tipologia bíblica.

Resta ver, contudo, que em Justino, sobretudo, é que aparece o aspecto negativo da tipologia do *shabat*, isto é, o desaparecimento do preceito literal. E isso se explica se nos damos conta de que sua atenção é orientada, sobretudo, para o conflito com os judeus. Com Irineu, a orientação vai em outra direção. Este deve fazer frente a um erro inverso, o dos gnósticos. De outra forma, seu pensamento, nesse ponto, não é perfeitamente homogêneo. Às vezes ele aceita os pressupostos de Justino e admite que a aparição da legislação esteja ligada

---

35   Idem. 42, 2.

36   Idem. 12, 3.

37   Idem. 12, 1; 13, 2-9; 14, 4; 15, 2-7.

O MISTÉRIO DO SHABAT

à decadência de Israel no Egito.[38] Mas, de outro lado, aparece seu pensamento mais profundo. Deus forma a humanidade seguindo uma economia progressiva.[39] Portanto, é normal que a Lei tenha correspondido a uma humanidade ainda infante, como é normal que ela dê lugar a uma economia mais perfeita, quando a humanidade chegou, por ela, a uma perfeição mais alta. Destarte, aparece o verdadeiro julgamento sobre o *shabat*. Hoje ele pode estar supresso, apesar de ter sido ontem a expressão da vontade divina; não é que Deus mude, mas acontece que o ser humano vive no tempo. Assim, Irineu pode apresentar o *shabat* como uma instituição excelente[40] e, ao mesmo tempo, atualmente supressa. Não é por causa da maldade humana que a Lei apareceu como uma regressão em relação à ordem imutável querida por Deus, mas porque o desenvolvimento da humanidade seria progressivo; era preciso começar por uma educação adaptada a seus inícios. Mas agora que a humanidade saiu de seu estado de infância, a sombra da Lei deve dar lugar à realidade do Evangelho: "A Lei não mandará mais passar um dia em repouso e na ociosidade, mas sim observar cada dia o *shabat* no templo de Deus, que é seu próprio coração".[41]

Portanto, a instituição judaica do *shabat* aparece como a figura do *shabat* perpétuo que é o cristianismo. Nós observamos o paralelismo com o Templo. Nós encontramos a tipologia de Justino. Irineu, contudo, a desenvolve mais. "É como sinal que Deus concedeu (os *shabats*). Ora, os sinais não são destituídos de símbolo, de ensinamentos, nem são arbitrários, pois eles foram instituídos por um sábio artesão, mas os *shabat* ensinavam a perseverança no serviço de Deus durante todo o dia. Fomos considerados, em São Paulo, como ovelhas sacrificadas todo o dia, isto é, que nós somos consagrados, seguindo em todo o tempo nossa fé, nela perseverando e deixando de lado toda cobiça, não comprando nem possuindo tesouro nesta terra. Por ele [o *shabat*] era significado também, de alguma forma, o repouso de Deus após a criação, isto é, o reino no qual a pessoa que for perseverante no seguimento de Deus participará do seu festim".[42]

Esse texto afirma, antes de tudo, com grande clareza, o caráter significativo do *shabat*. "Os sinais não estavam sem símbolos". Esse simbolismo, posterior-

---

38   Idem. 16, 3.

39   Idem. IV, 38, 1.

40   Idem. IV, 8, 2.

41   IRÉNÉE DE LYON. *Démonstration de la prédication évangélique*. 96. 1. ed. (Demonstratio). Trad.: P. Adelin ROUSSEAU. SC 406. Paris: Les Éditions du Cerf, 1995.

42   IRINEU DE LIÃO. *Contra as heresias*. IV, 16, 1.

BÍBLIA E LITURGIA

mente, desenvolve-se num duplo sentido: eclesial e escatológico. Destarte, encontramos as duas direções da tipologia do *shabat* que discernimos no Antigo Testamento e que reencontramos no Evangelho. No que concerne à primeira, Irineu coloca o acento sobre os dois aspectos que já tínhamos encontrado em Justino: de um lado, a perseverança durante toda a vida no serviço de Deus, do qual o dia reservado não era senão a figura, e de outro, a cessação do mal; nós acentuamos, todavia, que, segundo uma ideia própria de Irineu, o *shabat* judaico significava a abstenção das obras servis, isto é, que produziam ganhos,[43] e figurava, então, menos a abstenção do pecado do que a separação habitual das coisas terrenas. Quanto ao aspecto escatológico, ele permanece na linha do Antigo Testamento: o sétimo dia não é a figura do cristianismo em sua aparição primeira, como nos textos do Evangelho e da Carta aos Hebreus, mas é o mundo futuro.[44] Esse aspecto da tipologia do *shabat* é colocado por Irineu, como pela Carta aos Hebreus, em relação com o texto do Gênesis. Constatamos que a tipologia escatológica do *shabat* se desenvolve na linha da tipologia do Gênesis, retomada pela Carta aos Hebreus, bem como constatamos que a tipologia espiritual se desenvolve na linha de Isaías, retomada pelo Evangelho de Mateus.

Com Irineu, a tipologia do *shabat* aparece fixada nas linhas essenciais, de um lado negativamente justificando a abolição do *shabat* judaico e, positivamente, apresentando o conteúdo simbólico do *shabat*. Essa tipologia, vamos encontrá-la desenvolvida nessas duas direções por Tertuliano e Orígenes. Tertuliano liga-se ao primeiro aspecto. Seu *Adversus judaeos*, que continua o *Diálogo com Trifão*, faz parte da controvérsia com o judaísmo em que a questão do *shabat* ocupava o primeiro plano. Tertuliano distingue dois *shabats*: "As Escrituras distinguem dois *shabats*: um *shabat* eterno e um *shabat* temporal".[45] O *shabat* temporal é humano, o *shabat* eterno é divino; existiu antes do *shabat* temporal. "Destarte, antes do *shabat* temporal, existia um *shabat* eterno mostrado e predito anteriormente. Portanto, que os judeus aprendam que Adão *shabatizou* e que Abel, oferecendo a Deus uma hóstia santa, agradou a Deus pelo cumprimento do *shabat*, e que Noé, construindo a arca por causa

---

43   Idem. IV, 8, 2. Cf. Is 58,13.

44   A interpretação escatológica é própria de Irineu. É uma retomada da tipologia judaica. Os primeiros escritores cristãos haviam mostrado que essa tipologia tinha se realizado em Jesus Cristo. Irineu mostra que, no próprio cristianismo, subsiste uma escatologia. Nós já constatamos esse aspecto de seu pensamento a respeito do tema do paraíso e do dilúvio. Sobre as origens judaicas dessa tipologia escatológica, cf. RIESENFELD, Harald. *Jésus transfiguré*. p. 215 sq.

45   TERTULLIANUS. *Adversus Judeos*. 4.

do imenso dilúvio, observou o *shabat*".[46] Esse *shabat*, com efeito, é o culto de Deus. Prefigurado nos patriarcas, "nós vemos que foi cumprido no tempo de Jesus Cristo, quando toda a carne, isto é, todas as nações, vieram adorar, em Jerusalém, a Deus Pai por seu Filho Jesus Cristo". É esse *shabat* que "Deus quer que observemos atualmente". Por isso "nós sabemos que devemos nos abster de toda obra servil, e não somente no sétimo dia, e sim em todo o tempo".

Nós encontramos a concepção do verdadeiro *shabat* entendido como culto a Deus e abstenção de obras servis, entendidas no sentido espiritual, e isso perpetuamente. O que nos interessa na passagem é que Tertuliano mostra que a prática do *shabat* pelos patriarcas era uma figura de sua realização em Jesus Cristo. Mas o que é, com efeito, esse *shabat* temporal, isto é, a instituição mosaica da cessação hebdomadária do trabalho? Trata-se de uma instituição temporal. Tertuliano via a prova disso no fato de que, mesmo no Antigo Testamento, às vezes ela era suspensa. Tertuliano retoma os exemplos que já citamos. "É, pois, manifesto que algumas observâncias deste gênero tinham um valor temporário, sendo necessárias pelas circunstâncias do momento, e que não era para uma observância perpétua que Deus deu esta lei no passado". Também o *shabat* dado por um tempo estava destinado a desaparecer. "É por isso, desde então, que é manifesto que um *shabat* temporal foi mostrado e um *shabat* eterno predito, segue-se que, todos esses preceitos carnais, tendo sido dados no passado do povo de Israel, devia chegar um tempo no qual os preceitos da lei antiga e das antigas cerimônias cessariam, e no qual apareceria a promessa da nova lei, quando a luz brilharia para aqueles que permaneciam nas trevas".[47] Dessa forma, Tertuliano completa o que permanecia ainda impreciso no pensamento de Irineu, mostrando que o *shabat* eterno, que já existia no Antigo Testamento ao lado do *shabat* temporal, era, ele próprio, uma prefiguração de Jesus Cristo, o único verdadeiro *shabat*, e era por isso mesmo o anúncio de que o *shabat* temporal era somente uma economia provisória.

Se Tertuliano precisa, desse modo, a tipologia do *shabat* em sua forma, Orígenes prolonga Irineu no desenvolvimento do seu conteúdo, e isso no duplo sentido: escatológico e eclesial. Na *Homilia XXIII do Livro dos Números*, ele trata da tipologia das diversas festas judaicas, de modo paralelo a Filão, no *Decálogo*, mas sem nada emprestar dele. "É preciso que todos os justos também celebrem a festa do *shabat*. Ora, qual é essa festa do *shabat* senão aquela

---

46   Idem.

47   Mesma alusão à *Carta aos Hebreus* no *Contra Celsum*: "A explicação da criação do mundo e do dia de repouso (*shabatismus*) deixados a seguir ao povo de Deus, seria longa, misteriosa (μυστικός), profunda".

da qual o Apóstolo diz: Resta pois um dia de repouso (*shabatismus*), isto é, a observação do sábado reservado ao povo de Deus". Deixando, pois, as observâncias judaicas do *shabat*, vejamos qual deve ser a observância do *shabat* para o cristão. "No *shabat* não se pode realizar nenhuma das obras do mundo. Que pois, te abstenhas de todas as obras do século e não te ocupes de nenhuma tarefa secular, mas te dediques às coisas espirituais, que vás à Igreja, que prestes atenção às leituras e às homilias divinas, que tu medites as coisas celestes, que tu te preocupes com as coisas que devem vir, que tu não olhes as coisas presentes e visíveis, mas as invisíveis e as futuras, é a observância do *shabat* cristão. Quem se abstém das obras do mundo e se ocupa das coisas espirituais, este celebra a festa do *shabat*. Ele não carrega fardos no caminho. Ora, os fardos são todos os pecados, como diz o Profeta: Os meus pecados estão sobre mim como um fardo pesado. No dia do *shabat*, cada um permaneça sentado em seu lugar. Qual é o lugar da alma? A justiça é o seu lugar, e a verdade, a sabedoria, a santidade e tudo aquilo que é Jesus Cristo, é ali o lugar da alma. Desse lugar ela não deve sair para guardar os verdadeiros *shabats*: 'Quem permanece em mim, em também permanecerei nele' (Jo 15,5)".[48]

Eis o sentido espiritual e eclesial. O cumprimento da figura do *shabat* é a vida do cristão toda inteira, que é toda espiritual e consagrada a Deus. Orígenes acrescenta o sentido escatológico: "Visto que nós tratamos dos verdadeiros sábados, se nós buscamos subir mais alto aos verdadeiros *shabats*, é além deste mundo que se encontra a verdadeira observância do *shabat*. Com efeito, é isto que está escrito no Gênesis, que 'no sétimo dia Deus repousou de suas obras', nós não vemos que isso tenha se realizado no sétimo dia, nem mesmo que isso aconteça agora, pois nós vemos Deus agindo continuamente e nem existe *shabat* em que ele não tenha agido, no qual ele não faça o sol nascer sobre os justos e os injustos e ele não toque e cure. É por isso que o Senhor, no Evangelho, acusado pelos judeus de agir e de curar em dia de sábado, lhes respondeu: 'Meu Pai trabalha até o presente e eu também ajo', mostrando, dessa forma, que em nenhum *shabat* deste mundo Deus para de administrar o mundo e de vir em socorro das necessidades do gênero humano. Com efeito, ele fez, no início da criação, existir as substâncias tão numerosas quantas ele pensava,

---

48   ORIGÈNE. *Homélies sur les Nombres*. 23, 4. Para Orígenes o repouso que simboliza o *shabat* é mais o recolhimento da contemplação do que a abstenção do pecado. Isso procede de Filão. FILÃO DE ALEXANDRIA. *De Specialibus Legibus*. 2, 64.

O MISTÉRIO DO SHABAT

como Criador, que fossem necessárias para a perfeição do mundo. E, desde o começo dos séculos, ele não cessa de as administrar e conservar. O verdadeiro *shabat*, após o qual Deus repousará de todas as obras, será, portanto, o século futuro, quando a dor, a tristeza e os gemidos desaparecerem e Deus for tudo em todos. Que Deus nos conceda festar com ele este *shabat* e celebrar com os seus santos anjos, oferecendo o sacrifício de louvor e dando graças ao Altíssimo. Então, com efeito, a alma poderá, sem descontinuidade, estar presente em Deus e lhe oferecer o sacrifício de louvor, por meio do sumo sacerdote, que é sacerdote por toda a eternidade, segundo a ordem de Melquisedeque".[49]

Nós encontramos o eco da tradição anterior. Com Justino, Orígenes lembra que Deus não está submetido ao *shabat*, pois que ele não cessa de administrar a criação. E nós percebemos que se liga expressamente ao *shabat* o texto de Jo 5,17. Essa ideia fora retomada também por Clemente de Alexandria,[50] mas sem estar ligado ao texto evangélico. Irineu mostra que o repouso de Deus, do qual se trata no Gênesis, não é somente o tempo atual, mas também o mundo que sucederá a esta criação. O *shabat*, desde então, figura a entrada do homem nesse mundo, no qual ele repousará de suas obras, isto é, ele participará do banquete divino, na liturgia dos anjos, no qual ele oferecerá eternamente com Jesus Cristo, Sumo Sacerdote, o sacrifício de louvor. Lá estão os verdadeiros *shabats* de Deus, do qual o *shabat* judeu era a prefiguração remota, e do qual a oração continuada é, na Igreja, o princípio sacramental, do qual a liturgia celeste será o pleno cumprimento.

***

O aspecto figurativo foi o que mais chamou a atenção da primeira geração cristã. Preocupada, antes de tudo, em marcar o fim da ordem judaica e sua substituição pela realidade cristã, ela insistiu, sobretudo, sobre o fato de que a *instituição* sabática fora realizada pelo mistério cristão total. Mas apareceu também que esse mistério cristão, por sua vez, comportava uma estrutura sacramental, isto é, que na Igreja as realidades espirituais exprimiam-se através dos sinais visíveis. Os pães da proposição foram abolidos, mas a Igreja pos-

---

49 ORIGÈNE. *Homélies sur les Nombres*. 23, 4. Cf. também *Homélies sur le Lévitique*. I-VII; *P.G.* 13, 5; (In: Leviticum Homiliae VIII-XVI ([latine interprete Rufino]); trad.: P. Marcel BORRET. SC 287, 1982; "O número seis tem certa relação com este mundo"; *Hom. Jud.* IV, 2: "A semana é a figura deste mundo que foi terminado em seis dias".

50 CLÉMENS D'ALEXANDRIE. *Stromate*. VI, 16. SC 446.

suía outro pão. O Templo de Jerusalém fora destruído e realizado no Cristo total, lugar da presença divina, mas a Igreja possuía também igrejas de pedra, ligadas à presença eucarística. O cristianismo não é uma realidade puramente espiritual. Sua essência espiritual se exprime mediante essas realidades visíveis, que é precisamente a liturgia. Ora, isso se verifica também em relação ao *shabat*. O *shabat* fora abolido e realizado no Cristo ressuscitado, mas a ressurreição de Cristo tinha uma comemoração visível: o domingo.

Capítulo XV

O DOMINGO

A celebração do domingo é um dos ritos mais antigos do cristianismo. Desde o segundo século encontramos Inácio de Antioquia definindo o cristão pela celebração da κυριακή: "Os que viviam segundo a antiga ordem das coisas vieram à nova esperança, não observando mais o *shabat*, mas o domingo, dia no qual nossa vida foi elevada pelo Cristo e por sua morte".[1] Na mesma época, um pagão, procurando descrever o que caracteriza o comportamento do cristão, não encontra nada melhor para dizer: "Eles têm o costume, escreve Plínio o Jovem na Carta a Trajano, de se reunir num dia determinado (*stato die*), antes da aurora, e de dizer uma prece ao Cristo, como a Deus".[2] Esse dia determinado, que Plínio não pode distinguir de outra forma, uma vez que, no calendário oficial, não há uma recorrência hebdomadária, é nosso domingo. A reunião, que tem por objeto uma prece a Cristo como Deus, ao Κύριος, é a sinaxe eucarística dominical.

O domingo é uma instituição puramente cristã. Sua origem deve ser buscada unicamente no fato de a ressurreição de Cristo ter acontecido na madrugada posterior ao sábado. O costume de se reunir nesse dia aparece a partir da semana que segue, quando vemos os apóstolos reunidos no Cenáculo, oito dias após a ressurreição. O domingo é a continuação dessa reunião hebdomadária. Ele é comemoração da ressurreição de Jesus Cristo, sacramento de sua

---

1 Inácio de Antioquia. "Carta aos Magnésios". 6,1. In: *Padres apostólicos*. São Paulo: Paulus, 31997. (Patrística, 1.) A palavra Κυριακή aparece pela primeira vez em Ap. 1,9. O equivalente latino é *dominica dies* (Tertullianus. *De oratione*. 23. ed. A. Reifferscheid, CSEL 20, G. Wissowa 1890), de onde vem nosso domingo.

2 *Epistula*. 10, 96; cf. Bettenson, Henry. *Documentos da Igreja Cristã*. São Paulo: ASTE, 2001.

Bíblia e Liturgia

presença no meio dos seus, profecia de sua segunda vinda. Eis o que constitui primitivamente sua única significação. Ele é a Páscoa hebdomadária. Contudo, esse dia apresentava certo número de características que eram suscetíveis de simbolismos: era o primeiro dia da semana judaica; caía no dia do sol no calendário astrológico; era o oitavo dia.

***

Haveremos de examinar tais significados. Mas, antes de tudo, é preciso dizer algumas palavras sobre a relação do domingo com o sábado. Primitivamente o domingo era constituído unicamente pela sinaxe dominical. Mas isso apresentava uma dificuldade que era a dissociação do dia de culto do dia do repouso. Já no paganismo, o dia de repouso tinha uma significação religiosa. "É um traço comum aos gregos e aos bárbaros, escreve Estrabão, associar os sacrifícios ao descanso das festas. É a mesma natureza que o ensina. Com efeito, o descanso desvia o espírito das preocupações e o faz voltar para Deus".[3] Ora, essa realidade natural tinha sido assumida pelo judaísmo no *shabat*. A passagem de um ao outro foi-nos bem mostrada por Filão: "Como somos compostos de um corpo e de uma alma, Moisés atribuiu ao corpo suas atividades próprias e à alma, as que lhe convém e ele aplicou-se a fundar umas sobre as outras a fim de que, quando o corpo trabalha, a alma repousa e que, por sua vez, o corpo repousa quando a alma trabalha. Dessa forma, a vida contemplativa e a prática sucedem-se alternativamente uma à outra, a vida prática tendo para si os seis dias para as necessidades corporais, a vida contemplativa o sétimo dia para dedicar-se ao estudo e à vida perfeita do espírito".[4]

O dia de repouso cristão poderia ter se inserido na transfiguração do dia de repouso cósmico já assumido pelo *shabat* judaico. Contudo, não é isso que nos oferece o cristianismo primitivo em que o dia de repouso aparece dissociado do dia do culto. É a dissociação entre o domingo e o *shabat*. Com efeito, o cristianismo encontrava uma dificuldade maior para a sua realização sacramental: é que para ele o dia de culto estava absolutamente fixado no do-

---

3   Estrabão. *Geographicae*. X. p. 467, 9.

4   Filão de Alexandria. *De Specialibus Legibus*. II, 64. Cf. Boyancé, Pierre. *Le culte de Muses chez le philosophes grecs*. Études d'histoire et de psychologie religieuses. Bibliothéque des Études Françaises d'Athène et de Rome 141. Paris: Boccard, 1937. p. 210 et sqq. Nesta medida, incorpora a concepção aristotélica de repouso contemplativo ao *shabat*. Pode-se perguntar se Filão não deforma o seu sentido. A questão é mais importante para nós do que para Eusébio; essa questão aristotélica passará do *shabat* ao domingo. A noção (aristotélica) da contemplação (θεωρία) tomará a dianteira sobre a noção (bíblica) de espera. Na medida em que o aspecto bíblico foi esvaziado, dever-se-á falar de deformação; na medida em que o aspecto aristotélico somente colore o aspecto bíblico, sem substituí-lo, fala-se de uma encarnação contingente, mas legítima.

O DOMINGO

mingo e isto de uma forma tão radical que nada poderia nem poderá jamais fazer modificar a instituição dominical. Ora, o dia de repouso nas civilizações nas quais o cristianismo se desenvolveria estava fixado em outro dia. Os romanos conheciam dias de férias que alternavam com os dias de trabalho, seguindo um ritmo variável não semanal. De outro lado, os judeus tinham o sábado. Deve-se acrescentar que o uso do repouso sabático tinha se estendido nos meios pagãos, como afirmava Tertuliano: "Alguns dentre vós consagram o dia de Saturno à ociosidade e à boa comida, dependendo nisso do costume judaico, que eles ignoram".[5]

Vê-se, desde então, a situação na qual se encontraram os cristãos, não podendo fazer coincidir o domingo com o repouso hebdomadário. Esse é um dos aspectos do drama de todo o cristianismo primitivo, isto é, de um cristianismo vivido em uma civilização que lhe é estranha e hostil. Tertuliano descreveu essa situação mostrando que os cristãos deviam associar a presença e a intransigência, recusar abandonar a sociedade dos homens e, contudo, nada renegar das exigências que se opõem aos costumes dessa sociedade.[6] É o caso de que nos ocupamos aqui. Os cristãos ficaram fiéis ao domingo, procurando incluir nele o máximo de lazer possível (*differentes negotia*, diz Tertuliano),[7] para ocupar-se do culto e da assembleia;, ao mesmo tempo, continuaram a praticar o repouso nos dias fixados pela sociedade de seu tempo, mas retirando dele seu aspecto idolátrico. Finalmente, o domingo atraiu para si o dia de repouso, e a divisão anormal que existia no cristianismo primitivo se desfez.

Com efeito, no século IV, aproveitando o fato de que, por ser o dia do sol, o primeiro dia da semana era venerado pelos pagãos e ao mesmo tempo pelos cristãos, Constantino faz dele um dia de descanso, consagrado ao culto.[8] Aqui não nos interessa examinar o aspecto sociológico do problema, mas é certo que tal determinação dava à instituição dominical uma importância toda nova e sublinhava ainda mais sua substituição ao sábado, que antes era o dia de descanso para certos pagãos como o era para os judeus. Portanto, era o

---

5   TERTULLIEN. *Apologie*. 16, 11 (Apologeticum). éd. E. Dekkers, 1954, CCL I, 85-171. Citar-se-á TERTULLIEN. *Apologie*.

6   Idem. 42,2-4.

7   TERTULLIANUS. *De oratione*. 23. *ed*. A. Reifferscheid, G. Wissowa. 1890, CSEL 20.

8   EUSEBIUS. *Vita Constantinii*. 4, 18. In: *P.G.* 20, 1165 B – C.: "(Constantino) estabeleceu que o dia que é verdadeiramente o primeiro (πρώτη) é o chefe (χύριος), o dia dominical e salvador, seria considerado como um dia de prece. Ele prescreveu a todos aqueles que viviam sob a autoridade romana não trabalhar aos domingos e igualmente honrar as sextas-feiras". (cf. Gaudement, Jean. "La législation religieuse de Constantin". In: *Revue d'Histoire de l'Église de France*, 33 (janvier 1947) p. 43 sq.).

BÍBLIA E LITURGIA

sinal visível do triunfo do cristianismo. Explica-se assim por que os autores do século IV tenham frequentemente tratado do simbolismo do *shabat* e do domingo. Esse simbolismo apoia-se na realidade litúrgica do domingo, mesmo onde não se faz diretamente alusão a ele. E a renovação da prática dominical suscita um desabrochamento paralelo da mística dominical.

Em um texto importante, Eusébio vai nos dar a expressão perfeita da transposição à κυριακή da simbologia do *shabat*: "É necessário examinar o que significa o *shabat*. A Escritura o caracteriza como 'o repouso de Deus': ela o introduz, com efeito, após a criação do mundo sensível. Portanto, o que poderia ser o repouso de Deus senão sua permanência nas realidades inteligíveis e hipercósmicas. Com efeito, quando ele olha o mundo sensível e cuida das ações da providência do cosmos, diz-se que ele está agindo. É dessa forma que é preciso compreender as palavras de Nosso Senhor: *Pater meus usque modo operatur et ego operor* (Jo 5,17). Mas assim que Deus se volta para as realidades incorporais e hipercósmicas, e que ele está, por assim dizer, na observação (περιωπή) do que está lá, então se considera como se ele estivesse repousando durante esse tempo e como que realizando seu *shabat*. Da mesma forma, os homens de Deus, por sua vez, quando, afastando-se das obras que cansam a alma (tais são todas as obras corporais e amigas da carne terrena), eles se voltam inteiramente para Deus e dedicam-se à contemplação das coisas divinas e inteligíveis, realizam então os *shabats* agradáveis a Deus e o repouso do Senhor (Χύριος) Deus. E é desses *shabats* que se diz: *Nunc relinquetur sabbatismus populo Dei* (Hb 4,9). Com efeito, o perfeito *shabat* e o perfeito e bem-aventurado repouso encontram-se no Reino de Deus além das obras dos seis dias e fora de todas as coisas sensíveis, nas realidades inteligíveis e incorporais, onde, libertados das realidades do corpo e da escravidão da carne, com Deus e em seu seguimento, nós *sabatizaremos* e repousaremos".[9]

Essa é a interpretação de Filão acerca do repouso do sétimo dia. A ideia de que o repouso de Deus é a criação do mundo inteligível,[10] da mesma forma que a ideia, que Eusébio combina com a precedente, de que o repouso é uma contemplação,[11] procedem dele. Eusébio aproxima desse tema a palavra joânica sobre a atividade contínua do Pai. Como Filão ainda, ele mostra uma

---

9 EUSEBIUS. *Commentarii in Psalmos*. In: *P.G.* 23, 1168 D.; cf. também EUSÈBE DE CÉSARÉE. *Commentaire sur les Psaumes* (Mercati 1) (Commentarii in Psalmos [Mercati 1]. CPG 3647/6. Citação: EUSEBIUS. *Commentarii*.

10 FILÃO DE ALEXANDRIA. *Legum Allegoriae*. I, 5-6.

11 FILÃO DE ALEXANDRIA. *De Decalogo*. 96.

O DOMINGO

imitação de Deus, no fato de a pessoa se afastar das ações exteriores para dedicar-se à contemplação. Um ponto do helenismo aparece com a imagem da περιωπή.[12] Com efeito, essa contemplação na vida presente não é senão uma antecipação do verdadeiro *shabat*, que será a vida além da morte, quando a alma, libertada das obras do corpo, que os seis dias figuram, estará toda inteira voltada às coisas inteligíveis e divinas. Eis aqui a teologia do repouso sabático. Resta fazer a aplicação litúrgica. É aqui que vão aparecer as realidades correlativas do *shabat* judaico e do domingo cristão. Em primeiro lugar, Eusébio nos apresenta sua teoria do *shabat* judaico: "É a imagem (εἰκών) do *shabat* celeste e deste perfeito e bem-aventurado repouso que nos apresentam sobre a terra os homens de Deus; eles se abstêm das coisas que afastam demais de Deus, e se voltam todo inteiros para a contemplação das coisas divinas; aplicando-se dia e noite à meditação (μελέτη) das Santas Escrituras, passam então do repouso sabático a um repouso agradável a Deus. É por isso, com razão, que a lei de Moisés, que nos transmite as sombras e as figuras daquilo que falamos, determina um dia especial para o povo a fim de que, ao menos nesse dia, deixe seus trabalhos ordinários e se dedique à meditação da lei divina".[13]

Para compreender bem essa passagem, é preciso lembrar a posição de Eusébio com relação ao Antigo Testamento. Para ele, no tempo dos patriarcas já se praticava a perfeita religião. Estes já acreditavam no Deus único e no Verbo;[14] eles praticavam a moral evangélica.[15] A lei só interveio a seguir, por causa do pecado dos homens;[16] o Evangelho é somente o retorno ao estado primitivo, não antes do pecado original, mas do tempo dos patriarcas. Dessa forma, os patriarcas aparecem como os modelos da "verdadeira filosofia". Eusébio a concebe, à maneira de Orígenes ou dos monges do Egito, seus contemporâneos, como uma mediação continuada da Escritura. Sua vida era, então, uma festa perpétua. E essa vida contemplativa, por sua vez, a dos patriarcas e a dos cristãos, é imagem, a εἰκών, do "bem-aventurado repouso", o do céu, onde libertados, então, de todas as servidões sensíveis, pode-se contemplar as realidades inteligíveis. Quanto ao *shabat*, ele foi introduzido pela lei de Moisés, por causa do povo (πλῆτος), como meio educativo, com a finalidade de conduzir à prática mais perfeita do *shabat* perpétuo e espiritual. É a mesma

---

12   Cf. MÁXIMO DE TIRO. 17, 6. A palavra se encontra em Gregório de Nissa. In: *P.G.* 44,1194 D.

13   EUSEBIUS. *Commentarii*. In: *P.G.* 23, 1168 – 1169 A.

14   EUSEBIUS. *Demonstratio Ev.* I, 2; In: *P.G.* 22, 24.

15   Idem. I, 6; 22, 65.

16   Idem. I, 6; 22, 57.

Bíblia e Liturgia

tese de Orígenes a respeito da origem das festas.[17] De outro lado, Eusébio sublinha expressamente: "Não foi aos sacerdotes que foi prescrito o *shabat*, mas somente para aqueles que não capazes, durante todo o tempo de suas vidas, de se ocupar do culto divino e das obras agradáveis a Deus".[18]

Ora, o domingo é o equivalente, no Novo Testamento, ao *shabat* judaico. Aqui ainda o ideal é a festa perpétua na qual vivem os contemplativos. Nós nos recordamos das palavras de Orígenes: "O perfeito, que está sempre ocupado em palavras, em ações, em pensamentos, com o Verbo de Deus, está sempre nos dias do Verbo, e todos os dias são dias de domingo para ele".[19] Mas por causa do povo, é necessário um dia particular para marcar a obrigação do culto divino. Ora, "tendo os judeus ficado infiéis, no Novo Testamento, o Verbo de Deus transferiu a festa do *shabat* para a alba da luz (ἀνατολή) e nos deu para sempre, como imagem do verdadeiro repouso, o dia salvador (κυριακή), e primeiro da luz, no qual o Salvador do mundo, após todas as obras realizadas junto aos homens, tendo vencido a morte, abriu as portas do céu, superando a criação dos seis dias e recebendo o bem-aventurado *shabat* e o repouso beatífico, quando seu Pai lhe disse: Senta-te à minha direita".[20] Essa passagem é um resumo da teologia do domingo. Este dia é o κυριακή, o dia do Senhor, porque – e toda a teologia primitiva da redenção mostra – é o dia no qual Cristo venceu a morte e, superando os seis dias, figura do mundo daqui de baixo e de suas misérias, abriu as portas do céu e entrou no *shabat*, no repouso do sétimo dia. Encontramos a oposição filoniana dos seis dias, figura do mundo sensível, e do sétimo, figura do mundo inteligível, cristianizado pelo tema da ἀνάβασις, da Ascensão de Jesus Cristo. Entrevemos ainda o tema sabático da κάθισις, do estar sentado à direita do Pai, que a ἀνάπαυσις figura.

Em que consiste o culto dominical? É o que Eusébio nos explica a seguir, inspirando-se no Salmo 91, isto é, transpondo o culto judaico ao culto cristão: "Este dia, que é o da luz, que é o primeiro e aquele do verdadeiro sol, nós também, reunindo-nos após o intervalo de seis dias, e festejando os *shabats* santos e espirituais, nós cumprimos o que foi ordenado aos sacerdotes: realizar um *shabat* conforme à lei espiritual. Nós oferecemos, com efeito, vítimas e oferendas (ἀναφοράς) espirituais e fazemos subir o incenso perfumado,

---

17   Origène. *Contre Celse*. 8. 23; Koetschau. 240, 3-15.

18   Eusebius. *Commentarii*. 23, 1169 C.

19   Orígenes. *Contra Celso*. São Paulo: Paulus, 2004, n. 8, 22. (Patrística, 20.)

20   Eusebius. *Commentarii*. 1169 C.

O DOMINGO

segundo a palavra: *fiat oratio mea sicunt incensum in conspectu tuo*. Oferecemos também os pães da proposição, renovando a memória (μνήμη) salutar, e o sangue da aspersão, aquele do Cordeiro de Deus que tira o pecado do mundo e que purifica nossas almas; nós acendemos também as luzes da gnose na presença de Deus... Em uma palavra, tudo aquilo que era prescrito no *shabat*, nós o transferimos ao domingo (κυριακή), como sendo mais apropriado e mais digno que o *shabat* judaico".[21] E Eusébio continua mostrando que os cristãos têm "a tradição de se reunir naquele dia" para a confissão (εξομολόγησις), a eucaristia, a vigília noturna, a prece em união com todas as Igrejas.

* * *

Acentuamos que esses últimos textos designam, em particular, o domingo como primeiro dia, oitavo dia e dia do sol. Isso nos introduz no simbolismo do domingo. Se ele herdou as prerrogativas do *shabat* é porque possui uma dignidade superior. Tal dignidade consiste no fato de ser o dia da ressurreição. Mas mesmo permanecendo no quadro da semana judaica, ele aparece como tendo um valor particular. Antes de tudo, é o primeiro dia da semana. Honrando o domingo, os cristãos se opõem aos judeus. "Dizeis que o sábado é superior ao domingo, porque a Bíblia afirma que o Senhor fez todas as coisas em seis dias, e no sétimo ele cessa todas as obras e as santifica. Mas nós vos perguntamos: qual é o primeiro, o Álef ou o Tau? Portanto, o primeiro é o começo do mundo".[22]

A *Didascalia* nos indica um primeiro simbolismo. O domingo, como primeiro dia, é o aniversário da criação do mundo. Eusébio de Alexandria, no século V, mostra a relação entre o primeiro dia da criação e a ressurreição do Senhor, primeiro dia da segunda criação. "O santo dia do domingo é a comemoração do Salvador. Ele é chamado Senhorial (κυριακή), porque é o senhor (κύριος) dos dias. Com efeito, antes da Paixão do Senhor, não se chamava domingo, mas primeiro dia. Foi nesse dia que o Senhor iniciou as primícias da criação do mundo; e no mesmo dia ele deu ao mundo as primícias da Ressurreição. É por isso que este dia é o princípio (ἀρχή) dos benefícios, princípio da criação do mundo, princípio da ressurreição, princípio da semana".[23] A hinografia fará eco a essa doutrina, quando escreverá no hino das laudes do domingo:

---

21   Idem. 1172 A-B.

22   *Didascalia et Constitutiones Apostolorum*. 113.

23   EUSÉBIO DE EMESSA. *Sur le dimanche*. In: *P.G.* 86, 416.

Prima die quo Trinitas
Beata mundum condidit
Vel quo resurgens Redemptor
Nos morte victa liberat.

Podemos aproximar desses textos um tratado *De sabbatis et circoncisione* que se encontra nas obras de Santo Atanásio, mas que não é certamente seu, e que pode ser considerado um pequeno compêndio da teologia da semana.[24] Não se situa antes do final do século IV. O tratado se apresenta como um comentário de Ex 21,16 sobre a observância do *shabat*. Este era, diz-nos o autor sagrado, o sinal que lembrava a criação. Devia ser observado enquanto esta subsistia. "Mas quando um povo novo foi criado, segundo a palavra: *Populus qui criabitur laudabit Dominum* (Sl 101, 19), não será mais necessário que observe o final da primeira criação, mas que busque o começo da segunda. E qual será esse dia senão o dia em que o Senhor ressuscitou. É a partir daí que a nova criação começou. Dela São Paulo fala: se alguém está em Cristo, ele é uma nova criatura. Portanto, Deus cessou de operar a primeira criação: eis por que as pessoas da criação precedente observavam o *shabat*, o sétimo dia; mas a segunda criação não foi concluída, também ele não parou, mas *usque modo operatur*. É por isso que nós não *sabatizamos* (nós jamais repousamos) nesse dia como se fizéssemos memória do primeiro, mas nós esperamos os *Shabats* dos *shabats* que virão, que a nova criação não considera como um fim, mas manifesta e festeja perpetuamente. Com efeito, é por isso que este *shabat* foi dado ao povo precedente para que ele conheça o final e o começo (τέλος καὶ ἀρχή) da criação. Mas a nova criação não recebeu o preceito de observar o *shabat*, para que ela reconheça o começo no domingo (κυριακή), ela saiba também que a graça (desta criação) não tem fim."[25]

O autor aborda, a seguir, a oposição entre o sábado e o domingo: "É porque (Deus) indicou o começo, isto é, o domingo, a fim de que se saiba que a geração precedente tinha acabado. A primeira tendo terminado, o começo da outra lhe sucede. Porque é após o *shabat* que o Senhor ressuscitou". Também o domingo, dia após o *shabat*, é sinal da segunda criação. Qual era, então, o sentido do *shabat*? "O *shabat* não designa a ociosidade (ἀργία), mas de um lado a gnose do Criador, e do outro a cessação da figura deste mundo".[26] A esse

---

24   Cf. também Eusébio de Emesa. *Sur le dimanche*. P.G. 86, 1413 ss.

25   P.G. 28, 133 B-C.

26   Idem. 106 C.

propósito, o autor cita os textos que dizem respeito aos sacrifícios oferecidos pelos levitas no dia de *shabat*, a queda de Jericó no sétimo dia, a circuncisão que podia acontecer no dia de sábado. Encontramos aqui a crítica da ociosidade sabática. De outro lado, a Escritura chama de sábado a dias que não são sétimos dias: "Destarte, o *shabat* não é o sétimo dia, mas a remissão dos pecados, no momento em que alguém deixa de os cometer. E o *shabat* não é ociosidade, mas confissão e humildade da alma".[27] Nós reconhecemos a ideia primitiva do *shabat* como cessação do pecado. E o autor conclui esta parte: "É porque o *shabat* não é primeiramente lei de ociosidade, mas de gnose, de propiciação e de abstenção de todo o mal".[28]

O segundo aspecto era que o *shabat* era figura da cessação deste mundo: "Deus não deu o *shabat* por causa da ociosidade, mas para que eles conheçam a cessação (κατάπαυσις) da criação. Ele queria que, conhecendo o fim desta, eles procurassem o começo da outra. Com efeito, o *shabat* era o fim da primeira criação, o domingo (κυριακή), o começo da segunda, na qual ele tinha renovado e retomado a antiga. Da mesma forma que antes ele havia prescrito observar o *shabat*, como memorial do final das coisas anteriores, da mesma forma nós honramos o domingo como memorial do começo da nova criação. Com efeito, ele não criou outro a mais, mas ele renovou o antigo e terminou o que ele havia começado a fazer". A ideia mais curiosa que encontramos aqui, e com a qual ainda não tínhamos nos deparado, é a do *shabat* como término da primeira criação. É uma nova aplicação do simbolismo da hebdômada e da ogdóade. O que se exprime mais exatamente é "o encaixe" dos dois simbolismos do *shabat* e do primeiro dia relacionado com a sucessão das duas criações: "No sexto dia a criação foi acabada; no sétimo Deus repousou de todas as suas obras. Mas no Evangelho, o Verbo diz: Eu vim acabar a obra. Aquele que repousa de todas as suas obras quer dizer, com essas palavras, que certas obras precisam de um acabamento e que ele próprio veio trazer. Com efeito, a obra teria ficado imperfeita se depois de Adão ter pecado o ser humano tivesse morrido; ela ficou perfeita, quando este foi vivificado. É por isso que, tendo realizado a criação em seis dias, ele assinala um dia para a renovação, o que o Espírito Santo anuncia antecipadamente no Salmo: *Haec dies quam fecit Dominus*". O mundo da criação, simbolizado no septenário, aparece como uma primeira etapa do plano de Deus.

---

27   Idem. 137 A.

28   Idem. 137 C.

Essa interpretação do domingo como primeiro dia não é a única. Em todo um grupo de autores, Clemente, Eusébio de Cesareia, nós encontramos outra em que o primeiro dia é interpretado não a partir do começo da criação do mundo, mas da genealogia do Verbo. É a geração do Verbo que esses autores querem exprimir em relação a Gn 1,3: "Deus disse: 'Que exista a luz!' E a luz começou a existir. E foi o primeiro dia". Isso aparece antes em Clemente de Alexandria: "O sétimo dia preparado pelo afastamento dos maus, o dia primordial, nosso verdadeiro repouso. É ele a luz que engendra a primeira, na qual tudo é visto em conjunto e distribuído.[29] Desse Dia a sabedoria e o conhecimento brilham sobre nós. É com efeito a luz da verdade que é a verdadeira luz, sem sombra, partilhando indivisivelmente o Espírito do Senhor àqueles que são santificados por ele".[30]

Destarte o domingo, primeiro dia de semana, antes de ser o dia da ressurreição, isto é, do nascimento do Verbo como primogênito dentre os mortos, é o dia, preexistente à criação, da geração do Verbo. Clemente volta a essa ideia várias vezes: "No dia no qual o Senhor cria o céu e a terra, isto é, no qual e pelo qual ele faz todas as coisas, mostra sua operação pelo Filho. É ele de quem fala Davi: Este é dia que o Senhor fez, alegremo-nos e exultemos nele.[31] O que é chamado dia, com efeito, é o Logos, iluminando as coisas escondidas e pelo qual toda criatura chegou à luz e à existência".[32]

Essa concepção do primeiro Dia como designação do próprio Verbo em sua geração anterior ao mundo não deixa de comportar certo risco de subordinacionismo. Sem dúvida é o que acontece em Clemente, para o qual o Verbo é engendrado para ser a luz do mundo. Ela é encontrada em Eusébio de Cesareia, que precisa ainda a relação entre o dia da geração do Verbo e o da sua ressurreição, do qual o domingo é o memorial: "Este dia (o domingo), que é o da luz, o primeiro, e também o do verdadeiro sol, nos reunindo após o intervalo dos seis dias e festejando os *shabats* santos e espirituais, nós cumprimos o que fora prescrito aos sacerdotes – realizar o *shabat* segundo a Lei espiritual...

---

29   A expressão procede de Aristóteles, por meio de Eusèbe. *Préparation évangelique*. XIII, 9-12 *(Preparatio euangelica XII-XIII)*; trad.: M. Edouard Des Places. SC 307. Paris: Les Éditions du Cerf, 1983. Citaremos: Eusèbe. *Préparation évangelique*). Mas este identificava o primeiro dia no *shabat*, não na madrugada que sucede o *shabat*.

30   Clément d'Alexandrie. *Stromate*. 6, 16; SC 446.

31   Clemente de Alexandria. *Comentário do Sl 117,24*.

32   Clément d'Alexandrie. *Stromate*. 6, 16; SC 446. É interessante que Justino, entre os nomes que dá ao Filho, chama-o de Dia (Justino de Roma, *Diálogo*. 24, 1; 111, 13).

O DOMINGO

É neste dia que, tendo Deus dito à criação: Que exista a luz, a luz existiu; neste dia também o sol de justiça elevou-se sobre nossas almas".[33]

Eusébio retoma essa mesma concepção do primeiro Dia como sendo o da geração do Verbo e o da ressurreição. Ele o faz comentando o versículo do Salmo: "Tu colocaste minhas delícias em tuas obras, ó Senhor, e eu exultarei pelas obras de tuas mãos". Ele escreve: "A obra de Deus poderia bem ser o Dia do qual se diz: Este é o dia que o Senhor fez, rejubilemo-nos e exultemos nele. Ele designa o dia dominical da ressurreição, como nós demonstramos em outro lugar explicando o que diz respeito à criação do mundo. Deus diz; Que se faça a luz, e a luz foi feita. Tu vês que nesse Dia não há nenhuma outra criação a que convenha a palavra: Qual é este Dia que o Senhor fez, senão aquele mesmo Dia que era o primeiro domingo. É dele que se diz: Senhor, tu colocaste minhas delícias em tua obra. Quanto às obras de suas mãos, são aquelas que foram criadas nos dias seguintes".[34]

Note-se que encontramos aqui a mesma citação do Salmo 117 utilizada por Clemente de Alexandria. Este é um salmo eminentemente dominical. Ele ainda consta no Breviário romano. Ele aparece já tendo sido comentado, nesta data antiga, com relação ao domingo. É toda uma tradição da exegese dos salmos que encontramos aqui. Nós observamos também a oposição entre a obra de Deus, que é o Verbo, e a obra das suas mãos, que é a criação. Já em Irineu, as mãos de Deus designam o Filho e o Espírito, instrumentos do Pai na obra da criação e da redenção.

Enfim, pode-se aproximar o domingo como primeiro dia e o domingo como dia do sol (*dies solis*). São dois aspectos cujo efeito é próximo: o primeiro dia significando o dia da criação da luz. Mas de fato eles relevam origens bem diferentes. O dia do sol se liga à semana planetária, que, procedente do Oriente, começa a se espalhar pelo Ocidente, na época das origens do cristianismo, sob a influência dos magos helenistas.[35] Ora, esse dia consagrado ao sol coincidia com o primeiro dia da semana judaica, e, portanto, com o domingo cristão. Isso faz com que, aos olhos de alguns pagãos, os cristãos pudessem ser considerados adeptos de uma seita de devotos do sol. Tertuliano vai defender os cristãos dessa acusação: "Se nós ficamos alegres no dia do

---

33   EUSEBIUS. *Commentarii*. 23, 1172 B.

34   Idem. 23, 1173 B-1176 A.

35   Cf. Cumont, Franz. "La fin du monde selon les mages occidentaux". In: *Revue d'Histoire Religieuse* (1931) p. 55; SCHUERER. *Die Siebentaetige Wochw in Gebrauche der christlichen Kirche der ersten Jahrhundert, Zeitschrift für Neu est. Wissenschaft*, 1905. p. 1 s.

BÍBLIA E LITURGIA

sol, é por outra razão e não para prestar culto ao sol; nós viemos na sequela de alguns dentre vós que no dia de Saturno se dão às boas comidas e à ociosidade, e que introduziram o sol no calendário de sete dias".[36] Essa passagem endereçada aos pagãos parece atestar também que o uso tinha se espalhado no mundo romano sob a influência do judaísmo de então, ao consagrar ao repouso o dia do *shabat* que caía no dia de Saturno.[37]

Tertuliano testemunha igualmente que o uso de designar esse dia pela expressão *dies solis* estava agora difundido pelo império romano. Conhece-se a propriedade dessa expressão, pois ela continua sendo o modo de nomear o domingo em numerosos países (Sunday, Sontag). Com efeito, nos escritos dirigidos aos pagãos, é a expressão empregada pelos Padres. Dessa forma, Justino escreve nas *Apologias*: "No dia que se chama Dia do Sol, todos, das cidades e dos campos, reúnem-se em um mesmo lugar. Leem-se as memórias dos apóstolos e os escritos dos profetas. Quando o leitor termina, aquele que preside faz um discurso. Depois ficamos de pé e rezamos conjuntamente em voz alta. Em seguida são trazidos o pão, o vinho e a água. Aquele que preside eleva ao céu as preces e as ações de graças, e todo o povo responde: Amém".[38] Temos aqui uma das mais antigas atestações da celebração da sinaxe dominical. Contudo, no segundo século, se o uso de chamar esse dia *dies solis* tinha se espalhado, ele não tinha ainda sido oficializado. É por isso que Plínio o chama somente de *status dies*. Em seguida as coisas mudariam. Com o desenvolvimento do culto solar no Império, o dia do sol irá tomar uma importância maior. É isso que permite a Constantino, como já vimos, tornar o domingo um dia festivo, sem que desagrade os pagãos.

Dessa coincidência, os cristãos tiraram um simbolismo. O domingo era o dia do sol. Ora, a Escritura não diz que o Cristo é "o sol da justiça". O domingo, dia no qual Cristo ressuscitou, apareceu como o dia em que o sol da segunda criação se levantou. Encontramos assim, a partir de um ponto de partida diferente, o simbolismo judaico do primeiro dia. Esse simbolismo aparece em Justino: "Nós nos reunimos no dia do sol, pois é o primeiro dia no qual Deus, retirando a matéria das trevas, cria o mundo".[39] Vê-se a fusão

---

36 TERTULLIEN. *Apologie*. 16, 11; cf. *Ad Natione*. I, 13; CSEL, 20.

37 Pode existir aí também a influência dos neopitagóricos, pois o dia de Saturno era o aniversário da criação, dos *Saturnia regna*.

38 JUSTINO. *Diálogo*. 67, 5; trad. bras.: Justino de Roma. *I e II Apologias. Diálogo com Trifão*. São Paulo: Paulus, 1997. (Patrística, 3.)

39 JUSTINO. *I e II Apologia*. 67, 7.

O DOMINGO

dos dois temas. Ele se desenvolve, sobretudo, no século IV. Por exemplo, São Jerônimo escreve: "O dia do Senhor, o dia da Ressurreição, o dia dos cristãos é nosso dia. E se ele é chamado dia do sol pelos pagãos, nós aceitamos de boa vontade essa designação. Porque neste dia levantou-se a luz, neste dia brilhou o sol da justiça".[40]

* * *

O domingo aparece como uma retomada do primeiro dia da criação e, além disso, como um eco da geração eterna do Verbo. Mas esse aspecto permanecerá secundário. Ao contrário, há outro cuja importância será capital, ainda que as origens permaneçam misteriosas: é a designação do domingo como "oitavo dia". Já encontramos essa designação em Barnabé: "Nós celebramos com alegria o oitavo dia, no qual Jesus ressuscitou e subiu aos céus".[41] Tertuliano o emprega como uma designação corrente: "Para os pagãos não existe senão uma festa anual; para ti, todo oitavo dia (octavus dies)".[42] E Justino nos mostra nele uma significação velada: "Nós poderíamos demonstrar que o oitavo dia encerra um mistério".[43] Encontramo-nos, pois, diante de uma designação frequente e rica de significados. Qual é, contudo, a sua origem? Reitzenstein considerou-a anterior ao cristianismo. "O valor da ὀγδοάς foi assumido pelos cristãos e colocado por eles em relação com a ressurreição do Salvador na manhã do domingo, mas ela não nasceu lá".[44] Ele desejava aproximá-la de uma concepção da ogdóade como "repouso de Deus" que se encontraria em Filão e no mandeísmo e seria um dos elementos da gnose pré-cristã. Ora, o exemplo de Filão que ele apresenta demonstra precisamente um sentido contrário. Com efeito, Filão retoma a concepção astrológica das sete esferas planetárias que figuram o mundo da mudança e ao qual se opõe a esfera dos fixos; mais precisamente ele não a designa como oitava.[45] Quanto aos textos mandeístas, sua data tardia não permite retirar deles qualquer argumentação.

É preciso, pois, procurar em outra fonte. Já nos deparamos diversas vezes, no decurso destes estudos, com a alusão à ogdóade como oitavo dia. E

---

40 MORIN, G. Anecdota Maredsolana. III, 2 (4.vols.), Monasterio S. Benedicti, Maredsoli, 1897. Cf RAHNER, Hugo. Griechische Mythen in christilicher Deutung. Zürich: Rhein-verlag, 1945. p. 141-149.

41 BARNABÉ. 15, 8-9; trad. bras.: Padres Apostólicos. São Paulo: Paulus, 1997. (Patrística, 1.)

42 TERTULLIANUS. De idolatria. 14; CSEL, 20. ed. A. Reifferscheid, G. Wissowa, 1890.

43 JUSTINO. Diálogo. 24,1.

44 REITZENSTEIN, Richard August. Die Vorgeschichte der christlichen Taufe. Leipzig und Berlin: B.G. Teubner, 1929 p. 314. Cf. também DÖELGER, Franz-Joseph. "Die Achtzahl in der altchristlichen Symbolik".In: Antike und Christentum. IV, 3, p. 181.

45 FILÃO DE ALEXANDRIA. De Decalogo. 102-104.

BÍBLIA E LITURGIA

tais alusões eram encontradas na literatura apocalíptica judaica. O oitavo dia aparecia no *Segundo Henoc* como a figura do mundo futuro, que sucederá ao sétimo milênio: "Eu abençoei o sétimo dia, que é o *shabat*, e acrescentei a ele o oitavo dia, que é o dia da primeira criação. Quando os sete primeiros dias tiverem passado, sob a forma de milênios, começará o oitavo milênio, que será um tempo ilimitado, no qual não haverá nem anos, nem meses, nem dias, nem horas".[46] Nós adivinhamos como o judaísmo tinha sido conduzido a essa concepção pela dissociação das duas escatologias, a terrestre para a qual está reservado o sétimo milênio, figurado pelo *shabat*, e a celeste que constitui um dia a mais, o oitavo.

Mas se a sucessão do sétimo milenar e do século que deve vir parece ser uma doutrina do judaísmo, não parece que seja assim na designação deste mundo que deve vir como oitavo dia, que implicava uma depreciação do sétimo dia, pouco compatível com o culto do *shabat*. Assim também devemos notar que o texto do *Segundo Henoc* é posterior à era cristã[47] e que é bem possível, então, que a menção do oitavo do oitavo dia venha de uma influência cristã. Não há, pois, de forma alguma, possibilidade de procurar na escatologia judaica a origem de nossa designação.

Chegamos, assim, à conclusão de que a doutrina do oitavo dia é de origem puramente cristã.[48] Aqui o ponto de partida foi o fato da Ressurreição de Jesus Cristo na manhã do dia sucessivo ao *shabat*. Esse dia tomou, deste então, na liturgia cristã, um lugar preponderante e substituiu o *shabat*: "Os que viviam na antiga ordem de coisas vieram à nova esperança, não observando mais o sábado e sim o domingo".[49] Ora, o *shabat*, sendo o sétimo dia da semana judaica, o domingo, conforme dissemos, poderia ser quer o primeiro, como o oitavo. Encontramos, de outro lado, as duas designações. "São Justino fala do oitavo dia no qual Nosso Cristo apareceu ressuscitado, e que se julga implicitamente sempre o primeiro".[50] Mas foi o oitavo dia que se tornou mais importante. Nós o encontramos em Barnabé: "Não são os vossos *shabats* que eu amo, mas aquele que eu fiz, no qual, pondo fim ao universo, inaugurarei

---

46   *II Enoque*. 33, 7.

47   Rowley, Harold Henry. *The relevance of Apocalyptic. The Relevance of Apocalyptic.* A Study of Jewish and Christian Apocalypses from Daniel to the Revelation. London: Athlone, 1944. p. 95.

48   Cf Schmidt, Carl. *Gespräche Jesu mit seinen Jüngern nach der Auferstehung. Ein katholisch-apostolisches.* Berlin: Brandenburgische Akademie der Wissenschaften, 1919. p. 279.

49   Inácio de Antioquia, *Ad Magnesios*, IX, 1.

50   Justino. *Diálogo*. 138, 1.

um novo mundo. É por isso que festejamos com alegria o oitavo dia, no qual Jesus ressuscitou".[51]

Portanto, a substituição do sétimo dia pelo oitavo aparece por sua vez como a expressão simbólica e concreta da substituição do judaísmo pelo cristianismo, o que nos leva a abordar um primeiro aspecto do simbolismo do oitavo dia. Como simbolismo do primeiro dia, vai servir aos cristãos para exaltar a superioridade do domingo sobre o *shabat*. Por essa razão, se torna-se um instrumento da polêmica cristã. A passagem da religião do sétimo dia para a do oitavo dia tornar-se-á o símbolo da passagem da Lei ao Evangelho: *Septenario numero expleto postea per ogdoaden ad Evangelium scandimus*.[52] Isso nos explica por que a tipologia do oitavo dia aparece, antes de tudo, nos escritos de polêmica antijudaica, como a *Epístola* de Barnabé ou o *Diálogo com Trifão*. É sob esse aspecto que a κυριακή aparecia melhor como oposição ao *shabat*. Santo Hilário lhe daria sua expressão clássica ao escrever: "Agora que o nome e a observância do *shabat* tinham sido estabelecidos pelo sétimo dia, é o oitavo, que é também o primeiro, que nós festejamos e que é a festa do perfeito *shabat*".[53] E nos quinze salmos de subida ele verá "a continuação da hebdômada do Antigo Testamento e da ogdóade do Evangelho, pelos quais a pessoa se eleva às coisas santas e espirituais".[54]

Essa dignidade, da qual o oitavo dia estava também liturgicamente investido, em detrimento do sétimo, não podia senão ter consequências sobre a tipologia da semana. Vimos que, na perspectiva bíblica, o sétimo dia figurava o repouso da vida futura. Ora, a aparição do oitavo dia colocava a respeito um problema. Com efeito, vamos nos encontrar na presença de dois simbolismos distintos. De um lado, continuaremos encontrando um simbolismo puramente bíblico, no qual o sexto dia figura o mundo presente e o sétimo, o mundo futuro. Mas ao seu lado veremos se constituir outro simbolismo, no qual são os sete dias que constituem o mundo presente e o oitavo, o mundo futuro. É ele que já vemos aparecer no texto de Barnabé. "Não são os vossos sábados que eu amo, mas aquele que eu fiz, com o qual pondo fim ao universo, eu inaugurarei um novo mundo. É por isso que celebramos o oitavo dia com alegria". Nós o vemos claramente explicitado em Orígenes, juntamente

---

51 Barnabé. 15, 8; In: *Padres Apostolicos*.

52 Jerônimo. *In Ecclesiam*. 2, 2.

53 Hilarius. *Tractatus super psalmos*. 12; CSEL, 22, 2; ed. A. Zingerle, 1891.

54 Idem. 16; 22, 14.

BíBLIA E LITURGIA

com o precedente: "O número oito, que contém a virtude da ressurreição, é a figura do mundo futuro".[55] Esse simbolismo escatológico do oitavo dia combinará, às vezes, com o do sétimo dia; é o que encontramos, em particular, no milenarismo terrestre, que precede o oitavo dia eterno; mas essa combinação se encontra também fora da perspectiva milenarista.

Aqui, com efeito, devemos fazer intervir um elemento novo. Ao mesmo tempo em que a tipologia do oitavo dia se desenvolve na gnose ortodoxa, ela vai ter um enorme sucesso da doutrina da ogdóade na gnose heterodoxa. A importância desse elemento na gnose não parece ser pré-cristã, como pensava Reitzenstein. É no cristianismo, e em particular na liturgia cristã, que o tema do oitavo dia tornou-se importante e que apareceu como símbolo de salvação, por oposição ao *shabat* judaico. Os gnósticos, que são adversários declarados do judaísmo, assumiram esse tema. Mas o transformaram completamente, ao transpô-lo para sua perspectiva que substitui a visão de uma hierarquia das esferas superpostas pela sucessão histórica da teologia da Igreja. Essa visão, os gnósticos a emprestaram da astrologia, cujas concepções estavam espalhadas por todos os lugares no mundo helenístico da época, e em particular no neo-pitagorismo. Na base dessa concepção há a oposição das sete esferas planetárias sob o domínio dos *cosmocratores*, dos arcontes, que conservam o homem sob a tirania do *heimarmene*, e, além disso, do céu superior, o das estrelas fixas, que é o lugar da incorruptibilidade e do repouso.[56] A salvação da alma se dá por uma ascensão no curso da qual ela se eleva para além das sete esferas planetárias, despindo-se das túnicas cada vez mais aéreas de sua corporeidade, para chegar até a esfera divina e eterna das estrelas. A essas concepções religiosas de um simbolismo septenário, distinto daquele da semana sabática, junta-se todo um simbolismo septenário do Antigo Testamento: o do candelabro de sete braços (Êx 25,32), o dos sete espíritos (Is 11,2), o dos sete anjos principais (Tb 12,15). Esse simbolismo interferiu com frequência na semana sabática. Mas é conveniente distingui-los cuidadosamente.

---

55 ORÍGENES. *Sel. Psalm.* In: *P.G.* XII, 1624 B-C. Cf. também ORIGÈNE. Com. *Romains.* 2, 13; ORIGÈNE. *Commentaire sur saint Jean.* 2, 33; *H. Lev.* 8, 4.

56 CUMONT, Franz Valery Marie. *Les religions orientales dans le paganisme-romain.* Paris: Librairie Orientaliste Paul Gauthner, 41929. p. 162. Às vezes a esfera das estrelas é considerada como a mais elevada; às vezes admite-se, além delas, uma esfera superior. Cf a esse respeito: BOYANCÉ, Pierre. *Études sur le Songe de Scipion.* Bibliothèque des Universités de Midi 20. Paris: Éd. de Boccard, 1936. p. 65-78. Esta última visão é encontrada na gnose.

Nessa concepção astrológica, encontramos um tema da ogdóade. Ela designa a oitava esfera das fixas em oposição à dos planetas.[57] Será próprio do sincretismo da gnose aproximar a eminente dignidade da ogdóade no cristianismo da perspectiva pitagórica das esferas planetárias. É dessa forma que se chegou à concepção da ogdóade como definição, não mais do reino que devia vir da escatologia judeu-cristã, mas do mundo alto, do qual a criação toda inteira não é senão a degradação. Irineu, resumindo as teorias do gnóstico Valentim, descreve assim a ogdóade, num texto no qual se reconhecerá a mistura, característica entre os gnósticos, de um vocabulário cristão e de concepções estranhas: "É a morada de (Sofia) que eles chamam de Mãe, Ogdóade, Sabedoria, Terra, Jerusalém, Santo Espírito, Senhor. Ela habita no local superceleste. O demiurgo habita o lugar celeste, isto é, a hebdômada; os cosmocratores no nosso mundo".[58] Nós temos, transposta para a perspectiva das esferas superpostas, a sucessão dos seis dias, da hebdômada e da ogdóade. O vocabulário permanece cristão; a perspectiva histórica do cristianismo está totalmente excluída.

De outro lado, que se trata de uma transposição mitológica do dado litúrgico do oitavo dia, nós temos a prova em um texto de outro gnóstico, Teódoto, que nos é relatado, não mais por Irineu, mas por Clemente de Alexandria: "O repouso dos espirituais acontece no Dia do Senhor (κυριακή), na ogdóade que é chamada Dia do Senhor. É aí que as almas, tendo seus revestimentos, estão ao lado da Mãe até o final; as outras almas fiéis estão ao lado do Demiurgo. À consumação, eles penetram também na ogdóade. Depois vem o banquete das núpcias, comum a todos os salvos, até que todos sejam iguais e se conheçam reciprocamente".[59] Não é mais somente a ogdóade, cuja proveniência poderia prestar-se à contestação, mas a mesma κυριακή, a criação própria do cristianismo e seu sinal distintivo, que está associada à ogdóade, para designar o reino superceleste, aquele que se encontra imediatamente abaixo do Pleroma, do mundo divino propriamente dito, e para além da hebdômada. É o simbolismo escatológico da ὀγδοάς que é aqui transposto em sím-

---

57 Orígenes. *Contra Celso*. São Paulo: Paulus, 2004, n. 6, 22. (Patrística, 20.) Proclus. *Commentarties on the Timaeus of Plato*, translated by Thomas Taylor. In: *The Encyclopedia of Goddess Athena* (no texto III; 355,13). Cf Döelger. "Die Achtzahl in der Altchristlichen Symbolik". In: *Antike und Christentum*, 4, 3, p. 181.

58 Irineu de Lião. *Contra as heresias*. São Paulo: Paulus, 1995, n. 1, 5, 3. (Patrística, 4.) Cf. Sagnard, François M. *La gnose valentinienne et le témoignage de Saint Irénée*. Paris: Librairie Philosophique, 1947. p. 174-175.

59 Clemente de Alexandria. *Excerpt. Theod.* 63.

bolo cosmológico. Apontaremos também o tema da ἀνάπαυσις, associado à ogdóade, por Justino, para caracterizar o reino que deve vir após o sétimo milênio, e que designa o reino superior, para além da hebdômada. Há um perfeito paralelismo das duas concepções.

De outro lado, esse paralelismo, nós o encontramos afirmado explicitamente numa passagem de Clemente de Alexandria, em que a gnose cristã é influenciada pela gnose heterodoxa.[60] Em outro lugar ele justapõe a visão escatológica e a visão cosmológica. Trata-se de um comentário da passagem de Ezequiel: "Os sacerdotes são purificados durante sete dias" e o sacrifício oferecido no oitavo.[61] Clemente escreve: "Eles são purificados sete dias, pelos quais a criação é conduzida a seu acabamento. O sétimo, com efeito, é consagrado ao repouso (ἀνάπαυσις). No oitavo ele oferece o sacrifício pelo qual a promessa obtém seu cumprimento. Com efeito, a verdadeira purificação é a fé no Evangelho, recebido dos profetas, e a pureza pela obediência com o afastamento das coisas do mundo, até a restauração do tabernáculo do corpo. Portanto, seja que se trate do tempo que conduz à restauração (ἀποκατάτασις) do repouso supremo pelas sete idades do mundo, seja dos sete céus que alguns contam para a subida e chamam de ogdóade, diz-se que é preciso que o gnóstico saia do devir e do pecado. Durante os sete dias, vítimas são sacrificadas pelo pecado, e há o medo de mudança".[62] Clemente deixa a escolha entre as duas concepções. Para ele, o essencial é a concepção da ogdóade como repouso supremo.[63] Como quer que seja, a interpretação cosmológica aparece como um desvio com relação ao simbolismo cristão do oitavo dia, que é figura do mundo que deve vir.

---

60   Clémens d'Alexandrie. *Stromate*. VI; SC 446. Cf. Delatte, Armand. *Étude sur la littérature pythagoricienne*. Paris: Bibliotheque des Hautes Études Sciences Historiques et Philosophiques, 1915. p. 232-245; Dupont-Sommer. A. *La doctrine gnostique de la lettre Waw d'après une lanelle arameéne inédite* = Bibliothèque archéologique et historique, t. XLI, Paul Gauthier. Paris: 1946. p. 35-80; Sagnard, François M. *La gnose valentinienne*. p. 358-386.

61   Clemente de Alexandria. In: *P.G.* 44, 27.

62   Clémens d'Alexandrie. *Stromate*. IV, 25; SC 463.

63   Cf. também Idem. *Stromate*. VI, 14, SC 446; VII, 10, SC 428.

Capítulo XVI

O OITAVO DIA

A posição do dia no qual Cristo tinha ressuscitado, com relação à semana judaica e à semana planetária, podia prestar-se a diversos simbolismos. Dentre eles, o simbolismo do oitavo dia tomará um lugar eminente. Por isso é que devemos insistir sobre ele. Os sete dias, figura do tempo, seguidos do oitavo dia, figura da eternidade, aparecerão aos Padres do IV século como símbolos da visão cristã da história. Todavia esse simbolismo se desenvolve em duas direções diferentes. Os Alexandrinos, mais alegoristas, conceberam os sete dias como um puro símbolo do tempo total deste mundo, oposto ao oitavo dia, figura da vida eterna, sem se preocupar em buscar fazer coincidir cada um dos sete dias com um período histórico determinado. Os ocidentais, prolongando as especulações dos Apocalipses, e mais realistas, procuraram, ao contrário, fazer dos sete dias determinações históricas precisas e fundar sobre eles cálculos que permitissem prever a data da parusia. As duas correntes, livres, cada uma delas, de suas escórias, alegorismo alexandrino ou milenarismo ocidental, exprimem-se, no IV século, com os Capadócios e com Santo Agostinho, em duas teologias da história.

Em um texto capital, o mestre da Escola Capadócia, Basílio o Grande, define seu objetivo com a maior clareza. Basílio vem lembrar que na Igreja, ao lado dos ensinamentos escritos, existem outros, que procedem da tradição dos apóstolos, e que nos foram transmitidas ἐν μυστηρίῳ. Ele enumera alguns e depois continua: "Nós fazemos algumas orações em pé, no primeiro dia da semana (μιᾷ τοῦ σαββάτου), mas nem todos sabem a razão. Com efeito, não é somente porque ressuscitamos com Cristo e porque devemos buscar as coisas do alto que no dia da ressurreição (ἀναστασίμῳ) recordamos a graça que nos foi dada, estando de pé para rezar; mas também, eu penso, porque, de alguma forma, esse dia é a imagem do éon futuro (εἰκών τοῦ προσδοκωμένου αἰῶνος). É porque, também, sendo o princípio (ἀρχή) dos dias, ele não é nomeado "primeiro" por Moisés, mas 'um'. Houve, disse ele, uma tarde e uma manhã um (μία) dia, voltando regularmente a ele mesmo. É por isso que ele é, de uma só vez, um e *oitavo* (ὀγδόν), aquele que realmente é um e o verdadeiro oitavo, do qual o salmista faz menção nos títulos de certos salmos significando, por isso mesmo, o estado que se segue a esse tempo, o dia sem fim, o outro éon que não tem nem tarde, nem sucessão, nem cessação, nem velhice. É, pois, em força de uma exigência que a Igreja ensina a seus filhos a realizar em pé as preces desse dia, a fim de que, pela lembrança perpétua da vida eterna, nós não negligenciemos os meios que a ela nos conduzem".[1]

Esse texto constitui um testemunho precioso na história litúrgica, por causa da interdição da prece de joelhos no domingo.[2] Mas, sobretudo ele marca um momento importante para a teologia dominical. Antes de tudo, notamos que se trata da mistagogia propriamente dita, isto é, da explicação do simbolismo dos ritos aos fiéis. Basílio recorda, primeiramente, a significação essencial do domingo: a de ser o dia da ressurreição. Referindo-se a Cl 3,1, ele liga a oração em pé à busca das coisas do alto pelos cristãos que ressuscitaram com Cristo. Mas esse simbolismo não é o único. Se o domingo é memorial da ressurreição, é também figura (εἰκών) do século futuro. Ele tem uma significação escatológica. Seu valor pedagógico consiste no fato de manter a espera escatológica entre os cristãos, recordando-lhes frequentemente a vida celeste que deve chegar e impedi-los de se deixarem absorver nas coisas da terra. Destarte, a teologia do domingo aparece-nos constituída à imagem daquela dos sacramentos e do culto em geral, em que o duplo aspecto de memorial e de profecia está sempre marcado.

De outro lado, esse simbolismo do domingo é comentado por Basílio com a ajuda de alguns textos que prolongam as especulações anteriores. O domingo é ἀρχή, princípio. Isso é uma transformação da concepção do *shabat* como

---

1   Basílio de Cesareia. *Tratado sobre o Espírito Santo*. São Paulo: Paulus, 1998, n. 27. (Patrística, 14.) Os salmos aos quais o texto faz alusão são o 6 e o 11XI. Os gnósticos já o conheciam como *ogdoade*. Cf. Irineu de Lião. *Contra as heresias*. I,.18,.3. São Paulo: Paulus, 1995. (Patrística, 4.) Isto se encontra nos Padres. Assim, Eusébio. In: *P.G.* 23, 120 A; Atanásio. *P.G.* 27, 76; Dídimo. *P.G.* 39, 1176; Astérius. *P.G.* 40, 444-449; Crisóstomo. *P.G.* 55, 543 A.

2   Cf. também Tertullianus. *De corona*. 3; 3. ed. E. Kroymann, 1942, CSEL, 70; *De Oratione*. 23, CSEL, 20. *ed.* A. Reifferscheid, G. Wissowa, 1890.

O OITAVO DIA

ἄρχων, em relação com o texto de Gn 1,1, no qual se diz que no princípio (ἀρχή) Deus criou a luz.[3] Em segundo lugar, e este traço é bem mais original, Basílio explica que, segundo a Escritura, esse dia não é mais chamado de "primeiro", mas de "um". Ele explicou isso mais longamente na *III Homilia sobre o Hexameron*: "Por que (Moisés) não chamou este dia de primeiro, mas de um (μία)?" Basílio dá uma primeira razão: trata-se de um dia que é composto do dia e da noite. Depois ele continua: "Mais importante, quiçá, são as razões que nos são transmitidas nas tradições secretas (ἐν ἀπορρήτοις παραδιδόμενος), a saber, que Deus, que criou o tempo, lhe deu os intervalos de dias como medidas e sinais e, medindo-o pela semana, estabeleceu que esta, retornando sempre sobre ela mesma (ἀνακυκλοῦσθαι), marque a medida do tempo. A semana, por sua vez, constitui um só dia, retornando sete vezes sobre ela mesma. É isso a forma cíclica, que tem o seu começo e o seu fim nela própria. Ora, é próprio do éon voltar-se sobre si próprio e de jamais ter fim. É por isso que o começo do tempo é chamado, não de primeiro dia, mas dia um, a fim de marcar, por sua designação, seu parentesco com o éon. Apresentando a característica de unicidade e de incomunicabilidade, ele é chamado própria e convenientemente um".[4]

Essa passagem oferece a explicação detalhada daquilo que Basílio indicava de passagem, no *Tratado sobre o Espírito Santo*. Se o dia do começo da semana é chamado "um", é para marcar que a semana, voltando sobre ela mesma, forma uma unidade.[5] Encontramos aqui duas ideias. A primeira é que o mundo do tempo é regido pela hebdômada: é o tema pitagórico já presente em Filão.[6] A segunda é que essa hebdômada representa um ciclo fechado, que ela

---

3   Isso já se encontra em FILON DE ALEJANDRÍA. "De Opificio Mundi". I, 100. In: *Obras completas de Filon de Alejandría*, en 5 volúmenes traducidos del griego al español por JOSÉ MARÍA TRIVIÑO. BUENOS AIRES: Acervo Cultural Editores, 1975; ainda *De Decalogo*. 106; é o resultado de uma fusão entre o tema pitagórico do número sete como αρχων (FILOLAOS, apud LYDUS. *De mensibus*. 2, 12) e do tema bíblico do primeiro dia, αρχή. É Clemente de Alexandria quem, por primeiro, transpôs ao oitavo dia o título de αρχων. E é preciso reconhecer, como bem notou Reintzenstein, (*Die Vorgeschichte der christlichen Taufe*. p. 351) que a ideia do oitavo dia, retomada do primeiro após a semana, é bem mais normal que a do sétimo dia idêntico ao primeiro.

4   BASILE DE CESARÉE. *Homélies sur l'Hexaémeron*. 2, 8; *P.G.* 29, 59 B-C; trad.: P. Stanislas GIET, SC 26 bis. Paris: Les Éditions du Cerf, 1950.

5   Isso vem diretamente do pitagorismo. Assim lemos no *De mensibus*, de LIDUS: "O primeiro dia, segundo os pitagóricos, deve ser chamado um (μία) da mônada, não primeiro (πρώτη) da hebdômada, porque ele é um e incomunicável aos outros (II, 4; WUENSCH, p. 21). Nós temos um caso interessante de aproximação do texto bíblico (μία ἡμέρα, Gn 1,5) com uma interpretação pitagórica. Cf. COURTONNE, Yves. *Saint Basile et l'hellenisme*. Étude sur la rencontre de la pensée chrétienne avec la sagesse antique dans l'Hexameron de Basile le Grand. Paris: Typographie Firmin-Didot et Cie, 1934. p. 35-36.

6   FILÃO DE ALEXANDRIA. *De Specialibus Legibus*. 2; Idem. *De Opificio mundi*. 3; Idem. *De Decalogo*. 103.

BÍBLIA E LITURGIA

retorna perpetuamente sobre si mesma. Portanto, ela não tem nem começo nem fim, e por isso é figura da eternidade. É a concepção helenista do tempo que se afirma com toda a clareza. E aparece toda a conaturalidade da mônada e da hebdômada, tal como Filão ainda a desenvolve. Observamos, todavia, que Filão esforçava-se por fazer coincidir essa doutrina com a do *shabat*, mostrando que este era o "primeiro" dia.[7] Basílio, ao contrário, descarta tal representação com tal insistência que se chega a perguntar se, precisamente, ele não esteja tomando uma posição contrária à de Filão. Mas uma questão vem logo à mente: essa concepção cíclica do tempo é compatível com a perspectiva cristã? Basílio aborda o problema: "Mas se a Escritura nos apresenta vários séculos (αἰῶνες), em particular falando de "século dos séculos" ou de "séculos dos séculos", nós percebemos que nenhum século é nomeado primeiro, nem segundo, nem terceiro, de modo que o que é demonstrado com isso são menos as circunscrições, os limites e as sucessões dos éons, do que as diferenças de estado e de realidades diversas".[8] Os éons aparecem como universos qualitativamente diferentes, não como séculos cronologicamente sucessivos. Portanto, cada αἰών apresenta uma individualidade própria; ele é "incomunicável" e, consequentemente, não pode ser coenumerado com os outros; ele é "um", mas não primeiro ou segundo. E é dessa unidade que o tempo cíclico é a imagem. Não se pode esvaziar completamente a história. Não estamos em pleno helenismo.

Temos a impressão de nos ter afastado de nosso argumento. Ora, Basílio nos reconduz à liturgia. E o interesse deste texto é especialmente a ligação que ele estabelece entre a especulação sobre o tempo e a instituição litúrgica. "O dia do Senhor (ἡμέρα Κυρίου) é grande e célebre (Jl 2,11). A Escritura conhece esse dia sem tarde, sem sucessão, sem fim; o salmista chama-o também de oitavo, pois ele está fora do tempo septenário. "Que tu o chames dia ou século, o sentido é o mesmo. Se este estado é chamado dia, ele é um (μία) e não múltiplo; se ele é chamado éon, ele é solitário (μοναχός) e não parte de um todo (πολλοστός). Para elevar nosso espírito para a vida futura, (Moisés) o chamou 'um' à imagem do éon, as primícias dos dias, o contemporâneo da luz, o santo domingo (κυριακή), honrado pela ressurreição do Senhor (Κύριος)".[9]

---

7   Idem. *De Specialibus Legibus*. 2, 59; Idem. *De Opificio mundi*. 103.
8   BASILE DE CÉSARÉE. *Homélies sur l'Hexaéméron*. 52 A.
9   Idem. 52 B.

O pensamento de Basílio nos aparece agora. O Dia do Senhor é o éon futuro, o oitavo dia, que está além da semana cósmica. Esse dia é sem sucessão. Nós encontramos as expressões do *Tratado do Espírito Santo*. E isso parece ser uma ponta de antiorigenismo. Quando a Escritura fala, assim, de "séculos", no plural, ela indica as diferenças de condição no único éon: é a hierarquia celeste, não uma sucessão de séculos cósmicos, que é assim indicada. Ora, desse único éon, o símbolo visível, o sacramento, destinado a orientar nossos espíritos em direção a ele, é o primeiro dia da semana, aquele no qual foi criada a luz, no qual o Senhor foi ressuscitado, e do qual o domingo hebdomadário é a comemoração litúrgica; ele é dito um para significar que é a figura do século que deve vir. Toda a teologia do domingo se organiza: é o dia cósmico da criação, bíblico da circuncisão, evangélico da ressurreição, eclesial da eucaristia, escatológico, enfim, do século que deve vir.

Nós tememos, por um momento, que Basílio esvaziasse a história e nos conduzisse para um pleno helenismo. Mas o helenismo serviu-lhe somente para esvaziar a história eoniana de Orígenes. E é bem a uma autêntica visão cristã que nós chegamos com a oposição fundamental dos sete dias, figura do mundo presente, e do oitavo dia, figura do mundo que virá. O texto da *Homilia sobre o Hexameron* deu-nos o comentário das outras características que designam o domingo no *De Spiritu Sancto*. Nós vemos por que ele é "um" e "oitavo"; "um", enquanto a vida futura é "una", sem sucessão, sem declínio, e oitavo, enquanto é o mundo futuro que sucederá a este mundo, figurado pelo septenário. A contribuição essencial de Basílio é a aproximação entre a "mônada" grega e o "μία" bíblico. O tema da mônada, com efeito, não tinha sido dominado até aquele momento pelo pensamento cristão. Clemente, na linha de Filão, opunha o mundo do alto ao da mudança e arriscava esvaziar a história. Orígenes, não estava ligado a isso, mas no fundo a unidade do mundo espiritual se encontrava ameaçada. Basílio conseguiu superar essa oposição e introduzir o tema da mônada em uma perspectiva escatológica. Por ele, a contribuição do pensamento grego não era mais rejeitada, nem inversamente introduzida em detrimento da verdadeira concepção cristã, mas incorporada em uma visão superior. Nisso consiste, precisamente, um dos pontos de interesse da obra dos Capadócios.

Com efeito, essa mesma característica se encontra entre os seguidores de Basílio. Gregório de Nazianzo desenvolveu a teologia dominical em um *Sermão sobre Pentecostes*: "As festas dos hebreus honram a hebdômada, como os

BÍBLIA E LITURGIA

pitagóricos a *tetractys*,[10] pela qual eles prestam juramento, e os discípulos de Simão (o Mágico) e de Marcião, a ogdóade e os três centos, pelos quais eles designam eu não sei quais éons do mesmo número. Eu não sei em força de quais razões simbólicas, nem segundo qual propriedade deste número, mas de fato eles o honram".[11] Lembramos a relação estabelecida por Gregório entre a ogdóade e a gnose; isso vem confirmar o que já dissemos a respeito e de forma nenhuma exclui a origem cristã da ogdóade na própria gnose. Gregório afirma então a simbologia bíblica da hebdômada: "O que está claro é que Deus, tendo criado e formado a matéria em seis dias e tendo-a ornado de espécies e de organismos variados, e tendo feito este mundo visível atual, repousou de seus trabalhos no sétimo dia, como o termo *shabat* significa muito bem. Com efeito, em hebraico essa palavra quer dizer repouso. Se existe nisso um sentido mais sublime, que outros o procurem. Essa honra, junto aos hebreus, não se estende somente aos dias, mas também aos anos. A honra dos dias é o shabat, como o demonstram e a perpétua honra com a qual ele é circundado e o tempo durante o qual se suprime o fermento;[12] a honra dos anos é o ano sabático da remissão. E isso se encontra não somente nas semanas, mas nas semanas dos anos, o Jubileu, que contém de uma só vez o descanso da terra, a libertação dos escravos e a restituição das propriedades subornadas... Com efeito, o número, multiplicado por ele mesmo, gera cinquenta menos um, dia que nós lhe acrescentamos, tomando-o do século futuro; por sua vez ele é primeiro e oitavo, ou antes um (μία) e indestrutível. Portanto, é preciso que termine aí o sabatismo de nossas almas, a fim de que uma parte de sete seja dada a uns, de oito aos outros, segundo o que alguns daqueles que nos precederam expuseram sobre a palavra de Salomão".[13]

No estilo conciso que lhe é característico, Gregório reúne os dados essenciais do Antigo Testamento sobre o septenário. Ele mesmo não é "filósofo" e deixa a outros as especulações "sublimes" sobre o tema. Dessas especulações, ele só guarda uma. Trata-se de uma aplicação sobre a semana das semanas, pentecostal, da teologia do oitavo dia. Com efeito, após quarenta e nove dias da semana das semanas, falta um para fazer cinquenta. Esse dia representa o

---

10 Sobre a *tetractys*, cf. Delatte, A. *Études sur la littérature pythagoricienne*. 249-268.

11 Gregório de Nazianzo. *Oratio XLI*. In: *Pentecostem*.; In: *P.G.* 36, 429 C.

12 Cf. Justino. "Deus ordenou que se preparasse um novo fermento, após os sete dias dos ázimos, o que significa a prática de novas obras" (*Diálogo*. 14, 3); trad. bras.: Justino de Roma. *I e II Apologias. Diálogo com Trifão*. São Paulo: Paulus, 1997. (Patrística, 3.)

13 Gregório de Nazianzo. 432, A-B.

século futuro. "Ele é, por sua vez, primeiro e oitavo, ou antes, um e indissolúvel". Essa já era a concepção de Basílio sobre o oitavo dia, figura do mundo futuro. Ela apresentava exatamente os mesmos traços da hebdômada e da ogdóade no texto de Eclesiastes: "Reparta com sete e até mesmo com oito", que alguns de seus predecessores interpretaram nesse sentido.[14] O sentido tipológico dado ao texto parece ter sido bem investigado. De bom grado ver-se-ia aqui uma invenção dos Padres da Igreja. Ou então, aqui, que eles não fazem outra coisa senão seguir uma tradição. Com, efeito, foram os rabinos que por primeiro viram no texto do Eclesiastes a figura, não do *shabat* e do domingo, mas do *shabat* e da circuncisão.[15] São Jerônimo conhecia essa interpretação.[16] Os Padres somente a aplicaram ao domingo. Ultrapassando a interpretação dos Padres, o que encontramos é a base palestina na qual se elaborou a primeira tipologia cristã desde os tempos apostólicos.[17]

A respeito de outra festa do ano litúrgico, o domingo na oitava da Páscoa, Gregório voltará sobre a simbologia do oitavo dia. Temos outros testemunhos da celebração dessa oitava. Ela já aparece nas *Constituições Apostólicas* (V, 20): "Após oito dias, que a oitava seja para ti uma grande festa". Era o dia no qual os novos batizados reentravam na vida normal e depunham a veste branca conservada durante a semana *in albis*. Gregório dá testemunho também da importância da festa, depois acrescenta: "Aquele domingo lá (Páscoa) era o da salvação, este é o aniversário da salvação; aquele lá era a fronteira entre a sepultura e a ressurreição, este aqui é puramente o da segunda criação, a fim de que, como a primeira criação começou num domingo (é bem claro: com efeito, o *shabat* cai sete dias após este, sendo o repouso das obras), assim a segunda criação também começa no mesmo dia, que é o primeiro com relação aos que vêm após ele, e é o oitavo com relação aos que estão adiante, mais sublime que o dia sublime e mais admirável que o dia admirável: com efeito, ele se relaciona à vida do alto. É ele que o divino Salomão me parecia simbolizar quando ordenou dar em parte, a uns, os sete, isto é, essa vida; aos outros, os oito, a vida futura: ele fala da boa prática daqui e da restauração

---

14   A seguir, encontramos tal interpretação em CRISÓSTOMO. *P.G.* 55, 543 D; Agostinho. In: *P.L.* 33, 215.

15   MOORE, G.-P. *Judaïsm.* II, 16; BACHER. *Agada der Tannaïten.* I, 156; BONSIRVEN, Josef. *Exégèse rabbinique et exégèse paulinienne.* Paris: Beauchesne, 1939. p. 242.

16   JERÔME. *Commentaire sur l'Ecclésiaste* 11, 2 (Commentarius in Ecclesiasten, CCL 72, 147-361, éd. M. Adriaen.)

17   Os exegetas modernos não sabem o que significa esse versículo. Cf. KRUSE, H. *Da partem septem necnon et octo.* In: *Verbum Domini* (1949) p. 164-169.

(ἀποκατάστασις) de lá. O grande Davi parece cantar esse dia nos salmos sobre a oitava".[18]

Estamos sempre no mesmo contexto de ideias. O domingo é definido por sua vez como memorial (γενέθλιον) da ressurreição e figura da vida futura (ἀποκατάστασις). O elemento novo – que não é, de outro modo, senão um desenvolvimento do mesmo tema – é o paralelismo das duas criações, que começaram uma e outra num domingo, sendo este dia, por sua vez, o da criação e o da ressurreição. O mundo da graça é assim como uma δευτέρα κτίσις, uma segunda criação, mais admirável e mais sublime que a primeira: eis aí um tema que encontraremos em Gregório de Nissa. É uma nova etapa na constituição da visão cristã da história. Esta aparece como um seguimento das duas criações, na qual a segunda é uma retomada mais sublime da primeira, sem que a primeira seja, contudo, depreciada, ela permanece θαυμαστή, admirável. Temos aí exatamente a primeira expressão da fórmula de ofertório da missa romana: *Deus qui humana substantiae dignitatem mirabiliter* (θαυμαστῶς) *condidisti et mirabilius* (θαυμαστοτέρως) *reformasti*. Reaparece o otimismo cristão de Irineu, triunfando da depreciação grega, que faz da hebdômada o símbolo da mudança e da ilusão.

Portanto, Gregório Nazianzo é um testemunho do simbolismo escatológico da ogdóade. Mas ele não insistiu quase nada. Essa "filosofia sublime" que ele diz não possuir, nós a encontramos – e pode ser que ele faça alusão a ela – no irmão de Basílio, Gregório de Nissa. Este vai retomar o tema e desenvolvê-lo em filosofia e mística: em filosofia que se interessa pelo mistério do tempo e em mística que aspira à vinda do Oitavo Dia. Gregório realiza essa transformação principalmente a respeito dos Salmos 6 e 11, dos quais Basílio e Gregório de Nazianzo já nos mostraram os conteúdos. Encontramos uma primeira alusão em seu *Tratado sobre o título dos Salmos*: "O tema da ogdóade está próximo daqueles que nós expusemos. Toda a ocupação da vida interior está voltada para o éon futuro, cujo princípio é chamado ogdóade, pois ela sucede ao mundo sensível que está contido na hebdômada. Portanto, o título *Sobre a ogdóade* incita a não olhar o tempo presente, mas a ter os olhos voltados para a ogdóade. Assim que esse tempo fluente e passageiro cessar, não mais existindo o mundo da geração e da corrupção, então cessará também a hebdômada, que mede esse tempo, e a ogdóade, que é o século futuro, a sucederá. Toda essa realidade forma um só dia, conforme a palavra do profeta que chama de

---

18   GREGÓRIO DE NAZIANZO. *P.G.* 46, 612 C – 613 A.

O OITAVO DIA

'Grande dia' a vida que nós esperamos. E não é mais o sol visível que clareia esse dia, mas a verdadeira luz, o sol da justiça, que é chamado Oriente pelo profeta, uma vez que ele não está mais escondido para os que dormem".[19]

Encontramos a mesma concepção em Basílio e em Gregório Nazianzo. Ela propriamente já está fixada. Gregório depende muito particularmente de seu irmão Basílio. Em um e em outro, a mesma citação de Jl 2,11 sobre o "grande dia". Em Gregório, a ogdóade na Escritura tem por finalidade, como o domingo litúrgico em Basílio, conservar nossos olhares fixos na vida futura.[20] Constata-se a marca própria de Gregório de Nissa nas concepções filosóficas sobre o mundo presente como mundo da geração e da corrupção: haveremos de desenvolvê-las mais adiante. Reconhece-se ainda o seu gênio de poeta na passagem sobre esse dia "que o sol visível não mais aclara, e sim a verdadeira luz que é chamada Oriente".[21] A teologia do domingo como dia do sol vem se unir à do oitavo dia. Dessa forma, esse texto nos mostra uma aplicação particular de um tema que vimos aparecer em Gregório de Nazianzo, o da segunda criação; a aplicação é inspirada pela passagem do Apocalipse sobre o mundo futuro, no qual não haverá mais sol, pois "O Senhor será a sua luz". Gregório retoma esse texto um pouco mais adiante.[22] "A ogdóade é o fim do século presente e o começo do éon futuro. É próprio da ogdóade não dar lugar à preparação (παρασκευή) dos bens ou dos males àqueles que aí se encontram, mas àquilo que cada um semeou por si mesmo, disto ele colherá as espigas". Encontramos em Gregório de Nazianzo essa oposição entre o tempo do mérito e o tempo da recompensa. A expressão παρασκευή parece ser uma alusão à proibição de recolher o maná no dia de sábado, que é comentada nesse sentido pela Vida de Moisés.[23] E o de δράγματα (espiga) pode ser uma alusão à ogdóade por excelência, a de Pentecostes, que é a festa da colheita (δράγματα).[24]

Mas o mais importante é o pequeno tratado Sobre a ogdóade consagrado por Gregório inteiramente a esse tema. Gregório dirige-se a pessoas "que não

---

19   GREGÓRIO DE NAZIANZO. Commentarium Psalmi. 2, 8. In: P.G. 44, 504 D – 505 A.

20   BASILE DE CESARÉE. Homélies sur l'Hexaémeron; P.G. 29, 52 B.

21   Cf. também GREGÓRIO DE NISSA. In: P.G. 46, 1184 D.

22   GREGÓRIO DE NAZIANZO. In: P.G. 44, 548 C.

23   GREGÓRIO DE NAZIANZO. In: P.G. 44, 369 B-C. Sobre esse ponto, cf. ORIGÈNE. Homélies sur l'Éxode. 7, 6 que vê nos seis dias o tempo do mundo no qual se recolhem méritos; CIRILO DE ALEXANDRIA. Glaphyres. In: P.L. 69, 460 C. Cirilo vê aí a imagem da lei que nós não rejeitamos, mesmo entrados sem o shabat espiritual que é o Cristo.

24   FILÃO DE ALEXANDRIA. De Specialibus Legibus. 2, 162,

BÍBLIA E LITURGIA

ignoram o mistério da ogdóade".[25] Ele relembra a circuncisão do oitavo dia e seu sentido simbólico. Depois, aborda sua exposição, que constitui uma filosofia religiosa do tempo, expressa pelo símbolo da semana e da ogdóade: "O tempo desta vida, na primeira realização da criação, cumpriu-se em uma semana de dias. A criação das realidades (ὄντα) começou com o primeiro dia, o fim do ato da criação consumiu-se com o sétimo. E houve, com efeito, um primeiro dia, diz a Escritura, no qual foram criadas as primeiras realidades, e depois um segundo, as segundas, e assim em seguida até o sétimo dia, e o fim da criação e fechou consigo o tempo coextensivo à criação do mundo. Como, portanto, nenhum céu foi feito fora deste, nem alguma parte do mundo foi acrescentada às que foram feitas no começo, e sim que a criação foi constituí-da em si mesma, permanecendo em suas dimensões sem aumento nem diminuição, assim também nenhum tempo existiu fora deste que foi determinado com a criação, mas a realidade do tempo está circunscrita na semana de dias. É por isso que, enquanto medimos o tempo com os dias, partindo de um dia e terminando o número com o sétimo, nós chegamos a um dia, medindo toda a extensão do tempo pelo ciclo das semanas, até que, tendo passado as coisas móveis e o fluxo do devir tendo parado, cheguem, como diz o Apóstolo, as coisas não sejam mais movimentadas, que não esperem nem alteração nem mudança, esta criação permaneça sempre igual a si mesma nos séculos sucessivos".[26]

Encontramos nessa passagem um dos aspectos da filosofia de Gregório de Nissa, o da finitude essencial da criação. Ela está fechada nos limites determinados que lhe é impossível ultrapassar. Em particular, o tempo, que foi criado com o mundo,[27] é um tempo finito, fechado em uma medida que é a semana, até o dia em que cessará, com o mundo do devir com o qual é solidário.[28] A oposição entre a semana e a ogdóade toma aqui uma característica mais metafísica. Trata-se menos do mundo do pecado e da graça do que do mundo do futuro biológico e do mundo da criação espiritual. Para caracterizar essa oposição, Gregório aplica de outro lado um vocabulário filosófico. A ogdóade é definida, de outro modo, em termos platônicos como o que não é susceptível

---

25 GREGÓRIO DE NAZIANZO. In: *P.G.* 44, 608 C.

26 Idem: 609 B-C.

27 Isso se encontra também em Filão, *De Opificio Mundi*, 26, que de outra parte depende de Platão.

28 BALTHASAR, Hans Urs von. *Présence et pensée*. Essai sur la philosophie religieuse de Grégoire de Nysse. Paris: Beauchesne, 1942. p. 6; IVANKA, E. von. "Vom Platonismus zur Theorie der Mystik". In: *Scholastik*. 11 (1936), p. 185 sq.; DANIÉLOU, Jean. *Platonisme et theologia mystique*. p. 139.

"nem de aumento nem de diminuição", o que é "inacessível à alteração ou à mudança", o que "permanece igualmente nas mesmas coisas". De outro lado, a definição do tempo como διάστημα, intervalo do movimento cósmico, é estoico.[29] Ele é encontrado em Filão.[30] Destarte, temos nesse escrito o primeiro esforço de um filósofo cristão para elaborar uma filosofia da duração.

Portanto, em face deste mundo do tempo, Gregório define esta fé, mas em termos teológicos, o da eternidade: "Neste (outro mundo) ver-se-á a verdadeira circuncisão da natureza humana ao despir-se da vida biológica e ao realizar a verdadeira purificação da imundície. Ora a sujeira do homem é o pecado gerado com a natureza humana. Esse pecado, aquele que operou a purificação de nossos pecados purifica então inteiramente. É nesse sentido que recebemos a lei da ogdóade, que purifica e circuncida, a saber, que, tendo cessado este tempo septenário, o oitavo dia aparecerá após o sétimo. Ele é chamado oitavo, pois vem após o sétimo, mas não admite mais após ele a sucessão dos números. Com efeito, ele permanece único para sempre, não sendo jamais interrompido pela obscuridade noturna. É outro sol que o faz, aquele que irradia a verdadeira luz. Essa luz, uma vez que nos apareceu, como disse o Apóstolo, não é mais escondida para os que dormem, mas aquecendo todos em sua força iluminadora, aclara com a luz perpétua e sem alternativa os que são dignos".[31] Já conhecemos essas alusões bíblicas à circuncisão e à purificação no oitavo dia. Conhecemos ainda as características do oitavo dia, que figura o mundo que deve vir. Ele vem após a semana cósmica, mas ele não tem mais nada após si mesmo. Ele é "um", conforme afirmava Basílio, e não contém em si nem interrupção nem sucessão. "A recordação da ogdóade, acrescenta enfim Gregório, introduz no Salmo uma exortação à penitência, pois a herança é preparada aos justos na ogdóade, e lá também o julgamento de Deus". Dessa forma, para concluir, nós somos conduzidos à significação escatológica do mistério. A ogdóade tem como missão manter nosso zelo, renovando em nós a lembrança da vida futura.[32]

Ao contrário, é um último texto de Gregório sobre a ogdóade que coloca em relevo o seu aspecto mais místico. Chegando à oitava bem-aventurança de seu *Comentário das Bem-aventuranças*, a que promete o Reino de Deus aos que

---

29   Diógenes Laércio. 7, 141. Cf. *The meaning of time in the Ancient World*. In: *New Scholasticism*, janvier (1947), p. 1 sq.

30   Filão de Alexandria. *De Opificio Mundi*. 26.

31   Gregório de Nazianzo. In: *P.G.* 44, 609 D-612 A.

32   Nesse sentido, cf. também Gregório de Nazianzo. *Homilia in Canticum*. 15. In: *P.G.* 44, 1116 A-C.

são perseguidos por causa da justiça, Gregório escreve: "Eu penso então que é bom considerar o que é o mistério da ogdóade (τὸ τῆς ὀγδοης μυστήριον) no profeta, a ogdóade, que faz parte do título de dois salmos; é também a purificação e a lei da circuncisão, observadas uma e outra pela Lei do oitavo dia. Este número, pode ter um certo parentesco com a oitava beatitude que, como a mais elevada das bem-aventuranças, é colocada no cume da ascensão virtuosa. Com efeito, aqui, pelo símbolo da ogdóade, o profeta designa o dia da Ressurreição; a purificação exprime o retorno à natureza humana que fora maculada, a circuncisão simboliza o despojamento das peles mortas que, retiradas da vida após a desobediência, nós nos revestimos; da mesma forma a oitava bem-aventurança contém a restauração (ἀποκατάστασις) nos céus daqueles que caíram na escravidão e que dela são chamados ao Reino".[33] Vemos aparecer nessa passagem a figura bíblica da ogdóade e sua aproximação com o dia da ressurreição. A oposição entre a ressurreição e a δουλεία parece ser uma alusão à semana de semanas. Mas reconhecemos logo Gregório na significação mística que liga a ogdóade a ele. Ela representa o ponto alto da vida espiritual, porque já é o começo da vida eterna. E os símbolos pelos quais ele (Gregório) a descreve são aqueles com os quais ele define a vida mística: retorno do ser humano à sua verdadeira natureza, despojamento das túnicas de pele, figura da mortalidade e da vida carnal, purificação da imundície do pecado, restauração da dignidade real.

Da exegese capadócia e, em particular, do *Comentário ao Salmo 6* de Gregório de Nissa, é preciso aproximar um *Comentário* de São João Crisóstomo, que se encontra no segundo *Tratado sobre a compunção* (κατάνυξις); "Qual é o oitavo, senão o dia do Senhor, grande e manifesto, que queima como a palha, que faz tremer os poderes do alto? A Escritura o chama de oitavo, expressando a mudança de estado (κατάστασις) e inauguração (ἀνανέωσις) da vida futura. Com efeito, a vida presente não é senão uma só semana (εβδομάς) que começa no primeiro dia e termina no sétimo e retorna (ἀνακυκλούμενος) nas mesmas extensões (διαστήματα) e retoma no mesmo começo para descer para o mesmo fim. É por isso que ninguém chamaria o domingo de oitavo dia e sim de primeiro. Com efeito, o ciclo do septenário não se estende ao número oito. Mas quando todas essas coisas pararem e se dissolverem, então surge o curso da ogdóade. Com efeito, o seu curso não retorna mais ao começo, mas constitui extensões sucessivas. Eis por que o profeta, animado de uma profun-

---

33   Idem. *De beatitude*. 8; In: *P.G.* 44, 1292 A-B.

O OITAVO DIA

da compunção, tendo continuamente a lembrança do julgamento, escreveu este Salmo".[34] Tudo lembra o comentário de Gregório, menos os desenvolvimentos filosóficos. O vocabulário é o mesmo, bem como o pensamento. Esse texto chega mesmo a marcar o ponto extremo da interpretação escatológica do oitavo dia, uma vez que repudia formalmente essa designação para o domingo, reservando-a para o século futuro.[35]

***

A tradição oriental interpreta de modo simbólico o septenário bíblico como figura do tempo total do mundo. A ele se opõe o oitavo dia eterno. Já a tradição ocidental, mais realista e histórica, aí buscava uma chave da sucessão das épocas. Essa interpretação da semana, como que figurando os sete milênios que constituem a história do mundo, tem sua origem no meio fariseu dos apocalipses. Foi por meio de contatos com alguns discípulos de Jesus Cristo, denominados presbíteros por Irineu – não no sentido hierárquico –, que o pensamento milenarista impregnou o cristianismo mais antigo. É assim que encontramos essa interpretação em Papias.[36] Em seguida, ela foi particularmente simpática ao cristianismo mais tradicionalista, que nela via uma herança do cristianismo primitivo. Ela se encontra em Irineu,[37] em Hipólito,[38] em Tertuliano.[39] É notável que desde o início são os antigos mestres ocidentais – Irineu em Lião, Justino ou Hipólito em Roma – que representaram essa tradição. Portanto, pode-se considerar que ela constitui a versão ocidental do simbolismo da semana como interpretação religiosa da história, ao menos até Agostinho.[40]

O interesse será ver Santo Agostinho lutando com o simbolismo da semana, isto é, com a teologia da história. Ora, conhecemos a importância da

---

34 João Crisóstomo. *De Compuntione*. 2, 4; In: *P.G.* 47, 415 D-416 A.

35 Essa tradição oriental se encontra em Santo Ambrósio (*Traité sur l'Evangile de S. Luc.* 8,23; CSEL 32, 401). Cf. Döelger, Franz Joseph. "Die symbolik der Achtzahlin den Schriften der Ambrosius". In: *Amtike und Christentum*, 4, 3, p. 160-165.

36 Eusébio de Cesareia. *História eclesiástica*. São Paulo: Paulus, 2000, n. 3, 39. (Patrística 15.)

37 Irineu de Lião. *Contra as heresias*. São Paulo: Paulus, 1995, n. 5, 28,3; 33,2. (Patrística, 4.)

38 Hippolyte de Rome. *Commentaire sur Daniel* 4,23-24 (texte incomplet); trad.: M. Maurice Lefèvre. SC 14. Cerf, 1947. Citaremos: Hippolyte de Rome. *Commentaire sur Daniel.*

39 Tertullianus. *Adversus Marcionem*. 4, 39, CSEL, 47. ed. E. Kroymann, 1906; Idem. *De Anima*, 37,4. Cf Waszink, Jan Hendrik, *Quinti Septimi Florentis Tertulliani De Anima. Edited with introduction and commentary*. Amsterdam: Meulenhoff, 1947. p. 426-427; *Tertulians Escathologische Deitung der Siebenzahl*. In: *Pisciculi*,p. 276 s.

40 Cf. Daniélou, J. "La Typologie millénariste de la Semaine dans le christianisme primitif". In: *Vigilia Christiana*, (1948) I. 1-16.

BÍBLIA E LITURGIA

obra de Agostinho nesse ponto de vista. A *Cidade de Deus* representa o maior esforço do pensamento latino antigo para dar à história uma interpretação cristã. De outro lado, o simbolismo do *shabat* em Agostinho diz respeito também à teologia da pessoa, como ἀνάπαυσις, *requies*. Ora, se estes são os dois eixos essenciais do pensamento de Agostinho, o movimento da história em direção ao mundo futuro da glória e o movimento da alma em direção ao mundo interior da paz, daí resulta que esse tema do *shabat* está no centro do pensamento agostiniano. Por fim é interessante ver como Agostinho, colocado na presença da tradição milenarista, logo a aceitou. A seguir, por força da reflexão, a ultrapassou. Ele marca – e é um terceiro aspecto – um momento capital do pensamento ocidental, distanciando-se de um arcaísmo que o paralisava e se orientando na direção de uma construção autônoma. É o início da Idade Média.

Agostinho trata do problema da ogdóade em seus sermões, no domingo da oitava da Páscoa. Viu-se que essa oitava era celebrada solenemente na Capadócia, onde Gregório de Nazianzo consagrou-lhe um sermão. Ela existia muito especialmente na África.[41] Era, de alguma forma, o "oitavo dia" por excelência, a *oitava* privilegiada. Também é normal que seja nessa ocasião que a teologia da ogdóade tenha sido expressa. Isso nos permite, uma vez mais, constatar o lugar da liturgia dominical e da teologia da história nos Padres. Para eles o tempo litúrgico representa o sacramento do tempo da história sagrada. Bíblia, liturgia, teologia e mística convergem para uma mesma perspectiva escatológica. Elas representam visões diversas, entre as quais existem correspondências. Portanto, estamos no centro de uma concepção na qual um mesmo tema, o da semana e do oitavo dia, subsiste sob modos diversos, prefigurado no Antigo Testamento, realizado no Cristo, presente sacramentalmente na liturgia, realizado pela escatologia. O acento é colocado por uma escola sob um determinado aspecto. Mas tudo se liga em um mesmo tema central.

Uma primeira passagem se encontra no sermão 259:[42] "O oitavo dia significa a vida nova no fim dos séculos, o sétimo, o repouso futuro dos santos nesta terra. Com efeito, o Senhor reinará sobre a terra com seus santos, segundo o ensinamento da Escritura. Este será o sétimo dia. Com efeito, o primeiro, na totalidade do tempo, é o que vai de Adão a Noé; o segundo, de Noé a Abraão; o terceiro, de Abraão a Davi; o quarto, de Davi ao cativeiro da Babilônia; o

---

41   Gregório Nazianzo. *Epistula.* 2, 55, 32; *P.L.*, 33, 220.

42   Gregório Nazianzo. In: *P.L.* 38, 1197 sq.

O OITAVO DIA

quinto, do cativeiro à vinda de Nosso Senhor Jesus Cristo. A partir da vinda de Nosso Senhor começa o sexto dia no qual nós estamos. E é porque, como o ser humano foi feito no Gênesis no sexto dia, assim é em nosso tempo, que é como o sexto de todo tempo, que somos regenerados pelo batismo para receber a imagem de nosso Criador. Assim que tiver passado esse sexto dia, virá o repouso, após a ventilação do ar, e os santos de Deus *sabatizarão*. Após o sétimo dia, quando aparecer no campo a honra (*dignitas* = τιμή) da colheita, o esplendor e o mérito dos santos, nós iremos para aquela vida e para aquele repouso do qual é dito que os olhos jamais viram, os ouvidos jamais escutaram aquilo que Deus reservou para aqueles que o amam, então se volta, por assim dizer, ao começo. Com efeito, da mesma forma que os sete dias acabaram, igualmente o oitavo que será também o primeiro. Dessa forma, após o término e o cumprimento das sete idades do século que passa, nós retornaremos àquela imortalidade e àquela beatitude da qual o ser humano tinha decaído. E, dessa forma, as oitavas terminam os mistérios (*sacramenta*) dos filhos".[43]

Esse texto, de um milenarismo muito decidido,[44] é interessante sob diversos pontos de vista. Antes de tudo encontramos nele a perspectiva dos sete milênios, fundida com outra, que é a das cinco idades do mundo, tal como a exegese primitiva a retirou da parábola dos operários da última hora. Na forma de contar de Agostinho, essas duas séries envolvem-se uma na outra, pois a quinta época termina com o Cristo que inaugura a sexta. Contudo, Agostinho relembra que, para chegar a esse resultado, deve-se apoiar na divisão da genealogia de Mateus. Com efeito, existia uma divisão mais antiga e que parece ter sido a da tradição primitiva da parábola. Segundo ela, a primeira idade vai de Adão até Noé; a segunda de Noé a Abraão. Até aí, nada de diferente. Mas a partir daí, como assinala o mesmo Agostinho, as diferenças começam. Com efeito, o grupo seguinte vai de Abraão a Moisés, depois de Moisés a Cristo, embora Cristo inaugure a quinta idade, o que não pode concordar com a forma de contar o septenário.[45] De outro lado, a perspectiva de Agostinho não concorda de modo algum com a forma de contar de Hipólito.[46] Para este, que se funda na semana de Daniel, Jesus Cristo apareceu *no meio* do sexto milênio,

---

43 Idem. 1197-1198.

44 A essência do milenarismo é a concepção de um reino glorioso de Cristo e dos santos sobre a terra, correspondendo ao sétimo milenar, antes do oitavo dia, que é a vida eterna.

45 Cf., por exemplo, ORÍGENES. *Commentaire sur l'Évangile selon Matthieu*. 15, 32, que apresenta essa interpretação como vinda dos "presbíteros".

46 PSEUDO-CRISÓSTOMO. In: *P.G.* 59, 724 B; ele seguiu Orígenes.

BÍBLIA E LITURGIA

embora o fim do mundo deva acontecer no ano 500.[47] Para Agostinho, Jesus Cristo inaugura o sexto milênio, embora o fim do mundo deva acontecer no ano 1000. É a perspectiva que a Idade Média assumirá. Ao contrário, nós encontramos a dependência de Lactâncio,[48] com o paralelismo entre o homem criado no sexto dia e Jesus Cristo encarnado na sexta idade do mundo.

Ainda se imporiam outras anotações. O tema escatológico da colheita aparece, ligado a Mt 13,39. De outro lado, Pentecostes, por sua vez festa da colheita e festa da ogdóade das semanas, liga-se ao oitavo dia. E esse oitavo dia, como retorno do primeiro, é interpretado como retorno do ser humano a sua beatitude primitiva. Mas os Padres gregos, mais profunda e mais cristãmente, tinham mostrado antes que era a hebdômada que fechava sobre ela mesma e que o oitavo dia, que está fora do ciclo, introduzia uma criação *nova*, onde, enquanto ele retoma o primeiro dia, uma segunda criação supera a primeira. Agostinho parece ser mais platônico que os gregos. Ele volta ao mesmo tema em outro sermão sobre a oitava da Páscoa.[49] Seu milenarismo é menos nítido. "A solenidade das oitavas (*octavarum*) que, sobre toda a face da terra, submeteu o nome de Cristo às nações, é celebrada com uma particular devoção por todos aqueles que foram regenerados pelo batismo". Estamos bem dentro do quadro do oitavo dia após a Páscoa, particularmente caro aos novos batizados. É o sentido simbólico dessa oitava que Agostinho vai explicar, conduzindo-nos, antes de tudo, ao tema do dilúvio.

Ele continua: "Qual é o sentido de tal mistério; nós nos esforçaremos por lembrar em poucas palavras. Com efeito, quem não sabe que outrora a terra foi purificada de seus pecados pelo dilúvio? E que o mistério do santo batismo, pelo qual todos os pecados do ser humano são purificados pela água, fora pregado desde então? Ora, a arca, feita de madeira incorruptível, que figurava a Igreja, continha somente oito pessoas. Dessa forma, o que nas águas do dilúvio, pelas quais os pecados foram destruídos, atesta o número oito dos homens, aquilo, nas águas do batismo, pelas quais os pecados são destruídos, é atestado pelo número oito dos dias. Ora, da mesma forma que uma só e mesma realidade pode ser dita por múltiplas palavras, assim uma só e mesma coisa tem o hábito de ser significada por múltiplos fatos figurativos. Dessa forma, não é porque há lá oito pessoas e aqui oito dias que há também coisas

---

47   HIPPOLYTE DE ROME. *Commentaire sur Daniel.* 4, 24.

48   LACTANCE. *Institutions divines.* 7, 14.

49   Este sermão foi recolhido como o n. 94 no tomo primeiro da *Bibliotheca Nova* de Maio, p. 182 ss.

O OITAVO DIA

diferentes, mas é a mesma coisa que é significada de forma diferente pela diferença dos sinais, como pela diversidade das palavras".[50]

Agostinho retorna ao antigo simbolismo da Primeira Carta de Pedro, a mais tradicional de todas as figuras ogdoádicas do batismo.[51] E nós acentuaremos o modo como ele observa que as oito pessoas podem muito bem ter o mesmo sentido que os oito dias. Parece bem, com efeito, que seja o caso do sentido literal do texto. Ele passa então à significação escatológica que nos interessa: "É que o número oito prefigura o que diz respeito ao século futuro, em que não existe nem crescimento nem diminuição pela sucessão do tempo, mas que permanece igualmente em uma estável beatitude. E como os tempos deste mundo (*sæculum*) são medidos pelo retorno cíclico da semana de dias, é a justo título que esse dia é dito, de alguma forma, oitavo, no qual, após as dificuldades do tempo, os santos, tendo chegado, não distinguirão mais a atividade do repouso pela alternância do dia e da noite, mas possuirão um repouso perpetuamente desperto e uma operação não preguiçosa, mas infatigavelmente repousada". Vemos aparecer a concepção escatológica, nos termos que recordam São Basílio. Em seguida Agostinho faz menção do *Salmo 6* e das relações da ogdóade e da mediação do juízo. Nota-se a profundidade da reflexão agostiniana na análise dessa atividade bem-aventurada que está além do repouso e da ação. Ele retoma a página da *Vida de Moisés* na qual Gregório de Nissa mostra que é próprio da atividade espiritual que o exercício a faça repousar.[52]

Agostinho chega, então, ao milenarismo. O Sl 6 se conclui com este versículo: *Custodies nos a generatione hac in aeternum*, " começando no sétimo e concluindo no oitavo, de glória em glória, sob o Espírito do Senhor. Então, o quer dizer igualmente esta paz a mais do que a paz que o profeta promete? O que, então, senão que o *shabat* que é significado pelo sétimo dia, bem que ele seja compreendido no mesmo ciclo temporal dos dias, tem ele também um repouso, que foi prometido aos santos sobre esta terra, no qual jamais serão conturbados pela agitação deste mundo. Isso para significar aquilo que, tempos atrás, o mesmo Deus, após ter feito todas as coisas muito boas, ele mesmo repousou no sétimo dia. E como esse dia jamais teve noite, é que, sem que nenhuma história interviesse mais, ele conduz os santos até o oitavo dia,

---

50   AGOSTINHO. *Sermão*. 94, 183.

51   1Pd 3,20-21.

52   GREGÓRIO DE NISSA. In: *P.G*. 44, 404 A.

quer dizer, à felicidade eterna. Com efeito, outra coisa é repousar no Senhor ainda no meio do tempo, o que é significado pelo sétimo dia, isto é, pelo *shabat*; e outra coisa é transcender todos os tempos e repousar eternamente já no artesão dos tempos, o que é significado pelo oitavo dia". Nós encontramos, atingindo admiráveis profundezas, o antigo milenarismo de Irineu. Uma é a beatitude que será saboreada no tempo e outra a beatitude que será saboreada além de todos os tempos. É o esforço mais extremo de Agostinho para resgatar o sentido religioso do milenarismo. Em sua interpretação mais profunda, ele nos parece prolongá-lo, como Orígenes tinha feito com o mistério do jubileu. Esses são os pontos mais altos da teologia cristã do tempo. Mas Agostinho devia reconhecer que eles representam uma tentativa sacrílega por penetrar um segredo que o mesmo Deus se reserva.

Antes de abordar o texto que testemunha essa evolução, é preciso reter ainda as suas riquezas. Após ter feito alusão ao milenarismo, Agostinho atinge o simbolismo cronológico do oitavo dia: "Nestes dias que têm certa significação de figura, o primeiro passa a ser também o oitavo. Com efeito, o domingo (*dominicus dies*) é chamado *prima shabati*, mas o primeiro dia cede lugar ao segundo que vem depois. Nesse dia, ao contrário, que significa oitavo e primeiro, encontra-se a primeira eternidade que nós deixamos pelo pecado original de nossos primeiros pais, para descer à mortalidade daqui de baixo. E a última oitava que, após a última ressurreição e a destruição da morte inimiga, nós recuperaremos, de sorte que aquilo que é corruptível se reveste de incorruptibilidade, e que o filho que retorna recebe a veste primeira que, após a longa viagem e a alimentação dos porcos e as outras preocupações da vida mortal e os circuitos septenários do tempo, a ele próprio é restituída no fim como a oitava veste. Portanto, não é de modo algum sem razão que o mesmo Nosso Senhor, naquele dia dominical, por sua vez primeiro e último, dignou-se mostrar na carne mortal também o tipo da ressurreição corporal".[53] Reencontramos nessa passagem o eco da interpretação patrística da parábola do filho pródigo, a quem foi restituída a veste da incorruptibilidade primeira. Sob a inspiração de Agostinho, as figuras escriturísticas, que pareciam uma flor seca qualquer, animam-se e se tornam a expressão da realidade espiritual.

Mas agora é preciso chegar à concepção agostiniana da história, com a obra que é seu monumento capital, *A Cidade de Deus*. Abordando o desen-

---

53 Agostinho. *Sermão*. 94, 184-185. Cf. também uma importante passagem na *Epistula*. 55, 13-23, na qual o oitavo dia é apresentado como revelação da ressurreição.

O OITAVO DIA

volvimento total da história religiosa do mundo, Agostinho devia encontrar o problema do milenarismo. Veremos que ele o rejeita sob a forma material que Irineu e Lactâncio lhe haviam dado. Ele nem mesmo retém a ideia de um reino visível de Cristo sobre a terra, como aparece em seus sermões durante a oitava. Contudo ele não pode se destacar inteiramente do simbolismo da hebdômada e da oitava, e na última página de seu livro, é finalmente a ela que ele retorna, para exprimir o mistério essencial da história santa. É no capítulo VII do livro XX de *A Cidade de Deus* que Agostinho aborda decididamente o problema, a propósito da interpretação do *Apocalipse*. Ele aborda, antes de tudo, a posição milenarista: "Aqueles que, por causa destas palavras do Apocalipse (20,1-6), supuseram que haveria uma primeira ressurreição corporal, foram tocados, antes de tudo, pelo número de mil anos, como se precisasse que houvesse entre os santos uma espécie de sabatismo de certa duração, isto é, um santo divertimento após as provas de seis mil anos, depois das quais o homem foi criado e, pela falta deste célebre grande pecado, expulso da felicidade do paraíso, nas preocupações desta vida mortal, de modo que, como está escrito: 'um dia na presença de Deus é como mil anos', uma vez terminados como seis dias os seis mil anos, segue o sétimo, como o *shabat*, nos mil últimos anos, os santos ressuscitando precisamente para celebrar este *shabat*".[54]

O julgamento de Agostinho sobre essa doutrina é interessante: "Esta opinião seria aceitável, até certo ponto, se fosse de delícias espirituais que se pensaria que os santos usufruiriam nesses *shabats* pela presença do Senhor. Com efeito, outrora nós mesmos pensamos assim. Mas assim que eles disseram que aqueles que ressuscitariam se entregariam a festins terrenos demorados, não se pode, de forma alguma, crer estas coisas, a não ser por pessoas carnais". Disso nós podemos reter duas coisas: antes de tudo, que existe um milenarismo que Agostinho condena de toda forma: é a concepção temporal de uma espécie de vida humana na qual todos os benesses seriam multiplicados. Concepção de pessoas carnais, que nada tem a ver com o ideal cristão. Em segundo lugar, há um milenarismo que admite um reino espiritual de Deus sobre a terra: essa opinião, Agostinho a aceitou logo. É o que vimos em seus sermões. Mas aqui parece que ele a repudia. Então, no que se tornam os mil anos do Apocalipse? Agostinho propõe duas interpretações para ela: ou bem se trata do sexto milênio concebido como sexto dia, do qual agora escoam as últimas

---

54 SANCTI AURELII AUGUSTINI. *De Civitate Dei contra paganos libri 22*. Editio latina. In: *P.L.* 41, 667. *De Civitate Dei*.

Bíblia e Liturgia

partes, seguindo-se o *shabat* que não tem noite, isto é, o repouso dos santos, que não tem fim. Isso supõe a concepção do mundo dividido em milênios e nos mostra que Agostinho não a rejeitou. O que ele rejeita é somente o milênio intermédio, entre o sexto e o mundo futuro. É o mesmo mundo futuro que o sétimo dia designa. A outra concepção veria nos mil anos o tempo total do mundo. Mas Agostinho pende para a primeira. Desde então, os mil anos coincidem com o sexto milênio, inaugurado pelo Cristo, isto é, com a Igreja, na qual o Reino de Cristo já se exerce eficazmente.[55] Agostinho propõe a interpretação que a exegese atual retomou, com o P. Allo, e do qual Cullmann tirou as consequências.[56]

Se ele repudia a ideia de um reino terrestre de Cristo antes da oitava eterna, na última página de *A Cidade de Deus,* a mais bela que tenha dedicado ao sabatismo espiritual, retém portanto o tema de um sétimo dia já celeste que culmina em uma oitava eterna, mas sem que seu pensamento busque penetrar mais profundamente no mistério. "Lá se realizará o *Vacate et videte quoniam ego sum Deus.* Este será verdadeiramente o grande *shabat* que não tem noite, aquele que o Senhor louvou nas primeiras obras do mundo. Com efeito, nós seremos, nós mesmos, o sétimo dia, quando tivermos sido plenificados e restaurados pela bênção e a santificação. Recriados por Deus e acabados por uma graça mais alta, nós repousaremos eternamente, vendo que o próprio Deus, por quem nós seremos plenificados, será tudo em todos. Se o mesmo número das idades é contado como o dos dias, segundo o que parece sugerir a Escritura, esse sabatismo aparecerá mais manifestamente ainda, porque nele se encontra o sétimo".

Agostinho relembra então a divisão em cinco idades até o Cristo: "A sexta é aquela de agora, que não deve mais ser medida por nenhuma das gerações, por causa da palavra: Não nos compete determinar o tempo que o Pai estabeleceu no seu poder. Após ele, como no sétimo dia, Deus repousa, porque ele fará repousar nele este sétimo dia que nós seremos. Quanto ao mais, será muito longo agora dissertar cuidadosamente sobre todas essas épocas. Contudo, esta sétima será nosso *shabat,* cujo fim não será uma noite, mas o domingo como um oitavo dia eterno, que foi consagrado pela ressurreição de Cristo que prefigura o repouso, não somente do espírito, mas também do corpo. Lá

---

55 Augustinus. *De Civitate Dei.* 673.

56 *Le Christ et le temps.* Paris: Neuchâtel, 1947. p. 107.

O OITAVO DIA

nós repousaremos e nós veremos; nós veremos e nós amaremos; nós amaremos e nós louvaremos".[57]

Tal é a última visão de Agostinho sobre o mistério do sétimo e do oitavo dia. Ele descarta todo milenarismo. Mas, ao mesmo tempo, esse texto vem responder duas outras questões. A primeira é a da atitude de Agostinho com relação, não ao milenarismo, mas à concepção da história como semana de milênios. Para Hipólito, essa ideia devia ser tomada em sentido literal estrito e servia, portanto, de base para as avaliações em vista de fixar a data do fim do mundo. Ora, nessa passagem, Agostinho repudia formalmente essa visão. Ele olha a concepção do milenarismo como dando um quadro à história e distinguindo dos períodos realmente diferentes. E isso é importante e constitui uma perspectiva histórica; mas ele rejeita totalmente – ao menos para o último período – a ideia de que o número de mil anos deva ser tomado no sentido estrito. É somente um símbolo para designar o conjunto de uma época.[58] Agostinho já abordava esse ponto na *Enarratio sobre o Salmo 6*: "Pareceu a alguns que (o número oito do título deste salmo) designava o dia do julgamento, isto é, o tempo da vinda de Nosso Senhor. Essa vinda, contando os anos depois de Adão, estima-se que deva ocorrer após sete mil anos, se bem que os sete milênios passam como sete dias e que esse tempo chega a seguir como o oitavo dia. Mas como é afirmado pelo Senhor: *Non est nostrum scire tempora*, vê-se que ninguém deve se arvorar em conhecer esse tempo por cálculos de anos".[59] Destarte, Agostinho conserva – e ainda sem dar a ela importância – a concepção septenária da história, mas descartando todo concordismo à maneira de Hipólito.

Enfim, a última questão é a do conteúdo do repouso sabático. Com efeito, já dissemos que esse tema em Agostinho reunia, por sua vez, suas visões da história e suas visões do homem, *A Cidade de Deus* e as *Confissões*. Se o tema da primeira obra é, com efeito, a marcha do mundo inteiro em direção ao oitavo dia eterno, o do segundo é a busca pela alma de seu repouso, cuja figura é o *shabat*. Esse repouso, Agostinho o expôs em termos admiráveis na passagem que acabamos de ler "nós repousaremos e nós veremos; nós veremos e nós amaremos; nós amaremos e nós louvaremos". Mas o que está aqui reunido nessa fórmula densa, que exprime todo o elã da alma agostiniana,

---

57   AUGUSTINUS. *De Civitate Dei*. 803-804.

58   Cf. antes Santo AMBRÓSIO: "Nós poderíamos entender os seis dias de seis milênios, mas preferimos tomá-los em um sentido simbólico" (*Traité sur l'Evangile de S. Luc*. 7,7; CSEL, 32, p. 285).

59   AUGUSTINUS. In: *P.L.* 36, 90.

BÍBLIA E LITURGIA

nós o encontramos em cada página de sua obra. O *shabat* constituído não
na perspectiva histórica, mas em sua realidade interior, é um dos *leitmotivs*
da obra agostiniana. Esse repouso é, antes de tudo, desde a vida presente, a
tranquilidade da alma. Ora, a tranquilidade da alma provém da paz de uma
boa consciência. Portanto, "quem não peca, este observa verdadeiramente o
shabat".[60] É o mesmo tema que se encontra em Justino,[61] retomado de forma
mais interior. Esta ruptura com o pecado tem seu princípio no batismo que
introduz no verdadeiro *shabat*.[62]

Mas esse repouso não é suficiente para a alma de Agostinho. Porque, enquanto estamos nesta vida, ele é imperfeito: "Existe um sacramento do *shabat*,
prescrito por Deus aos antigos Pais, que nós cristãos observamos espiritualmente em nos abstendo de toda obra servil, isto é, de todo pecado, e tendo o
repouso em nosso coração, isto é, a tranquilidade espiritual. Mas seja o que
for que nos esforcemos por fazer neste século, nós só chegaremos a esse repouso espiritual após ter saído desta vida".[63] Também Agostinho aspira a essa
plenitude na qual sua alma poderá dedicar-se, toda inteira, à contemplação,
ao amor e ao louvor sem ser atrapalhada pelas coisas do mundo. Resta, portanto, que se o repouso da alma é a ausência do pecado, as ocupações exteriores não podem lhe tirar esse repouso. Isto é, na espera de uma paz maior, já
[existe] a paz. É o último ensinamento de Agostinho: "Aquele cuja consciência
é boa, está tranquilo; e a paz é o *shabat* do coração. Ele está voltado para o
Senhor que promete. E se ele é provado no presente, ele se entrega à esperança
daquele que deve vir, e toda nuvem de tristeza se dissipa. A alegria, na paz de
nossa esperança, está nisso o nosso *shabat*".[64] Dessa forma, Agostinho, mestre
da experiência interior, no final deste longo itinerário, nos mostra no mistério
do *shabat* a atitude inata do cristão diante do mistério do tempo. Não é somente uma posse, nem somente uma esperança, mas uma espera que já é uma
paz, porque ela repousa toda inteira na promessa do Deus fiel.

---

60   AUGUSTINUS. *Sermo* 38; In: *P.L.*,270, 1242.

61   JUSTINO. *Diálogo*, 12, 3.

62   SANCTI AURELII AUGUSTINI. *De Genesi ad litteram libri duodecim*. 4, 13, editio latina. In: *P.L.* 34, 305. Citação:
Augustinus. *De Genesi ad litteram*. Edição brasileira: SANTO AGOSTINHO. *Comentário ao Gênesis*. = São Paulo: Paulus. (Coleção Patrística 21.)

63   AUGUSTINUS. *Tractatus in Johannis Evangelium*. 20, 2; *P.L.* 35, 1556.

64   AUGUSTINUS. *Enarratio in Psalmum*. 91, 2; *P.L.* 27, 1172.

Capítulo XVII

A PÁSCOA

O mistério pascal é, em certo sentido, todo o mistério cristão. Mas esse mistério revela seu conteúdo inesgotável mediante as perspectivas segundo as quais ele é considerado. É o Antigo Testamento que nos oferece tais dimensões segundo as quais o mistério cristão deve ser pensado. A Páscoa, no sentido mais restrito da palavra, é uma dessas dimensões. Ela compreende certo número de aspectos pelos quais nos aparece o mistério de Cristo. Dessas realidades pascais todo o cristianismo é cumprimento. E, nesse sentido, não é a festa litúrgica da Páscoa, é o próprio mistério da Redenção e sua participação sacramental que são figurados pela Páscoa. Mas a festa litúrgica da Páscoa sublinha mais propriamente os pontos pelos quais o mistério cristão se inscreve no seguimento da Páscoa judaica. Nós relevaremos esses traços. Para nós tratar-se-á de ver como a tradição patrística compreendeu a tradição tipológica do capítulo 12 do Êxodo, o texto pascal por excelência.

* * *

O texto do Êxodo começa por algumas indicações cronológicas: o mês da Páscoa deve ser considerado o primeiro dos meses; o cordeiro deve ser preso no décimo dia do mês e consumido no décimo quarto, ao anoitecer. Tais indicações constituem o elemento mais específico da Páscoa: com efeito, é o tempo que caracteriza a festa litúrgica da Páscoa por oposição ao mistério cristão tomado em seu conjunto. Portanto, é o tempo cujo simbolismo será particular à festa litúrgica, como já vimos a propósito do domingo. Pelo ciclo anual, o mistério de Cristo se inscreve no ciclo cósmico e o ciclo cósmico se

BÍBLIA E LITURGIA

torna como uma primeira figuração. O ano litúrgico nos introduz no simbolismo do tempo.

A Páscoa acontece no primeiro mês do ano, que era para os judeus o mês de abril. Portanto, na primavera. Isso era carregado de significação para os Padres. Mas é interessante considerar, antes de tudo, que os cristãos não foram os primeiros a interpretar espiritualmente a data da Páscoa. Os judeus já o tinham feito antes deles. Aqui a exegese cristã depende da exegese judaica. Com efeito, lemos em Filão de Alexandria: "O mês dos ázimos, que é o sétimo, é o primeiro pelo número, a ordem e a dignidade segundo o ciclo solar. É porque ele é o primeiro nos Santos Livros. Com efeito, sabe-se que o equinócio da primavera é a figura e a imagem do começo no qual o mundo foi criado. Para nos fazer recordar, cada ano, da criação do mundo, Deus fez a primavera em que tudo está em botão e em flor. É porque isso não é sem razão que se inscreve como o primeiro na lei, sendo a imagem do primeiro começo".[1]

Nessa passagem a primavera aparece, já na ordem natural, como uma comemoração anual da criação. Os Padres da Igreja retomarão a ideia mostrando na primavera a figura da segunda criação pela ressurreição de Cristo. É considerável que o primeiro autor que faz essa interpretação se refere à tradição judaica. Com efeito, Hipólito escreve: "Afirma-se em primeiro lugar: Esse mês é o primeiro dos meses. Por que o mês da Páscoa é o primeiro dos meses do ano? Um ensinamento secreto dos judeus afirma que é o tempo no qual o pastor trata o leite brilhante, no qual a abelha recolhe o doce mel e prepara a cera, no qual o marinheiro ousa enfrentar o mar".[2] Essa descrição relembra a que encontraremos mais tarde, no IV século. De outro lado ela poderia não ser primitiva e depender da Sofística de então.

Hipólito, contudo, não para nessa interpretação naturista. Sem a rejeitar, ele prefere a interpretação típica e profética, na qual a primavera não é o memorial da criação, mas a figura da ressurreição: "Não me recuso a crer nessas coisas, mas eu penso, ou melhor, ainda eu creio que é por causa da Páscoa espiritual, princípio, cabeça e dominação do tempo todo inteiro, que esse mês é o da Páscoa, no qual o grande mistério foi consumado e celebrado, a fim de que, como o Senhor é o primogênito dentre todas as criaturas inteligíveis e invisíveis, depois o princípio, assim esse mês que é honrado por seu santo

---

1   Cf. FILÃO DE ALEXANDRIA. *De Specialibus Legibus.* 2, 150.

2   HIPPOLYTE DE ROME. *Homélies pascales.* 17.

A PÁSCOA

sacrifício, seja o primeiro do ano, e o começo de todos os tempos".[3] Assim a primazia da primavera vem daquele que, desde a origem, devia ser o mês no qual o Príncipe dos tempos devia oferecer seu sacrifício.

Hipólito opunha a interpretação cósmica à interpretação cristológica. Eusébio as aproxima em uma importante passagem de seu *Tratado sobre a Páscoa*. Após ter mostrado por que as outras estações não eram convenientes para a ressurreição de Cristo, ele chega à primavera: "Resta a luminosa primavera, que, de alguma forma, é para o ano o que a cabeça é para o corpo. Com efeito, é então que o sol começa a percorrer a primeira parte de sua corrida e que a lua, de seu lado, em seu pleno clarão, transforma em um dia luminoso o curso da noite. Terminados os furores das tempestades do inverno, terminadas as longas noites, terminadas as inundações. Então, na novidade de uma atmosfera luminosa, os navegantes encontram o mar calmo. Os campos, com suas espigas cheias de grãos e suas árvores carregadas de frutos, ornadas dos dons de Deus, dão aos trabalhadores, na ação de graça, a recompensa de seus trabalhos".[4]

Mas a razão que levou a escolher a primavera como tempo da ressurreição não foi somente sua beleza – e aqui Eusébio retoma o tema de Filão; nela ocorre o aniversário da criação. E é por isso – e nisso Eusébio se distingue de Hipólito – que convinha para o tempo da ressurreição. "Esse tempo era aquele mesmo que se apresentava no momento da primeira criação do mundo, quando a terra germina e os astros aparecem; é nesse tempo também que o Salvador do mundo inteiro celebrou o mistério da sua própria festa e, como um grande astro, parecia iluminar a terra inteira com os raios da religião e dessa forma restabelecer o aniversário do cosmos".[5] Assim "o primeiro sol sobre a primeira manhã" evoca ao espírito de Eusébio o levantar, na manhã da segunda criação, do sol da justiça, que ilumina o novo cosmos da Igreja. O tema do Cristo-sol, querido a Eusébio, vem se unir ao tema da primavera.[6]

No intervalo, entretanto, Eusébio não se esquece de que esse tempo foi o da Páscoa judaica que por primeiro se inscreveu no ciclo primaveril: "Foi no tempo dessa festa que os egípcios, amigos dos Satanás, encontraram a sua ruína, e os judeus, festejando Deus, sua libertação". Assim a ressurreição de Jesus

---

3   Idem.

4   EUSÉBIO DE CESAREIA. *Tratado sobre a Páscoa*. In: P.G. 23, 696 D.

5   Idem. 697 A.

6   Cf. RAHNER, Hugo. *Griechische Mythen in christlicher Deutung*. p. 149 sqq.

Cristo torna-se, por sua vez, a realização da festa cósmica da primavera e a da festa judaica do Êxodo: "Foi neste tempo que a figura foi realizada, a antiga Páscoa, que é chamada passagem; ela continha também o símbolo da imolação do cordeiro e a alimentação dos pães ázimos". Voltaremos a esses últimos traços. O interesse é o de ver Eusébio marcando que a Páscoa cristã assume a religião cósmica e a religião hebraica.

Com efeito, ele continua: "Todas essas coisas encontram sua realização na festa da salvação. Foi ele, Cristo, que era o Cordeiro cujo corpo foi estendido. Mas foi ele, também, o sol da justiça, quando a primavera divina e a mudança salvadora fizeram passar a vida dos homens do mal para o bem. Os espíritos que desviam os povos cessaram de agir com os males do inverno, e a abundância dos frutos novos coroa a Igreja dos carismas do Espírito Santo. Os campos que o Verbo cultivou da cultura espiritual trazem as belas flores da santidade e, libertados do flagelo das trevas, nós nos tornamos dignos da luz do conhecimento do dia do Senhor".[7] Notar-se-á que, nessa passagem, Eusébio retoma todas as expressões das quais ele tinha se servido em sua descrição da primavera para nelas mostrar as figuras de sua realização no cristianismo. Essa assunção da religião cósmica, nós já dissemos, é plenamente legítima, pois representa bem a religião primeira, a revelação de Deus por meio de sua providência no mundo da natureza.

A tradição ulterior apresenta o mesmo tema.[8] Gregório de Nazianzo, em seu *Sermão sobre a Páscoa*, comenta Êxodo 12: "O mês ao qual se faz alusão é o primeiro, ou melhor, o príncipe dos meses, seja que desde o início ele tivesse sido tal entre os hebreus, seja que ele tenha se tornado mais tarde e que ele tenha recebido do mistério cristão de ser o primeiro".[9] Nós reencontramos a hesitação de Hipólito. Quanto à descrição da primavera, não se encontra no *Sermão sobre a Páscoa*, mas no da *Oitava da Páscoa*. Gregório de Nazianzo o retoma mais longamente que alguns dos autores que citamos até o momento. E a influência das descrições literárias é ainda mais sensível que entre eles.[10]

Dele citamos o início: "Tudo concorre para a beleza e a alegria da festa. A rainha das estações festeja a rainha dos dias e lhe oferece o que ela tem de mais belo e de mais suave. O céu é mais transparente, o sol mais alto e mais

---

7   Eusébio de Cesareia. *Tratado sobre a Páscoa*. P.G. 23, 697 B-C.

8   Cf. Cirilo de Jerusalém. In: *P.G.* 33, 836 A-B,

9   Gregório de Nazianzo. *Homilias sobre o Natal, a Epifania, Pentecostes e Páscoa*. In: *P.G.* 36,642 C.

10   Sobre a *ekphrasis* entre os Padres da Igreja, cf. Méridien, L. *L'influence de la seconde Sophistique sur l'oeuvre de saint Grégoire de Nysse*. p. 139 ss.

luminoso, o curso da lua é mais brilhante e o coro dos astros mais puro. As fontes correm mais límpidas, as flores mais abundantes, livres de seus entraves de gelo. Os prados estão perfumados, a vegetação aumenta, os cordeiros saltam na grama verde. A nave sai do porto, todas as velas desfraldadas, e os golfinhos as acompanham pulando e resfolegando alegremente. O pastor e os vaqueiros pegam suas flautas e tocam alguma melodia".[11] Notamos que se o desenvolvimento é mais brilhante, os temas permanecem os mesmos: o sol, a lua e os astros; o marinheiro e o trabalhador. Trata-se de uma descrição cujo cânon está fixado pela retórica e sobre o qual cada um acrescenta somente alguma variação.

Contudo Gregório de Nazianzo não mostra na primavera uma figura da ressurreição, como fazia Eusébio. É a tradição deste que encontramos em Cirilo de Alexandria. Dele possuímos trinta homilias pascais.[12] Nelas, em muitas passagens, aparece o simbolismo da primavera. Assim, na *Segunda homilia*: "As ameaças do inverno cessaram, sopram os ventos da primavera, os prados estão cobertos de flores, as árvores produzem seus frutos. Não é sem razão que a Lei prescreveu a observância do mês das primícias. Era necessário que a natureza humana rivalizasse com os campos verdejantes e que se pudesse vê-la, por assim dizer, coberta das flores da piedade".[13] Cirilo segue fazendo todo um paralelo entre o inverno e o pecado, os ventos primaveris e o Espírito Santo, o perfume das flores e o da virtude.

Em outra parte, após nova descrição da primavera, Cirilo continua: "Porém, o que é mais notável que tudo isso é que, junto com as ervas e as plantas, reviveu a natureza que domina sobre tudo o que está sobre a terra. Quero dizer, o ser humano. Com efeito, a estação da primavera nos conduz à ressurreição do Salvador, pela qual todos foram reformados na novidade da vida, tendo escapado da corrupção estranha da morte. Teria sido realmente inconcebível que as espécies vegetais encontrassem sua primeira aparência, pela força de Deus que tudo vivifica, e que aquele pelo qual a criação vegetal foi inventada, permanecesse inanimado, sem nenhum auxílio do Alto".[14]

Até o presente permanecemos no domínio grego. Mas encontramos desenvolvimentos análogos na pregação pascal do Ocidente. Citarei somente o início da primeira *Homilia pascal* de Gaudêncio de Bréscia: "O Senhor Je-

---

11 Gregório de Nazianzo. *Homílias*. 36, 620 A.

12 Cirilo de Alexandria. *Homilias pascais*. P.G. 77, 391-970.

13 Idem. P.G. 77, 429 D.

14 Idem. P.G. 77, 581 B-C; cf. também 752 A-D.

BÍBLIA E LITURGIA

sus estabeleceu que a bem-aventurada festa da Páscoa fosse celebrada em um tempo conveniente, após os nevoeiros do outono, após a tristeza do inverno, antes do calor do verão. Com efeito, era necessário que o Cristo, sol de justiça, dissipasse a escuridão do judaísmo e o gelo do paganismo antes do ardor do julgamento final, pela pacífica luz da Ressurreição e reconduzisse ao estado de sua pacífica origem todas as coisas que tinham sido cobertas de obscuridade pelo príncipe das trevas".[15]

Gaudêncio continua com termos que nos ligam diretamente à tradição comum: "Na primavera é que Deus criou o mundo. Com efeito, foi no mês de março que Deus disse a Moisés: este mês será para vós o primeiro dos meses do ano. Ora, o Deus verdadeiro não teria chamado esse mês primeiro se ele não o tivesse feito, como ele não teria chamado o *shabat* de sétimo dia, se o domingo não tivesse sido o primeiro. É porque o Filho de Deus reergue o mundo decaído por sua própria ressurreição, ao mesmo tempo em que ele o tinha, no princípio, criado do nada, a fim de que todas as coisas fossem reconstituídas nele".[16] Gaudêncio resgata a mais profunda significação do nosso símbolo: ele marca que é o Verbo criador, por quem tudo foi feito, que é também aquele que vem refazer tudo no final dos tempos.

***

À indicação do primeiro mês do ano, o Êxodo acrescenta outras indicações cronológicas: o cordeiro será preso no décimo dia do mês e imolado no décimo quarto. É preciso acrescentar que catorze de nisan é o dia do equinócio da primavera e da lua cheia. E que o cordeiro é imolado ao cair da tarde. Temos aí muitos traços comentados por nossos exegetas. Pelo que diz respeito ao décimo e ao décimo quarto dia, encontramos duas tradições diferentes. A primeira aparece na *Homilia pascal* de Hipólito: "Ele [o cordeiro] é preso no décimo dia do mês; e isso também é carregado de significação. Com efeito, a Lei está separada do Evangelho. Ora, a soma dos ensinamentos da Lei é o Decálogo. É após os dez mandamentos da Lei que vem o Cordeiro místico, que desce do céu. Ele é conservado no intervalo de alguns dias: a Escritura figura por esse intervalo o tempo que precede a Paixão, quando o Senhor, após ter sido preso, ficou sob a guarda de um sumo sacerdote".[17]

---

15   Gaudêncio de Bréscia. *Sermões*. In: *P.L.* 20, 844-845.

16   Idem. 845. Cf. Gregório de Elvira. *Tractatus*. ed. Battifol, p. 100, 15 ss; Zenon de Verona. *Sermons ou Traités*. II, 46; *P.L.* 11, 500-502.

17   Hippolyte de Rome. *Homélies pascales*. 20-21.

A Páscoa

Temos aí uma interpretação de tipo mateano, isto é, no qual as figuras do Antigo Testamento dizem respeito aos detalhes cronológicos da vida de Jesus Cristo: os dez dias figuram o Antigo Testamento, os cinco dias o espaço que separa a prisão de Jesus de sua imolação. Não encontraremos mais a seguir essa exegese.[18] O único traço que reaparece é o dos dez dias como figura do Antigo Testamento. E é notável que o encontramos na tradição ocidental, em Gaudêncio de Bréscia. "A escolha do cordeiro no décimo dia e sua imolação no décimo quarto significam que o povo judeu devia crucificar o Filho de Deus, após ele ter sido recebido no Decálogo da Lei e que ele tivesse nascido quatorze gerações após o cativeiro da Babilônia".[19]

Mas ao lado desse tipo de interpretação, encontramos outro que vê na eleição no décimo dia a preexistência do cordeiro no pensamento divino, e, na sua imolação no décimo quarto dia, a realização do seu sacrifício no fim dos tempos. Esse tema aparece em Cirilo de Alexandria. O *De Adoratione* o indica. "Ele é preso no décimo dia e imolado no décimo quarto à tarde para mostrar que o mistério de Cristo não é novo, nem conhecido pela primeira vez, quando agradou aos judeus fazer dele motivo de zombaria. O conhecimento dessa realidade é bem anterior à Paixão. Os santos a proclamaram de antemão, a Lei a anunciou e a Santa Escritura nos prefigurou o mistério que está nele".[20] Portanto, a anterioridade da eleição sobre a imolação marca que o conhecimento do mistério precedeu sua realização. Contudo, Cirilo não insistiu sobre o número de dias. É, ao contrário, o que encontramos nos *Glaphyres* do mesmo autor: Cirilo aproxima do nosso texto a parábola do operário da última hora e continua: "Tu vês, da maneira mais evidente, que nosso mundo está dividido em cinco épocas". As quatro primeiras são inauguradas por Adão, Noé, Abraão e Moisés. "Chegando a hora décima primeira, isto é, a quinta época, já findando o dia e o mundo presente declinando em direção ao fim, Cristo atraiu as nações que até então não tinham sido chamadas ao conhecimento da verdade. Destarte, o cordeiro é preso no primeiro dos cinco dias, que é a figura do começo do tempo, e, conservado até o último, ele foi imolado ao cair da tarde. Tu compreendes por aí que o mistério de Jesus Cristo

---

18   Pode ser que ela já apareça no Novo Testamento. Com efeito, o Evangelho de João, no qual os números são normalmente simbólicos, observa que a entrada de Jesus em Jerusalém, antes da Páscoa, aconteceu no décimo dia de nisan (Jo 12,1).

19   Gaudêncio de Bréscia. "Sermões". In: *P.L.* 20, 863 A.

20   Cirilo de Alexandria. "De oratione". In: *P.G.* 68,1068 B-D.

BÍBLIA E LITURGIA

não é recente nem imprevisto, mas que ele tinha sido reservado na presciência do Pai depois da criação do mundo".[21]

Estamos na presença de temas que encontramos em outros lugares: a parábola dos operários interpretada pelas cinco idades do mundo, a preexistência do mistério demonstrando que o Cristo não é novo. A origem dessas concepções nos é bem conhecida: elas procedem de Orígenes, de quem Cirilo depende em muitas coisas. A originalidade de nosso autor é a de ter procurado, nos cinco dias que separam a eleição da imolação, um símbolo das cinco idades. Ora, é considerável que encontramos o mesmo tema nas *Homilias pascais* do Pseudo Crisóstomo; elas procedem do mesmo meio que os escritos de Cirilo de Jerusalém: "Desde o começo, o sacrifício de Jesus Cristo estava prefigurado nos sofrimentos dos justos – a partir de Abel – e Jesus Cristo sofria em todos. Mas ele não foi cumprido totalmente a até que o divino cordeiro veio em pessoa e sofreu pessoalmente. O cordeiro, escolhido no décimo dia para ser imolado, e imolado no décimo quarto dia à tarde, figura que o desígnio da Paixão existia desde a origem, mas não foi realizado senão no final".[22]

Nós temos o tema geral, mas a alusão precisa aos cinco dias se encontra em outra passagem. "Esse espaço de cinco dias figura o tempo total do mundo, dividido em cinco períodos, de Adão a Noé, de Noé a Abraão, de Abraão a Moisés, de Moisés à vinda de Jesus Cristo, e de sua vinda até agora. Durante todo esse tempo a salvação pela santa vítima foi apresentada aos homens, mas a vítima não era imolada. É na quinta época da história, que a verdadeira Páscoa é imolada e que o primeiro homem, salvo por ela, saiu para a luz da eternidade".[23] A identidade entre as *Homilias* e Cirilo é perfeita. Estamos no mesmo meio teológico. De outro lado, a concepção da vinda de Jesus Cristo na quinta idade do mundo se encontra, de alguma forma, nesse início do V século. Em particular, Agostinho faz dela um grande uso no de *Catechizandis rudibus*. Portanto, ela entrava na catequese comum. A originalidade de nossos escritos é a aplicação que dela é feita ao cordeiro pascal.[24]

Mas se o simbolismo das cinco idades aparecia como secundário, pode-se dizer a mesma coisa da distinção entre o simbolismo da eleição e da imolação

---

21   Cirilo de Alexandria. "Glaphyres". In: *P.G.* 69, 424 A-B.

22   Jean Chrisostome (Pseudo). *Homélie pascale 7* (In: sanctum pascha sermo 7). In: *P.G.* 69, 735. Trad. M. Fernand Floëri, SC 48. Paris: Les Éditions du Cerf, 1957 (réimp. 2004). Citação: Jean Chrisostome (Pseudo). *Homélie pascale*.

23   Idem. *P.G.* 69, 724.

24   Cf. também *La contemplation detaillée de la Pâque*, nos *Spuria* de São Cirilo (*P.G.* 77, 1204 A-D).

A PÁSCOA

como figura da preexistência eterna do sacrifício de Cristo no pensamento divino, e de sua realização no final dos tempos. Não é impossível que esse simbolismo remonte ao Novo Testamento. A Primeira Carta de Pedro comporta toda uma interpretação figurada de nosso capítulo: o procedimento do viajante, a saída do Egito são interpretações da conversão cristã (1Pd 1.13-19). Ora, nós lemos isto: "Vocês foram resgatados pelo precioso sangue de Cristo, como o de um cordeiro sem defeito (ἀμῶμος) e sem mancha. Ele era conhecido antes da fundação do mundo, mas foi manifestado no fim dos tempos por causa de vocês" (1Pd 1,19-20).

É claro que temos aqui a fonte das *Homilias*. A questão que se põe é saber se, no texto da Primeira Carta de Pedro, a oposição entre o desígnio preexistente e a manifestação escatológica é um comentário simbólico da eleição do cordeiro no décimo dia e de sua imolação no décimo quarto. Ora, é preciso reconhecer que nosso texto é um comentário muito próximo de Êxodo 12. A palavra ἀμῶμος, sem mancha, aplicada pela Carta ao Cordeiro, traduz exatamente a palavra hebraica que os LXX traduziram por τέλειος, perfeito (Ex 12,5). A palavra ἀμῶμος se encontra em outro lugar para significar cordeiro pascal em Lv 22, 17. Aqui a Carta evita τέλειος, por causa de τέλειοι do versículo 13.[25] Nessas condições, é mais possível que a Carta nos dê uma primeira exegese do décimo e do décimo quarto dia, e que a interpretação de Cirilo seja assim o desenvolvimento de uma exegese cristã primitiva.

Deixamos de lado uma indicação cronológica exata quanto à imolação do cordeiro. Esta aconteceu ao cair da tarde. Encontramos as duas linhas de interpretação em questão, a mateana e a alexandrina. A primeira vê aqui um anúncio do fato de que é na tarde de sexta-feira santa que o Cristo será imolado. É a interpretação que Hipólito nos apresenta: "O cordeiro foi imolado à tarde: é, com efeito, ao cair do sol, que o Cordeiro sagrado foi conduzido à morte".[26] Tal é também a exegese de Teodoreto: "O Cordeiro foi imolado à tarde; com efeito, foi à tarde que Jesus Cristo foi entregue aos judeus".[27] Hipólito evocava a tarde da sexta-feira santa. Ao contrário, é na tarde de quinta-feira que Teodoreto pensava. Nisso Gregório de Nazianzo o segue, ligando a essa interpretação histórica uma interpretação escatológica: "O Cordeiro foi imo-

---

25   Cf. Selwyn, Eduard-Gordon. *The first Epistle of Saint Peter*. p. 145-146.

26   Hippolyte de Rome. *Homélies pascales*. 23.

27   Théodoret de Cyr. *Questions sur l'Octateuque*. In: *P.G.* 80, 252 B.

BÍBLIA E LITURGIA

lado à tarde, pois a Paixão de Jesus Cristo teve lugar no final dos tempos. Esta pode também ser uma alusão à hora da instituição da eucaristia".[28]

A mesma concepção é encontrada em Gaudêncio de Bréscia, com um novo detalhe: a imolação ao cair da tarde é colocada em relação com o obscurecimento do sol, o *occasus solis*, da tarde da Paixão. É ele que prefigura a tarde da imolação do cordeiro pascal: "Ele foi imolado à tarde, tarde deste mundo, pois ele sofreu nos últimos tempos do século, ou seja, ao cair do sol, uma vez que o sol escureceu no momento da crucifixão de Jesus Cristo".[29] Mas notamos que, ao lado da interpretação mateana, vemos aparecer uma outra.

Esta vê na tarde os últimos tempos do mundo. A ela, sem dúvida, faz alusão a Primeira Carta de Pedro falando do cordeiro manifestado "na carne nos últimos tempos" (1Pd 1,22). Já vimos essa interpretação em Irineu.[30] É encontrada também em Orígenes: "Por que a Lei pascal prescreve que o cordeiro seja comido à noite, o Senhor sofreu à tarde do mundo, para que tu comas sempre a carne do Verbo, tu, que estás sempre à tarde, até que surja a manhã".[31] Em Gregório de Nazianzo e em Gaudêncio de Bréscia, ela estava em concorrência com a interpretação mateana. Cirilo de Alexandria a apresenta também: "Ele foi morto perto da noite, porque ele está nos últimos tempos do mundo e, quando o sol ia se pondo, a morte de Cristo foi concluída".[32] As *Homilias* do Pseudo Crisóstomo estão no mesmo sentido: "O fato de não ser a tarde, mas ao cair da tarde que a vítima foi imolada, mostra que não é propriamente no final do tempo presente, mas em direção a esse fim que o Cristo devia sofrer".[33]

* * *

O décimo quarto dia do mês de nisan, no qual se celebrava a Páscoa, apresenta a característica de ser o dia do equinócio da primavera, o do plenilúnio. Nesse período, a luz lunar, sucedendo a luz solar, faz com que a noite, assim como o dia, seja sem trevas. Também esse traço foi objeto de uma interpreta-

---

28 GREGÓRIO DE NAZIANZO. *Homilias*. 36, 644C.

29 GAUDÊNCIO DE BRÉSCIA. *Sermões*. In: *P.L.* 20, 863 B.

30 IRINEU DE LIÃO. *Contra as heresias*. São Paulo: Paulus, 1995, n. 4,10. (Patrística, 4.)

31 ORIGÈNE. *Homélies sur la Genèse*. 10, 3.

32 CIRILO DE ALEXANDRIA. *De oratione*. In: *P.G.* 68, 1068 D.

33 JEAN CHRISOSTOME (Pseudo). *Homélie pascale*. In: *P.G.* 59, 724. São Cipriano une as duas interpretações vendo na morte de Jesus Cristo ao cair da tarde uma figura "da tarde do mundo" (Cyprianus. *Epistula*. 63,16; CSEL 714).

A PÁSCOA

ção simbólica e, pode ser a mais rica dentre as que estudamos.[34] É notável que, como em relação à primavera, os cristãos tenham sido precedidos pelos judeus. Com efeito, já encontramos, em Filão, uma interpretação simbólica do equinócio pascal: "O começo da festa acontece na metade do mês, no décimo quarto dia, quando a lua está cheia, para mostrar que não há trevas naquele dia, mas que ele é cheio de luz, o sol brilhando da aurora ao entardecer, e a lua do entardecer à aurora".[35]

Essa interpretação é retomada e desenvolvida por autores cristãos. Nós a encontramos, em primeiro lugar, em Eusébio, que observa no tempo pascal, "a lua em seu pleno esplendor, transformando em dia luminoso o curso da noite".[36] Mas ele não dá nenhum simbolismo. É com Gregório de Nissa que encontramos a interpretação filosófica aplicada ao cristianismo. Em seu primeiro *Sermão sobre a Ressurreição*, Gregório se propõe refutar as críticas que os judeus faziam aos cristãos, reprovando-os por não celebrarem a Páscoa em 14 de nisan. Com efeito, sabemos que, após o Concílio de Niceia, o uso de celebrar a festa no domingo após 14 de nisan tinha se generalizado. Gregório responde que não é a prática literal que importa: a Lei foi abolida. Mas o que conta é o significado espiritual.

Isso o conduz a expor o sentido espiritual do equinócio: "Aquele que, durante toda semana de sua vida se conserva sem mistura do vício, separa-se de toda a treva. Ora, é isso que significa o décimo quarto dia do ciclo lunar. É o dia no qual a lua encontra-se na sua plenitude. Ela não permite que nem a tarde nem a manhã a faça totalmente noite. Com efeito, antes que os raios do sol poente desapareçam, a lua se levanta na outra extremidade do céu e aclara a terra com a sua luminosidade. Está aí um ensinamento para ser praticado durante toda a semana da vida, a única Páscoa, tornando esse tempo luminoso".[37] Do fato do deslocamento da data da Páscoa, a noite luminosa não corresponde mais ao dia da celebração. Mas Gregório interpreta, no seguimento de Orígenes, os ritos da Lei como figurando toda a existência cristã. É ela que é esse dia sem trevas que figura o equinócio pascal do judaísmo.

Gregório tratou desse assunto na sua *IV Carta*. Trata-se de um paralelo entre o Natal e a Páscoa. O Natal, no solstício de inverno, é o momento no

---

34 Cf. RAHNER, Hugo. "Mysterium Lunae" In: *Zeitschrift für Katholische Theologie*, (1939) 311-345, 428-442; (1940) 61-80, 121-131.

35 FILÃO DE ALEXANDRIA. *De specialibus legibus*. 150.

36 GREGÓRIO DE NISSA. *Sermão sobre a ressurreição*. In: *P.G.* 23, 696 D.

37 GREGÓRIO DE NISSA. *IV Carta*. In: *P.G.* XLVI, 628 C-D.

Bíblia e Liturgia

qual a luz começa a se impor sobre as trevas: é o que significa o aparecimento do Sol da Justiça. A Páscoa, ao contrário, no equinócio da primavera, significa o triunfo de Cristo por sua ressurreição. "O bem não tem mais que lutar com armas iguais contra uma armada hostil, mas a vida luminosa triunfa, tendo dissipado as trevas da idolatria na abundância de sua luz. É porque o curso da lua, no décimo quarto dia, mostra-a fazendo frente aos raios do sol. Tendo acolhido o sol no seu poente, não se deita antes de ter misturado os seus próprios raios aos raios do sol, de modo que uma só luz subsista sem descontinuidade, durante todo o ciclo diurno e noturno, sem intervalo de obscuridade. Portanto, que toda a vida seja uma só festa e um grande dia, puro de todas as trevas".[38]

Sente-se, na base desse texto, a incorporação ao mistério cristão de toda uma mitologia solar. O conflito entre a luz e as trevas é o mesmo expresso pelo mito de Orzmuzd e Ariman, de Apolo e Poseidon. Mas Jesus Cristo é o sol da nova criação. Ele se levantou no tempo da Encarnação: seu nome é Oriente. Ele enfrentou o poder das trevas. E, no dia da sua Ressurreição, ele dissipa inteiramente as trevas da morte e do pecado. Destarte, o cristianismo livra os simbolismos cósmicos dos mitos pagãos nos quais eles tinham se pervertido, e os incorpora como figuras do mistério da verdade. Isso nos situa no IV século, no declínio do paganismo, quando o cristianismo se reveste de despojos deste.

O mesmo simbolismo aparece nas *Homilias* do Pseudo Crisóstomo: "Chegado o quinto dia, aquele que é salvo goza de uma luz perpétua, a lua brilhando durante toda a noite, e o sol lhe sucedendo: com efeito, isso se produz no décimo quinto dia, que é o da lua cheia. Portanto, o décimo quarto dia deve ser entendido simbolicamente".[39] Contudo, é preciso notar que esse simbolismo não corresponde mais ao que era a noite pascal, desde que ela não era celebrada em 14 de nisan. Destarte, vemos no quarto século esse simbolismo ser sucedido por outro. A noite luminosa, figura do desaparecimento das trevas pela ressurreição de Jesus Cristo, não é mais simbolizada pelo brilho da lua sucedendo ao do sol, mas pelo brilho dos círios da vigília pascal, que iluminavam toda a noite, fazendo dela um dia luminoso.

Isso aparece nos sermões do IV século. Assim, em Gregório de Nissa: "Porque esta noite luminosa, que mistura o brilho dos círios aos raios do sol levan-

---

38   Idem. In: *P.G.* XLVI, 1028 C-D.
39   Jean Chrisostome (Pseudo). *Homélie pascale.* 69, 724.

te, torna-se um só dia contínuo, que não é mais interrompido pela interposição das trevas, compreendamos, irmãos, que ela realiza a profecia que diz: É o dia que o Senhor fez".[40] É a luz das velas que permite, desde então, ver na noite pascal a noite iluminada como um dia do Salmo 138: "Que Deus vos mostre muito cedo esta noite, esta treva luminosa, da qual está escrito: A noite será luminosa como um dia".[41] E Santo Ambrósio faz eco a São Cirilo no *Exultet*: "Haec nox de qua dictum est: Et nox sicut dies illuminabitur".[42]

Esse simbolismo da lua cheia não é, contudo, o único. Dele encontramos outro todo diferente em Cirilo de Alexandria, que vê na lua o símbolo das forças do mal, começando a diminuir a partir da ressurreição. A oposição não é mais entre a luz e as trevas, mas entre o sol e a lua. Comentando Êxodo 12 em *Graphyres*, Cirilo escreve: "Admire ainda outro mistério desta passagem. O cordeiro é imolado no quarto dia do mês, quando a superfície da lua está em sua cheia, e ilumina a terra com uma luz bastarda, que começa a diminuir pouco a pouco, forçada a renunciar a sua honra".

Qual é o sentido desse simbolismo? "Compreende por ele, o te deixar conduzir por aquilo que te é proposto, como por uma imagem e uma sombra, em direção à inteligência das realidades, que o príncipe da noite era exaltado em todo o universo. Esse príncipe é o diabo, que é designado simbolicamente pela lua. Com efeito, a lua é proposta durante a noite. Esse príncipe, intrometendo-se no coração das pessoas desgarradas, como uma luz bastarda, a sabedoria do mundo, arrogava-se uma glória total. Ora Jesus Cristo, o verdadeiro Cordeiro que tira o pecado do mundo, morreu por nós e destruiu a glória do diabo. Este, com efeito, deve diminuir e desaparecer pouco a pouco, a multidão das nações esforçando-se por subir em direção à paz e ao amor de Deus, em se convertendo a ele pela fé".[43]

Esse tema é retomado por Cirilo em suas *Homilias pascais*: "A justiça se levantará no dia daquele, até que a lua seja abolida. Para que a justiça se levante, é necessário que a lua seja abolida, isso é, o diabo, príncipe da noite e das trevas, que aqui é chamado simbolicamente de lua".[44] Essa interpretação se liga a toda uma concepção mitológica, segundo a qual a lua, Hecate, é a

---

40   Gregório de Nissa. In: *P.G.* 46, 681 C.

41   Idem. In: *P.G.* 33, 357 A.

42   Cf. Cappelle, Bernard. "L'Exultet pascal oeuvre de Saint Ambroise". In: *Miscellanea Giovanni Mercati*. I. Cidade do Vaticano, 1946. p. 226 ss.

43   Cirilo de Alexandria. In: *Glaphyres*. 70, 424 C-D.

44   Idem. In: *P.G.*,77, 408 C.

BÍBLIA E LITURGIA

rainha das trevas e do mundo dos mortos.[45] Sabe-se que, para os antigos, a lua é a habitação dos mortos.[46] A ressurreição de Jesus Cristo destruiu o poder da morte. É por isso que a fase decrescente da lua, que sucede ao décimo quarto de nisan, aparece como o símbolo da vitória de Jesus Cristo, que faz recuar o poder da morte. Vemos de novo como a simbólica litúrgica retoma e transpõe os temas mitológicos.

Encontra-se um tema análogo em Santo Agostinho. Tratando do simbolismo pascal na *Carta a Januário*, ele escreve: "Encontra-se igualmente aqui outro mistério (*sacramentum*). Não te inquietes se tu o achas muito obscuro, uma vez que tu és menos iniciado nestas coisas".[47] Agostinho nota então que a lua não aumenta senão se afastando do sol e diminui se dele se aproxima. Ela representa o mundo ilusório do pecado, segundo a Escritura que diz que "o insensato muda como a lua" (Eclo 27,11). "Quem é esse insensato que muda como a lua, senão Adão, no qual todos pecaram. A alma humana, afastando-se do sol da justiça, isto é, da contemplação interior da verdade imutável, converteu todas as suas forças para o exterior, e se obscureceu cada vez mais. Mas quando ela começa a voltar à imutável sabedoria, quanto mais dela ela se aproxima, mais o homem exterior se dissolve, enquanto que o interior se renova cada dia".[48] A lua não figura mais o príncipe das trevas, mas o mundo de ilusões. Mas o simbolismo é o mesmo. Sua fase decrescente significa o recuo consecutivo do mal diante do levantar do sol da ressurreição.

* * *

Destarte, aparece-nos o simbolismo do tempo pascal nos seus diversos aspectos. Nota-se que desde então somos introduzidos nos aspectos que constituem o simbolismo do ano litúrgico. De um lado é o tempo que é simbólico. O conteúdo do mistério é o mesmo que o do batismo. Mas o que é característico é o momento do ano. Portanto, é a interpretação do ciclo temporal como figura dos acontecimentos cristãos que é o essencial. Ora, esse ciclo temporal é propriamente o da vida cósmica. Em continuação, para além das figuras da religião bíblica, estão as realidades naturais que são simbólicas. São essas realidades que constituem as hierofanias, os sinais visíveis mediante os quais o Deus vivo se revela na religião natural. Porque "nas gerações passadas, Deus

---

45   Eliade, Mircea. *Traité d'Histoire des religions.* Paris: Payot 1949. p. 164-165.

46   Cumont, Franz. *Le symbolisme funéraire chez les romains.* p. 181 ss.

47   Agostinho. *Carta a Januário.* In: *P.L.* 33, 207 A.

48   Idem. 208 B.

A PÁSCOA

permitiu que todas as nações seguissem o próprio caminho. No entanto, ele não deixou de dar testemunho de si mesmo através de seus benefícios. Do céu ele manda chuvas e colheitas, dando alimento e alegrando o coração de vocês" (At 14,16-17). Os paganismos, em todos os lugares, perverteram essa revelação. Com efeito, eles "tornaram-se tolos, trocando a glória do Deus imortal por estátuas de homem mortal, de pássaros, animais e répteis" (Rm 1,23) e adoraram os sinais no lugar de adorar o Significado. Mas o culto cristão retoma essa religião cósmica, purifica-a de suas desviações, fazendo dela o sinal e a prefiguração do mistério cristão que a realiza.[49]

---

49   Cf. DANIÉLOU, Jean. "The Problem of Symbolism". In: *Thought* 25 (1950), pp. 423 ss.

Capítulo XVIII

A ASCENSÃO

Já tivemos ocasião da afirmar várias vezes, a propósito dos sacramentos, que seu simbolismo se ligaria a diversos temas bíblicos. Assim, no batismo, as vestes brancas nos reenviariam à teologia adâmica, a *sphragís* à da aliança, a unção do óleo à do rei messiânico. O único mistério batismal, refletido dessa forma nos diversos meios, deixava transparecer a nossos olhos a riqueza variada de suas significações. Há alguma coisa de análogo no ciclo litúrgico pascal que estudamos neste momento. Ele apresenta uma diversidade de aspectos teológicos ligando-se aos diversos lugares do Antigo Testamento por meio dos quais o único mistério pascal é contemplado.

Assim, ele aparece como mistério de Jesus Cristo morto e ressuscitado quando é contemplado na perspectiva do Êxodo. O tema essencial é o da passagem da vida antiga à vida nova, que figurava a saída do Egito. Enquanto criação nova, ele é considerado o aniversário da primeira criação e a prefiguração da criação nova. Veremos que Pentecostes, por sua vez, foi em primeiro lugar o mistério pascal abordado em uma perspectiva bíblica particular. Ora, isso é igualmente verdadeiro em relação à Ascensão. Ela exprime o mistério pascal em determinada perspectiva: a messiânica. Ela é a festa da instauração real do Messias, tal como a prefigurava a liturgia dos Salmos.[1] O principal lugar bíblico da Ascensão é o Saltério.[2]

---

1   Cf. Fischer, Balthasar. *Die Psalmenfroemmigkeit der Maertyrerkirche.* 1949.

2   Nós já vimos que houve também uma relação à Ascensão de Elias, que nos introduz em outra ordem de ideias.

A ASCENSÃO

Essa relação se dá principalmente com três salmos que estudaremos sucessivamente. Justino escreve na *Apologia*: "Vemos que ele devia subir ao céu segundo as profecias. Foi dito: elevai as portas dos céus. Que elas se abram e o rei da glória entrará".[3] Esta é uma citação do Sl 23,17 (LXX). O mais antigo testemunho que nós possuímos da aplicação desse Salmo à Ascensão encontra-se no *Apocalipse de Pedro*: "Os anjos se apressavam entre si para que fosse realizada a palavra da Escritura: Abri vossas portas, ó príncipe".[4] Aqui os príncipes são considerados os anjos, guardiães da esfera celeste na qual o Verbo de Deus introduz, pela Ascensão, a humanidade com a qual ele se uniu.

A aplicação desses versículos à Ascensão foi combinada com um tema teológico que aparece muito cedo. É o de Jesus Cristo descendo no mundo, com o desconhecimento dos poderes angelicais, que ficam maravilhados ao vê-lo entrar na sua glória, quando da Ascensão.[5] Em primeiro lugar, esse tema aparece na *Ascensão de Isaías*: "Quando o Verbo desceu no terceiro céu e se transformou na forma dos anjos que estavam no terceiro céu, aqueles que guardam as portas do céu perguntaram a senha e o Senhor a deu, para não ser reconhecido; e quando eles o viram, não o louvaram, pois o Verbo tinha a aparência deles".[6] Quando, de retorno, Cristo "sobe ao terceiro céu, ele não se transforma, mas todos os anjos que estão à esquerda e à direita, e o trono está no meio deles, o adoram e o louvam, e eles disseram: como Nosso Senhor escondeu-se de nós quando desceu e nós não compreendemos?"[7]

O tema da Encarnação escondida dos anjos encontra-se em uma extraordinária passagem de Santo Inácio de Antioquia: "O príncipe desse mundo ignorou a virgindade de Maria e sua gravidez, da mesma forma que a morte do Senhor, três mistérios retumbantes realizados no silêncio de Deus".[8] Essa ignorância dos poderes, quando da Encarnação, e a manifestação que lhes é feita quando da Ascensão do Homem-Deus, remonta aos tempos de São Paulo: "Ensinamos uma coisa misteriosa e escondida: a sabedoria de Deus, aquela que ele projetou desde o princípio do mundo para nos levar à sua glória.

---

3   JUSTINO. *I e II Apologia*. 51, 6-7. [Trad. bras.: JUSTINO DE ROMA. *I e II Apologias. Diálogo com Trifão*. São Paulo: Paulus,1997. (Patrística, 3.)]

4   *Revue de l'Orient chrétien*, (1910) p. 317.

5   Cf. também CYPRIANUS. *Testimones*. 2, 29; Atanásio. *Ad Marcionem*. 8, 23, 26.

6   *Ascensão de Isaías*. 10, 24-26.

7   Idem. 11,25-26.

8   INÁCIO DE ANTIOQUIA. *Aos Efésios*. 19, 1. In: Padres apostólicos. 3. ed. São Paulo: Paulus, 1997. (Patrística,1.)

Nenhuma autoridade do mundo conheceu tal sabedoria, pois se a tivessem conhecido não teriam crucificado o Senhor da glória" (1Cor 2,7-8). É "graças à Igreja que os principados e as autoridades no céu doravante conhecem a multiforme sabedoria de Deus" (Ef 3,10). Ora, esse tema do *descensus* escondido e da Ascensão manifestada aos anjos, guardiães das portas do paraíso, concordava admiravelmente com a aplicação do Salmo 23 (LXX) à Ascensão.

Encontramos a fusão em Justino: "Príncipes, levantai vossas portas; levantai-vos, portas eternas, e o rei da glória passará. Quando Jesus Cristo ressuscitou dos mortos e subiu ao céu, foi ordenado aos príncipes estabelecidos por Deus nos céus que abrissem as portas dos céus, a fim de que aquele que é o Rei da glória entrasse para se assentar à direita do Pai, até que fizesse de seus inimigos o escabelo dos seus pés. Mas quando os príncipes dos céus o viram sem beleza, sem honra, nem glória em seu aspecto, eles não o reconheceram e disseram: Quem é esse rei da glória?"[9] Aqui vemos aparecer um elemento novo. Por ocasião do *ascensus*, os anjos não reconheceram Jesus Cristo, por causa da aparência humana que ele havia assumido. A expressão *sem beleza* é uma alusão ao versículo 2 de Isaías 53: "Ele era sem beleza", que é um dos textos mais frequentemente citados nas comunidades primitivas.[10]

Santo Irineu, por sua vez, comenta o Salmo nesse sentido, mas sem a última ideia: "Quem devia subir ao céu, Davi o diz em outro lugar: Levantai, príncipes, vossas portas; levantai-vos, portas eternas, e o rei da glória passará. As portas eternas, são o céu. Como o Verbo desceu sem ser visível às criaturas, ele não foi reconhecido por elas durante sua descida. Tornado invisível por sua Encarnação, ele se elevou aos céus. Percebendo isso, os anjos gritaram aos que estavam abaixo: Abri vossas portas, elevai-vos, portas eternas, o rei da glória faz sua entrada. E como os anjos do Altíssimo diziam em sua estupefação: Quem é este?, aqueles que o contemplavam, aclamavam de novo: é o Senhor forte e poderoso, é ele o Rei da glória".[11]

A visão teológica de Irineu modifica um pouco a de Justino. Com Orígenes, reencontramos o tema de Justino: "Quando ele se adiantou, vencedor, com seu corpo ressuscitado dos mortos, alguns poderes disseram: 'Quem é este que vem de Bosra com suas vestes tingidas de vermelho?' (Is 63,1). Mas aqueles que o acompanhavam, disseram aos prepostos das portas dos céus:

---

9 Justino. *I e II Apologia*. 36, 4-6.

10 Cerfaux, Lucien. "La première communauté chrétienne à Jérusalem." In: *Ephemerides Théologicae Lovaniensis* (1939), p. 13 ss.

11 Irénée de Lyon. *Démonstration*. 84.

A ASCENSÃO

'Abri-vos, portas eternas'".[12] Santo Atanásio traz ainda uma nuança diferente: "Os anjos do Senhor que o seguiram sobre a terra, vendo-o subir, anunciam às virtudes celestes para que abram as portas. As potências estão maravilhadas ao vê-lo em seu corpo humano. É por isso que gritam: Quem é este?, assombrados dessa surpreendente economia. E os anjos que subiam com Jesus Cristo, lhes respondem: O Senhor das virtudes é o rei da glória, ensinando para aqueles que estão nos céus o grande mistério, a saber, que aquele que venceu os inimigos espirituais é o rei da glória".[13] Sente-se a influência de Orígenes no tema dos anjos descendo com Jesus e que sobem com ele.[14]

O tema é retomado por Gregório de Nissa, de forma diferente, e com um texto também mais interessante para nós. Trata-se da segunda lição noturna da quarta-feira da oitava da Ascensão, no Breviário romano: "Davi, tendo saído de si próprio, de modo que ele não estava mais impedido pelo peso do seu corpo, e tendo se misturado com as potências hipercósmicas, descreve-nos suas palavras, enquanto acompanha o Senhor na sua descida, elas ordenam aos anjos que circundam a terra e aos quais está confiada a existência humana, que levantem suas portas".[15] Mas os anjos do perigeu não reconhecem o Senhor, pois "ele, colocando-se sempre na medida da capacidade de quem o recebe, como ele se fez homem com os homens, faz-se anjo com os anjos". Portanto eles dizem: "Quem é este rei da glória?". Nós encontramos a concepção da *Ascensão de Isaías* sobre o Cristo revelando as formas sucessivas das naturezas angélicas que ele atravessa em sua descida, aprofundada pela concepção origenista do Verbo se adaptando à capacidade daqueles que o recebem.

Vem agora a Ascensão. "Esta vez, ao inverso, são nossos guardiães que formam um cortejo e que ordenam às portas hipercósmicas que se abram para que ele seja, de novo, adorado nelas. Mas elas não o reconhecem, pois ele revestiu-se da pobre túnica da nossa natureza, uma vez que suas vestes ficaram vermelhas pelo lagar dos homens maus. E são elas, desta vez, que gritam: Quem é este rei da glória?".[16] A ausência da beleza de Jesus Cristo, resultante de sua natureza humana e da sua Paixão, que impede que as potências celestes

---

12   ORIGÈNE. *Commentaire sur saint Jean*. 6, 56.

13   ATHANASIUS. *Expositio Psalmi*. 23; In: *P.G.* 27, 141 D.

14   DANIÉLOU, Jean. *Origène*. 236-237; cf. também Cirilo de Jerusalém. *P.G.* 33, 857.

15   GREGÓRIO DE NISSA. In: *P.G.* 46, 693.

16   Idem. 693 B-C.

BÍBLIA E LITURGIA

o reconheçam, no momento da sua Ascensão, relembra Justino e Orígenes. É a mesma citação de Is 63,1.[17]

Enfim, nós nos lembramos de que o tema aparece no *De Mysteriis* de Santo Ambrósio: "Os Anjos, eles próprios, duvidaram, quando Jesus Cristo ressuscitou, vendo que sua carne subia ao céu. Eles diziam então: Quem é este rei da glória? Enquanto uns diziam: Abri as portas, príncipes, e o rei da glória entrará, outros duvidavam e diziam: Quem é aquele que sobe do Edom (Is 63,1)".[18]

* * *

Nós notamos, no decorrer da passagem do *Diálogo* de Justino,[19] à citação do Sl 23 vinha se acrescentar uma passagem do Salmo 109: "É ordenado aos príncipes abrir suas portas a fim de aquele que é o rei da glória entre e vá se sentar à direita de seu Pai, até que ele faça de seus inimigos escabelo de seus pés". Por uma passagem como esta aqui se vê como a teologia da comunidade primitiva estava permeada do Antigo Testamento. Pode-se dizer que é com passagens do Antigo Testamento que os primeiros Pais pensaram o evento de Jesus Cristo.[20] Isso é particularmente notado no caso ao qual nós chegamos e em que esse Salmo forneceu ao dogma cristão sua expressão definitiva.

O Salmo 109 é, com efeito, uma fonte essencial da teologia da Ascensão. Aqui é o próprio Novo Testamento que, por primeiro, faz dele a aplicação. Ele já aparece incorporado, para designar a Ascensão, à mais antiga profissão de fé cristã, o discurso de Pedro no dia de Pentecostes: "Quanto ao patriarca Davi, permitam que eu lhes diga com franqueza: ele morreu, foi sepultado e seu túmulo está entre nós até hoje. Mas, ele era profeta, e sabia que Deus lhe havia jurado solenemente fazer com que um descendente seu lhe sucedesse no trono. Por isso, previu a ressurreição de Cristo e falou: 'Ele não foi abandonado na região dos mortos, e a sua carne não conheceu a corrupção'. Deus ressuscitou esse Jesus. E nós todos somos testemunhas disso. Ele foi exaltado à direita de Deus, recebeu do Pai o Espírito prometido e o derramou: é o que

---

17   Cf. Gregório de Nazianzo. In: *P.G.* 36, 657 B.

18   *De Mysteriis.* 36; Botte, 119. Trad. bras.: Ambrósio de Milão. *Os sacramentos e os mistérios.* Introdução, tradução e notas por D. Paulo Evaristo Arns. Comentários por Geraldo Majella Agnelo. Petrópolis: Vozes, 1981. (Fontes da catequese, 5.) Observamos que Ambrósio, nessa passagem, mostra no batismo uma configuração à Ascensão. Vê-se aqui, ainda, como coincidem o espírito sacramental e o espírito festivo.

19   Justino. *I e II Apologia.* 36, 4.

20   Para Justino, o *kerigma* é, sobretudo, o testemunho dado pelo Antigo Testamento a Jesus Cristo, "o significado cristológico da Escritura" (Holstein, H. "La tradition des Apôtres chez Saint Irénée" In: *Recherche de Science Religieuse,* [1949] 248).

A Ascensão

vocês estão vendo e ouvindo. De fato, Davi não subiu ao céu, mas falou: 'O Senhor disse ao meu Senhor: sente-se à minha direita, até que eu faça de seus inimigos um lugar para apoiar seus pés'" (At 2,29-35).

Esta passagem designa exclusivamente a Ascensão de Jesus Cristo como um mistério predito por Davi no Salmo 109. Notar-se-á que aqui, como em todos os textos, a Ascensão é considerada em sentido teológico, isto é, indica a exaltação da humanidade de Jesus Cristo na glória do Pai logo após a Ressurreição; não se trata, pois, da Ascensão corporal que aconteceu quarenta dias mais tarde.[21] É um traço da teologia arcaica. É preciso aproximar essa passagem da Carta aos Efésios: " Deus manifestou sua força em Cristo, quando o ressuscitou dos mortos e o fez sentar-se à sua direita no céu, muito acima de qualquer principado, autoridade, poder e soberania, e de qualquer outro nome que se possa nomear, não só no presente, mas também no futuro. De fato, Deus colocou tudo debaixo dos pés de Cristo e o colocou acima de todas as coisas, como Cabeça da Igreja" (Ef 1,20-22). É certo que nosso Salmo está como suporte dessa passagem. Em primeiro lugar, isso aparece em *sessio a dextris*, que dele foi tomado para definir a instauração da humanidade de Jesus Cristo na glória trinitária – e em seguida a expressão: "Ele tudo colocou sob seus pés", que é uma alusão ao *scabellum pedum*.

A expressão *sessio a dextris* para exprimir a exaltação da humanidade de Jesus Cristo na Ascensão se encontra em outra passagem do Novo Testamento (Rm 8,34).[22] Ela passou para a catequese comum. Nós a encontramos no *Símbolo*, em que exprime um mistério particular, a κάθισις, não a própria Ascensão, mas o estado da humanidade de Jesus Cristo na glorificação junto do Pai, no tempo que vai da Ascensão à Parusia: *Ascendit ad cælos, sedet ad dexteram Patris, unde venturus est*. Por esse exemplo vemos a que ponto o Antigo Testamento e em particular os salmos serviram à comunidade cristã para constituir sua teologia.

Desde então nós não nos maravilhamos ao ver nos Padres o nosso Salmo aplicado à Ascensão em todos os lugares. São Justino a ele retorna: "Deus, o Pai do mundo, devia levar Jesus Cristo ao céu, após a Ressurreição, e deve conservá-lo aí até que ele tenha vergastado os Satanás, os inimigos, até que seja completado o número dos predestinados, por causa dos quais ele ainda não entregou o universo às chamas. Escutai o profeta Davi predizendo esses acontecimentos: O Senhor disse ao meu Senhor: Assentai-

---

21   Cf. Benoit, Pierre. "L'Ascension." In: *Revue Biblique*, (1949) p. 162 ss.

22   Eu deixo de lado as passagens nas quais o salmo é citado como prova da divindade de Jesus Cristo sem referência à Ascensão (*nota do autor*).

BÍBLIA E LITURGIA

-vos à minha direita, até que eu faça de vossos inimigos o escabelo dos vossos pés".[23] Notaremos que a vitória sobre os poderes designados pelo *scabellum pedum* refere-se à Parusia, que é o final do mistério da *sessio ad dextris*, como a Ascensão é o seu início.

Ora, essa interpretação do Salmo 109 designando o conjunto dos três mistérios já se encontra em São Paulo. A Primeira Carta aos Coríntios entende o *scabellum pedum* no sentido escatológico: "É preciso que ele reine, até que tenha posto todos os seus inimigos debaixo dos seus pés. O último inimigo a ser destruído será a morte. Pois Deus tudo colocou debaixo dos pés de Cristo" (1Cor 15,25-26). Aqui se vê bem como o *scabellum pedum* já é uma realidade atual, como em Ef 1,22, e ao mesmo tempo uma realidade escatológica. Notar-se-á, de outra forma, como D. Mollat viu muito bem, que São Paulo, após ter entendido primeiramente a vitória de Cristo sobre esses poderes no sentido escatológico, tendeu, na época das cartas do cativeiro, a insistir mais sobre seu caráter já atual, sobre a escatologia realizada.[24]

Mais explícita ainda que a Carta aos Coríntios é a Carta aos Hebreus, na qual nós encontramos de novo um comentário de nossos versículos. Sabe-se que a Carta aos Hebreus exprime a teologia da Ascensão no quadro da entrada do sumo sacerdote no Santo dos Santos após a oferenda do sacrifício expiatório. É nesse quadro que intervém nosso Salmo: "Jesus, porém, ofereceu um só sacrifício pelos pecados e se assentou à direita de Deus. Doravante, ele espera apenas que seus inimigos sejam colocados debaixo de seus pés" (Hb 10,12-13). Vê-se ainda a mesma oposição entre a *sessio a dextris* – designando a realeza atual de Cristo, na qual o autor da carta sublinha de outra forma a característica definitiva – e o *scabellum pedum*, que é ainda esperado e que corresponde à vitória definitiva de Cristo sobre os poderes.[25]

A tradição ulterior continuará a ver no nosso Salmo a profecia do mistério próprio da *sessio a dextris*, que se segue à Ascensão. Assim escreve Eusébio de Cesareia: "O trono designa a realeza real de Jesus Cristo; a *sessio*, a estabilidade inquebrantável de seu estabelecimento na realeza; a *dextris* designa sua participação nos bens da direita do Pai. Com efeito, o Filho recebe do Pai todos os bens da direita, bons e salutares, para os distribuir".[26] Da mesma forma, Santo

---

23   JUSTINO. *I e II Apologia*. 45,1-3.

24   MOLLAT, Donatien. *Jugement dans le Nouveau Testament*, dans *Supplement Dictionnaire de la Bible*. IV (1949), col. 1350-1354.

25   Cf. VITTI, A.-M. *L'Ascensione nella lettera agli Ebrei*; Roma: S. Paolo, 1936, p. 156.

26   EUSEBIUS. *Commentarii Ps*. In: *P.G.* 23, 1341 B.

A ASCENSÃO

Atanásio distingue as profecias da Ascensão propriamente ditas e as da *sessio* (κάθισις) que é o nosso Salmo. Todos esses testemunhos nos mostram que o mistério da *sessio*, que faz parte do símbolo, retirou toda a sua formulação do Salmo 109.[27]

Esse não é o único aspecto da teologia da Ascensão que está em relação com esse Salmo. Se nós retornamos ao texto de Justino, constatamos que ele continua assim: "O Senhor fará sair de Jerusalém o cetro da vossa força. Esses termos anunciam a palavra poderosa que, saindo de Jerusalém, os apóstolos pregaram em todos os lugares".[28] Aqui, Justino citou o versículo seguinte do Sl 109, aplicando-o à pregação do Evangelho. A mesma interpretação se encontra em Eusébio: "Eu penso que o cetro do poder, nessa passagem, designa a pregação do Evangelho. Essa palavra, com efeito, que anuncia o poder de Nosso Salvador e a economia de sua obra, é um cetro que simboliza, por sua vez, o ensinamento e a salvação".[29]

O ponto importante é que, nessas duas passagens, o mistério da evangelização é colocado diretamente em relação com o mistério da Ascensão.[30] Ora, se nós relermos os Atos, encontramos isto: "Ele foi exaltado à direita de Deus, recebeu do Pai o Espírito prometido e o derramou: é o que vocês estão vendo e ouvindo" (At 2,33). Se retomamos a Carta aos Efésios, lemos: "Deus colocou tudo debaixo dos pés de Cristo e o colocou acima de todas as coisas, como Cabeça da Igreja" (Ef 1,22). E mais adiante: "Aquele que desceu, é o mesmo que subiu acima de todos os céus, para plenificar o universo. Foi ele quem estabeleceu alguns como apóstolos, outros como profetas, outros como evangelistas e outros como pastores e mestres" (Ef 4,10-11). No Evangelho segundo Marcos lemos: "Depois de falar com os discípulos, o Senhor Jesus foi levado ao céu, e sentou-se à direita de Deus. Os discípulos então saíram e pregaram por toda parte. O Senhor os ajudava e, por meio dos sinais que os acompanhavam, provava que o ensinamento deles era verdadeiro" (Mc 16,19-20).

Reencontramos aqui uma sequência parecida: ascensão, assentar-se, missão. Ora, é considerável que nas três passagens citadas, só se tenha feito alusão ao nosso Salmo. Marcos cita a *sessio a dextris*, Efésios o *scabellum pedum*, e Atos um e outro. Desde agora podemos perguntar se a segunda parte dessas passa-

---

27   Cf. CIRILO DE JERUSALÉM. 33, 472 A, 860-864.

28   JUSTINO. *I e II Apologia*. 45, 5.

29   EUSEBIUS. *Commentarii*. In: *P.G.* 23, 1342 C.

30   Cf. DANIÉLOU, Jean. *Le mystère de l'Avent*. p. 160-176.

BÍBLIA E LITURGIA

gens, a que diz respeito à missão, não está em relação com o versículo seguinte de nosso Salmo. O cônego Cerfaux mostrou que a passagem de Fl 2,5-11, sobre o abaixamento e a exaltação de Jesus Cristo, foi construída depois de Is 53.[31] Temos aqui um fato análogo. Constatamos que um *theologoumenon*, comum a várias passagens do Novo Testamento, aparece construído com base no Sl 109, 1-2. Destarte, vemos, uma vez mais, como o Novo Testamento expressou-se nos quadros teológicos da Escritura antiga.[32]

***

O terceiro Salmo da Ascensão é o 68(67). Aqui ainda é o Novo Testamento que o aplica ao nosso mistério, em uma passagem particularmente significativa: "Cada um de nós, entretanto, recebeu a graça na medida em que Cristo a concedeu. Por isso, diz a Escritura: 'Subiu às alturas levando prisioneiros; distribuiu dons aos homens'. O que quer dizer 'subiu'? Quer dizer que primeiro desceu aos lugares mais baixos da terra. Aquele que desceu, é o mesmo que subiu acima de todos os céus, para plenificar o universo. Foi ele quem estabeleceu alguns como apóstolos, outros como profetas, outros como evangelistas e outros como pastores e mestres" (Ef 4,7-11). Encontramos nessa passagem, por sua vez, a oposição entre o *descensus* e o *ascensus* tal como a *Ascensão de Isaías* nos propôs. E, de outra forma, a ligação entre a Ascensão e a missão.

Um trecho da tradução do Salmo por São Paulo deve atrair nossa atenção, pois é importante para nosso propósito. Enquanto o texto hebraico fala de dons "recebidos" por Iahweh, Paulo fala de dons "concedidos" por Jesus Cristo. Há uma modificação do texto que é seguramente intencional. Ora, como bem constatou Balthasar Fischer, ela está em relação com a "cristologização" do Salmo.[33] O que é falado de Iahweh pelo Antigo Testamento, é aqui aplicado a Jesus Cristo. Tal aplicação é totalmente legítima. E a mudança do texto marca bem a passagem do Deus do Antigo Testamento ao do Novo. Mas o que é interessante para nós é que isso sublinha a característica cristológica da interpretação dos salmos pela Igreja primitiva. O que São Paulo vê neles não é a expressão da transcendência de Deus, que é o seu sentido literal, é o da

---

31   Cerfaux, Lucien. *L'hymne au Christ-Serviteur de Dieu*, Fl 2,6-11 – Is 52,13-53,12. Miscellanea Historica, in honorem Alberti de Meyer I. Gembloux: 1954 1. p. 176 sq.

32   O lugar do salmo em Pentecostes remonta à Sinagoga. Cf Guilding, A. "Some Lectionary allusions in the Psalter". In: *Journal Theology Studies*, 1952, 48-55.

33   *Die Psalmenfroemmigkeit der Maertyrerkirche*. p. 15.

A Ascensão

misericórdia de Jesus Cristo, que é o seu sentido tipológico. Ora, é somente esse sentido profético que o interessa.[34]

A interpretação paulina do Salmo encontra-se na tradição. Justino o aplica à Ascensão.[35] Santo Irineu escreve: "e, ressuscitado dos mortos, ele devia subir ao céu, como o disse Davi: o carro de Deus são miríades e miríades de anjos; o Senhor está entre eles, no Sinai, no Santuário, conduzindo a multidão dos cativos; ele deu os presentes aos homens. O profeta chama de cativeiro a abolição do poder dos anjos rebeldes. E ele marcou o lugar de onde devia subir da terra ao céu, porque o Senhor, ele diz, subiu de Sião, da montanha que está diante de Jerusalém e que se chama monte das Oliveiras. Após ter ressuscitado dos mortos, ele reúne seus discípulos, e foi diante de seus olhos que aconteceu a Ascensão e eles viram os céus se abrirem para o receber".[36]

Orígenes, aproximando Mt 12,29 do mesmo versículo do Salmo, vê nele a profecia da participação dos justos na Ressurreição e na Ascensão: "Ele começou amarrando o Satanás sobre a cruz e, entrando em sua missão, isto é, no inferno, e tendo se elevado de lá nas alturas, retirou os cativos, isto é, os que ressuscitaram e entraram com ele na Jerusalém celeste".[37]

Mas esse versículo não foi o único em nosso Salmo a se aplicar à Ascensão. O versículo 34 fala de Iahweh "que sobe ao céu do céu, no Oriente". Esse versículo tem uma grande importância para a história litúrgica. Ele afirmava, com efeito, que a Ascensão de Cristo tinha acontecido no Oriente. Ora, é ele que a *Didascália dos Apóstolos*[38] cita para fundar o uso da prece [voltada] ao Oriente.[39] Os anjos da Ascensão tinham anunciado, com efeito, que "o Cristo voltaria como ele tinha subido ao céu" (At 1,11). Desde então, era no Oriente que se esperava o retorno de Cristo. Ora, para Erik Peterson, encontra-se aí a origem primitiva da orientação da prece. Ela é espera do retorno de Cristo que deve aparecer no Oriente.[40] Mas considerando-se a antiguidade desse uso, se ele está em relação com a aplicação do Salmo à Ascensão, isso quer dizer que

---

34 B. Fischer mostra que outras modificações dos salmos procedem desta intenção: assim o acréscimo do lenho no verso 10 do Sl 96(95): *Dominus regnavit* (o Senhor reina), no qual a intenção cristológica e a centralidade da cruz são evidentes.

35 Justino. *Diálogo*. 39, 1 e 87, 6.

36 Irénée de Lyon. *Démonstration*. 83; *P.O.* 12, 793.

37 Origène. *Co. Romains*. 5, 10; *P.G.* 14, 1052 A.

38 *Didascalia et Constitutiones Apostolorum*. 2, 57, 5.

39 Doelger, Franz Xaver Joseph. *Sol Salutis. Gebet und Gesang im christlichen Altertum. Mit besonderer Rücksicht auf die OstungParte inferior do formulário*. Münster: 1919. p. 210-211.

40 Peterson, Erik. *La croce e la preghiera verso l'Oriente*, dans *Ephemerides Liturgicae*, 59 (1945), p. 52 ss.

BÍBLIA E LITURGIA

a aplicação do nosso versículo à Ascensão é mais antiga ainda e data da era apostólica.

Todavia, apresenta-se uma dificuldade para a exegese do nosso Salmo. Com efeito, se aqui é questão de uma ascensão ao Oriente, o versículo 5 diz: "Preparai os caminhos para aquele que sobe ao Ocidente".[41] Esta dificuldade foi diversamente resolvida. Eusébio nela encontra a mesma oposição da Carta aos Efésios entre o *descensus* e o *ascensus*: "O texto acrescenta: É ele que subiu ao céu do céu ao Oriente, o que corresponde mais exatamente ao que estava escrito anteriormente: Preparai o caminho para aquele que sobe ao Ocidente. Convinha, com efeito, que após ter aprendido sobre sua descida, nós sejamos instruídos sobre sua subida. Sua descida aconteceu ao Ocidente pelo obscurecimento dos raios de sua divindade; sua Ascensão aconteceu sobre o céu do céu ao Oriente pela restauração (*apocatástasis*) gloriosa nos céus".[42]

Esse simbolismo do Oriente e do Ocidente era, nós o sabemos, familiar à comunidade antiga. Nos ritos do batismo a renúncia a Satanás era feita com os batizandos voltados para o Ocidente; a adesão a Cristo, voltados para o Oriente. Eusébio, de outra forma, nos explica esse simbolismo: "Tu compreendes do que se trata pela comparação com o sol. Da mesma forma que, ao se pôr, ele realiza uma corrida invisível, e que, chegando ao horizonte oriental, ele se eleva direto no céu, iluminando todas as coisas e dando ao dia a sua luz, do mesmo modo o Senhor foi-nos mostrado aqui, após ele ter realizado, por assim dizer, o seu poente no tempo da Paixão e de sua morte, subiu ao céu do céu ao Oriente".[43] Atanásio dá a mesma interpretação: o *occasus* é a descida aos infernos, o *oriens*, a Ascensão.[44]

Mas nós reencontramos outra interpretação do *ascensus super occasum*: designa a vitória de Jesus Cristo sobre a morte, do qual o *occasus* é o símbolo. Isso aparece em Gregório de Nissa: "O pecado do homem foi a causa de sua expulsão do paraíso. Ele deixa o Oriente (Gn 2,8), para habitar ao Ocidente. Por causa disso, é ao Ocidente que o Oriente (Zc 6,12) aparece: Louvai ao Senhor que sobe ao Ocidente, a fim de que o sol ilumine as trevas".[45] Nós

---

41   O autor deve ter seguido a tradução da Vulgata: "cantate Deo, psalmum dicite nomini eius; iter facite ei, qui fertur super nubes: Dominus nomen illi. Iubilate in conspectu eius" (v. 5). "Qui fertur super caelum caeli ad orientem; ecce dabit vocem suam, vocem virtutis" (v. 34). [N.E.]

42   EUSEBIUS. *Commentarii*. In: *P.G.* 23, 720.

43   *P.G.* 23, 720 A

44   EUSEBIUS. In: *P.G.* 17, 294 B, 303 D.

45   GREGORIO DE NISSA. *Homilias*. In: *P.G.* 46, 496 A.

A Ascensão

acentuaremos como nesse texto as alusões às passagens do Antigo Testamento, no qual se encontra a questão do *Christus-Oriens*, se correspondem umas às outras. O abandono do Oriente pelo Ocidente como equivalente ao exílio fora do paraíso é um tema que remonta a Orígenes.[46]

A mesma ideia foi retomada por Santo Hilário, sem dúvida em dependência da mesma fonte. Santo Hilário conhece as duas explicações,[47] mas insiste na segunda. "Tudo o que vem à existência conhece uma velhice. E essa destruição das coisas que envelhecem é a morte. É preciso, pois, exaltar e preparar os caminhos para aqueles que vão para a velhice da morte, isto é, para aquele que esvaziou todo envelhecimento ao triunfar de sua própria velhice. Ele ultrapassou a velhice de nossa morte, aquele que obteve a vida de entre os mortos por sua Ressurreição. Está aí a alegria dos apóstolos, quando eles o viram e tocaram, após a Ressurreição".[48] Portanto, aqui a vitória sobre o *occasus* é a Ressurreição que precedeu a Ascensão, enquanto que para Eusébio e Atanásio é a descida aos infernos.[49]

***

Destarte, numerosos testemunhos nos atestam que os salmos que estudamos foram considerados profecia da Ascensão pelo Novo Testamento e pela comunidade primitiva e que foi a esse título que eles foram incorporados à liturgia da Igreja. Mas aqui se nos coloca uma questão: essa interpretação profética é bem fundada? Em que medida ela se baseia em aproximações arbitrárias? Ela exprime bem o verdadeiro sentido dos salmos? Ela não está em relação com preocupações dos tempos nos quais o conflito entre o judaísmo e o cristianismo colocava em questão o sentido profético em primeiro lugar? Essa preocupação não nos é secundária? Não haveria vantagem em retirar dos salmos esse messianismo e de considerar somente seu valor de oração inspirada?

Ora, o fato é este: toda tradição antiga do uso litúrgico dos salmos repousa sobre sua significação messiânica. De um lado, é esse sentido que dá todo o valor para a comunidade primitiva. Ela os adotou, já afirmamos, não por causa do seu valor religioso, nem por causa de sua característica inspirada, mas unicamente porque acreditou que eles diziam respeito a Jesus Cristo. Portanto, todo o seu emprego na Igreja repousa sobre seu sentido messiânico.

---

46 Daniélou, Jean. *Origène*. 226-229.

47 Hilarius. *Tractatus*. In: *P.L.* 9, 467 B.

48 Idem. *P.L.* 9, 446 B.

49 Eu deixo de lado o Sl 46, importante na liturgia romana, mas sobre o qual não há comprovação de que remonte aos tempos apostólicos (*nota do autor*).

Se esse sentido não é mais o seu sentido real, seu emprego litúrgico assinala somente um simbolismo acomodatício e perde toda a significação dogmática. Esse emprego só tem valor na medida em que a interpretação cristológica não é acrescentada do alto, mas corresponde à sua significação literal.

O que isso significa para os salmos que estudamos? Se se adota a concepção da profecia que inicia com Teodoro de Mopsuéstia e que só admite como messiânicas algumas predições de uma aplicação sempre contestável, não se consegue admitir mais que o Sl 109 como messiânico, negando esse título aos outros dois. Se, ao contrário, se aceita, com o conjunto dos Padres, que os acontecimentos, os personagens, as instituições do Antigo Testamento são figuras das realidades escatológicas e que elas foram realizadas em Jesus Cristo, então a interpretação cristológica de nossos salmos será considerada plenamente válida. Ora, essa interpretação encontra seu fundamento no próprio Antigo Testamento. O Salmo 23(24) nos descreve uma procissão que entra no Templo de Jerusalém.[50] Mas sabemos que, já para o Antigo Testamento, o Templo de Jerusalém figura o Templo da Jerusalém futura, e que o culto tem uma significação escatológica. A Carta aos Hebreus, ao aplicar o Salmo à entrada de Jesus Cristo no Templo celeste no dia da Ascensão, nada mais fará senão afirmar a realização, em Jesus Cristo, daquilo que o culto do Templo já anunciava.

O Salmo 67 também é um salmo processional. "Os cantores caminham adiante, escreve Pedersen, depois os tocadores de instrumentos no meio das moças dançam ao som dos tamborins".[51] Ora, o Apocalipse nos mostra a liturgia celeste figurada nessa liturgia terrestre (15,2).[52] Mas já, e ainda mais nitidamente que os precedentes, o mesmo texto nos convida a dar um sentido escatológico à liturgia. "Os salmos, escreve Gunkel, como tratam do passado ou do presente de Israel, falam também do futuro. O coração do piedoso estremece quando ele pensa no tempo futuro no qual o Senhor se mostra em sua verdadeira grandeza e toma posse do Trono do mundo. O Salmo 67

---

50 PEDERSEN, Johannes. *Israël, its Life and Culture I-II*. London-Copenhagen: 1926, II. p. 437. M. PODERCHARD. *Le Psautier*. I. 1949, p. 117, reconhece que o Salmo desde o Antigo Testamento "pode tomar uma dimensão escatológica".

51 PEDERSEN, Johannes. *Israël*. 437.

52 PETERSON, Erik. *Theologische Traktate*. p. 330 s.

descreve uma tal celebração alegre do futuro".[53] Portanto, São Paulo, em Ef 4,8, não deu uma significação inteiramente nova do Sl 67. Ele descreve bem a entrada escatológica no Templo celeste. Mas São Paulo afirmou que o que se disse de Iahweh foi realizado em Jesus Cristo. Ora, é um dos aspectos sob os quais o Novo Testamento realizou o Antigo.[54]

O Sl 109 nos apresenta outro aspecto da tipologia escatológica do Antigo Testamento. Aqui não é mais a liturgia do Templo que é mais figurativa, é o rei davídico. Ele entra de outro modo no mesmo conjunto figurativo, porque os liames entre a realeza e o Templo são estreitos,[55] e nosso Salmo mostra-o ao associar o sacerdócio à realeza. É possível mesmo que ele aluda a um rito de unção real fazendo parte da liturgia do Templo.[56] É essa ligação do Templo com a realeza que lembra a atribuição do Salmo a Davi. Ora, o rei davídico é uma figura do Messias. Porém há mais: aqui o rei é um personagem escatológico.[57] Trata-se de uma profecia no sentido estrito (Mt 22,44).

Após tudo isso é certo que podemos discutir tal interpretação de detalhes dada pela tradição antiga. Os Padres utilizavam o texto da LXX. Eis por que eles viram "príncipes" (23,7) onde é questão somente de "batentes das portas". Não é questão de "Ocidente" no Sl 67,5, mas somente de "planícies".[58] Nem se trata de "Oriente" em 67,34, mas somente de céus "antigos". Da mesma forma, eles se sentiam livres com relação ao texto, e nós temos São Paulo substituindo "receber" por "doar" (67,19). Isso questiona as interpretações detalhadas, que podemos conservar enquanto fazem parte do Novo Testamento ou da tradição, mas das quais não encontramos um fundamento no próprio Antigo Testamento.

Mas não são essas interpretações detalhadas que interessam. Elas relevam a insuficiência de tradução ou de métodos rabínicos de interpretação que não são os nossos. E não temos de perder tempo com isso. Pois o essencial é outra coisa. Trata-se, como acabamos de ver, do fato de que a interpretação escato-

---

53 Gunkel, Hermann. *Einleitung in die Psalmen*. Tübingen: 1928. p. 79-80.

54 Fischer, Balthasar. *Die Psalmen Frommigkeit*. p. 8. Cf. também Bieder, Werner. *Die Vorsteillung von der Hollenfahrt J.-C.* 1949. p. 82.

55 Pedersen, Johannes. *Israël*. II. p. 430-431.

56 Riesenfeld, Harald. *Jésus transfiguré*. p. 142.

57 Gunkel, Hermann. *Einleitung in die Psalmen*. p. 97-98.

58 O Novo Saltério traduz por *deserto* (cf. Bíblia, edição pastoral).

Bíblia e Liturgia

lógica dada pelos Padres aos salmos correspondem bem à sua significação, e essa significação ressalta da tipologia geral do Antigo Testamento aquilo que ela tem de mais precisamente profético. Dessa forma, a demonstração neotestamentária permanece praticamente válida para nós. Os Padres, depois do Novo Testamento, tiveram razão em afirmar que os salmos tinham um sentido escatológico – uma vez que é bem esse o seu sentido – e em afirmar que eles encontravam sua realização em Jesus Cristo, porque Jesus Cristo é o *eschatos anthrôpos*.

Capítulo XIX

PENTECOSTES

No início do capítulo anterior dissemos que na origem da festa da Páscoa estava a celebração do mistério cristão todo inteiro: Encarnação, Paixão, Ressurreição, Ascensão, descida do Espírito Santo. É o que encontramos na mais antiga homilia de Melitão e de Hipólito.[1] Gregório de Nazianzo ainda é eco desse pensamento do IV século: "Tal é a festa que celebras hoje: celebra o nascimento daquele que nasceu por ti e chora a morte daquele que morreu por ti".[2] Dessa forma, essa festa preenche todo o tempo pascal, que constitui um só dia de festa. Isso é bem marcado nas *Cartas Pascais* de Atanásio: "A santa semana se estende por uma graça contínua a todas as sete semanas do santo Pentecostes, durante as quais nós celebramos a festa da Páscoa".[3] Aqui Pentecostes designa somente o tempo pascal e tem por conteúdo a Ressurreição.[4]

Mas a partir do IV século, desenvolve-se uma tendência nova, que vai distribuir a única festa do único mistério em festas múltiplas unidas a episódios particulares. O dia da Páscoa está ligado à Ressurreição, o quadragésimo dia à Ascensão, o quinquagésimo à efusão do Espírito. O aspecto histórico tende a se impor sobre o aspecto teológico, como bem acentuou Dom Odo Casel.[5] Essa evolução parece ter sido feita, em grande parte, pela influência das

---

1   MARTIN, Charles. "Hippolyte de Rome et Proclus de Constantinople". In: *Revue d'Histoire Écclésiastique*, (1937) p. 263.

2   GREGÓRIO DE NAZIANZO. In: *PG*. 36, 652 D.

3   ATANÁSIO. *Cartas festivas*. I. In: *P.G.* 26, 1389 C.

4   Atanásio designa todo esse tempo com a expressão de "grande domingo" (Idem. 26, 1366 A).

5   CASEL, Odo. "Art und Sinn des aelteste christlichen Osterfeier". In: *Jahrundert Liturgiewissenchaft*, 14 (1938), p. 58.

BÍBLIA E LITURGIA

peregrinações a Jerusalém, onde o uso de comemorar os episódios da vida histórica de Cristo na data e no local nos quais eles tinham acontecido tinha se desenvolvido, como dá testemunho o *Jornal de viagem de Etéria*.[6] Por essa razão, acrescentou-se também nessa época a necessidade de multiplicar as festas cristãs para substituir as festas pagãs, e também para solenizar os dogmas definidos pelos concílios contra os hereges.

Ora, isso tem uma particular importância em relação a Pentecostes, que até então designava sucessivamente duas realidade diferentes. Para o cristianismo mais antigo, Pentecostes designava as sete semanas que se seguem à Páscoa e que tem por conteúdo o mistério pascal em sua totalidade, considerado sob os aspectos que colocava especialmente em relevo a festa judaica da colheita, que correspondia a essas sete semanas. Depois, a partir da IV século, tendeu a designar, de modo mais particular, o último dia desse período e a não ter como único conteúdo a descida do Espírito Santo. Entre os títulos simbólicos que estudaremos, os dois primeiros se ligam, sobretudo, ao primeiro aspecto, e o último, ao segundo.

***

Em seu tratado *De specialibus legibus*, tão precioso para nosso conhecimento do culto judaico na época de Cristo, Filão de Alexandria trada dos diferentes dias de festa. Após ter falado da Páscoa e dos ázimos, a primeira que acontecia em 14 de nisan e a segunda que iniciava em 15 de nisan e terminava sete dias mais tarde, ele continua: "Há uma festa na festa, que acontece na manhã do primeiro dia, que é chamada festa da colheita".[7] Depois, após ter explicado a significação dessa festa, ele passa à que segue: "A festa que acontece segundo o número cinquenta (πεντηκοστόν) foi chamada festa das primícias".[8] Na realidade, essas duas festas devem ser reaproximadas uma da outra; constituem o primeiro e o último dia das sete semanas que formam o tempo da colheita. É por isso que se chamava o dia de encerramento: festa das Semanas.[9]

Se tomarmos, com efeito, o Deuteronômio, encontramos a explicação dessa festa: "Conte sete semanas. A partir do momento em que você começar a

---

6 BAUMSTACK. *Liturgie comparée*. p. 168.
7 FILÃO DE ALEXANDRIA. *De Specialibus Legibus*. 2, 162.
8 Idem. 179.
9 PEDERSEN, Johannes. *Israël*. 2. p. 415-418.

ceifar as espigas, conte sete semanas. Celebre então a festa das Semanas em honra de Iahweh seu Deus" (Dt 16,9-10). Vemos que a festa é inaugurada no começo da colheita e que ela termina com o seu final. De outro lado, outros textos precisam essa dupla solenidade: "Quando vocês tiverem entrado na terra que eu lhes dou e fizerem nela a colheita, tragam para o sacerdote o primeiro feixe da colheita (δϱάλμα). O sacerdote oferecerá esse feixe diante de Iahweh com o gesto de apresentação, para que seja aceito. Essa apresentação será feita no dia seguinte ao sábado. No mesmo dia, ofereçam a Iahweh como holocausto um cordeiro de um ano e sem defeito. Como oblação, ofereçam também oito litros de flor de farinha amassada com azeite: é oferta queimada para Iahweh como perfume de suave odor. Ofereçam também a libação de um litro de vinho. Não comam pão nem grãos tostados até o dia em que levarem sua oferta a Deus. É uma lei perpétua para todos os descendentes de vocês, em qualquer lugar onde estiverem morando. A partir do dia seguinte ao sábado, em que vocês tiverem trazido o feixe para a apresentação, vocês contarão sete semanas completas" (Lv 23,10-15). Estamos na presença de uma unidade litúrgica muito nítida, a das sete semanas da colheita. Seu início, que consiste na oferenda do feixe, cai no segundo dia dos ázimos, no dia 16 de nisan, mas nada tem a ver com a festa dos ázimos. Seu final é a festa das Semanas, cinquenta dias depois; daí seu título de Pentecostes.

A ação característica desse conjunto litúrgico é a oferenda das primícias, na qual os Padres viram o cumprimento no Pentecostes cristão. Contudo, já antes deles, Filão de Alexandria tinha procurado a significação religiosa do gesto litúrgico da oferenda dos feixes. É notável que ele dá precisamente o mesmo simbolismo à festa do feixe de 16 de nisan e à festa das primícias, cinquenta dias mais tarde. Falando da primeira, ele escreve: "O feixe era levado ao altar como primícias (ἀπαϱχή) e do país que o povo obteve como habitação e de toda a terra, em ação de graças (εὐχαϱίστια) para a prosperidade e a abundância. A primícias obtêm, por sua vez, a lembrança de Deus, que é o bem mais excelente, e um justo reconhecimento para com aquele que é realmente a causa da prosperidade".[10]

Ora, o comentário da festa final de Pentecostes, a das primícias, retoma esse tema: "Essa festa é chamada festa das primícias. Isso significa que, antes que o trigo anual seja utilizado pelo homem, o primeiro produto da nova colheita e o primeiro fruto sejam apresentados com primícias. Com efeito, isso é

---

10 Filão de Alexandria. *De Specialibus Legibus*. 2, 162-171.

justo e piedoso, após ter recebido de Deus a prosperidade como o maior dom: não mais usar do alimento mais necessário e, ao mesmo tempo, o mais útil e o mais agradável, bem como não mais apropriar-se dele inteiramente, antes de ter oferecido suas primícias àquele que as fornece. Não significa que se lhe dê algo em troca, porque tudo, riquezas e dons, pertence a ele. Mas significa que esse humilde símbolo manifesta a atitude de ação de graças e de piedade para com aquele que não é avaro de seus dons, mas que os distribui com continuidade e liberalidade. Ademais, as primícias significam que a espiga de trigo seja por excelência o primeiro e o melhor dos produtos".[11]

Filão exprime aqui, pois, toda uma teologia das primícias, como expressão de ação de graças, isto é, como reconhecimento da total dependência da criatura humana para com Deus. Essa teologia vai ser encontrada nos Padres da Igreja. Dessa forma, Orígenes na *Homilia XXIII sobre o Livro dos Números* trata do simbolismo das festas judaicas e interpreta a festa das primícias (*nova*) em um sentido espiritual, exprimindo a renovação do homem interior.[12] Mas se essa interpretação nos mostra na economia cristã a realização espiritual daquilo que, na liturgia judaica, era a expressão ritual, não está em relação com a realidade litúrgica de Pentecostes.

A interpretação litúrgica é, sobretudo, desenvolvida por Cirilo de Alexandria. É com ele que reencontramos verdadeiramente um simbolismo cristão da festa judaica da colheita. No *De Adoratione in spiritu et veritate*, ele comenta sucessivamente dois textos bíblicos relativos a Pentecostes. No primeiro comentário nos leva a *Números* 28,26-31 "No dia das primícias (*nova*) oferecereis a Iahweh uma oblação nova na festa das Semanas". Ora, Cirilo comenta assim esse texto: "Nós diremos que é o mistério da Ressurreição do Senhor que a festa das primícias figura. Com efeito, é no Cristo que a natureza humana refloresceu de novo, tendo então eliminado a corrupção e rejeitado a vetustez do pecado".[13] Destarte, aparece claramente que para Cirilo o conteúdo da festa de Pentecostes é a Ressurreição.

De outra forma, ele mesmo explica a respeito, comparando a festa da Páscoa com a de Pentecostes. O conteúdo da Páscoa é "a morte do Emanuel por nós. Mas a festa que a segue imediatamente e que não lhe é inferior é a ressurreição de entre os mortos que sacode a corrupção e nos faz passar a uma

---

11   Idem. 179-181.

12   Origène. *Homélies sur les Nombres.* 23, 8; P.G. 12, 753 A.

13   Cirilo de Alexandria. *De Adoratione in spiritu et veritate.* In: P.G. 68, 1093 A.

vida nova. Com efeito, nós nos despimos do homem velho e nos revestimos do homem novo que é o Cristo. Contempla, pois, as primícias da humanidade nova, isto é, o Cristo, na figura do feixe e nas primícias dos campos e das primeiras espigas, oferecidas em santa oblação a Deus Pai".[14] Dessa forma, a festa das colheitas aparece como a figura da Ressurreição de Cristo e isso sob o duplo aspecto que caracteriza o conteúdo da festa: antes de tudo é uma oferta de Cristo a seu Pai, a característica sacrifical da Ressurreição; e em segundo lugar é uma oferta de primícias: o Cristo, com efeito, constitui as primícias da humanidade renovada.[15]

De outro lado, isso é precisado por Cirilo: "Portanto, o Cristo é figurado aqui no símbolo do feixe, considerado como primícias das espigas e como fruto novo; com efeito, ele é o primogênito dentre os mortos, o caminho que nos leva à ressurreição, aquele que renova todas as coisas. As coisas antigas passaram, eis que tudo se torna novo, diz a Escritura. O feixe era apresentado diante da face do Senhor; assim, o Emanuel ressuscitado dos mortos, fruto novo e incorruptível da humanidade, subiu ao céu para se apresentar agora por nós diante da face do Pai".[16] Vê-se bem como, para Cirilo, Pentecostes é o mistério pascal na sua totalidade; a apresentação do feixe sobre o altar figura a Ascensão pela qual o Cristo, primogênito da humanidade ressuscitada, está para sempre presente diante do Pai para interceder por nós.[17]

Notaremos que, nessas passagens, Cirilo se refere seja a textos relativos à festa dos feixes, como a textos relativos à festa das primícias. Portanto, para ele, como para Filão, o tema das duas festas é o mesmo. Cirilo lhe dá, somente, uma interpretação diferente. Em continuidade, a realização na liturgia cristã do mistério figurado no Pentecostes judaico não se refere somente ao último dia da santa semana, mas ao seu conjunto. E é o que nos diz expressamente Cirilo: "O texto nos dá uma prefiguração evidente do Santo Pentecostes, dizendo que é preciso contar sete semanas após o oferecimento do feixe. Com efeito, após a Ressurreição do Salvador, nós esperamos sete semanas para celebrar a festa".[18]

---

14   Idem. *P.G.* 68, 1093 C.

15   A primeira ideia aparece, antes de tudo, em um fragmento de Hipólito, citado por Teodoreto: "Pentecostes é a figura do Reino dos Céus, o Cristo tendo subido para seu Pai e tendo oferecido sua humanidade como dom a Deus" (ACCHELIS. 122, 10-11).

16   CIRILO DE ALEXANDRIA. *De Adoratione.* 1096 A.

17   Cf. JOÃO CRISÓSTOMO. *Sur l'Ascension de Notre Seigneur Jésus Christ* (In: Ascensionem D. N. Jesu Christi). In: *P.G.* 50, 445.

18   CIRILO DE ALEXANDRIA. *De Adoratione.* 1097 A.

Esse último texto nos leva a desembocar diretamente na realidade litúrgica. O dia de Pentecostes, no final das sete semanas, aparece como festa do mistério pascal todo inteiro. Assim, aquilo que para Cirilo distingue Pentecostes da Páscoa, não é o seu conteúdo, que é o mesmo, mas o aspecto sobre o qual ele é considerado. Na festa da Páscoa, o mistério de Cristo é contemplado sob as espécies da imolação do cordeiro; em Pentecostes, ele é visto sob as espécies da oferta das primeiras espigas. Assim nos aparece uma linha da teologia das festas que distingue estas não por sua referência aos episódios da história de Cristo, mas por meio das categorias do Antigo Testamento nas quais é expresso o único mistério de Cristo. Essa linha teológica parece mais conforme ao pensamento teológico antigo, uma vez que a teologia é a formulação do fato de Cristo com categorias tomadas do Antigo Testamento. A festa litúrgica aparece aí como a manifestação do nível da vida da comunidade cristã.

***

A primeira característica da festa judaica de Pentecostes é a de ser a oblação das primícias. A segunda é a de ter a duração de cinquenta dias, isto é, sete vezes sete semanas mais um dia. Essas características dão origem aos títulos ordinários da festa: Festa das Semanas ou Pentecostes (cinquentenário). O uso de septenário se liga, evidentemente, ao simbolismo geral do sábado no Antigo Testamento. Em seu *Sermão sobre Pentecostes*, Gregório de Nazianzo recorda seus diferentes aspectos.[19] Não retornaremos a esse assunto, pois já falamos dele a propósito do *shabat*. Mas aqui não se trata somente da semana das semanas.; trata-se de dois simbolismos particulares que encontraremos nos Padres e que nos darão novas perspectivas sobre a teologia de Pentecostes.

Uma primeira interpretação se liga a uma significação particular que a semana das semanas tinha no judaísmo. Sabe-se, com efeito, que o Antigo Testamento conhecia um uso segundo o qual todas as sete semanas de anos, isto é, todos os cinquenta anos, as dívidas eram perdoadas e os escravos libertados (Lv 25,10). O número cinquenta aparece, assim, como o símbolo da remissão (ἄφεσις) das dívidas. Já em Filão encontramos essa significação aplicada à festa de Pentecostes: "A festa do feixe, ele escreve, é uma espécie de festa preparatória, e se pode dizer, a uma festa maior. Com efeito, a partir dela, calcula-se o quinquagésimo (πεντηκοστόν) dia, no final de sete semanas, nú-

---

19 Gregório de Nazianzo. *Oratio XLI In Pentecostem*. In: *P.G.* 36, 429-431.

mero sagrado da remissão (ἄφεσις), selada pela mônada, que é imagem de Deus incorporal".[20]

O texto mostra, antes de tudo, a relação da festa do feixe com a festa das primícias. A primeira era a inauguração da segunda. De outro lado, vemos aparecer dois simbolismos importantes. Deixemos de lado, por enquanto, o do quinquagésimo dia, a unidade que se acrescenta às sete semanas. Mas retenhamos o liame estabelecido por Filão entre as sete semanas de Pentecostes e a noção de remissão. Com efeito, esse simbolismo se encontrará em toda uma tradição cristã, a da Escola de Alexandria, que vai aplicar tal simbolismo à remissão (ἄφεσις) dos pecados, que é um aspecto da redenção operada por Jesus Cristo. Portanto, por outro aspecto, Pentecostes se encontra como figura do mistério da redenção. E é a categoria bíblica fundamental da remissão que vai dar valor ao seu simbolismo.

Clemente de Alexandria, de quem se conhece bem a dependência em relação a Filão, é o primeiro autor cristão a ver no número cinquenta o símbolo da remissão dos pecados. Trata-se da dimensão da arca de Noé. A arca tinha cinquenta côvados de largura: "Alguns dizem que esse número cinquenta é o símbolo da esperança e da remissão que aconteceu em Pentecostes".[21] Clemente apresenta a si próprio como representante de uma tradição autêntica. Mas tal tradição pode ser simplesmente o próprio Filão. No seguimento de Clemente, Orígenes também interpreta simbolicamente as dimensões da arca. Ele escreve: "À largura, atribui-se o número cinquenta, que é o número consagrado à remissão e ao perdão. Segundo a Lei, com efeito, havia uma remissão a cada cinquenta anos".[22]

Mas Orígenes não se contenta com essa indicação. Em primeiro lugar, dando seguimento ao texto que acabamos de citar, ele faz explicitamente a aplicação do simbolismo de Pentecostes à redenção operada por Jesus Cristo: "Ora, Jesus Cristo, Noé espiritual, em sua arca, na qual salva o gênero humano da destruição, atribuiu esse número de remissão de cinquenta à largura. Pois se ele não tivesse concedido a remissão dos pecados aos crentes, a Igreja não teria se expandido pelo mundo". Nós temos a aplicação a Cristo da remissão simbolizada pelo número cinquenta, mas nenhuma alusão ao Pentecostes litúrgico. Mas se encontra em outra parte: "O número cinquenta contém a

---

20   Filão de Alexandria. *De Specialibus Legibus*. 176.

21   Clémens d'Alexandrie. *Stromate*. VI, 2; SC 446, 11.

22   Origène. *Homélies sur la Genèse*. 2, 5.

BÍBLIA E LITURGIA

remissão, conforme o mistério do Jubileu, que acontece todos os cinquenta anos, ou da festa que acontece em Pentecostes".[23]

Esse simbolismo de Pentecostes designando a remissão tem uma importância particular em Orígenes, porque ele vê, nas sete semanas litúrgicas, a figura da semana das semanas seculares, pelas quais se opera a remissão total de todos os pecados e a restauração de toda a humanidade em sua perfeição através das gerações sucessivas: "É preciso examinar se os textos relativos aos dias, aos meses, aos tempos e aos anos não são relativos aos séculos (αἰῶνες). Com efeito, se a Lei é sombra dos bens futuros, daí decorre que os *shabats* são a sombra de outros *shabats*. E o que diremos da festa de sete semanas de dias".[24]

De outro lado, é interessante notar que Orígenes, em suas *Homilias sobre os Números*, procurou encontrar no Evangelho o simbolismo de Pentecostes como símbolo da remissão: "O número cinquenta contém o mistério da remissão e do perdão, nós o mostramos abundantemente em numerosas passagens da Escritura. O quinquagésimo dia após a Páscoa é considerado uma festa pela Lei. E no Evangelho também, ensinando a parábola da remissão e do perdão, o Senhor fala de um devedor que tinha uma dívida de cinquenta moedas".[25] Com efeito, não é impossível que exista aqui uma relação entre o uso da palavra cinquenta e o tema da remissão. Assim, o simbolismo de Pentecostes, como figura do perdão dado por Cristo, teria um fundamento neotestamentário.[26]

Depois de Orígenes esse simbolismo persiste no mundo alexandrino, no nível do ensinamento comum. É assim que nós o encontramos nas *Cartas Pascais* de Santo Atanásio: "Contando sete semanas a partir da Páscoa, nós celebramos o santo dia de Pentecostes, que antes, entre os judeus, era figurado sob o nome de festa das Semanas. Nessa época acontecia a libertação e o perdão de dívidas. De toda maneira, esse dia era um dia de liberdade".[27] Santo Atanásio parece ligar a remissão à festa anual de Pentecostes que acontecia somente no ano do Jubileu. Mas o interessante de seu texto é que ele une, mais diretamente que Orígenes, a teoria da remissão à festa litúrgica cristã de

---

23   ORIGÈNE. *Commentaire sur l'Évangile selon Matthieu, livres XII-XIII (version latine)*. (Commentarii in Matthaeum, libri XII-XIII. In: XI, 3; *P.G.* 13, 908 A.

24   ORIGENES. *De Oratione.* In: *P.G.* 27, 14; Cf. DANIÉLOU, Jean. *Origéne.* p. 279-281.

25   ORIGÈNE. *Homélies sur les Nombres.* 5, 2; cf. também 25, 2.

26   Mais evidente aparece o simbolismo do número cinquenta como remissão na ordem de perdoar "setenta vezes sete" (= 50 X 10 – 10) (Mt 18,12).

27   ATANÁSIO. *Cartas festivas.* In: *P.G.* 26, 1366 A.

Pentecostes. Portanto, para Atanásio, trata-se daquela festa cujo conteúdo era o mistério da remissão dos pecados figurado pelo número cinquenta. É sob um novo ângulo teológico que Pentecostes nos faz visualizar o único mistério redentor.[28]

***

Após ter mostrado em Pentecostes uma figura da remissão, Filão sugere uma segunda interpretação do número cinquenta tirado do simbolismo pitagórico.[29] Isso nos introduz em um novo aspecto do simbolismo de Pentecostes, tirado não mais da relação com o ano jubileu de semanas, mas das próprias propriedades do número cinquenta, composto de 7 X 7 + 1. Ele aparece assim unindo a perfeição do número septenário multiplicado por si mesmo e a perfeição da mônada. É ao menos o que observa Filão. Os Padres da Igreja se inspirarão nesse simbolismo dos números, mas eles se comprazerão em mostrar que a mônada filoniana é também a ogdóade cristã, o oitavo dia, no qual Cristo ressuscitou, e que é a figura da ressurreição na vida futura. Assim, por outro viés, que é um desenvolvimento do simbolismo do domingo, vai se considerar Pentecostes como designação da Ressurreição. Ele será, nesse sentido, o domingo por excelência, o grande Domingo, como o chama Santo Atanásio.[30]

Com efeito, é nesse autor que nós encontramos, em primeiro lugar, o simbolismo segundo o qual Pentecostes é a figura da vida eterna: "Como esse tempo é o símbolo do mundo futuro, nós celebraremos o grande domingo, tomando aqui os penhores da vida eterna que deve vir. Com efeito, é quando emigraremos daqui que nós celebraremos plenamente a festa com o Senhor".[31] Esse tema de Pentecostes como figura da vida eterna retorna frequentemente em Atanásio: "Quando certo número de dias forem transcorridos, nós celebraremos a solenidade do santo Pentecostes, do qual o ciclo dos dias figura o mundo futuro, no qual, vivendo sempre com Jesus Cristo, nós louvaremos o Deus do universo".[32] Para Atanásio, os dias de Pentecostes serão uma figura da vida eterna. Mas não se consegue ver precisamente de onde vem esse simbolismo.

---

28   Cf. também GREGÓRIO DE NAZIANZO. *Oratio XLI In Pentecostem*. 3. In: *P.G.* 36, 432 A; HILÁRIO DE POITIERS. *Tractatus super psalmos*. *P.L.* 9, 520 B.

29   FILÃO DE ALEXANDRIA. *De Specialibus Legibus*. 177.

30   SANTO ATANÁSIO. In: *P.G* 26, 1366 B.

31   Idem. 1366 B.

32   Idem. 1379 A.

Esse nos é dado por São Basílio. Explicando, no *Tratado sobre o Santo Espírito*, que há numerosos usos no cristianismo, que procedem da tradição apostólica e cujo simbolismo os cristãos não conhecem mais, ele passa a falar de Pentecostes: "Todo o período de cinquenta dias (πεντηκοστή) nos faz lembrar da ressurreição que nós esperamos na eternidade. Com efeito, esse dia um e primeiro, sete vezes multiplicado por sete, termina as sete semanas de Pentecostes, porque ele começa no primeiro e termina por ele, desdobrando-se cinquenta vezes no intervalo em dias parecidos. Dessa forma, ele tem alguma semelhança com a eternidade, pois que vai terminar lá onde começa por um movimento circular. Nesse dia, é a estação direita que as leis da Igreja nos fizeram aprender a guardar na oração, para marcar que a parte superior de nossa alma deve emigrar fora do presente em direção ao futuro".[33]

Para Basílio, como para Atanásio, Pentecostes figura a Ressurreição. E ele figura a Ressurreição porque é o oitavo dia. Com efeito, segundo o raciocínio de Basílio, ele consiste na repetição, durante sete vezes sete dias, do primeiro dia que o inaugura, que é um domingo e que é também o oitavo. Pentecostes aparece como constituído por cinquenta domingos.[34] É justamente o grande domingo do qual falava Atanásio. Ora, o domingo é, por sua vez, memorial da Ressurreição de Jesus Cristo e figura da ressurreição que deve vir. Enquanto ele é inaugurado por um domingo e termina por um domingo, é que Pentecostes, todo inteiro, aparece assim como figura da Ressurreição.

Gregório de Nazianzo desenvolve um tema análogo: "As semanas de dias engendram Pentecostes, dia considerado santo pelos judeus; as hebdômadas de anos engendram o ano jubilar, assim que eles o nomeiam, dia de repouso para a terra e de libertação para os escravos. Com efeito, esta nação consagra a Deus não somente as primícias dos frutos e dos animais, mas também dos dias e dos anos. É assim que o número sete, pela veneração da qual se faz objeto, comunicou esta honra a Pentecostes. Com efeito, multiplicado por ele mesmo, o produto cinquenta, menos um dia, que nós tomamos do século futuro, a ogdóade que é sempre a mesma e a primeira, ou antes, única e indestrutível. Com efeito, é preciso que o sabatismo presente em nossas vidas tenha um termo, para que uma parte seja dada ao sete e uma ao oito, como alguns de nossos predecessores interpretaram esta passagem de Salomão".[35]

---

33 Basílio de Cesareia. *Tratado sobre o Espírito Santo*. São Paulo: Paulus, 1998, n. 27. (Patrística, 14.).

34 Ambroise. *Traité sur l'Evangile de S. Luc*: "Durante esses cinquenta dias, a Igreja ignora o jejum, como no domingo, e todos esses dias são como domingos" (8,25).

35 Gregório de Nazianzo. In: *P.G.* 36, 432 A-B.

A perspectiva é um pouco diferente daquela de Basílio. Este entendia a semana de semanas como tantos domingos. Gregório, ao contrário, vê nessa semana de semanas a figura do tempo, da semana cósmica que representa a totalidade da história, e no quinquagésimo dia, que a ela se acrescenta para ser cinquenta, a figura da eternidade que figura, não o oitavo dia, símbolo da Ressurreição, mas a mônada, figura da indivisível eternidade. O simbolismo é mais pitagórico, mais próximo de Filão do que de Basílio. Estamos, de alguma forma, na presença de um simples desenvolvimento do simbolismo dominical com o acento escatológico caro aos Capadócios.

Com Santo Agostinho nos aproximamos mais da linha basiliana: "O dia de Pentecostes tem uma significação misteriosa, porque sete vezes sete fazem quarenta e nove, e que retornando ao seu ponto de partida que é o oitavo dia, o qual é também o primeiro, ele termina a cinquentena; esses cinquenta dias são celebrados após a Ressurreição do Salvador em figura doravante, não de trabalho, mas de repouso e de alegria. É porque nós também deixamos de jejuar e rezamos em pé, o que é sinal da Ressurreição, o Aleluia é cantado, para marcar que nossa obra futura consistirá somente no louvor do Senhor".[36] Os cinquenta dias, inaugurados e concluídos pelo domingo, figura da vida futura, são, por inteiro, símbolo do repouso e da alegria da eternidade.

Notaremos que Agostinho assinala outro traço: rezar em pé. Esse traço já aparece na passagem citada de Basílio. Já foi mencionado por Tertuliano.[37] Agostinho vê na ausência de genuflexão uma alusão à Ressurreição. Basílio, mais preciso ainda, vê aí o sinal de que "nós emigramos para a vida futura". Dessa forma, também o rito se refere à Ressurreição. O traço é precioso para se notar. Com efeito, é o único rito propriamente dito que caracteriza o tempo litúrgico de Pentecostes com o Aleluia. O simbolismo dos ritos vem corroborar a tipologia dos textos para mostrar em Pentecostes a figura do século futuro e da futura ressurreição.

* * *

Os temas que consideramos até o momento se ligam a Pentecostes considerado no seu conjunto como mistério da Ressurreição. Mas já afirmamos que, a partir do IV século, uma tendência tinha começado a se fazer sentir, particularmente os diversos momentos dos cinquenta dias com relação aos diferentes episódios da Ressurreição, da Ascensão, da efusão do Espírito Santo. É

---

36 Augustinus. *Epistula*. 55, 28; In: *P.L.* 33, 218 A.

37 Tertullianus. *De oratione*. 25; In: *P.L.* 1, 1193 A.

BÍBLIA E LITURGIA

esse movimento que conduz pouco a pouco a denominar Pentecostes apenas o quinquagésimo dia do tempo pascal e a considerá-lo não o mistério pascal em sua totalidade – oblação das primícias, remissão dos pecados, antecipação da vida eterna –, mas apenas seu último episódio: a efusão do Espírito Santo. Estamos na linha que conduz à concepção moderna de Pentecostes.

Isso já aparece nas Homilias do IV século, ao lado das passagens que relevam a noção primitiva. Destarte, Gregório de Nazianzo, após ter comentado os simbolismos do número cinquenta, escreve: "Nós celebramos Pentecostes e a vinda do Espírito, e o dia fixado para a realização da promessa e a realização da esperança".[38] Da mesma forma, também Gregório de Nissa: "Hoje, tendo realizado Pentecostes, segundo o ciclo anual do tempo, a esta mesma hora, isto é, à hora terceira, desceu a graça inexprimível: o Espírito uniu-se de novo às criaturas humanas".[39] A alusão precisa à celebração do acontecimento na mesma hora em que este se deu está na linha da liturgia de Jerusalém; segundo Etéria, celebrava-se, na manhã de Pentecostes, a descida do Espírito Santo com uma reunião na Igreja de Sião, na localização do Cenáculo, na terceira hora, na qual se lia o texto dos Atos dos Apóstolos sobre a descida do Espírito Santo.[40]

Portanto, temos de reconsiderar a concepção de Pentecostes, visto agora sob o aspecto da vinda do Espírito Santo, cinquenta dias após Páscoa. Sob esse novo aspecto, Pentecostes vai apresentar outro simbolismo. Com efeito, até o presente, tínhamos ligado a festa judaica do quinquagésimo dia apenas ao tema da festa naturista da colheita. De outro lado, é a única que tem respaldo na Escritura e em Filão. Mas, da mesma forma que para a Páscoa, à festa própria da estação dos ázimos tinha-se unido a comemoração histórica da saída do Egito. Dá-se o mesmo em relação a Pentecostes: à festa própria da estação das primícias da colheita, veio juntar-se a comemoração de um episódio histórico do ciclo do Êxodo, a promulgação da Lei sobre o Sinai.[41]

Quando Pentecostes tornou-se para os cristãos a festa particular do quinquagésimo dia, estes procuraram sua figura no judaísmo e foi assim que eles a colocaram em relação com a promulgação da Lei no Sinai. Antes de tudo, isso aparece com Santo Agostinho. A tradição grega anterior nada afirma nesse

---

38 GREGÓRIO DE NAZIANZO. In: *P.G.* 36, 436 B.

39 GREGÓRIO DE NISSA. In: *P.G.* 46, 697 B.

40 *Peregrinação de Etéria, Liturgia e catequese em Jerusalém no século IV.* Trad.: Frei Alberto BECKHÄUSER. Petrópolis: Vozes, 2004, n. 43, 2-3.

41 FOOT-MOORE, George. *Judaïsm.* 2, 48 sqq; BONSIRVEN. *Le Judaïsme au temps du Christ.* II. p. 123.

sentido. Na sua *Carta a Januarius*, Agostinho procura autoridades que apoiem a festa do quinquagésimo dia. Antes de tudo, essas autoridades são primeiramente o Evangelho, "porque foi então que veio o Espírito Santo".[42] Mas elas são encontradas também no Antigo Testamento: "Com efeito lá, depois que eles terminaram de celebrar a Páscoa imolando o cordeiro, contam-se cinquenta dias até o dia em que a Lei foi dada a Moisés no Monte Sinai, o servidor de Deus, Leis escritas com o dedo de Deus".[43] A indicação dos cinquenta dias entre a Páscoa e o Sinai não é explicitamente expressa na Escritura, mas corresponde, grosso modo, às suas indicações.[44] Nós a encontramos no *Livro dos Jubileus*.[45]

Notamos que Agostinho assinala que "a Lei foi escrita com o dedo de Deus". É, com efeito, o traço pelo qual o dom da Lei sobre o Sinai vai se tornar a figura da vinda do Espírito Santo. "Com efeito, diz Agostinho, é declarado muito claramente nos livros dos Evangelhos que o dedo de Deus significa o Espírito Santo. Com efeito, como um dos evangelistas tinha dito: É pelo dedo de Deus que eu expulso os Satanás (Lc 11,20), outro exprimiu a mesma coisa ao dizer: É pelo Espírito de Deus que eu expulso os Satanás (Mt 12,28)".[46] Assim, a concordância entre os dois Testamentos aparece manifesta: "A vítima é imolada, a Páscoa é celebrada e, cinquenta dias depois, a Lei do temor é doada, escrita com o dedo de Deus. Jesus Cristo é imolado, é conduzido como uma ovelha ao matadouro assim como o atesta Isaías; a verdadeira Páscoa é celebrada e, cinquenta dias após, o Espírito Santo, que é o dedo de Deus, é dado em vista da caridade".[47]

Esse acordo dos dois Testamentos suscita na alma de Agostinho um elã de entusiasmo: "Quem não preferiria esta alegria dos divinos mistérios, quando eles brilham da luz de uma sã doutrina, a todos os impérios do mundo, mesmo pacificados por uma paz fora do comum. É que, como os dois serafins, eles não se respondem um ao outro, cantando os louvores de Deus: Santo, Santo, Santo, é o Senhor, o Deus dos exércitos. Assim os dois Testamentos, no

---

42   Agostinho. *Carta a Januário*. 33, 218 C.

43   Idem. 218 D.

44   Cf. a demonstração de Agostinho. 33, 219 C-D.

45   *Livro dos Jubileus*. 1, 4.

46   Agostinho. *Carta a Januário*. 33, 218 D.

47   Idem. 219 A. Cf. também Augustinus. *De Civitate Dei*. 16, 43. "O Espírito Santo é chamado dedo de Deus no Evangelho para lembrar à nossa memória o acontecimento prefigurativo".

seu fiel acordo, cantam ao mesmo tempo a sua fiel verdade".[48] E ele continua a comparação: "A Lei na arca é a santificação no corpo do Senhor. É por sua Ressurreição que o repouso futuro nos é prometido. E é em vista da participação nessa Ressurreição que a caridade nos é comunicada pelo Espírito Santo".[49]

* * *

Com Pentecostes terminamos nosso estudo do simbolismo das festas pascais. Vê-se como duas concepções da festa aí se defrontam. Uma a define, sobretudo, em função dos acontecimentos do Novo Testamento. A festa, então, se torna simples comemoração e não tem outro conteúdo que o do acontecimento em si mesmo. Mas outra concepção vê nela o mistério de Jesus Cristo retratado por meio das categorias da religião cósmica e da religião mosaica. Essas categorias, que representam as formas da revelação, são outras tantas prefigurações. Elas têm por objetivo precisamente dar-nos as formas com as quais exprimir os acontecimentos de Jesus Cristo. É nisso que a concepção da festa cristã que a liga à liturgia do Antigo Testamento é mais rica de conteúdo dogmático.

---

48 Agostinho. *Carta a Januário*. 33, 218 D.
49 Idem. 219 C.

Capítulo XX

OS TABERNÁCULOS

O Novo Testamento não é a destruição, mas o cumprimento do Antigo. Não existe exemplo mais notável desse princípio do que as festas litúrgicas. As grandes solenidades do judaísmo, Páscoa e Pentecostes, precedem as do cristianismo, adquirindo somente um novo conteúdo. Há, no entanto, uma exceção a essa lei – trata-se da terceira grande festa do judaísmo, a dos Tabernáculos, a *Skēnopēgía* da Cabanas da LXX,[1] que acontecia de 15 de agosto a 12 de setembro. Dela subsiste somente um vestígio: a leitura do texto do Levítico que lhe diz respeito (Lv 23, 29-43), no sábado das têmporas de setembro. Contudo, se a festa judaica dos Tabernáculos não se prolongou até aqui na liturgia cristã, não significa que ela não tenha se apresentado para os Padres da Igreja como uma figura das realidades cristãs.

* * *

A origem primeira da festa dos Tabernáculos deve ser procurada no ciclo das festas que se celebram em determinadas estações. Ela é a festa da colheita, como Pentecostes é a festa das semeaduras. O mesmo texto do Levítico, que prescreve sua celebração, a indica (Lv 23,39). Filão também sublinha esse aspecto.[2] É a essa festa de estação que se ligam os ritos característicos da festa: moradia em cabanas construídas de ramos, durante sete dias; libações de água destinadas a pedir chuva; procissão ao redor do altar agitando buquês (*lulab*)

---

1   Sobre a palavra σκηνοπηγία, cf. DEISSMANN, Gustav Adolf. *Licht von Osten. Das Neue Testament und die neuentdeckten Texte der hellenistisch-römischen Welt*. Tübingen: (best edition: 1923) 1909. p. 81.

2   FILÃO DE ALEXANDRIA. *De Specialibus Legibus*. 2, 204. Pedersenm, Johannes. *Israel*. 2, 418-425.

BÍBLIA E LITURGIA

feitos de três espécies de árvores: salgueiro, mirta, palmeira, e carregando um fruto de limoeiro (*etrog*).[3]

Mas como para as demais festas, que têm uma mesma origem, o pensamento judaico inscreveu a lembrança de um acontecimento histórico no quadro cíclico da festa fundada na estação. Assim a Páscoa, festa das primeiras espigas, dos ázimos, tornou-se a festa dos primogênitos poupados pelo anjo exterminador. Sem dúvida, a transformação foi mais tardia para a festa dos Tabernáculos.[4] Contudo ela já é indicada no Levítico: a festa dos Tabernáculos (σκηναί) está destinada a recordar aos judeus a sua permanência debaixo das tendas (σκηναί) durante a travessia do deserto no Êxodo (Lv 23,43). Essa razão reaparece com Filão.[5] Ela será encontrada nos Padres da Igreja.[6]

Mas no época dos profetas, os acontecimentos passados da história de Israel, e em particular o Êxodo, só são lembrados para manter a esperança do povo nos acontecimentos futuros. Neles o poder de Iahweh se manifestará de modo ainda maior em favor dos seus: os acontecimentos do Êxodo se tornam as figuras das realidades escatológicas. Lá está a origem da tipologia. Ora, é o que se dá em relação à festa dos Tabernáculos. Os profetas representam a vida do justo no reino messiânico como uma habitação nos tabernáculos, figurados pelas tendas da permanência no deserto. Assim, lemos em Isaías: "Meu povo habitará em lugar pacífico, em residência segura, em habitação tranquila" (32,18).[7] Desde então, a liturgia dos Tabernáculos, ao mesmo tempo em que era uma lembrança do passado, tornava-se uma figura do futuro. É o que encontramos no judaísmo posterior. "As cabanas foram concebidas não somente como uma reminiscência da proteção divina no deserto, mas também como uma prefiguração das *sukkot* nas quais os justos habitariam nos séculos futuros. Destarte, parece que uma significação escatológica muito precisa estava ligada ao rito mais característico da festa dos Tabernáculos, tal qual era celebrada no tempo do judaísmo".[8]

---

3   STRACK, H. – BILLERBECK, Paul. *Kommentar zum Neuen Testament aus Talmud und Midrasch*.München: Beck, 1922. k-Billereeck. II. p. 774-812.

4   Contudo, Harald RIESENFELD, sem dúvida, vai muito longe quando fala de uma "racionalização teológica secundária" (*Jésus transfiguré*. p. 147).

5   FILÃO DE ALEXANDRIA. De *Specialibus Legibus*. 2, 207. E também na tradição rabínica. Strack-Billereeck. 778.

6   AUGUSTINUS. *Tractatus in Johannis Evangelium*. 28,7, 3; *P.L.* 35, 1623; Hieronimus. In: *Zachariam*. 3, 14; In: *P.L.* 25, 153, 6.

7   ZIELINSKI, B. "De transfigurationis sensu". In: *Verbum Domini*, (1948) p. 34.

8   RIESENFELD, Harald. *Jésus transfiguré*. p. 189; BONSIRVEN. *Judaïsme Palestinien*. 1, 522; SAHLIN, Harald. *Zur Typologie des Johannes Evangeliums*. p. 54.

Disso nós temos, provavelmente, um documento nas pinturas da sinagoga de Dura-Europos. O quadro 13 representa os judeus nas tendas do Êxodo. Mas essas tendas são concebidas como as cabanas da festa dos Tabernáculos. E, como as outras representações de Dura, elas têm uma significação escatológica. Riesenfeld escreve: "As cabanas da festa dos Tabernáculos concretizam a ligação entre as tendas do episódio bíblico, representado pelo quadro, e as moradas dos justos de Israel no século futuro".[9] Por seu lado, a literatura rabínica apresenta a ideia de que os justos habitariam em cabanas no paraíso, e a festa dos Tabernáculos sustentaria essa esperança. Ao redor desse tema central desenvolvem-se concepções secundárias, como a de que "os adornos das habitações futuras estariam em relação com as ações dos justos em sua vida terrena".[10]

Aqui se coloca, contudo, um questionamento. Essa significação escatológica das lembranças do Êxodo, conservadas pela liturgia, não é própria da festa dos Tabernáculos. Ela seria igualmente verdadeira para as outras festas. Haveria, pois, alguma razão para dar mais particularmente à festa dos Tabernáculos a sua significação escatológica? Filão sugere-nos uma primeira razão: é a festa que fecha o ciclo agrário do ano ($\tau\epsilon\lambda\epsilon\acute{\iota}\omega\sigma\iota\varsigma$).[11] Essa razão pode ter seu valor; veremos que ela foi retomada pelos Padres da Igreja, em particular por Metódio: "Nós celebraremos a grande festa dos Tabernáculos na criação nova e sem tristeza, uma vez que os frutos da terra estão maduros".[12]

Mas há uma razão mais antiga e mais profunda. É que, desde o Antigo Testamento, a festa dos Tabernáculos estava em relação com a esperança messiânica. As origens de tal liame são obscuras. Sabe-se que, para toda uma escola, a origem da festa dos Tabernáculos seria a festa anual da instauração real, tal como existia nas religiões siríacas antigas.[13] É a festa cujos fragmentos desintegrados subsistiriam nas três festas judaicas do começo de setembro: Rosh--ha-shanah, Kippûr e Sukkotah. Ela teria tomado um caráter messiânico no judaísmo, isto é, a adoração do rei atual se transformaria em espera do rei que deveria vir. Contudo, não parece que se deva procurar aí, com Harald Riesenfeld, a origem primeira da festa, que parece ligar-se aos cultos vinculados às

---

9   Riesenfeld, Harald. Op. cit. p. 195.

10 Idem. p. 197.

11 Filão de Alexandria. De Specialibus Legibus. 2, 204.

12 Metódio de Olimpo. Symposium. 9, 1; 114, 8-9.

13 Mowinckel, Sigmund Olaf Plytt. Psalmenstudien I: 'Awan und die individuellen Klagepsalmen. Kristiania: SNVAO, 1921; Engnell, Ivan. Studien in divine Kingship, Almqvist and Wiksell, Uppsala: 1943.

BÍBLIA E LITURGIA

estações. Trata-se, antes, de uma transformação que esta teria sofrido na época real, e que nela se teria introduzido novidades harmônicas.

O que está seguro, em todo o caso, é que a festa dos Tabernáculos tinha recebido uma importância particular no judaísmo pós-exílico sendo relacionada com a espera messiânica. Em um contexto mais messiânico, o profeta Zacarias mostra-nos que, após a vitória do Messias, portanto nos tempos escatológicos "deverá ir a Jerusalém todo ano para adorar o Rei, Iahweh dos exércitos, e celebrar a festa das Tendas" (Zc 14,16). Destarte, a festa litúrgica aparece como uma prefiguração dos tempos messiânicos. Por outro lado, possuímos um salmo que pertencia à liturgia pós-exílica da festa dos Tabernáculos e cuja característica messiânica é muito clara. Trata-se do Salmo 117, que era cantado durante a procissão solene na qual, no sétimo dia da festa, os fiéis circulavam ao redor do altar agitando as *lulab*, o buquê feito de salgueiro, palmas e mirta. É a essa procissão que faz alusão o versículo: *"Constituite diem solemnem in condensis usque ad cornu altaris"*. Ora esse salmo designa o Messias como aquele que deve vir: *"Benedictus qui venit in nomine Domini"*. E ele aclama sua vinda pelo grito do *Hosanna*: "Salvum me fac" (v. 25). Assim, esse dia da festa é chamado também "o grande Hosanna".[14]

Da mesma forma que a espera dos Tabernáculos do Novo Êxodo tenha carregado de uma significação escatológica as tendas de ramos dessa festa, também a espera da vinda do Messias vem carregar de uma significação messiânica um segundo traço do ritual da festa, a procissão solene ao redor do altar. Como consequência, desde o Antigo Testamento, e de modo particular no judaísmo da época na qual Jesus Cristo viveu, o ritual da festa já tinha tomado uma significação tipológica e, particularmente pelo acento colocado sobre o messianismo, uma significação escatológica. Destarte, o Novo Testamento e os Padres da Igreja não iriam inventar uma tipologia que já existia, mas somente mostrar, de forma mais precisa, em que se realiza essa tipologia.

Enfim, podemos observar que essa interpretação escatológica da festa dos Tabernáculos no Antigo Testamento foi procurada no judaísmo. Encontramos traços dessas especulações rabínicas nos Padres da Igreja. Assim, Metódio escreve no *Banquete*: "Somente aqueles que festejaram a solenidade dos Tabernáculos entrarão na Terra Santa. Deixando seus tabernáculos, eles se apressam para chegar ao Templo e à Cidade de Deus, isto é, a uma alegria maior e mais

---

14   HERKENNE, Heinrich. *Das Buch der Psalmen. Die Heilige Schrift des Alten Testaments*. Bonn: Peter Hanstein, 1936. p. 378-380.

celeste, como aconteceu para a figura destas coisas entre os judeus. Com efeito, da mesma forma que, tendo saído das fronteiras do Egito, eles começaram a viajar, chegaram aos tabernáculos, e de lá, tendo caminhado mais ainda, chegaram à Terra Prometida. Do mesmo modo nós. Tendo-me colocado em marcha e tendo saído do Egito desta vida, eu chego antes à ressurreição, à verdadeira Cenopégia.[15] Lá, tendo construído meu belo tabernáculo no primeiro dia da festa, o do julgamento, eu celebro a festa com Cristo durante o milênio do repouso (ἀνάπαυσις), chamados os sete dias, os verdadeiros *shabats*. Em seguida, seguindo Jesus que atravessou os céus, eu me coloco de novo a caminho, como aqueles lá, após o repouso da festa dos Tabernáculos, em direção à terra da promessa, os céus, não esperando mais nos tabernáculos, isto é, meu tabernáculo não sendo mais o mesmo, pois, após o milênio, tendo passado da forma humana corruptível à grandeza e à beleza angélica. Lá, ao sair do lugar dos tabernáculos, após ter terminado a festa da ressurreição, nós caminharemos em direção às coisas melhores, chegando à casa que está acima dos céus".[16]

Parece que aqui Metódio esteja na tradição direta da interpretação messiânica da festa dos Tabernáculos pelos rabinos. Para estes, as festividades do dia no qual cada um comia e bebia com a família em sua barraca ornada de ramos variados, aparecia como a prefiguração das alegrias materiais dos justos no reino messiânico. São Jerônimo nos dá, dessa festa, uma confirmação preciosa para a época da patrística. Com efeito, ele escreve a respeito da festa dos Tabernáculos: "Levados por uma falaciosa esperança, os judeus também prometem que estas coisas acontecerão no reino dos mil anos".[17] O milênio designa o reino terrestre do Messias. Portanto, existia no judaísmo uma tradição que via na festa dos Tabernáculos uma figura do milênio. Metódio faz eco a essa tradição.

A concepção terrestre da felicidade dos justos não é o único traço nos quais ele deixa transparecer a influência das especulações judaicas relativas à festa dos Tabernáculos. De outro lado, encontramos uma interpretação do *lulab* e do *etrog*, destinados a ornar os tabernáculos e considerados símbolos das boas ações realizadas nesta vida e que merecem a glória dos corpos ressusci-

---

15   Do grego: skenopegía, festa dos Tabernáculos com que os judeus celebram a sua estada de quarenta anos no deserto. [N.E.]

16   Metódio de Olimpo. *Symposium*. 9, 5; 120.

17   Hieronimus. In: *Zachariaim*. 3, 14.

BÍBLIA E LITURGIA

tados.[18] "Eu festejarei Deus solenemente, tendo ornado o tabernáculo do meu corpo com belas ações. Examinado o primeiro dia da ressurreição, eu trago o que é prescrito, para verificar se estou ornado com os frutos da virtude. Se a Cenopégia é a ressurreição, o que está prescrito para o enfeite das cabanas são as obras da justiça".[19] Metódio vê na *etrog* a árvore da vida, figura da fé,[20] com a qual é preciso apresentar-se no primeiro dia diante do tribunal de Cristo. As palmas representam a ascese, as mirtas a caridade, os salgueiros a pureza.[21]

Ora, todas essas concepções parecem ser de origem rabínica e dizem respeito à interpretação escatológica da festa dos Tabernáculos no judaísmo antigo. A obrigação de cada pessoa apresentar o seu próprio *lulab*, composto de acordo com as prescrições, aparece na *Mishnah*.[22] Mais nitidamente ainda "a ideia de que a aparência dos pavilhões futuros estará em relação com as ações da pessoa durante sua vida terrena" é familiar ao Midrashim.[23] A aproximação do *etrog*, o limoeiro, cujos belos frutos eram carregados na mão durante a festa, com a árvore da vida, de frutos maravilhosos, parece também se ligar com os usos da festa entre os judeus[24] e com as especulações sobre a árvore da vida, tão frequentes no judaísmo.[25]

* * *

É um dado notável que os grandes acontecimentos da vida de Cristo se inscrevam no quadro das grandes festas do judaísmo: a Ressurreição no quadro pascal, a descida do Espírito Santo no de Pentecostes. Fica bem claro que tudo isso está destinado a mostrar em Jesus Cristo o cumprimento das figuras do Antigo Testamento, cujas festas eram o memorial. Numa primeira abordagem, não parece que isso aconteça igualmente com a festa dos Tabernáculos. Só um episódio da vida de Jesus está explicitamente situado no quadro dessa festa e que não é um dos principais mistérios. Trata-se do episódio de Jesus se apresentando como fonte de água viva e narrado por São João (7,37). Po-

---

18   RIESENFELD, Harald. *Jésus transfiguré*. p. 36.

19   METÓDIO DE OLIMPO. *Symposium*. 116, 23-27.

20   Ver também DIDYMUS. *De Trinitate*. 2; *P.G.* 39, 721 A.

21   Sobre o simbolismo dos salgueiros, cf. RAHNER, Hugo. *Griechische Mythen in christlicher Deutung*. p. 370 ss.

22   STRACK-BILLEREECK. II. p. 9-783.

23   RIESENFELD, H. *Jésus transfiguré*. p. 197.

24   Idem. p. 24; Volz. *Das Neujahrsfest Iahweh*. p. 35 ss.

25   A *lulab* e a *etrog*, reproduzidas em certos monumentos funerários judaicos, sem dúvida significam a ressurreição. Riesenfeld. Op. cit. p. 36.

rém, um estudo mais minucioso mostra-nos que vários episódios do Novo Testamento "significam que as esperanças escatológicas e messiânicas ligadas à festa dos Tabernáculos estão em fase de realização".[26]

O primeiro desses episódios é o da Transfiguração. Poucos textos do Novo Testamento estão mais carregados de ressonâncias veterotestamentárias: a nuvem, a voz do céu, Moisés e Elias. Mas parece que se possa ir mais longe e ver nessa cena uma alusão explícita à festa dos Tabernáculos.

Harald Riesenfeld levou a cabo um detalhado estudo dos motivos da Transfiguração relacionados com a festa dos Tabernáculos. Seu estudo descobre numerosos pontos de contato altamente sugestivos. Temos que distinguir estritamente a festa dos Tabernáculos e o que afeta ao conjunto das festas de outono, o qual implica a tese – não suficientemente provada – da unidade de tais festas e sua relação com a festa da instauração real.

Há uma primeira indicação no dado cronológico com que se introduz a cena. Marcos e Mateus dizem que a Transfiguração teve lugar "seis dias mais tarde" (Mt 17,1; Mc 9,2); Lucas diz "uns oito dias depois" (9,28). Esta flutuação sugere que se trata de um tempo do ano em que o intervalo de seis a oito dias tinha uma importância especial. O qual pode aplicar-se perfeitamente à festa dos Tabernáculos, que durava sete dias e em que o oitavo possuía um destaque particular. A nuvem (Lc 9,35-36) está relacionada com o culto do templo. Sua presença no Tabernáculo é o sinal da shekinah de Iahweh. Sabe-se, ademais, que no judaísmo a nuvem implicava um significado escatológico e que sua presença era considerada como sinal da habitação de Yahvé entre os justos no mundo futuro.

Porém, o dado mais importante é o das tendas (σκηναί) que Pedro propõe levantar para o Senhor, Moisés e Elias. Parece fora de dúvida que tais tendas constituem uma alusão à festa dos Tabernáculos. Tendo em conta o dito anteriormente, resulta claro o sentido da cena. Pedro considera a manifestação da glória de Jesus como sinal da chegada dos tempos messiânicos. Uma das características dos tempos messiânicos era a habitação dos justos em tendas, prefiguradas pelas cabanas das festas dos Tabernáculos. O fato se explica melhor ainda se efetivamente a Transfiguração teve lugar em torno da festa dos Tabernáculos. Neste caso, esta manifestação da glória de Cristo viria afirmar o cumprimento das realidades prefiguradas pelos ritos da festa. Mais patente, se admitirmos com Riesenfeld, que as palavras de Pedro: "É bom estarmos

---

26 RIESENFELD. Op. cit. p. 277.

aqui", seriam expressão do descanso, da ἀνάπαυσις escatológica. A festa dos Tabernáculos prefigurava, pois, o descanso da vida futura.

Convém observar, por outra parte, que a concepção segundo a qual os justos, na vida futura, habitarão em tabernáculos – concepção que temos visto formar-se no judaísmo – aparece no Novo Testamento. Em São Lucas encontramos a expressão "tabernáculos eternos" para designar as moradas dos justos na vida futura. Assim mesmo o Apocalipse utiliza frequentemente o verbo σκηνοῦν para designar a habitação dos justos no céu (Ap 7,15; 12,12; 13,6; 21.3). Nosso relato não é, portanto, um texto isolado, mas apresenta um tema corrente cujo sentido messiânico era bem conhecido. A cena da Transfiguração, repetimos, indica a chegada dos tempos messiânicos.

Com a vinda de Cristo aparece assim realizado um dos motivos da festa dos Tabernáculos: o das tendas. Há outro aspecto da liturgia dos Tabernáculos que dá seu significado a um episódio da vida de Jesus Cristo, a entrada em Jerusalém no dia de Ramos. Nós dissemos que a procissão ao redor do altar no oitavo dia da festa, com os *lulab* agitados por todas as mãos e ao canto do *Hosanna* e do *Benedictus* do Salmo 117 tinha uma característica messiânica. Ora, é evidente que são esses traços litúrgicos que nos apresentam a cena dos Ramos. Vemos aí a multidão acompanhar a entrada de Jesus, montado num jumento, que era a montadura do rei messiânico, segundo Zacarias (9,9), tendo na mão ramos de palmeira (Jo 12,13) e cantando os dois versículos do Sl 117: "Hosanna. Benedictus qui venit in nomine Domini" (Jo 12,13). O sentido da cena é claro. Significa que a vinda do Messias, prefigurada pela procissão solene do sétimo dia da festa dos Tabernáculos, realiza-se na pessoa de Jesus.

Nós acrescentaremos um comentário: assim como para a Transfiguração, trata-se de uma realização da festa dos Tabernáculos apenas provisória; o mistério da Parusia gloriosa foi entrevisto, mas ele desaparece em seguida, pois sua manifestação está reservada para o final dos tempos. É assim que a entende Jesus, quando recorda que a verdadeira festa dos Tabernáculos, na qual será cantado o Sl 117, está reservada para mais tarde: "Vocês não me verão mais, até que digam: Bendito seja aquele que vem em nome do Senhor!" (Mt 23,39). Assim, como notará profundamente Metódio a propósito da festa dos Tabernáculos: "A Lei é figura e sombra da imagem, isto é, do Evangelho; e a imagem, o Evangelho, é por sua vez da realidade".[27] A cena dos ramos, figurada pela

---

27 Metódio de Olimpo. *Symposium*. 115, 26-27.

Os TABERNÁCULOS

festa dos Tabernáculos, figura, por sua vez, a Parusia gloriosa.[28] E o versículo *Benedictus* acompanha cada uma dessas Parusias.

De outro lado, o Novo Testamento nos dá uma interpretação escatológica não somente do Sl 117. É toda a liturgia dos Tabernáculos que serve a São João, no Apocalipse, para nos descrever a procissão dos eleitos ao redor do altar celeste. Sem dúvida, é a liturgia dos Tabernáculos que é preciso reconhecer na passagem de Ap 7, 9-17 que descreve "a multidão imensa" que permanece diante do trono do cordeiro. Muitos traços, com efeito, dizem respeito à nossa festa: as palmas (φοινίκες) levadas na mão,[29] as vestes brancas, que evocam as de Cristo na Transfiguração (Ap 7,9), o tabernáculo no qual o Senhor mora no meio dos eleitos (σκηνώσει) (Ap 7,15), as fontes de água viva onde eles se desalteram (Ap 7,17). Temos aí, no segundo plano da escatologia, a projeção dessa primeira realização da procissão dos Tabernáculos que era, no plano do Evangelho, o episódio dos ramos.

Já assinalamos que na cena do Apocalipse as fontes de água viva eram uma alusão à festa dos Tabernáculos. Com efeito, conforme acabamos de afirmar, as águas retiradas da fonte de Siloé e que serviam para fazer as libações no Templo durante os sete dias da festa, representavam um rito característico dela. Ora, existe um terceiro episódio do Evangelho no qual a festa dos Tabernáculos é lembrada, e precisamente por ocasião desse rito. É o que São João nos traz: "No último dia da festa, que é o mais solene, Jesus ficou de pé e gritou: 'Se alguém tem sede, venha a mim, e aquele que acredita em mim, beba. É como diz a Escritura: Do seu seio jorrarão rios de água viva' (Jo 7, 37-38)".[30] A maior parte dos comentaristas está de acordo em ver, na imagem empregada por Jesus, uma alusão às abluções de água no último dia da festa dos Tabernáculos.

Essas abluções estão primitivamente em relação com os ritos estacionais para conseguir a chuva. Mas na transposição histórica da festa no judaísmo, elas evocam a fonte de água viva que Iahweh tinha feito brotar no deserto no tempo do Êxodo, quando os judeus habitavam em tabernáculos. De outro lado, o rito da festa, lembrando esse acontecimento passado, anunciava uma

---

28   Cf. HILAIRE. *Commentaire sur l'Évangile de Matthieu*. 21, 2; *P.L.* 9, 1035; (Commentarius in Euangelium Matthaei 14-33); trad.: M. Jean DOIGNON. SC 258. Paris: Les Éditions du Cerf, 1979.

29   Acentuamos que somente São João observou que na cena dos ramos tratava-se de ramos de palmeiras levados na mão (Jo 12,13).

30   Sobre as diversas interpretações desse verso, ver Hugo RAHNER. *Flumina de ventre Christi*. Biblica, 1941. 269 ss.

Bíblia e Liturgia

nova efusão de água viva no final dos tempos. Portanto, mostrando que a água viva deve brotar dele, Jesus Cristo manifesta que a realidade prefigurada pela festa dos Tabernáculos cumpre-se nele. Mais precisamente ainda, o evangelista nos faz ver na água viva a figura da efusão escatológica do Espírito Santo que devia acontecer "quando o Cristo fosse glorificado" (Jo 7,39).[31]

Portanto, eis-nos chegados a uma segunda etapa. Em primeiro lugar, tínhamos reconhecido que três ritos da festa dos Tabernáculos tinham tomado no judaísmo uma significação escatológica: as cabanas de folhagem, a procissão acompanhada de *lulab* e do *hosanna*, as abluções de água viva. Ora, vimos que três episódios do Novo Testamento nos mostram essa figuração escatológica dos ritos realizada na pessoa de Cristo. Resta-nos verificar como os Padres da Igreja mostram a continuação dessa tipologia na liturgia da Igreja.

***

Já vimos que o Novo Testamento, no assunto agora tratado, contenta-se em afirmar que as realidades escatológicas, prefiguradas pelos Tabernáculos, já tinham se realizado em Jesus Cristo. Quando se tratava da Páscoa e de Pentecostes, os Padres da Igreja nos mostraram que essa realização continuava na Igreja pelo ciclo litúrgico. Chegamos, então, ao que constitui o problema particular da festa dos Tabernáculos: ela não comporta um equivalente estrito no ciclo litúrgico cristão. Portanto, isso significa que não existe nenhum traço? É a última questão que haveremos de buscar.

Vamos encontrar uma primeira indicação em Dídimo o Cego. A festa dos Tabernáculos é considerada figura do ano litúrgico no seu conjunto: "Os judeus, pela graça da Cenopégia (Festa dos Tabernáculos), anunciam em figura, com antecedência, (μυστικῶς) as sinaxes da Santa Igreja e os *Martyria* que, pela fé e as boas obras, nos conduzem aos tabernáculos celestes. É a esse respeito que aquele que os educou dizia: fazei-vos amigos com as riquezas da iniquidade, a fim de que eles vos recebam nos tabernáculos eternos".[32] A festa dos Tabernáculos refere-se aqui ao conjunto dos domingos, em especial ao tempo depois de Pentecostes, que é precisamente aquele durante o qual ela acontecia e no qual ainda se faz alusão a ela, o sábado das têmporas de setembro. Comemorando o tempo da travessia do deserto, entre a saída do Egito e chegada

---

31 Isso é retomado por Cirilo de Alexandria: "A fonte de água da festa dos Tabernáculos é o Cristo espiritual e celeste que rega com as fontes do Espírito Santo os que o recebem" (*De adoratione et cultu in spiritu et veritate.* In: *P.G.* 68, 1109).

32 Dídimo. In: *P.G.* 39, 721 A.

na Terra Prometida, ela seria a figura da vida da Igreja, entre o batismo e o céu, que corresponde liturgicamente ao tempo depois de Pentecostes.

Poder-se-ia ir mais além e estabelecer uma correspondência entre a festa dos Tabernáculos e uma festa cristã? Nós temos uma tentativa desse gênero nos *Sermões da Natividade de Cristo* de Gregório de Nissa.[33] Em uma primeira abordagem isso nos parece estranho, e nós não vemos bem a relação litúrgica da festa dos Tabernáculos com a festa do Natal. Mas é preciso lembrar que, para o século IV, a festa de 25 de dezembro é essencialmente uma festa que não se liga a um episódio da vida de Cristo, mas a um aspecto da cristologia. Esse aspecto é o da manifestação do Messias, que é, segundo o Sl 117, o objeto essencial prefigurado pela festa dos Tabernáculos. O que é próprio de Gregório, é a tentativa de ligar a terceira grande festa do ciclo litúrgico cristão, a de 25 de dezembro (ou de 6 de janeiro), à terceira grande festa do ciclo litúrgico judaico, que até o momento não encontrava correspondência. Esforço interessante, mas que não devia ser seguido e do qual a liturgia não guarda nenhum sinal.

O primeiro traço de interpretação de Gregório de Nissa é o do messianismo. Dissemos que esse traço caracteriza a festa dos Tabernáculos tal como no-la descreve o Sl 117. Ele aparece como a expressão da espera do Messias e a figura da sua chegada, tema que Gregório retoma: a festa dos Tabernáculos figura a chegada do Messias e ela foi realizada com a sua vinda: "O profeta Davi nos diz que o Deus do universo, o Senhor do mundo nos apareceu (επέφανεν) para constituir a festa solene nos tufos de folhagens (πυκαζόμενα, Sl 117, 27). Ele designa por esse termo 'tufo de folhagens', a festa dos Tabernáculos que fora estabelecida, após muito tempo, segundo a tradição de Moisés.[34] Anunciada, porém, desde sempre, ela não tinha ainda se realizado. Com efeito, a realidade era prefigurada pelos acontecimentos simbólicos, mas o verdadeiro construtor da festa dos Tabernáculos ainda não estava lá. É para realizar essa festa, conforme a palavra profética, que o Deus e Senhor de tudo se nos manifestou (ἐπέφανεν)".[35]

O ponto de partida de Gregório, nesse texto, é a expressão "ele apareceu" (ἐπέφανεν). O salmo dos Tabernáculos anunciava essa "epifania". É ela que se realizou na pessoa de Jesus. E precisamente a festa da "Epifania", a de 25 de

---

33 Gregório de Nissa. *Sermões sobre a natividade de Cristo*. In: *P.G.* 46, 1129-1130.

34 Notar-se-á que Gregório sabe que o Sl 117 refere-se à festa dos Tabernáculos.

35 *De anima*. In: *P.G.* 46, 132 B.

dezembro e a de 6 de janeiro, que comemora essa manifestação. É nesse ponto que vai insistir o sermão sobre a Natividade, ligando mais precisamente essa manifestação à Encarnação: "A razão da festa de hoje (25 de dezembro) é a verdadeira festa dos Tabernáculos. Com efeito, nessa festa, o tabernáculo humano é edificado por aquele que revestiu a natureza humana por nossa causa. Nossos tabernáculos, que tinham sido abatidos pela morte, são reerguidos por aquele que construiu nossa habitação na origem. Dessa forma, harmonizando nossa voz com a de Davi, cantemos também o salmo: Bendito aquele que vem em nome do Senhor. Como é que ele vem? Não de navio ou de carro. Mas ele chega à existência humana por meio da Virgem Imaculada. É ele nosso Senhor que apareceu (ἐπέφανεν) a fim de constituir a festa solene".[36]

Segundo isto, a vinda de Cristo, sua natividade, representa a inauguração da verdadeira festa dos Tabernáculos. No texto anterior aparece um novo elemento: as σκηναί, os tabernáculos humanos, que, construídos no princípio, haviam sido destruídos pelo pecado. Gregório continua aqui a interpretação de Metódio. Cristo vem reedificá-los, ou seja, restaurar a natureza humana e inaugurar a verdadeira festa dos Tabernáculos, prefigurada pela liturgia judia. A inauguração desta Cenopégia tem lugar com a encarnação, na qual, segundo João 1,14, o Verbo edificou seu tabernáculo entre os homens (ἐσκήνωσεν). Parece, pois, que estabelecer o laço de união entre a festa das σκηναί e a festa da natividade de Cristo seja a intenção de São João. Dessa forma, aparece um novo tema que, pertencendo a outra linha de pensamento, estava alheio ao tema bíblico da festa dos tabernáculos.

Convém observar que Gregório funda sua interpretação da festa não só na expressão "apparuit nobis" – como fazia no De Anima –, mas também no versículo: "Bendito o que vem em nome do Senhor"; versículo que expressa propriamente a aclamação messiânica. Como temos visto, o Evangelho o aplica à entrada triunfal do Domingo de Ramos e à Parusia final. Gregório de Nisa, por sua vez, o aplica à primeira Parusia: a de Cristo na carne. Se se leva em conta que a liturgia se serve também deste versículo para aclamar a Cristo em sua vinda eucarística, veremos que se trata do versículo messiânico por excelência, o canto que marca as sucessivas Parusias nas épocas da história de salvação.

Porém, Gregório de Nisa não destaca somente o fato de que vinda do Messias estivesse prefigurada pela construção dos tabernáculos, mas que se fixa também em outra figura escatológica: a restauração da unidade da criação

---

36   Gregório de Nissa. In: *P.G. 46, 1129 B-C.*

espiritual destruída pelo pecado. Tal figura está constituída ao mesmo tempo por um elemento da liturgia e um versículo do Salmo 117: a procissão solene da festa dos Tabernáculos em torno do altar e o versículo "Constituite diem solemnem (in condensis) usque ad cornu altaris". Para Gregório, esta procissão em torno ao altar, acompanhada do canto dos salmos, é figura do coro restaurado de toda a criação, no qual a humanidade unirá de novo sua voz à dos anjos.

No Sermão sobre a Natividade escreve: "Não desconhecemos, irmãos, o mistério contido neste versículo do salmo, a saber, que a criação inteira é um só santuário do Deus da criação. Porém, quando apareceu o pecado, a boca daqueles que foram contaminados por ele, ficou fechada, e o coro dos que celebravam a festa se viu interrompido, ao não participar nele a natureza humana junto com a angélica... Porém, ressoaram as palavras da verdade nos ouvidos até então fechados, de sorte que brotou uma só festa harmoniosa, constituída pela reunião em só feixe (πυκαξόμενον) por ocasião da festa dos Tabernáculos, da criação inferior com as sublimes potências que circundam o altar celeste. Os cornos do altar celeste são as potências sublimes e eminentes da natureza espiritual, os Principados, as Potências, os Tronos e as Dominações às quais a natureza humana se reúne para a Cenopégia em uma festa comum".[37]

Esse tema da recriação do pleroma da criação espiritual é querido a Gregório de Nissa, que volta a ele várias vezes.[38] Sua relação particular com a festa dos Tabernáculos pode ter sido sugerida pela liturgia celeste do Apocalipse, na qual os anjos e os santos aparecem reunidos ao redor do altar celeste. Mais diretamente se vê a quais traços do Sl 117 Gregório se liga. A criação angélica aparece-lhe simbolizada pelos ângulos do altar. É uma exegese do nosso Salmo que encontramos em outra parte.[39] Quanto à união dos homens e dos anjos, ela se liga principalmente à procissão circular que circundava o altar, e que figura a restauração do coro celeste. Secundariamente, Gregório a une ao *lulab*, ao buquê feito de ramos diversos, designado no Salmo pela expressão *condensa* (πυναζόμενα) e que figura a união das diversas criaturas espirituais.

* * *

---

37   Gregório de Nissa. In: *P.G.* 46, 1129-1130.

38   Daniélou, Jean. "Trois textes eschatologiques de Saint Grégoire de Nysse." In: *Recherche de Science Religieuse* (1940), p. 348 ss.

39   Atanásio. *Selecta Psalmorum*. In: *P.G.* 27, 480 B.

Bíblia e Liturgia

A tentativa de Gregório de Nissa não foi seguida. Observamos, contudo, que o Gradual da segunda missa de Natal contém três versículos do nosso Salmo – e precisamente aqueles que nosso autor aplica à Natividade: são os versículos 28, 29 e 23. É bem no Natal que o tabernáculo escatológico foi construído, pela primeira vez, quando o Verbo "estabeleceu o seu tabernáculo entre nós", e que a humanidade dos anjos e dos homens foi restaurada, e quando os anjos vieram visitar os pastores. Mas a festa dos Tabernáculos não está ligada inteiramente a nenhum mistério da vida de Cristo.[40] Provavelmente, mais que alguma outra festa, ela está ligada àquele de seus mistérios que não está ainda realizado, o da última Parusia. Se jamais esse mistério, que é o da realeza de Cristo sobre a história, devia ser um dia celebrado liturgicamente, os textos do Levítico e do Evangelho, os versículos do Salmo 117, as leituras de Gregório de Nissa e de Cirilo de Alexandria poderiam compor para ele o mais admirável dos ofícios.

---

40   No que diz respeito à aproximação entre a Entrada dos Ramos e a festa dos Tabernáculos, notar-se-á que ela tomaria ainda mais valor, se, como sugere T.-W. Manson, a entrada de Cristo em Jerusalém tivesse acontecido na época da festa dos Tabernáculos (Manson, T. W. "The cleaning of the Temple". In: *Bulletin of the John Rylands*. Manchester: University Library of Manchester, 1951. p. 271 s.).

Bibliografia

OS AUTORES DA PATRÍSTICA, EM GERAL

P.G. = *Patrologia Graeca*. ed. J.-P. Migne (Paris: Garnier, 1857–1889).

P.L. = *Patrologia Latina*. ed. J.-P. Migne (Paris: Garnier, 1844–1880).

1. Aphraate, o Sábio

Démonstrations. XII, 8; *P.S. [Patrologia siríaca]*. I, 558.

Démonstrations. Traduction de SC 349.

2. Agostinho de Hipona

S. Aurelii Augustini opera omnia. – Editio latina. *P.L.* 40 - *De Catechizandis Rudibus liber unus*; trad. bras.: Agostinho. *A instrução dos catecúmenos*. Teoria e prática da catequese. Trad.: Maria da Glória Novak. Petrópolis: Vozes, 1984. (Fontes da catequese, 7.)

Augustin. *Sermons pour la Pâque*. Trad.: Mlle Suzanne Poque. SC 116. Paris: Les Éditions du Cerf, 1966.

S. Aurelii Augustini opera omnia. *De doctrina christiana libri quatuor*. Editio latina. *P.L.* 34; trad. bras.: Agostinho. *A doutrina cristã*. Manual e exegese e formação cristã. São Paulo: Paulus, 2002. (Patrística, 17.)

S. Aurelii Augustini opera omnia. Editio latina. *P.L.* 34.

Santo Agostinho. *Comentário ao Gênesis*. São Paulo: Paulus. (Patrística, 21.)

S. Aurelii Augustini opera omnia. De Civitate Dei contra Paganos libri XXII. Editio latina. *P.L.* 41.

Agostinho. *A Cidade de Deus contra os pagãos.* Trad.: Oscar Paes Lemes. 7. ed. Rio de Janeiro: Vozes, 2002.

S. Aurelii Augustini opera omnia. *In Evangelium Ioannis tractatus centum viginti quatuor.* Editio latina. *P.L.* 35.

Tratados sobre o Evangelho de São João. 1-35 – BAC 13. Madrid: 2005.

Tratados sobre o Evangelho de São João. 36-124 BAC 14. Madrid: 1965.

Epistulae – ed. A. Goldbacher 1895-1923: epp. 1-30 Vol. 34/1; epp. 31-123 Vol. 34/2; epp. 124-184 Vol. 44; epp. 185-270 Vol. 57; Praefatio et indices: Vol. 58.

3. Ambrósio de Milão

Ambroise, Saint. *Des sacrements. Des mystères.* Texte établi, traduit et annoté par B. Botte, SC 25. Paris: Les Éditions du Cerf. Réimpression 1994.

Ambrósio de Milão. *Explicação do Símbolo. Sobre os sacramentos. Sobre os mistérios. Sobre a penitência.* São Paulo: Paulus, 1996. (Patrística, 5.)

Ambrósio de Milão. *Os sacramentos e os mistérios.* Introdução, tradução e notas por D. Paulo Evaristo Arns. Comentários por Geraldo Majella Agnelo. Petrópolis: Vozes, 1981. (Fontes da catequese, 5.)

Ambrósio de Milão, Santo. *Os mistérios:* explicação do simbolismo da iniciação cristã. Trad.: Monjas Beneditinas da Abadia de Santa Maria. São Paulo: Paulinas, 1956.

Expositio evangelii secundum Lucam. ed. C. Schenkl 1902, CSEL 32/4.

Expositio de psalmo CXVIII, 21,4. *ed.* M. Petschenig 1913, CSEL 62; 475 [Expositio psalmi CXVIII; Rec. M. Petschenig, editio altera supplementis aucta curante M. Zelzer –1999].

Ambrosius. *Explanatio psalmorum.* Rec. Michael Petschenig, editio altera supplementis aucta curante M. Zelzer 1999, CSEL, 64.

4. Atanásio

Cartas festivas. P.G. 26, 1360-1444.

Histoire "acéphale" et Index syriaque des Lettres festales d'Athanase d'Alexandrie. In: SC 317. Paris: Les Éditions du Cerf, 1985.

Cartas festivas. 1; 6; 24-29; 36-4 (copta), ed. Th. Lefort. In: *P.G.* 26, C. 1360-1366; 1383-1389; 1433-1441.

Cartas festivas. 1-7; 11-14; 17-20 (siríaco). In: *P.G.* 26, C. 1360-1397; 1403-1432.

Cartas festivas. 27-44 (siríaco). In: *P.G.* 26, C. 1435-1444.

Cartas festivas. 39-41. In: *P.G.* 26, C. 1436-1440.

Expositio de Psalmo XXIII. In: *P.G.* 27.

Selecta Psalmorum. In: *P.G.* 27.

ATHANASE D'ALEXANDRIE. *Vie d'Antoine.* Trad. M. G. J. M. Bartelink. SC 400. Paris: Les Éditions du Cerf, 1994. Reimpressão em 2004.

SANTO ATANÁSIO. *Vida e conduta de S. Antão.* São Paulo: Paulus, 2002. (Patrística, 18.)

5. Basílio de Cesareia

BASILE DE CESARÉE. *Sur le baptême* (De Baptisma). Trad. de Mlle. Jeane Ducatillon. SC 357. Paris: Les Éditions du Cerf, 1989. Réimpression 2003.

BASILE DE CESARÉE. *Sur le Saint-Esprit.* Trad. de P. Benoît Pruche. SC 17. Les Paris: Éditions du Cerf, 1947; trad. bras.: BASÍLIO DE CESAREIA. *Tratado sobre o Espírito Santo.* São Paulo: Paulus, 1998. (Patrística, 14.)

BASILE DE CESARÉE. *Homélies sur l'Hexaéméron.* Trad. P. Stanislas Giet. SC 26 bis. Paris: Les Éditions du Cerf, 1950.

6. Cipriano de Cartago

Epistulae. Edição de Diercks. *Epistulae* 1-57. In: CCL [Corpus Christianorum Latinorum] III B/2, 1993; *Epistulae* 58-81. In: CCL III B/3, 1996.

Testimones. CSEL 47.

CIPRIANO DE CARTAGO. *A unidade da Igreja Católica.* Petrópolis: Vozes, 1973. (Fontes da catequese, 6.)

CYPRIEN DE CARTHAGE. *L'unité de l'Église* (De ecclesiae catholicae unitate). Trad.: Michel Poirier. SC 500. Paris: Les Éditions du Cerf, 2006.

7. Cirilo de Alexandria

Coleção de *Cartas festivas*. P.G. 26, 1360-1444.

Lettres festales (I-VI), tome I, SC 372 – 1991.

Lettres festales (VII-XI), tome II, SC 392 – 1993. Lettres festales (XII-XVII), tome III. SC 434 – 1998.

Glaphyres in Genesim. P.G. 69.

De oratione. In: P.G. 68.

8. Cirilo de Jerusalém

In: P.G. 33, 331-1128.

Catequeses pré-batismais. Trad. Fr. Frederico VIER e Fernando FIGUEIREDO. Petrópolis: Vozes, 1978. (Fontes da catequese, 14.)

Catequeses mistagógicas. Trad.: Frei Frederico Vier. Introdução e notas: Fernando FIGUEIREDO. Petrópolis: Vozes, 2004.

9. Clemente de Alexandria

Stromate I (Stromata I). SC 30. Paris: Les Éditions du Cerf, 1951.

Stromate II (Stromata II). SC 38. Trad.: P. Claude MONDÉSERT. Paris: Les Éditions du Cerf, 1954.

Stromate IV (Stromata IV). SC 463. Trad.: Calude MONDÉSERT. Paris: Les Éditions du Cerf, 2001.

Stromate V (Stromata V). SC 278. Trad.: P. Pierre VOULET. Paris: Les Éditions du Cerf, 1981.

Stromate VI (Stromata VI). SC 446. Trad.: Mgr Patrick DESCOURTIEUX. Paris: Les Éditions du Cerf, 1999.

Stromate VII (Stromata VII). SC 428. Trad.: M. Alain Le BOULLUEC. Paris: Les Éditions du Cerf.

Le Pédagogue. Livre I. Trad.: Mme Marguerite HARL. SC 70. 1960. Reimpressão em 1983.

Le Pédagogue. Livre II. Trad.: Claude MONDÉSERT. SC 108. 1965. Reimpressão em 1991.

Le Pédagogue. Livre III. Trad.: Claude Mme Chantal MATRAY. SC 158. 1970.
De Adoratione. In: *P.G.* 68, 1109 A.

10. Dídimo, o Cego

De Trinitate. In: *P.G.* 39.
Sur la Trinité. Livre I (De Trinitate I); *P.G.* 39 C, 269-992.
Sur la Trinité. Livre II,1-7 (De Trinitate II, 1-7).
Sur la Trinité. P.G. (De Trinitate). *P.G.* 39 C, 600-992.

11. Egéria

ÉGÉRIE (ex-ÉTHÉRIE). *Journal de voyage et Lettre sur la Bienheureuse Egérie XVI 5.*
Trad. M. Pierre Maraval. SC 296 [21]. Du Cerf, 1982. Réimpression 2002.
Trad.: bras.: *Peregrinação de Etéria:* Liturgia e catequese em Jerusalém no
século IV. Trad.: Frei Alberto BECKHÄUSER. Petrópolis: Vozes, 2004.

12. Epifânio de Salamina

De Haeria. In: *P.G.* 41.

13. Epístola de Barnabé

Padres Apostólicos. São Paulo: Paulus, 1997. (Patrística, 1.)

14. Eusébio de Cesareia

Demonstratio Evangelica. In: *P.G.* 22.
EUSÉBIO DE CESAREIA. *História eclesiástica.* São Paulo: Paulus, 2000. (Patrística
15.)
EUSÈBE DE CÉSARÉE. *Histoire ecclésiastique.* I-IV. Trad.: Gustave BARDY. SC 31. Paris:
Les Éditions du Cerf, 1952. Réimpression 2001.
Vita Constantinii. IV, 18. In: *P.G.* 20.

Eusèbe de Césarée. *Commentaire sur les Psaumes* (Mercati 1) (Commentarii in Psalmos [Mercati 1]. CPG 3647/6.

Eusebius, *Commentarii in Psalmos*. In: P.G. 23.

Eusèbe. *Préparation évangelique*. I (Preparatio euangelica I). Trad.: M. Jean Sirinelli. SC 262. Paris: Les Éditions du Cerf, 1979.

Eusèbe. *Préparation évangelique*. II-III (Preparatio euangelica II-III). Trad.: M. Edouard des Places. SC 228. Paris: Les Éditions du Cerf, 1976.

Eusèbe. *Préparation évangelique*. IV-V,17 (Preparatio euangelica IV-V,17). Trad.: Mme. Odile Zini. SC 262. Paris: Les Éditions du Cerf, 1979.

Eusèbe. *Préparation évangelique*. V,18-VI (Preparatio euangelica V,18-VI). Trad.: M. Edouard Des Places. SC 266. Paris: Les Éditions du Cerf, 1980.

Eusèbe. *Préparation évangelique*. VII (Preparatio euangelica VII). Trad.: M. Guy Schroeder. SC 215. Paris: Les Éditions du Cerf, 1975.

Eusèbe. *Préparation évangelique*. VIII-X (Preparatio euangelica VIII-X). Trad.: M. Edouard Des Places et M. Guy Schroeder. SC 369. Paris: Les Éditions du Cerf, 1991.

Eusèbe. *Préparation évangélique*. XI (Preparatio euangelica XI). Trad.: Mlle Geneviève Favelle. SC 292. Paris: Les Éditions du Cerf, 1982.

Eusèbe. *Préparation évangelique*. XII-XIII (Preparatio euangelica XII-XIII). Trad.: M. Edouard Des Places. SC 307. Paris: Les Éditions du Cerf, 1983.

Eusèbe. *Préparation évangelique*. XIV-XV (Preparatio euangelica XIV-XV). Trad.: M. Edouard Des Places. SC 338. Paris: Les Éditions du Cerf, 1987.

15. Eusébio de Emesa

Sur le dimanche. In: P.G. 86.

16. Gaudêncio de Bréscia

Sermões sobre o Tempo Pascal. In: P.L. 20.
Tractatus. 27. ed. A. Glück 1936, SC 68. Paris: Éditions du Cerf.

17. Gregório de Elvira

Sur le Cantique des Cantiques. Tractatus in Cantica canticorum. CPL, 547.
Tractatus. ed. Battifol 76-77.

18. Gregório de Nazianzo

Homilias sobre o Natal, a Epifania, Pentecostes e Páscoa. In: P.G. 46.
P.G. XLIV, 589 D.

GRÉGOIRE DE NAZIANZE. *Discours.* 38-41. Trad.: Paul Galay. SC 358. Paris Les Éditions du Cerf, 1990.

Oratio XLI in Pentecostem. In: P.G. 36.
Commentarium Psalmi. 2, 8. In: P.G. 44.
De beatitude. 8. In: P.G. 44.

19. Gregório de Nissa

Homilias sobre a Páscoa, Pentecostes, Homilia sobre a Ascensão, Batismo de Cristo, o Natal. In: P.G. 46.

GRÉGOIRE DE NYSSE. *Discours catéchétique* (Oratio catechetica magna). Trad. M. Raymond WINLING. SC 453. Paris: Les Éditions du Cerf, 2000.

GREGORIO DI NISSA. *Vita di Gregorio Taumaturgo.* Roma: Città Nuova, 1988.

GRÉGOIRE DE NYSSE. *Vie de Moïse* (De vita Moysis). éd. Jean DANIÉLOU. SC 01. Paris: Les Éditions du Cerf, 1942. Réimpression 2000.

20. Hermes

Semelhanças. In: *Padres apostólicos.* São Paulo: Paulus, 31997. (Patrística, 1.)

21. Hilário de Poitiers

Tractatus super psalmos. 12. ed. A. Zingerle 1891, CSEL 22.

HILAIRE. *Commentaire sur l'Évangile de Matthieu.* 1-13, 21,2 (Commentarius in Euangelium Matthaei I-XIII). Trad.: M. Jean DOIGNON. SC 254. Paris: Les Éditions du Cerf, 1978.

HILAIRE DE POITIERS. *Commentaire sur l'Evangile de Matthieu.* Tome II, 14-33. Trad.: Jean DOIGNON. SC 258. Du Cerf, 1979.

22. Inácio de Antioquia

Carta aos Magnésios 6 e aos Efésios 19,1. In: *Padres apostólicos*. 3. ed. São Paulo: Paulus, 1997. (Patrística, 1.)

23. Hipólito de Roma

HIPÓLITO DE ROMA. *Tradição apostólica*. Introdução por Maucyr Gibin. Petrópolis: Vozes, 1981. (Fontes da catequese, 4.)

La Tradition Apostolique d'après les anciennes versions. Introduction, traduction et notes par B. Bardy. SC 11. Paris: Les Éditions du Cerf, 1946.

HIPPOLYTE DE ROME. *Commentaire sur Daniel* (texte incomplet). Trad.: M. Maurice Lefèvre. SC 14. Cerf, 1947.

Homélies pascales. Tome I (Une homélie inspirée du traité sur la Pâque d'Hippolyte). Texte traduit et annoté par Pierre NAUTIN. SC 27. Paris: Les Éditions du Cerf, 1951. Réimpression 2003.

24. Irineu de Lião

IRINEU DE LIÃO. *Contra as heresias*. I, II, III, IV, V. São Paulo: Paulus, 1995. (Patrística, 4.)

SAINT IRENÉE DE LYON. *Démonstration de la prédication évangélique*, 2ème (Demonstratio). Trad. du arménien de P. Léon Marie FROIDEVAUX. SC 62. Paris: Les Éditions du Cerf, 1959.

SAINT IRENÉE DE LYON, *Démonstration de la prédication évangélique*, 1ère (Demonstratio). Trad.: P. Adelin ROUSSEAU. SC 406. Paris: Les Éditions du Cerf, 1995.

25. Jerônimo

BROWN, Raymond E., FITZMYER, Joseph A., MURPHY, Roland E. [editores e organizadores]. *Novo comentário bíblico São Jerônimo – Antigo Testamento*. São Paulo: Paulus; Editora Academia Cristã, 2007.

In: *Zachariam*. In: *P.L.* 25.

In: *Zach*. 3, 14; *P.L.* XXV, 153, 6.32.

HIERONIMUS. *Epistula*. 59. In: *Epistulae. ed.* I. Hilberg 1910/1918; editio altera supplementis aucta, vol. 54 [1996].

26. João Crisóstomo

Sur l'incompréhensible. In: P.G. 48.

JOÃO CRISÓSTOMO. *Da incompreensibilidade de Deus*. São Paulo: Paulus, 2007. (Patrística, 23.)

De Resurrectione. In: *P.G.* 50.

De Compunctione. In: *P.G.* 57.

Sur l'Ascension de Notre Seigneur Jésus Christ (In Ascensionem D.N. Jesu Christi). In: *P.G.* 50.

JEAN CHRISOSTOME. *Homélie pascale*. 7 (In sanctum pascha sermo 7). Trad.: M. Fernand FLOËRI. SC 48. Paris: Les Éditions du Cerf, 1957. Réimpression 2004.

CHRISOSTOME. *Homélie sur la résurrection du Seigneur*. II (In resurrectionem Domini). Trad.: Michel AUBINEAU. SC 187. Paris: Les Éditions du Cerf, 1972.

27. Justino de Roma

JUSTINO DE ROMA. *I e II Apologias. Diálogo com Trifão*. São Paulo: Paulus,1997. (Patrística, 3.)

28. Lactâncio

Divinae institutiones, Epitome divinarum institutionum. 4, 26 [*ed.* S. Brandt 1890]. CSEL, 19.

LACTANCE. *Institutions divines* I (Divinae institutions I). Trad.: M. Pierre MONAT. SC 326. Paris: Les Éditions du Cerf, 1986.

LACTANCE. *Institutions divines* II (Divinae institutions I). Trad.: M. Pierre MONAT. SC 337. Paris: Les Éditions du Cerf, 1987.

LACTANCE. *Institutions divines* IV (Divinae institutions I). Trad.: M. Pierre MONAT. SC 377. Paris: Les Éditions du Cerf, 1992.

LACTANCE. *Institutions divines* V (Divinae institutions I). Trad.: M. Pierre MONAT. SC 204. Paris: Les Éditions du Cerf, 1973.

LACTANCE. *Institutions divines* V (Divinae institutions I). Trad.: M. Pierre MONAT. SC 205. Paris: Les Éditions du Cerf, 1973.

LACTANCE. *Institutions divines* VI (Divinae institutions I). Trad.: Mme Christiane INGREMEAU. SC 509. Paris: Les Éditions du Cerf, 2007.

29. Leão Magno

O Sermão da Paixão. In: *P.L.* 54. apud Revista *A Ordem*, abril de 1943. Disponível em <http://virtusinmedio.blogspot.com/2009/04/sermao-de-sao--leao-magno-sobre-paixao.html>.

LÉON, le Grand. *Sermons*. 1-19. Texte et traduction de Dom Dole. SC 22bis. Paris: Les Éditions du Cerf, 1949.

LEÃO MAGNO. *Sermões*. São Paulo: Paulus, 1997. (Patrística, 6.)

LEÃO MAGNO. *Sermões sobre o Natal e a Epifania*. Introdução por Cirilo Folch GOMES. Petrópolis: Vozes, 1974. (Fontes da Catequese, 9.)

30. Melitão de Sardes

The Homely on the Passion, by Melito, bishop of Sardis. Editet by CAMPBELL BONNER, Studies and Documents, 1940. p.7.

31. Metódio de Olímpia

Le Banquet. (Convivium), 3,8. Trad.: Victor-Henri DEBIDOUR. SC 95. Cerf, 1963. (Também 9,1; 114,8-9.)

32. Optato de Mileto

Optat de Milève *Traité contre les donatistes*. t. I, livres I-II (Contra Parmenianum Donatistam I-II). Trad.: Mireille LABROUSSE. SC 412. Cerf, 1995; aqui II,16.

Optat de Milève. *Traité contre les donatistes*. III-VII (Contra Parmesianum Donatistam III-VII). Trad.: Mlle. Mireille LABROUSSE. SC 413. Paris: Les Éditions du Cerf, 1996.

33. Orígenes

ORÍGENES. *Contra Celso*. São Paulo: Paulus, 2004. (Patrística, 20.)

ORIGÈNE. *Contre Celse* I (Introduction et tables) (Contra Celsum). SC 227. Paris Les Éditions du Cerf, 1976.

ORIGÈNE. *Contre Celse* II (Contra Celsum I-II). Trad.: Marcel BORRET. SC 132 Paris: Les Éditions du Cerf, 1967.

ORIGÈNE. *Contre Celse* III-IV (Contra Celsum III-IV). Trad.: Marcel Borret. SC 136. Paris: Les Éditions du Cerf, 1968.

ORIGÈNE. *Contre Celse* V-VI (Contra Celsum V-VI). Trad.: Marcel Borret. SC 147. Paris: Les Éditions du Cerf, 1969.

ORIGÈNE. *Contre Celse* VII-VIII (Contra Celsum VII-VIII). Trad. : Marcel BORRET. SC 150. Paris: Les Éditions du Cerf, 1969.

ORIGÈNE. *Homélies sur Saint Luc*. Trad.: P. François FOURNIER et M. Pierre PÉRICHON. SC 87. Paris: Les Éditions du Cerf, 1962. Réimpression 1998.

Homélies sur l'Exode (1re édition SC) (In Exodum homiliae XIII (latine Rufino interprete). Trad.: P. Marcel Borret. SC 321. Paris: Les Éditions du Cerf, 1985; aqui V, 5.

Homélies sur l'Exode (1re édition SC) (In Exodum homiliae XIII (latine Rufino interprete). Trad.: J. FORTIER. SC 16. Paris: Les Éditions du Cerf, 1947

Homélies sur l'Exode (2re édition SC) (In Exodum homiliae XIII (latine Rufino interprete). Trad.: P. Marcel BORRET. SC 321. Paris: Les Éditions du Cerf, 1985

Commentaire sur saint Jean I-V (Commentarii in Iohannem I-V). Trad.: Mlle Cécile Blanc. SC 120bis. Paris: Les Éditions du Cerf, 1966

Commentaire sur saint Jean VI-X (Commentarii in Iohannem VI-X). Trad.: Mlle Cécile Blanc. SC 157. Paris: Les Éditions du Cerf, 1970.

Commentaire sur saint Jean XIII (Commentarii in Iohannem XIII). Trad.: Mlle Cécile Blanc. SC 222. Paris: Les Éditions du Cerf, 1975.

Commentaire sur saint Jean XIX-XX (Commentarii in Iohannem XIX-XX). Trad.: Mlle Cécile BLANC. SC 290. Paris: Les Éditions du Cerf, 1982.

Commentaire sur saint Jean XXVIII et XXXII (Commentarii in Iohannem XXVIII et XXXII). Trad.: Mlle Cécile BLANC. SC 385. Paris: Les Éditions du Cerf, 1992.

Homélies sur Josué (In Iesu Nave homiliae XXVI (latine Rufino interprete). Trad.: Mlle Annie Jaubert. SC 71. Paris: Les Éditions du Cerf, 1970.

Commentaire sur le Cantique des Cantiques (Libri X in Canticum canticorum). SC 375, 1991. Trad.: Marcel Borret, Luc Bréssard, Henri Crouzel. SC 376. Paris: Les Éditions du Cerf, 1992.

Origène, *Homélies sur Ézéchiel* (Jerôme, Préface aux Homélies sur Ézéchiel). In: Ezechielem Homeliae XIV. Trad.: Marcel Borret. SC 352. Paris: Les Éditions du Cerf, 1989.

Homélies sur le Lévitique I-VII (In Leviticum Homiliae I-VII). Trad.: P. Marcel Borret. SC 286. Paris: Les Éditions du Cerf, 1981.

Homélies sur le Lévitique I-VII (In Leviticum Homiliae VIII-XVI ([latine interprete Rufino]). Trad.: P. Marcel Borret SC 287. Paris: Les Éditions du Cerf, 1982.

Origène. *Commentaire sur l'épître aux Romains*. Tome I, livres I-II (*Commentarii in epistulam ad Romanos I-II*). Trad.: Fr. Luc Brésard. SC 532. Paris: Les Éditions du Cerf, 2009.

Origène. *Sur la Pâque (De pascha)*. CPG 1480. Este fragmento não se encontra na *P.G.*

Origène. *Exhortation au martyre* (Exhortatio ad martyrium). Traduction de l'introduction, traduction des notes, révision de la traduction: Guillaume Blanc. *P.G.* 11.

Origène. *Traité sur l'Evangile de S. Luc*. Tome I. Livres I-VI. Trad.: Gabriel Tissot. SC 45. Paris: Les Éditions du Cerf, 1956.

Origène. *Traité sur l'Evangile de S. Luc*. Tome II. Livres VII-X. Trad.: Gabriel Tissot. SC 52bis (52). Paris: Les Éditions du Cerf, 1958.

Origène. *Commentaire sur l'Évangeli selon Matthieu*. X-XI (Commentarii in Matthaeum X-XI). Trad.: M. Robert Girod. SC 162. Paris: Les Éditions du Cerf, 1970.

Origène. *Homélies sur la Genèse*. In: Genesim homiliae XVI (latine Rufino interprete). Trad.: Louis Doutreleau. SC 7bis. Paris: Les Éditions du Cerf, 1943. Réimpression 2003.

Origène. *Homélies sur les Nombres*. (2ème édition) (In: *Numeros homiliae XXVIII*). Trad.: Louis Doutreleau et André Méhat. SC 461. Paris: Les éditions du Cerf, 2001.

34. Procópio de Gaza

Commentaires sur Isaïe (Catena in Esaiam); P.G. 87.

35. Pseudo Dionísio

Hierarquias Eclesiásticas. P.G. 1, 585. Traduction française et introduction: Maurice de Gandillac. Paris, 1943.

36. Quodvultdeus

Gloire et le règne des élus (La) (De gloria regnumque sanctorum). CPL 413.

37. Teodoreto de Ciro

Questions sur l'Octateuque (Quaestiones in Octateuchum). P.G. 80. [Edition hors Patrologie]. Textos y Estudios "Cardenal Cisneros" 17; éd. N. Fernandez Marcos A. Saenz-Badillos (Pentateuco + Josué, Juízes e Rute).

Quaestiones in Exodum. In: *P.G.* 71.

Interpretatio in Canticum Canticorum. P.G. 131.

38. Teodoro de Mopsuéstia

Homélies catéchétiques (Homiliae catecheticae [Liber ad baptizandos]), 145. éd. R. Tonneau – R. Devreesse. "Les homélies catéchétiques de Théodore de Mopsueste. Reproduction phototypique du Ms. Mingana Syr. 56, traduction, introduction, index"; apud: http://www.sources-chretiennes.mom.fr/index. php?pageid=auteurs_anciens&id=158&sourcepg=auteurs_anciens#poles.

39. Teófilo de Antioquia

Autolycus. (Trois livres à) (Ad Autolycum III). Trad.: M. Jean Sender. SC 20. Paris: Les Éditions du Cerf, 1948.

40. Tertuliano

TERTULIANO. *O sacramento do Batismo*. Introdução, tradução e notas: Urbano ZILLES. Petrópolis: Vozes, 1981. (Padres da Igreja, 3.)

TERTULLIEN. *Traité du baptême*. (De baptismo). Trad.: M. DROUZY. CSEL, 35. Paris: Les Éditions Du Cerf, 1952.

TERTULLIEN. *Apologie*. 16,11 (Apologeticum). éd. E. Dekkers 1954, CCL I, 85-171; também CSEL, 69.

Adversus Iudaeos. 13. *ed.* E. Kroymann, 1942. CSEL, 70.

De carnis resurrectione. 16. *ed.* E. Kroymann, 1906. CSEL, 47.

Ad nationes. I,13, *De oratione*. 23, *De anima*. XLI 4. *ed.* A. Reifferscheid, G. Wissowa, 1890. CSEL, 20.

WASZINK, J. H. *Tertullien, De anima*. Edition with commentary: Meulenhoff. Amsterdan, 1947.

De spectaculis, De idololatria, Ad nationes, De testimonio animae, Scorpiace, De oratione, De baptismo, De ieiunio, De anima, De pudicitia. ed. A. Reifferscheid, G. Wissowa, 1890. CSEL, 20.

De patientia, De carnis resurrectione, Adversus Hermogenem, Adversus Valentinianos, Adversus omnes haereses, Adversus Praxean, Adversus Marcionem. ed. E. Kroymann, 1906. CSEL, 47.

Apologeticum. ed. H. Hoppe, 1939. CSEL, 69.

De praescriptione haereticorum, De cultu feminarum, Ad uxorem, De exhortatione castitatis, De corona, De carne Christi, Adversus Iudaeos. ed. E. Kroymann, 1942. CSEL, 70.

De paenitentia. ed. Ph. Borleffs, 1957. CSEL, 76.

41. Zenão de Verona–

Sermons ou Traités (Sermones seu Tractatus) II. 46; *P.L*, 11.

AUTORES MODERNOS

BALTHASAR, Hans Urs Von. *Présence et pensée*. Essai sur la philosophie religieuse de Grégoire de Nysse. Paris: Beauchesne, 1942.

BARRETT, C.-K. *The Holy Spirit and the Gospel Tradition*. Londres: SPKC, 1945.

BONSIRVEN, Josef. *Exégese rabbinique et exégese paulinienne*. Paris: Beauchesne, 1939.

BOYANCÉ, Pierre. *Le culte de Muses chez le philosophes grecs*. Études d'histoire et de psychologie religieuses. Bibliothéque des Études Françaises d'Athène et de Rome 141. Paris: Boccard, 1937.

_____. *Études sur le Songe de Scipion*. Bibliothèque des Universités de Midi 20. Paris: Éd. de Boccard.

BROWN, Raymond E.; Fitzmyer, Joseph A.; Murphy, Roland E. [editores e organizadores]. *Novo comentário bíblico São Jerônimo – Antigo Testamento*. São Paulo: Paulus e Editora Academia Cristã, 2007.

CAPPELLE, Bernardo. *L'Exultet pascal oeuvre de Saint Ambroise*. In: Miscellanea Giovanni Mercati, I. Cidade do Vaticano, 1946.

CONYBEARE, Frederick C. *Rituale Armenorum*. Oxford: Clarendon Press, 1905.

COPPENS, Joseph. *Les Harmonies des deux Testaments*. Essai sur les divers sens des Écritures et sur l'unité de la Révélation. Tournai: Casterman, 1949. p. 98.

_____. *L'imposition des mains et les rites connexes*. Louvain, 1939.

CREHAN, J.-H. *Early christian baptism and the creed*. London, 1948.

CROSS, F.L. *St. Cyril of Jerusalem's Lectures on the Christian Sacraments*. The Procatechesis and the five Mystagogical Catecheses. Texts for Students 51. London, 1951.

CULLMANN, Oscar. *Le Christ et le temps*. Paris: Neuchâtel, 1947.

_____. *Les premiers confessions de la foi chrétiennes.*Paris: Presses Universitaires de France, 1948.

_____. *Urchristentum und Gottesdienst*. 2 ed. Zurich: Zwingli, 1950.

CUMONT, Franz. *Recherches sur le symbolisme funéraire chez les Anciens*. Paris:, 1942.

_____. *Les religions orientales dans le paganisme-romain*. 4. ed. Paris: Librairie Orientaliste Paul Gauthner, 1929.

DAHL, Nils A. *La terre où coulent le lait et le miel selon Barnabe 6,8-19"*, Aux sources de la tradition chretiene. (Mélanges Goguel), Neuchatel-Paris: 1950.

DANIÉLOU, Jean. *Origène*. Paris: Éditions de La Table Ronde, 1948. (Collection Le Génie du christianisme.)

_____. *Sacramentum futuri*, Beauchesne, Paris, 1950.

BÍBLIA E LITURGIA

_____. *Platonisme et théologie mystique*. Essai sur la doctrine spirituelle de saint Grégoire de Nysse. Paris: Aubier, 1944.

_____. *Le mystère de l'Avent*. Paris: Seuil, 1948.

DE BRUYNE, Lucien. "La décoration des baptistères paléo-chrétiens". In: *Actes du Ve Congrès d'Archéologie Chrétienne*, Aix en Provence, 13-19 septembre, 1954.

DEISSMANN, Gustav Adolf. *Licht vom Osten*. Das Neue Testament und die neuentdeckten Texte der hellenistisch-römischen Welt. Tübingen (best edition: 1923), 1909.

DELATTE, Armand. *Étude sur la littérature pythagoricienne*. Paris: Bibliotheque des Hautes Études Sciences Historiques et Philosophiques, 1915.

DIX, Gregory. *The shape of the liturgy*. Westminster: Dacre Press, 1946.

DÖELGER, Franz Joseph. *Die Sohne der Gerechtigkeit und die Schwarze*, eine religionsgeschichtliche Studie zum Taufgelöbnis. Liturgiegeschichtliche Forschungen 2, Aschendorffsche Verlagbuchhandlung, Münster: 1919.

_____. *Sol Salutis*. Gebet und Gesang im christlichen Altertum. Mit besonderer Rücksicht auf die Ostung. Münster: 1919.

_____. *Sphragís*. Eine altchristliche Taufebezeichnungen zur profanen und religiösen Kultur des Altertuns. Paderborn: Ferdinand Shöningh, 1911.

EDSMAN, Carl-Martin. *Le baptême de feu* (Acta Seminarii Neotestamenti Upsaliensis edenda curavit A. Fridrichsen, IX) Alfredo Lorentz, Leipzig A.-B. Lundequitska Bokhandeln. Uppsala: 1940.

ELIADE, Mircea. *Traité d'Histoire des religions*. Paris: Payot, 1949.

ENGNELL, Ivan. *Studien in divine Kingship*. Almqvist and Wiksell, Uppsala: 1943.

FÉRET, Henri-Marie. *La messe et sa catéchèse*. Lex Orandi 7. Paris: Les Éditions du Cerf, 1947.

FESTUGIÈRE, Andre-Jean. *Le monde gréco-romain au temps de Notre-Seigneur*. Paris: Bloud & Gay, 1935. p. 40-41.

FILON D'ALEXANDRIE. *La Migration D'Abraham*. Paris: Les Éditions du Cerf, 1957.

FILON DE ALEJANDRÍA. De Opificio Mundi I,100. In: *Obras completas de Filon de Alejandría* (5 volúmenes traducidos del griego al español por José María Triviño). Buenos Aires: Acervo Cultural Editores, 1975.

370

FOOT-MOORE, George. *Judaism in the first century of the Christian Era.* Cambridge: Harvard University Press, 1927.

GUNKEL, Hermann. *Einleitung in die Psalmen.* Tübingen: 1928.

GUILLET, Jacques. *Thèmes bibliques.* Études sur l'expression et le developpement de la Révélation. Paris: Éditions Montaigne, 1954.

HEBERT, G. Armstrong. *The Authority of the Old Testament.* London: Faber and Faber, 1947.

_____. *The Throne of David.* London: Faber and Faber, 1941.

HERKENNE, Heinrich. *Das Buch der Psalmen.* Die Heilige Schrift des Alten. Testaments. Bonn: Peter Hanstein, 1936.

HOLZMEISTER, U. *Jesus lebt mit den wilden Tieren.* Vom Wort des Lebens, Festschrif Meinertz, 1951.

HOSKYNS, Edwyn Clement. *The Fourth Gospel.* London: Faber & Faber, 1947.

JUNGMANN, Josef Andreas. *Missarum solemnia.* Eine genetische Erklärung der römischen Messe I.II. Wien; 1948.

JUNGMANN, Josef Andreas. *Missarum sollemnia.* São Paulo: Paulus, 2009.

KOCH, Hugo. *Pseudo-Dionysios in seinen Beziehungen zum Neuplatonismus und Mysterienwesen.* Mayence: 1900.

LEENHARDT, Franz-Joseph. *Le Sacrement de la Sainte Cène.* Paris: Delachaux et Niestlé, 1948.

LESTRINGANT, Pierre. Essai sur l'unité de la révélation biblique. Paris: Editions Je Sers, 1942.

LEWY, Hans. *Sobria ebrietas.* Untersuchungen zur Geschichte der antiken Mystik 3. Giessen: 1929.

LODS, Adolphe. *Israël des origines aux Prophetes.* Paris: Albin Michel, 1949.

_____. *Israël des origines aux Prophetes.* Paris: Albin Michel, 1949.

LOHMEYER, Ernst. "Vom göttlichen Wohlgeruch". In: *Sitzungsberichte der Heidelberger Akademie.* IX. Heidelberg: 1919.

LUNDBERG, Per Ivan. *La typologie baptismale dans l'ancienne Église.* A. Lorentz. Lundquisstaska Bokhandeln in Leipzig. Uppsala: 1942.

MARROU, Henri-Irénée. *Saint Augustin et la fin de la culture antique. "Retractatio".* Paris: Ed. de Boccard, 1949.

BÍBLIA E LITURGIA

MINGANA, A. *Commentary of Theodore of Mopsuestia on the Sacraments of Baptism and Eucharist*. Cambridge: Woodbrooke Studies 6, 1933. p. 68.

MOSCHOS, Jean. *Pré-spirituel*. Introduction, notes et glossaire par Vincent DÉROCHE; traduction par Christian BOUCHET, index par Marie-Hélène CONGOURDEAU et Vincent DÉROCHE. Les Pères dans la foi, Migne, 2006.

MOWINCKEL, Sigmund Olaf Plytt. *Psalmenstudien I:* Awan und die individuellen Klagepsalmen. Kristiania: SNVAO, 1921.

OESTERLEY, W. O. E. *The Jewish background of the christian liturgy*. Oxford: Clarendon Press, 1925.

PEDERSEN, Johannes. *Israël, its Life and Culture I-II*. London-Copenhagen: 1926.

PETERSON, Erik. *Pour une théologie du vêtement*. Lyon: L'Abeille, 1943.

_____. *Christianos*. Miscellanea Giovanni Mercati, t. I. Vatican: Bibliotheca Vaticana, 1946.

_____. *Theologische Traktate*. München: 1951.

PLUMP, Joseph C. *Mater Ecclesia*. An Inquiry into the Concept of the Church as Mother in Early Christianity. Washington: Catholic University of America, 1943.

QUASTEN, Johan. *Sobria Ebrietas in Ambrosius De Sacramentis*. Miscellanea Liturgica in honorem M.C. Mohlberg. Roma: 1948.

RAHNER, Hugo. *Griechische Mythen in christilicher Deutung*. Zürich: Rhein-Verlag, 1945.

REICKE, Bo. *The disobedient Spirits and christian baptism, a study of 1 Peter 3:19 and its context*. Copenhagen, 1946.

REINE, Francis J. *The Eucharistic doctrine and the Liturgy of mystical Catecheses of Theodor of Mopsuestia*. Waschington: 1942.

REITZENSTEIN, Richard August. *Die Vorgeschichte der christlichen Taufe,*.B.G. Leipzig und Berlin: Teubner, 1929.

RIESENFELD, Harald. *Jésus transfiguré*. L'arrière plan du récit évangélique de la Transfiguration de Notre Seigneur. Copenhagen: Munksgaard, 1947.

_____. *The Resurrection in Ezechiel XXXVII and in the Dûra-Europos printings*. Uppsala: Lundquisstaska, 1949.

ROWLEY, Harold Henry. *The relevance of Apocalyptic The Relevance of Apocalyptic*. A Study of Jewish and Christian Apocalypses from Daniel to the Revelation. London: Athlone, 1944.

Rusch, A. *Death and burial in christian antiquity.* Washington: 1941.

Sagnard, François M. *La gnose valentinienne et le témoignage de Saint Irénée.* Paris: Librairie Philosophique, 1947.

Sahlin, Harald. *Zur Typologie des Johannes evangeliums.* Uppsala: Universitets Ärsskrift, Lundquisstaska Bokhandeln, 1950.

Schmidt, Carl. *Gespräche Jesu mit seinen Jüngern nach der Auferstehung.* Ein katholisch-apostolisches. Berlin: Brandenburgische Akademie der Wissenschaften.

Schnackenburg, Rudolf. *Das Heilsgeschehen bei der Taufe nach dem Apostel Paulus.* Münich: Münchener Theologische Studien [M Th S] I, l, 1950.

Schoeps, Hans-Joachim. *Theologie und Geschichte des Judenschristentums.* Tübingen: Altjüdische Allegoristik, 1949.

_____. *Theologie und Geschichte des Judenchristentums.* Breslau: Altjüdische Allegoristik, 1936.

Selwyn, Eduard-Gordon. *The first Epistle of St. Peter.* 2 ed. Macmillan Company, 1947.

Strack, H. – Billerbeck Paul. *Kommentar zum Neuen Testament aus Talmud und Midrasch.* München: Beck, 1922.

Swasns, W.-J. *À propos de catéchèses mystagogiques attribués a Saint Cyrille de Jérusalém.* Muséon, 1942.

The Homily on the Passion. By Melito, Bishop of Sardis. Edited by Campbell Bonner. Studies and Documents. Philadelphia: University of Pennsylvania Press, 1940.

Tonneau, Raymond; Devresse, Robert. *Les homélies catéchétiques de Théodore de Mopsueste.* Studi e testi 145. Vatican City: 1949.

Vincent, L.H.; Abel, F.M. *Jérusalem, Recherches de topographie, d'archéologie, et d'histoire.* Vol. II. Paris: 1912-1926.

Waszink, Jan Hendrik. *Quinti Septimi Florentis Tertulliani De Anima.* Edited with introduction and commentary. Amsterdam: Meulenhoff, 1947.

Widengren, Geo. *The Ascension of the Apostle and the heavenly Book.* Upsala: 1950.

Paulinas
Rua Dona Inácia Uchoa, 62
04110-020 – São Paulo – SP (Brasil)
Tel.: (11) 2125-3500
http://www.paulinas.com.br – editora@paulinas.com.br
Telemarketing e SAC: 0800-7010081